Ronald Hitzler · Michaela Pfadenhauer (Hrsg.)

Gegenwärtige Zukünfte

Ronald Hitzler
Michaela Pfadenhauer (Hrsg.)

Gegenwärtige Zukünfte

Interpretative Beiträge zur
sozialwissenschaftlichen
Diagnose und Prognose

VS VERLAG FÜR SOZIALWISSENSCHAFTEN

Bibliografische Information Der Deutschen Bibliothek
Die Deutsche Bibliothek verzeichnet diese Publikation in der Deutschen Nationalbibliografie;
detaillierte bibliografische Daten sind im Internet über <http://dnb.ddb.de> abrufbar.

1. Auflage November 2005

Alle Rechte vorbehalten
© VS Verlag für Sozialwissenschaften/GWV Fachverlage GmbH, Wiesbaden 2005

Lektorat: Frank Engelhardt

Der VS Verlag für Sozialwissenschaften ist ein Unternehmen von Springer Science+Business Media.
www.vs-verlag.de

ISBN-13: 978-3-531-14582-2   e-ISBN-13: 978-3-322-80723-6
DOI: 10.1007/978-3-322-80723-6

Inhaltsverzeichnis

Die Konstruktion des Möglichen aus der Rekonstruktion des Wirklichen – Zur Themenstellung des Bandes

Ronald Hitzler und Michaela Pfadenhauer

1. Von der Notwendigkeit, prognostisch zu antworten

Wie bekommen interpretativ orientierte Wissenschaftlerinnen und Wissenschaftler die alltägliche Forschungsarbeit eigentlich zusammen mit dem, wonach die sogenannte breitere Öffentlichkeit stets aufs Neue fragt? Wie gelingt der Anschluß zwischen nicht enden wollenden Methoden-Debatten an das, was augenscheinlich im Zentrum des Interesses aller Diskussionen steht, die *nicht* in den kleinen Zirkeln einer dezidiert etwelchen Methoden- oder Theorieproblemen zugewandten Fachkollegenschaft geführt werden? Was haben unsere ‚kleinteiligen' explorativ-interpretativen Detail- und Fall-Studien zu tun mit jenen unweigerlich groß*flächigen* und nicht selten auch grob*schlächtigen* Gegenwarts- und Zukunftsbildern, die zu malen von uns zumindest dann erwartet wird, wenn wir uns an den Fenstern des akademischen Elfenbeinturmes auch nur zeigen, uns aus diesen hinauslehnen, oder wenn wir das Getürme gar verlassen? – Aus solchen Fragen resultiert die Thematik dieses Bandes über „Gegenwärtige Zukünfte". Exemplarisch veranschaulichen lässt sich das *Problem*, das die Herausgeber seit längerem beschäftigt und schließlich veranlasst hat, einschlägig befasste Kollegen zu den nun hier versammelten diskursiven Beiträgen[1] einzuladen, vielleicht an einem sozusagen ‚materialen' Beispiel – am Beispiel eines der Arbeitsschwerpunkte der Herausgeber: an der Erkundung juveniler Lebenswelten.

Was wir über juvenile Lebenswelten generell wissen, das sind keine Lehnstuhl-Erkenntnisse, sondern theoretisch abstrahierende Erträge langjähriger em-

[1] Die Mehrzahl der Texte basiert auf Vorträgen bei der Tagung „Interpretative Methdoen der Diagnose und Prognose", die im Frühjahr 2004 als Veranstaltung des Arbeitskreises ‚Expertenwissen' der DGS-Sektion Wissenssoziologie in den Räumen der Deutschen Arbeitsschutzausstellung (DASA) in Dortmund stattgefunden hat. Weitere Autoren haben dankenswerterweise unserer Bitte um direkte Mitwirkung an dem Buch entsprochen. Dank gebührt auch Helle Juhl Schulz, die sich intensiv an der technischen Herstellung des Bandes beteiligt hat.

pirischer Arbeit, die wir unter Verwendung bestimmter Techniken und Methoden durchführen. Das, was wir dabei tun, wird inzwischen als ‚Dortmunder Sze-
nen-Ethnographie' (DoSE) etikettiert: Wenn wir diese Dortmunder Szenen-
Ethnographie betreiben, interessieren wir uns vorzugsweise für die *Perspektive*, aus
der die Menschen, die jeweils Gegen-Stand unserer Untersuchungen sind, die für sie
relevanten Ausschnitte aus der sozialen Welt wahrnehmen. Solche je perspektivisch
relevanten Ausschnitte bezeichnen wir, im Anschluss an Benita Luckmann (1978)
und Anne Honer (1993), als 'kleine soziale Lebens-Welten'. Zur Rekonstruktion von
kleinen sozialen Lebens-Welten verwenden wir bekanntlich eine Reihe von Verfahren aus dem methodischen Arsenal der empirischen Sozialforschung – von der
Dokumentenanalyse über Interviews einschließlich (in aller Vorsicht verwendeter)
standardisierter Befragungen bis zu systematischen Beobachtungen.

Und das, was wir unter Verwendung prinzipiell all dieser Verfahren der Daten*erhebung* sammeln, muss dann selbstverständlich gesichert, aufbereitet und
interpretiert werden unter Einsatz je geeigneter, vorzugsweise interpretativer
Methoden der Daten*auswertung*. Mit den Erträgen aus auf dieses Methodenarse-
nal rekurrierenden Untersuchungen ist unser – eben auf die Rekonstruktion von
Welterfahrungsperspektiven fokussiertes – ethnographisches Erkenntnisinteresse
in aller Regel ‚eigentlich' befriedigt. Unbeschadet dessen werden wir – keineswegs nur, aber vor allem und besonders nachdrücklich *außerhalb* des engeren
Fachdiskurses – nachgerade ständig nicht nur danach gefragt, was solche Erkenntnisse über ‚unsere gegenwärtige Gesellschaft' aussagen, sondern eben auch
danach, wie es denn nun weitergehen werde, bzw. was das, was wir da erkunden,
für unser zukünftiges Miteinander erwarten lasse. Aufgrund des allgemeinen,
auch uns selber erfassenden Unbehagens, das typischerweise aus unserer anfangs
geübten halsstarrigen Weigerung, solcherlei Spekulationen von uns zu geben,
resultiert, reagieren wir zwischenzeitlich mit Verlautbarungen etwa der folgenden Art:

„Die ständig steigende Geschwindigkeit und Komplexität der uns kulturell verfügbaren Kommunikationstechnologien, vereinfachend auch gerne als ‚Mediatisierung
des Alltags' bezeichnet, prägt augenscheinlich die Weltsicht ebenso wie das kohor-
tentypische Kompetenzprofil der jungen Leute heute. In der selbstverständlichen
und – jedenfalls aus Sicht der Älteren: spielerisch-leichten – Aneignung, Nutzung
und Umnutzung neuer und immer avancierterer Medien liegt ihre offenkundigste
Chance, sich ihrer Überlegenheit beim Zugriff auf die heutige Welt und mehr noch
beim Vorgriff auf die Welt von morgen zu vergewissern und diese Überlegenheit
auch – nicht selten betont beiläufig – zu demonstrieren.

Diese Welt ist wesentlich eine Bilderwelt, eine metaphorische Oberfläche mit
nichtlinearen Tiefenstrukturen, eine Wirklichkeit symbolischer Inszenierungen, ein
Spiel mit Kopien und Simulationen. Zwischen dem Kampf um (dauerhaft gesicher-

te) entlohnte Arbeit und dem Kampf um öffentlich Aufmerksamkeit und soziale Anerkennung entscheiden sich unter diesen Bedingungen immer mehr junge Menschen für den letzteren. ‚Seinen eigenen Weg gehen' impliziert für sie aber nicht, jedenfalls nicht zwangsläufig, ihn gegen oder ‚auf Kosten' anderer zu gehen. Typischerweise wollen sie sich selber vielmehr im Kreise anderer verwirklichen. Ganz man selber zu sein, steht für sie nicht im Gegensatz zu kollektivem Spaß-Haben und zur Gemeinschaftsbildung – jedenfalls dann, wenn dies ‚mit den richtigen Leuten' (und) ‚mit den richtigen Ideen' geschieht.

Die sich ins Scheinwerferlicht medialer Öffentlichkeiten Drängenden hie und die sich in soziale Sonderwelten Einspinnenden da bezeichnen somit lediglich zwei sich nicht nur ergänzende, sondern immer wieder ineinanderfließende Ausformungen symptomatischer Überlebenskunst in einer Welt, die vom Heute ins Morgen dreht".[2]

2. Ein Accounting zur diagnostisch-prognostischen Vorgehensweise

Die Qualität von Verlautbarungen dieser Art, wie wir sie also zumindest auf dezidierte Nachfrage hin tätigen, erscheint uns allerdings selber zweifelhafter als dem Gros der Nachfrager. Wir fragen uns deshalb immer wieder selber, woher wir eigentlich wissen, was wir da sagen, und haben uns allmählich auf folgende Accounting-Figur verständigt:

Um das, was je ‚Ertrag' unserer ethnographischen Arbeit ist, einordnen, gewichten und bewerten zu können, erarbeiten wir uns durch eine ‚wilde' Rezeption und Reflexion aller möglicher, von uns als – potentiell – einschlägig erachteter Informationen einen sozusagen synoptischen Blick, d.h. eine hinlängliche Kompetenz dafür, in allen Eigenartigkeiten, Unübersichtlichkeiten und Widersprüchlichkeiten der vielfältigen (hier: jugendkulturellen) Phänomene, die wir erkunden, auch das Typische bzw. strukturell Gemeinsame zu erkennen. Diese ‚hintergründige', u.E. kaum systematisierbare *synoptische* Arbeit zielt in der Kombination mit einem *synchronen* Vergleichen unserer Forschungsfelder darauf ab, allgemeine Merkmale bzw. Strukturen herauszuarbeiten, um zu abstrakten diagnostischen Aussagen zu gelangen.

Damit wir aus dem, was wir heute wissen, eventuell auch etwas über morgen lernen können, ist es darüber hinaus erforderlich, die Diagnose in Richtung Prognose zu überschreiten: Wir versuchen beispielsweise, die ‚Karriere' einer Szene – von ihrem ersten ‚Aufflackern' über ihre öffentlichkeitswirksame Hochphase bis zu ihrem allmählichen Nieder- bzw. Eingang in den so genannten ‚Mainstream – zu rekonstruieren, um anhand dieser ‚Ablauf-Kurve' mögliche Entwicklungsverläufe auch *anderer* Szenen skizzieren zu können. Oder aber wir

---

[2] Schlusspassage eines Vortrags, den wir im Herbst 2003 vor einem Publikum sogenannter ‚Fernsehschaffender' gehalten haben.

versuchen z.B., den symptomatischen Weg aufzuzeigen, den ästhetische Stilpakete nehmen, die im Szenekern ‚geschnürt' und sukzessive von immer breiteren (Szene-)Kreisen aufgenommen werden, bis sie schließlich in die allgemeine Populär-Ästhetik diffundieren.

Die ‚Logik' unseres Vorgehens besteht somit grosso modo darin, die im Zuge *synchronen Vergleichens* unserer Forschungsfelder unter Nutzung der Strukturbeschreibung als Matrix zum Vergleich von Dateninterpretationen gewonnenen Erkenntnisse gleichsam *diachron* zu wenden, d.h. auf die Zeitachse umzulegen, um damit nicht nur zu Aussagen über die Gegenwart, sondern – darüber hinausweisend – zu Aussagen über Möglichkeitsräume des Juvenilen bzw: über die Zukunft der Jugend oder gar über die Jugend der Zukunft zu gelangen.

3. Wissensprobleme interpretativer Diagnostik und Prognostik

Dieses Konzept ist aber eben lediglich ein ‚erstes' Accounting, mit dem wir – uns selber hinlänglich beruhigend – auf die Frage reagieren nach etwaigen diagnostischen und prognostischen Kompetenzen der interpretativen Sozialforschung bzw. danach, ob bzw. wie gerade auch interpretativ arbeitende Sozialforscher eventuell auch *methodologisch-methodisch* auf zeitdiagnostische Herausforderungen reagieren können. Anders ausgedrückt: Wir haben durchaus noch *keine* Antwort, sondern bislang lediglich die Frage, wie (auf welche Arten und Weisen, unter welchen Bedingungen, aufgrund welcher Kriterien, mit welchen ‚Techniken' usw.) sich methodisch (eingermaßen) gesicherte interpretative Rekonstruktionen des – erfahrbar – Wirklichen erstellen und nutzen lassen für sozial relevante Konstruktionen des – erwartbar – Möglichen.

Das impliziert die Annahme, dass die Hauptaufgabe interpretativer Diagnostik und Prognostik eben *nicht* in Extrapolationen quantifizierbarer Verläufe bzw. statistischer Trends, sondern in der Entfaltung von Möglichkeitsräumen liegt; in einer *solchen* Entfaltung allerdings, die irgendwelchen Rationalitäts- und Validitätsannahmen genügen müsste, um mehr zu sein als ‚nur' phantasievolle Spekulation. Unbeschadet dieser wissenschaftlich unabdingbaren Disziplinierung lassen sich u.E. auch von *methodisch kontrollierten* interpretativen Diagnosen und Prognosen prinzipiell keine planungsverlässlichen Zukunftsvorhersagen erwarten. Zu erhoffen ist davon – gelingenderweise – eher eine Erhöhung der Sensibilität für das, was aus dem je Getanen heraus je sich zu entwickeln beginnt, also – mit anderen Worten – ein stärkeres Interesse an Problemen der Früherkennung.

Schon Igor Ansoff, der Entdecker bzw. Erfinder der sogenannten „schwachen Signale", hat (1976) die Grundproblematik der Früherkennung ja pointiert benannt: Einerseits ist man dabei mit ambiguen und ambivalenten Erwartungen, also mit *Unsicherheit* konfrontiert, andererseits – und das ist das weitaus gravierendere Problem – mit der Erstmaligkeit von Symptomen und Symptomkombinationen, also mit substantieller *Unklarheit.* Unweigerlich sind wir bei Früherkennungsambitionen deshalb mit (beträchtlichen) Informationslücken und Interpretationsspielräumen konfrontiert, also mit einem gewissen Grad an strukturellem Nichtwissen. Interpretative Methoden der Diagnose und Prognose hätten in diesem Zusammenhang vor allem die Aufgabe, unser strukturelles Nichtwissen so zu ‚managen', dass Früherkennung – trotzdem – sinnvoll betrieben werden kann.

(Der Bedarf nach) Früherkennung bezieht sich auf ‚Neues'. Was ‚das Neue' ist, bzw.: wodurch ‚Neues' neu ist, ist strittig. Der Kunstphilosoph Boris Groys hat (1992) eine ‚neue' Bestimmung des ‚Neuen' vorgeschlagen, wonach dieses daraus resultiert, dass etwas – sei es eine Idee, ein Konzept, ein Objekt – dann für uns neu ist, wenn es aus seinem ursprünglichen Kontext herausgenommen und in einen anderen Kontext gestellt wird, wenn es also ‚qualitativ' verändert wird; genauer: wenn und dadurch, dass es re-interpretiert wird. Und Andrew Grove hat (1996) darauf hingewiesen, dass wir unweigerlich mit anekdotischen Evidenzen operieren müssen, wenn die Phänomene, die uns interessieren, in diesem Sinne neu sind, wenn sie also einen relativ hohen Grad an Ein- bzw. Erstmaligkeit aufweisen. Denn, so Alois Hahn (2003, S. 37), „eben damit erzeugen wir gleichzeitig die pragmatische Notwendigkeit und die kognitive Unmöglichkeit richtiger Prognosen."

Was können wir also von Zukünftigem, vom (erstmals) Möglichen, bzw. was können wir unter den Bedingungen strukturellen Nichtwissens überhaupt wissen? – Nun, vorherzusagen, was sein wird, ist ‚eigentlich' gar nicht der Zweck interpretativer Prognostik. Diese soll vielmehr dazu dienen, auf *das* aufmerksam zu machen, was aus dem resultieren kann, was wir *tun*. Und dabei wiederum sollten wir vielleicht den taxonomischen Vorschlag beherzigen, den der bekannte Unternehmensstrategie-Berater Paul Schoemaker gemacht hat: "When contemplating the future, it is useful to consider three classes of knowledge: 1. Things we know we know, 2. Things we know we don't know, 3. Things we don't know we don't know" (Schoemaker 1995, S. 38). – Und *wir* würden noch hinzufügen wollen: Things we don't know we know – denn womöglich ist gerade dieser Wissens- bzw. genauer: Nicht-Wissenstypus – sogar mehr noch als die drei von Schoemaker genannten – derjenige, dessen ‚handling' des Rekurses auf die interpretative Methodologie und Methodik bedarf.

Aus all dem resultiert also offenkundig weniger eine Antwort als vielmehr eine Frage, allenfalls *eine fragile* Sichtweise auf das breite Spektrum von Positionen zu methodologischen, methodischen und deutungspraktischen Problemen interpretativer Diagnosen und Prognosen, die sich hier im weiteren versammeln:

4. Erkennbar Denkbares: Die Beiträge

4.1 Zukunftswissen

Eine Korrektur der These von Alfred Schütz, wonach Wissen über die Zukunft eine Form nach vorne projizierter Vergangenheit darstellt, nehmen *Hubert Knoblauch* und *Bernt Schnettler* im Rekurs auf die phänomenologische Vorstellung von Phantasie als einem eigenen Erfahrungsstil vor. Phantasie impliziert demnach nicht nur eine Reproduktion des Erfahrenen, sondern basiert auf einer Reihe weiterer Bewusstseinsleistungen, die Neues in die Welt bringen (können). Sowohl die alltäglichen als auch die nichtalltäglichen Formen von Wissen über die Zukunft sind Knoblauch und Schnettler zufolge in besonderer Weise auf Kommunikation angewiesen, da Zukunft erst dann zu einem gemeinsamen Entwurf wird, wenn sie kommuniziert wird. Dies gilt – wie die Autoren an einem Fallbeispiel aus ihren eigenen Untersuchungen zu prophetischen Zukunftsvisionen zeigen – auch für die charismatischen Formen des Zukunftswissens. In Kommunikation werde diesen ein Wirklichkeitsakzent verliehen – oder entzogen. Da Wissen über die Zukunft methodisch nicht kontrollierbar ist, sei (Soziologen) auf dem Gebiet der wissenschaftlichen Zukunftsvorhersagen Zurückhaltung anzuraten.

Jo Reichertz fragt nach der Logik des zeitdiagnostischen Erkenntnisurteils, d.h. danach, mit Hilfe welcher gedanklicher Operation (qualitativ arbeitende) Zeitdiagnostiker aus schwachen Spuren starke Thesen entwickeln. Rechnung zu tragen sei dabei zunächst einmal den jeder Zustandsbeschreibung inhärenten Prämissen, die sich auf die Existenz eines Musters und auf die Entwicklung des Musters beziehen, weil die Auswahl der Prämissen eben Konsequenzen für die Art des logischen Schlussfolgerns – deduktiv, quantitativ induktiv, qualitativ induktiv oder aber abduktiv – nach sich zieht. Nur aus mittels Abduktion gewonnenen Zeitdiagnosen kann die Gesellschaft folglich Neues über sich erfahren. Allerdings lassen sich Abduktionen nicht erzwingen, vielmehr lassen sich nur günstige Bedingungen dafür herstellen. Abduktiv gefundene Hypothesen sind schließlich einem mehrstufigen Überprüfungsprozess zu unterziehen, wobei niemals Gewissheit über die Gültigkeit abduktiver Schlüsse erreicht werden kann, was Reichertz aber keineswegs als Argument gegen abduktiv erzeugte Zeitdiagnosen verstanden wissen will.

Der Prognostizierbarkeit der Folgen außergewöhnlicher Ereignisse geht *Michael Schetsche* anhand des ‚hypothetischen' Ereignisses eines ‚First Contact', also dem Zusammentreffen der Menschheit mit außerirdischen Intelligenzen, nach. Ins Zentrum stellt er dabei das Szenario eines unmittelbaren pyhischen Kontakts zwischen Menschen und Aliens, das ihm zufolge massive (und zwar überwiegend negative) soziale Auswirkungen haben würde. Als Strategien zur Prognose der Folgen hypothetischer Ereignisse unterscheidet er (1) die Übertragung empirischer Ergebnisse aus anderen Forschungsfeldern, (2) die Auswertung gleichsam natürlicher sozialer Experimente, (3) die Suche nach historischen Parallelen, und (4) die extrapolierende Anwendung theoretischer Überlegungen, (5) die Durchführung prospektiver Interviews, (6) die Durchführung biographischer Interviews mit Opfern ähnlicher Katastrophen, (7) die Durchführung und Auswertung systematischer Experimente, (8) die systematische Auswertung von Szenarien aus der Science-Fiction-Literatur – und zeigt deren jeweilige Vorzüge und Probleme auf. Trotz vielfältiger Probleme qualitativer Prognostik empfiehlt Schetsche Sozialwissenschaftlern, sich mit den denkbaren Folgen von Ereignissen zu befassen, die noch nicht stattgefunden haben, bei denen aber die Möglichkeit besteht, dass sie in absehbarer Zeit stattfinden können.

Auch wenn der Ruf nach ‚genaueren Prognosen' und Planungssicherheit immer lauter wird, kann der Beitrag von Wissenschaft, so *Franz Liebl*, generell nicht im Wegdefinieren von Unsicherheit, sondern allenfalls in der Quantifizierung von Unsicherheitsbandbreiten bestehen, wobei sich auch diese Quantifizierung zunehmend als unmöglich erweist. Unter solchen Bedingungen der Unvorhersagbarkeit liegt die Lösung in einer Ethnographie der Gegenwart, um diese und das in ihr verborgene Neuheits- bzw. Innovationspotential besser zu verstehen und die daraus entstehenden Möglichkeitsräume zu diagnostizieren. Für die Früherkennung eines Trends – in dem Sinne, dass eine quantitative Veränderung bei Überschreitung einer kritischen Grenze in eine neue Qualität umschlägt – bildet die Suche nach ‚heute' als deviant angesehenen Verhaltensweisen eine geeignete Strategie, weil in diesen der Keim des Mainstreams von ‚morgen' angelegt sein könnte. Für die Früherkennung eines Trends – in dem Sinne, dass sich etwas qualitativ Neues quantitativ durchsetzt, d.h. Verbreitung findet – gilt es weniger nach absolut, vielmehr gilt es, nach relativ Neuem zu suchen, insofern das Neue gerade darin besteht, dass etwas Bekanntes in einen noch nicht benutzen Kontext gestellt wird und dadurch eine Umwertung erfährt.

4.2 Diagnostische und prognostische Studien

Olaf Behrend konstatiert, dass alltägliche Diagnosen, wie sie etwa der Arzt zur Erkrankung eines Patienten stellt, und Fallstrukturgesetzlichkeiten, wie sie die qualitative Sozialforschung aus Fallrekonstruktionen gewinnt, aus erkenntnistheoretischer Perspektive als homolog betrachtet werden können, da sie beide in ihrem Kern aus hermeneutischen Argumenten bestehen. Sowohl bei Diagnosen als auch in der hermeneutischen Forschung sind immer Thesen (und damit Prognosen) über Zukünftiges impliziert. Bei Prognosen – gleichwohl, ob sie (wie z.b. die Berechnung der demographischer Entwicklung) auf statistischen Prämissen gründen oder ob sie (wie z.b. die Prognose zukünftigen Kaufverhaltens von Konsumenten) rekonstruktiv (hermeneutisch) zustande gekommen sind – wird Behrend zufolge darauf gewettet, ob sich Diagnosen in der Zukunft auf konkrete Sachverhalte anwenden lassen.

Ebenfalls am Beispiel des ärztlichen Handelns verdeutlicht *Werner Vogd*, dass eine grundlegende Diskrepanz zwischen dem praxeologischen Verständnis von Diagnostik, Prognostik und Expertise und der Common sense-Perspektive diagnostischer Kausalität besteht: weder ist es dem Arzt bei der Diagnose möglich, deduktiv vorzugehen, da ihm die diesbezüglich erforderlichen Informationen nicht vorliegen oder ‚unscharf' sind, noch folgt der Arzt ‚chronologisch' dem Schema Diagnostik – Prognostik – Therapie, noch ist das, was der Arzt unter ‚Therapie' versteht, mit Heilung gleichzusetzen. Die Kunst sozialwissenschaftlicher Prognose könnte ihm zufolge darin bestehen, plausiblere (als die von bzw. in den Medien perpetuierten) Wirklichkeitssichten zu produzieren, wobei – analog zur Medizin – der prognostische Erfolg von der Plausibilität der angebotenen Lösungen abzukoppeln wäre. Das Spannungsfeld zwischen der Praxis und den (kursierenden)Theorien über die Praxis wäre demnach der Ansatzpunkt für das prognostische Einholen der Wirklichkeit durch eine interpretative (Fall-)Rekonstruktion.

Am Beispiel der Kommunikationskultur Jugendlicher zeigen *Axel Schmidt* und *Klaus Neumann-Braun*, wie sie, ausgehend von der Fallebene – empirischen Erkenntnissen zu Interaktionsprozessen in peer-groups –, schrittweise zu Generalisierungen und schließlich zu Prognosen gelangen. Scherzhafte Identitätswettkämpfe – die unter anderem die Form dessen annehmen, was Jugendliche als ‚Dissen' bezeichnen – bilden demnach eine Möglichkeit Jugendlicher (neben anderen), dem in modernen Gesellschaften steigenden Selbstdarstellungsdruck zu begegnen und ihn zu bewältigen. Diesen Wettkämpfen ist überdies aber auch eine gemeinschaftsstabilisierende Wirkung beizumessen. Sie fungieren dementsprechend als Mittel der Selbstverortung *zwischen* gemeinschaftlichen und gesellschaftlichen Anforderungen.

Nach den ‚Methoden' der Trendforschung, jener Branche, die sich – neben der Zukunftsforschung – für Diagnosen und Prognosen zuständig wähnt, fragt *Michaela Pfadenhauer*. Ihr zufolge greifen Trendforscher zum einen ‚kreativ' zu auf das Methoden-Arsenal vorwiegend *nicht*-standardisierter Sozialforschung – insbesondere, was die Erhebung von Daten unterschiedlicher Art angeht. Zum anderen kommen in der trendforscherischen Praxis branchenspezifische Ethno-Methoden im Verstande von Accounts zu Einsatz. Die Kombination einer spezifischen Befähigung, Bereitschaft und Befugnis kennzeichnet die (prognostische) Kompetenz von Trendforschern, für deren Analyse Pfadenhauer abschließend ein Forschungs-Design unterbreitet.

Mit der Prognose als einem integrativen Bestandteil von Sachverständigengutachten vor Gericht, die bei der Verhängung von Sicherheitsverwahrung gesetzlich vorgeschrieben sind, befasst sich *Thomas Feltes* in seinem Beitrag. Als Verfahrensweisen lassen sich ihm zufolge die intuitive Prognose, die statistische Prognose und die klinische Prognose unterscheiden. Den in den Gutachten enthaltenen, auf derlei Prognosen rekurrierenden Empfehlungen, die fast ausschließlich von Psychiatern, kaum von Kriminologen erstellt werden, wird bei der Urteilsfindung in aller Regel entsprochen. Allerdings bestehen laut Feltes keine gesicherten Erkenntnisse darüber, ob und gegebenenfalls welche Prognosemethoden tatsächlich valide genug sind, um die Basis für ein Gutachten bei Gericht und damit für eine gerichtliche Entscheidung abzugeben. Zudem mangele es an der Evaluation forensischer Gutachten bzw. darauf aufbauender Prognoseentscheidungen.

Die Umwelt- und Risikodiskursforschung dient *Reiner Keller* als Beispiel für seine These, dass eine im interpretativen Paradigma verankerte wissenssoziologische Diskursanalyse einen diagnostischen Zugang zu umfassenden gesellschaftlichen Wandlungsprozessen erlaubt. Eine an Michel Foucaults Konzepte der ‚Archäologie des Wissens" und der „Genealogie" anschließende, diachron und/oder synchron ansetzende vergleichende Analyse diskursiver Formationen bzw. gesellschaftlicher Wissensfelder kann, so Keller, als Grundlage einer diskurstheoretisch begründeten Diagnose gesellschaftlicher Transformationsprozesse dienen. Er schlägt vor, diese soziokulturellen Wandlungsprozesse als durch Diskurse vermittelt zu begreifen: Durch Diskurse, Praktiken und Dispositive werden symbolische Ordnungen hergestellt, welche (wiederum) durch Irritation evozierende Ereignisse diskursiv rekonfiguriert werden. Die wissenssoziologische Diskursanalyse stellt demnach ein empirisches Forschungsprogramm dar, das es erlaubt, sozialen Wandel in modernen Gesellschaften als Veränderung bzw. als Konventionalisierung und Dekonventionalisierung von Diskursen und Praktiken in den Blick zu nehmen.

Mit der Frage nach der Möglichkeit, aus der Science Fiction-Literatur methodische Anleitungen zur Erstellung sozialwissenschaftlich fundierter Szenarien der gesellschaftlichen Zukunft zu gewinnen, befasst sich *Martin Engelbrecht*. Theoretisch fundieren lassen sich humanwissenschaftliche Gedankenexperimente im Sinne der ‚dichten Beschreibung' nach Clifford Geertz, indem man eine Reihe von Signifikanten in einen verständlichen Zusammenhang zu bringen versucht. Das Konstruktionsprinzip fantastischer Literatur besteht dabei darin, dass konsensuell vorherrschende Wirklichkeitssichten mit einer oder mehreren Diskontinuitäten kombiniert werden, die in der literarischen Ausgestaltung dann zu plausibilisieren sind – was Engelhardt an zwei Beispielen – „When the Sleeper Wakes" von Herbert George Wells und „The Shockwave Rider" von John Brunner – exemplifiziert. Derart gewonnenen Szenarien ist ihm zufolge weniger ein prognostischer denn ein diagnostischer Gehalt zuzuweisen, da sich in ihnen eben das Menschen-, Geschichts- und Gesellschaftsbild seiner Konstrukteure widerspiegelt.

4.3 Gegenwartsdeutungen

Eine stupende ‚tour d'horizon' über das Repertoire an Zeitdiagnosen des letzten halben Jahrhunderts – unter besonderer Betonung aktueller Diagnosen – liefert *Manfred Prisching*. Dabei zeigt er, dass sich diese Fülle an zeitdiagnostischer Literatur entlang bestimmter Denkmuster – d.h. wohlbekannter interpretativer Konstrukte – ordnen lässt, welche klassischen Denkfiguren der Historie entsprechen: (1) Abstieg (Verfall, Dekadenz); (2) Aufstieg (Fortschritt, Wohlstand); (3) Stagnation (Stille, Reife); (4) Zyklen (Wellen, Wiederkehr); (5) Periodisierungen (Schwellen, Epochen); (6) Krisen (Entscheidungen, Zuspitzungen). Menschen – so lautet Prischings Fazit – versuchen offenbar immer wieder mit den gleichen bzw. mit wiederkehrenden sozialen Mustern, ihre (jeweilige) Zeit zu erfassen.

Als „vorgreifende Anpassung" bezeichnet *Hans-Georg Soeffner* das Verhältnis des Menschen zur Welt, dem seine Mängelhaftigkeit nicht nur auferlegt ist, sondern der um diese auch weiß. Bei der Debatte um die Manipulierbarkeit des menschlichen Genoms geht es um die Möglichkeit, mit Hilfe gezielter technischer Eingriffe das ‚Mängelwesen' Mensch zu verbessern. Begleitet wird diese Debatte vom Ruf nach Normen, wobei sich die Mitglieder westlicher Gesellschaften zwar auf einige Grundwerte verständigen können, diese aber so abstrakt formuliert sind, dass sie sich kaum in konkrete, situationsbezogene Handlungsanweisungen umsetzen lassen. Hinzu kommt das Problem, dass wir erst in Zukunft erfahren werden, ob das Gute, wofür wir uns entschieden haben, sich auch in seinen Folgen als gut erweist. Für den alltäglichen Umgang mit dem neuen wissenschaftlichen Wissen wird entscheidend sein, wie eng dieses Wissen auf die eigene persönliche Situation bezogen werden kann. Je größer die Entfernung von konkretem Situationsdruck und Handlungszwang, desto freier werden sich Phantasie und Imagination entfalten.

Luigi Pirandellos Theaterstück „Sechs Personen suchen einen Autor" dient *Peter Gross* als Sinnbild für die Suche des Individuums in der Gegenwartsgesellschaft nach sich selbst – als Autor des Drehbuchs für das eigene Leben – und nach Erlösung. Die Sartresche Frage nach dem „Grund meines Seins" stellt die Frage nach Gott und damit nach religiösem Denken, das Gross wiedererwachen und wiedererstarken sieht – zum einen in der Form von Diesseitsreligionen, in denen – metaphorisch gesprochen – der ‚Himmel auf Erden' versprochen wird, zum anderen in einem ‚Boom' des Para- bzw. Quasireligiösen, der beispielsweise in der Begeisterung für Esoterik und fernöstliche Kampfsportarten zum Ausdruck komme. Unter Religion ‚jenseits' dieser (diesseits-)religiösen Ausprägungen ist Gross zufolge die Anerkennung der Existenz einer ‚anderen' Welt und die Suche nach ihrem Standort zu verstehen.

Einen Gang durch einige gesellschaftlich aktuell relevante Themenfelder und die damit jeweils einhergehenden Handlungsoptionen unternimmt schließlich *Ronald Hitzler*. Unter den Rahmenbedingungen von Multioptionslust und Erlebnisorientierung, reflexiver Modernisierung und Postmodernismus eröffnen sich Hitzler zufolge mit Globalisierung, Individualisierung, Juvenilität, Urbanität und Sozialstaatlichkeit eine Reihe von Möglichkeitsräumen. Globalisierungskritischer Kosmopolitismus, posttraditionale Gemeinschaftsbildung, der Ausflug in postmoderne Erlebnisstätten, demonstrative Andersartigkeit und ehrenamtliches Engagement stellen demnach je spezifische und optionale Handlungsweisen dar, mit denen Individuen diesen historischen Entwicklungen begegnen.

5. Einmal mehr: Verstehen

Der Sinn von Prognosen, so erläuterte sinngemäß Matthias Horx im Spätsommer 2003 im Schweizer Fernsehen, sei *nicht*, das vorherzusagen, was sein wird, sondern auf *das* aufmerksam zu machen, was aus dem resultiert (bzw. resultieren kann), was wir *tun*. Und ganz in diesem Sinne besteht unseres Erachtens auch der Sinn von Diagnosen nicht darin, zu *erklären*, was ist, sondern zu *verstehen*, was wir tun. Verstehen zu wollen, was wir tun, um Vorstellungen davon entwickeln zu können, was das, was wir tun, für uns bedeutet, bedeuten wird und bedeuten könnte, das impliziert folglich, unsere gesellschaftlichen Wirklichkeitskonstruktionen zu *re*-konstruieren, um das uns je Mögliche zu *konstruieren*.

Literatur

Ansoff, H. Igor (1976): Managing Surprise and Discontinuity – Strategic Response to Weak Signals. In: zfbf 28. 1976. 129–152

Grove, Andrew (1996): Only the Paranoid Survive: How to Exploit the Crisis Points That Challenge Every Company and Career. New York: Currency Doubleday

Groys, Boris (1992): Über das Neue – Versuch einer Kulturökonomie. München: Hanser Verlag

Hahn, Alois (2003): Erinnerung und Prognose. Opladen: Leske + Budrich

Honer, Anne (1993): Lebensweltliche Ethnographie. Wiesbaden: DUV

Luckmann, Benita (1978): The Small Life-Worlds of Modern Man. In: Luckmann (1978): 275-290

Luckmann, Thomas (Hrsg.) (1978): Phenomenology and Sociology. Harmondsworth: Penguin

Schütz, Alfred (1972): Tiresias oder unser Wissen von zukünftigen Ereignisse. In: Schütz (1972b): 259-278

Schütz, Alfred (1972b): Gesammelte Aufsätze. Band 2. Den Haag: Nijhoff

Schoemaker, Paul J. H. (1995): Scenario Planning: A Tool for Strategic Thinking, Sloan Management Review. Winter

I. Zukunftswissen

Prophetie und Prognose
Zur Konstitution und Kommunikation
von Zukunftswissen

Hubert Knoblauch und Bernt Schnettler

1. Das Tiresias-Problem

In seinem berühmten „Teiresias"-Aufsatz aus den 1940er Jahren geht Alfred Schütz der Frage nach, wie und in welcher Form wir *Wissen von der Zukunft* haben können (Schütz 1972). Dieses Problem behandelt Schütz am Beispiel des Teiresias bzw. Tiresias – jenes Sehers aus der griechischen Mythologie, der zwar die Zukunft sehen, in den Lauf der Ereignisse jedoch nicht eingreifen kann. Schütz nimmt in diesem Aufsatz eine dezidiert mundanphänomenologische Perspektive ein: Seine Hauptabsicht sei nicht, das hypothetische Bewusstsein eines mit der Gabe der Zukunftsschau befähigten, *außergewöhnlichen* Individuums zu analysieren. Vielmehr zielt er auf die Analyse des „Alltagsdenken des gewöhnlichen Menschen (...), der sein alltägliches Leben unter seinen Mitmenschen lebt und dabei Dinge, die passieren können, antizipiert" (Schütz 1972: 264). Schütz recht ernüchternde Folgerung lautet, dass Wissen über die Zukunft bei Menschen, die keine charismatischen Seher sind, wesentlich eine Form *nach vorne projizierter Vergangenheit* darstellt. *Voraussicht* ist *antizipierter Rückblick*: „Was wir aber wirklich im Entwurf unserer Handlung präkonzipieren, ist ein antizipierter Sachverhalt, den wir uns so denken, wie wenn er in der Vergangenheit sich ereignet hätte" (Schütz 1972: 276f.).

So bedeutsam Schütz' Einsicht auch ist, erscheint sie uns doch in dreierlei Hinsicht für korrekturbedürftig: Zum einen bedarf Schütz' Analyse des Alltagsdenkens über die Zukunft einer Erweiterung. Dies ist schon an anderer Stelle im seinem Werk angelegt, ohne dass er allerdings beides explizit miteinander verbunden hätte. Schütz stützt seine Strukturanalyse über das Zukunftswissen auf der fundamentalen Befähigung des Bewusstseins zur Antizipation. Diese Fähigkeit ist die phänomenologische Voraussetzung dafür, dass wir überhaupt in der Lage sind, zu handeln. Antizipiert werden kann jedoch, so argumentiert Schütz,

nur das, was *typischerweise* erwartbar ist. Erwartbar ist das, was aus bereits ge-
machten Erfahrungen im Bewusstsein sedimentiert worden ist, bzw. aus diesen
hergeleitet werden kann. Die Möglichkeit, etwas zu antizipieren, was noch nie
stattgefunden hat, schließt Schütz aus. Wie aber kommt Neues in die Welt, kann
man hier fragen. Folgt man der Schützschen Konzeption, so tritt das Paradox auf,
dass sich das Zukünftige immer nur als Verlängerung des Vergangenen präsentiert. Dies deckt sich jedoch nicht mit Schütz' eigenen Vorstellungen, die wir in
Teil 2 ausführen werden. Hier spielt die Phantasie eine zentrale Rolle, die wesentlich mit Handeln verknüpft ist und sogar eine eigene Sinnprovinz ausbilden
kann.

    Eine zweite Kritik betrifft Schütz' Vorstellung des Wissens über die Zu-
kunft. Es ist erstaunlich, dass er im Zusammenhang mit dem Wissen über die
Zukunft nicht seine eigene Theorie der Transzendenz ins Spiel bringt, die ja
ausdrücklich einen Zeitaspekt enthält. Wir werden diesen Zusammenhang in Teil
3 dieses Beitrags erläutern.

    Die dritte Kritik schließlich betrifft Schütz' Vorstellungen davon, was denn
ein Seher macht. Das Sehen nämlich ist nicht nur mit einer besonderen Form der
Transzendenzerfahrung verbunden. Es steht zudem vor einem ernsthaften Kom-
munikationsproblem: Wie kann nämlich mitgeteilt werden, dass das, was jemand
gesehen hat, in der Zukunft geschehen wird? Und wie kann der Seher selbst
wissen, dass das, was er sieht, in der Zukunft liegt? Wir werden dies in Teil 4
behandeln.

    Damit beleuchten wir in doppelter Weise die *lebensweltlichen Grundlagen*
der Zukunftsvoraussage. Indem wir die Analyse der Konstitution von Zukunftswissen im alltäglichen Handeln sowie die Konstruktion von Zukunftswissen, das
sich auf außeralltägliche Erfahrungen auflagert, vorlegen, zielen wir im abschließenden Teil 5. auf die Frage nach der Möglichkeit *wissenschaftlichen* Zukunftswissens. Zur Beantwortung dieser Frage wirkt sich die herausgestellte
Rolle der Kommunikation deutlich aus. Wissen über die Zukunft wird in spezifischen kommunikativen Formen mitgeteilt, das am Aufbau und an der Legitimation von etwas als „Wissen" über zukünftige Ereignisse beteiligt ist. Hier bewe-
gen wir uns zwischen der These, dass die Form des prophetischen Zukunftswissens die Grundform der Prognose ist und der Vorstellung, dass jede Art der Artikulation von Wissen über die Zukunft einer besonderen Verkündigung bedarf,
die entweder über bestimmte Verfahren, oder aber durch die Subjektivität des
charismatisch begabten Visionärs legitimiert wird.

2. Zukunft im alltagsweltlichen Handeln und die Sinnprovinz der Imagination

Zunächst zur Korrektur von Schütz' Vorstellung des alltäglichen Umgangs mit Zukunft: Phänomenologisch betrachtet sind Zukunftsvorstellungen in die Struktur alltäglichen Handelns eingelassen. Der Strom des Bewusstseins enthält fortwährende Protentionen, die über die gegenwärtige Erfahrung hinausgreifend in die offene Zukunft kommender Erfahrungen weisen. Vor allem aber zählt die Möglichkeit der Zukunft zu den wesentlichen Merkmalen alltäglichen *Handelns*. Handeln in seiner ausdrücklichen Form besteht im Vorentwerfen einer zukünftigen Erfahrung. Zur Bezeichnung dieses Zeitbezugs verwendet Schütz den grammatischen Begriff *modo futuri exacti*: „Jedes Entwerfen ist vielmehr ein Phantasieren von Handeln, d.h. ein Phantasieren von spontaner Aktivität, nicht aber die spontane Aktivität selbst" (Schütz 1974: 77). Diesen Gedanken formulierte Schütz schon im „sinnhaften Aufbau" (Schütz 1974), wo er die für seine Sozialtheorie grundlegenden Begriffe des Verhaltens und Handels präzisiert. Eigenes Verhalten bildet eine besondere Klasse von Erlebnissen, denen die Eigenschaft zukommt, ein „durch spontane Aktivität sinngebendes Bewußtseinserlebnis" (Schütz 1974: 73) zu sein. Zusätzlich zu der schon im alltäglichen Sprachgebrauch dem Handeln gegenüber dem Verhalten zugeschriebenen Komponente der Bewusstheit bzw. Willkürlichkeit – will heißen: seiner Intentionalität – arbeitet Schütz als wesentliches Merkmal des Handelns dessen *Gerichtetheit auf die Zukunft* heraus. Handeln ist zunächst einmal jede auf Zukünftiges gerichtete spontane Aktivität (Schütz 1974: 75). Hier kann Schütz an Husserl anknüpfen, der festgestellt hatte, dass die reflexive Tätigkeit des Bewusstseins nicht auf vergangenheitsgerichtete Aktivitäten der Retention und Reproduktion beschränkt ist. Das Bewusstsein kennt darüber hinaus eine Form der „Vorerinnerung", die nicht leere Protention ist, sondern explizite und auf bereits Wahrgenommenes rekurrierende inhaltserfüllte Antizipation des Kommenden. Das bedeutet, dass jedes Handeln nach einem mehr oder minder explizit vorgefassten Plan vollzogen wird (Schütz 1974: 77). Im phantasierenden Vorentwerfen wird jedoch nicht das sich schrittweise vollziehende *Handeln* antizipiert, sondern die als abgeschlossen vorgestellte *Handlung*. Diese Unterscheidung ist wesentlich für das Verständnis der Schützschen Argumentation. In seiner phänomenologischen Analyse der Konstitution des Handelns ist dessen verwickelte zeitliche Struktur von zentraler Bedeutung. Schütz kann zeigen, dass die Fähigkeit unseres Bewusstseins zum gedanklichen Vorgriff in die Zukunft wesentliche Voraussetzungen dafür ist, dass wir überhaupt handeln können. Denn im Unterschied zu anderen spontanen Aktivitäten ist das Handeln bereits vor seinem Vollzug bewusst – nämlich als entworfene Handlung (Schütz 1974: 84). So ist es letztlich

dieser zeitliche Bezug auf die Zukunft, der Schütz als zentrales Unterschei-
dungskriterium dient: „Was das Handeln vom Verhalten unterscheidet ist also
das Entworfensein der Handlung, die durch das Handeln zur Selbstgegebenheit
gelangen soll" (Schütz 1974: 79). Das Handeln ist folglich in doppelter Weise
zeitlich mit dem Erfahrungsstrom verknüpft, nämlich in seinem intentionalen
Bezug prospektiv auf die Handlung sowie retrospektiv in Rückbezug auf den
Entwurf.[1] Das Problem ergibt sich nun aus der Behauptung, dass alle Entwürfe
zukünftigen Handelns wesensmäßig auf ein vergangenes, abgeschlossenes Handeln auflagern, was Schütz mit dem Terminus des Denkens *modo futuri exacti*
bezeichnet.

Es besteht also eine sehr grundlegende Beziehung zwischen dem Phantasieren und der Praxis. Die Idee, dass das entwerfende Denkhandeln dem tatsächlichen Handeln in die Welt vorausläuft, nimmt er auch an anderer Stelle wieder
auf: „Jedwedes Entwerfen innerhalb der Welt des Wirkens ist, wie wir gesehen
haben, ein Phantasieren und impliziert zusätzlich eine Art theoretischer Kon-
templation, wenn auch nicht notwendig eine wissenschaftliche Einstellung"
(Schütz 1971c: 267f.). Und auch in den „Strukturen der Lebenswelt" wird an der
Auffassung festgehalten, dass das Phantasieren seine Wurzel im Alltag hat und
Vorraussetzung für das alltägliche Handeln ist (Schütz/Luckmann 1979, 1984).
Handlungen zeichnen sich nämlich dadurch aus, dass sie ein Handlungsziel
phantasierend vorentwerfen. Dieser Vorentwurf des Handlungsziels gelingt nur
dank eines Aktes der Phantasie, der das noch nicht verwirklichte Ziel gewissermaßen „vor-stellt". Diese Konzeption setzt sich auch in der Handlungstheorie
von Thomas Luckmann fort, der ebenfalls dargelegt hat, dass für das Handeln
eine Bewusstseinstätigkeit notwendig ist, die eine der Gegenwart vorauslaufende
Imagination des angestrebten Handlungszieles *modo futuri exacti* (Luckmann
1992: 51) an den Beginn der Handlungssequenz setzt.

Als „praktische Utopie" zeichnet sich diese Form der Imagination dadurch
aus, dass sie zielorientiert, pragmatisch gebunden und vor allem: intendiert ist.
Imagination hat als phantasierendes Vorentwerfen von Handlungen also eine
klare Zielbestimmungs- und Steuerungsfunktion. In einem sehr allgemeinen
Verständnis ist Imagination fest im alltagsweltlichen Pragma verwurzelt. Imagi-

---

[1] Dies hat Konsequenzen für die Frage nach dem „subjektiven Sinn". Denn auch dieser unterliegt,
wie Schütz als Kritik an Weber formuliert, einer zeitlichen Veränderung. Dies zeigt sich phänomenologisch daran, dass dem intendierten Handeln im Entwurf, während des Vollzuges und nach dem
Vollzug unterschiedliche Evidenzen zukommen. Denn diese Evidenzen sind intentionale Leistungen
des jeweiligen „hic et nunc" (Schütz 1974: 85). Daraus folgt, dass die Sinnstruktur des Handelns vor
seinem Vollzug und danach notwendigerweise eine unterschiedliche ist – seine Sinnstruktur verändert sich mit dem jeweiligen Betrachtungsmoment: „Deshalb kann auch von einem gemeinten Sinn
schlechtweg, welcher mit einem Handeln verbunden wird, nicht gesprochen werden (...) gemeinter
Sinn (...) trägt immer den Index des jeweiligen jetzt und so der Sinndeutung" (Schütz 1974: 87).

nation als dem Handeln vorauslaufender, seinen Entwurf begründender zielorientierter phantasierender Bewusstseinsakt ist integraler Bestandteil jedes alltagsweltlichen Handelns. Soweit folgen wir Schütz.

Problematisch indessen ist seine Schlussfolgerung: „dass im Alltagsdenken unser Wissen von den zukünftigen Ereignissen aus subjektiven Antizipationen besteht, die auf unseren Erfahrungen von vergangenen Ereignissen beruhen, so wie sie in unserem zuhandenen Wissensvorrat organisiert sind" (1972: 275), die Schütz zur der Formulierung der Voraussicht als antizipiertem Rückblick führt. Dieser Schluss träfe nur zu, würden wir behaupten, die im Handeln angelegte Phantasie beschränke sich allein darauf, etwas schon Erfahrenes zu projizieren, etwas, das zur Vergangenheit des Erfahrungsstromes des Handelnden gehört. Hielte man an dieser Auffassung fest, ergäbe sich allerdings ein recht trauriges Bild der Phantasie.

Ausgehend davon, dass Praxis und Phantasie miteinander verbunden sind und dass die Phantasie die Quelle des Zukunftswissens ist, müssen wir uns deswegen kurz mit der phänomenologischen Vorstellung über die Phantasie beschäftigen. Das phantasierende Bewusstsein ist, in der Sprache von Husserls Ideen (Husserl 1980, §§ 109-115), „neutral": Es fehlt ihm die spezifische Positionalität des setzenden Bewusstseins (Husserl 1980, § 111; Schütz 1971c: 270). Damit unterscheidet sich die Phantasie auf eine sehr grundlegende Weise von der „natürlichen Einstellung", die den Alltag auszeichnet. Während diese durch das pragmatische Motiv bestimmt ist und von der Geltung der wahrgenommenen Gegenstände ausgeht, folgt die Phantasie einem eigenen Erfahrungsstil, der sich aus der Differenz zur natürlichen Einstellung bestimmt.[2] Selbst wenn das Phantasierte eine Handlung ist, bleibt es doch nur im Vorgang der Imagination Handlung, es ist also eine Handlung in „Anführungsstrichen". Doch hält sich Schütz die Möglichkeit der Verbindung von Imagination und Praxis offen. Er charakterisiert dies mit einem Begriff aus dem Römischen Recht: der *conditio potestativa*, d.h. den Umständen, die von einer Partei kontrolliert werden, die entscheidet, ob sie sie herbeiführen will oder nicht.

---

[2] *„In der natürlichen Einstellung gibt es zunächst (vor der Reflexion) kein Prädikat 'wirklich', keine Gattung 'Wirklichkeit'.* Erst wenn wir phantasieren und aus der Einstellung des Lebens in der Phantasie (also des Quasi-Erfahrens in all seinen Modi) übergehen zu den gegebenen Wirklichkeiten und wenn wir dabei über die zufällige einzelne Phantasie und ihr Phantasiertes hinausgehen, diese als Exempel nehmend für mögliche Phantasie überhaupt und Fikta überhaupt, erwachsen uns die Begriffe Fiktum (bzw. Phantasie) und auf der anderen Seite die Begriffe 'mögliche Erfahrung überhaupt' und 'Wirklichkeit'. ... Von dem Phantasierenden, der in der Phantasiewelt lebt (vom 'Träumenden') können wir nicht sagen, dass er Fikta als Fikta setzt, sondern er hat modifizierte Wirklichkeiten, Wirklichkeiten-als-ob. ...*Erst wer in der Erfahrung lebt und von da aus in die Phantasie 'hineinfaßt',* wobei das Phantasierte mit dem Erfahrenen kontrastiert, *kann die Begriffe Fiktion und Wirklichkeit haben."* (Husserl 1972 §74a, H.i.O.)

Die Phantasie unterscheidet sich also von der setzenden Erfahrung. Dieser Unterschied macht sich auch daran fest, dass die Phantasie „ohne Erinnerungssetzung" (Husserl 1986: 69) auskommt – also genau jener Verbindung, auf die Schütz ausdrücklich anspielt. Phantasie zeichnet sich gerade nicht (notwendig) dadurch aus, dass sie das Erfahrene reproduziert. Sie basiert vielmehr auf einer Reihe weiterer Bewusstseinsleistungen. Zu diesen Leistungen gehört zum Beispiel die Variation des Erfahrenen bzw. Wahrgenommenen in seinen unterschiedlichen Gestalten: In der Phantasie sind wir eben nicht an die Einstimmigkeit des Erfahrenen gebunden. „Stellen wir uns etwa ein individuelles Haus vor, das jetzt gelb gefärbt ist, so können wir uns ebenso gut denken, es könnte blau gefärbt sein, oder es könnte statt eines Ziegeldaches ein Schieferdach haben, oder statt dieser Gestalt eine andere" (Husserl 1972: 416). Phantasie stellt also nicht nur eine Modifikation der Geltung des Erfahrenen dar, sondern ermöglicht auch die Variation. Phantastische Variationen dieser Art bilden nicht nur den Ausgangspunkt für individuelle Imaginationen der unterschiedlichsten Art. Sie bilden auch die Grundlage für eine Reihe von Idealisierungen und Generalisierung: Die Verallgemeinerung des momentanen freien Bewegens auf die Bewegungsfreiheit verdankt sich ebenso der Phantasie wie auch die Idealisierung der geometrischen Figuren von einfachen Wahrnehmungen.[3] So sehr die Klärung des Phantasierens und der Imagination noch aussteht[4], so deutlich sollten diese kurzen Hinweise machen, dass wir auch das mit dem alltäglichen Handeln verbundene Phantasieren – sofern es denn Phantasieren ist – schwerlich auf das bloße Vor- des Entwerfens beschränken.[5] Dagegen spricht auch die Alltagserfahrung: Auch wenn wir nie geflogen sind, können wir doch durch Phantasie entwerfen, fliegen zu wollen. Und dass solche phantasierenden Entwürfe nicht einfach Spinnereien oder Fiktionen bleiben müssen, haben wir historisch ja häufig genug gesehen. Damit wird offenkundig, dass die *Vorentwürfe in die Zukunft keineswegs bloßes Vorrücken alter Erfahrungen zu sein brauchen*, sondern einer Art „außeralltäglicher" Ressource bedürfen, wie sie die Phantasie darstellt.

---

[3] Vgl. dazu Gurwitsch (1974: 63ff.). Gurwitsch, der die Phantasiemodifikationen ebenso wie Schütz unter dem Titel der „imaginations" behandelt, stellt hier einen deutlichen Bezug auch zu den Bewusstseinsleistungen her, die das wissenschaftliche Denken auszeichnen, also neben der Generalisierung und Idealisierung auch die Abstraktion, Konzeptionalisierung und Formalisierung.

[4] Zu diesem Thema ist derzeit eine Forschergruppe in Vorbereitung, die sich auf empirische Weise mit dem Imaginären bzw., so unsere Fassung, ihrer subjektiven Ausprägung, also der Imagination, beschäftigen wird.

[5] Schütz (1971c: 267f, Fn 1) selbst hat eingeräumt, dass die Phantasie sogar im Alltag eigene „Enklaven" ausbilden kann, wenn wir etwa über verschiedene Möglichkeiten von Handlungen so lange sinnieren, dass wir über das Sinnieren gar das Handeln vergessen. Dies spielt natürlich bei der Wahl von Handlungsmöglichkeiten eine große Rolle (vgl. Schütz 1971a).

3. Zukunft, Transzendenz und das Problem der Kassandra

Nachdem wir uns gegen die ausschließlich rückwärtsgewandte Vorstellung des Zukunftswissens bei Schütz gewandt haben, wollen wir uns nun der Frage zuwenden, wie wir die Zukünftigkeit als ein besonderes Thema der menschlichen Erfahrung betrachten können. Dazu erscheint es uns notwendig, Schütz' Annahmen über die Struktur des Zukunftswissens mit seiner Theorie der Transzendenzen zu verknüpfen.

Schütz zufolge lassen sich *mehrere Ebenen der Transzendenz* unterscheiden, die Luckmann heuristisch auf drei Ebenen zusammenfasst. Wir deuten diese Ebenen hier nur an, da sie von Schütz und Luckmann schon detailliert ausgeführt wurden (Luckmann 1991a: 164ff.; Schütz 1971b: 353ff.; Schütz/Luckmann 1984, Kap. VI): Wenn etwas die unmittelbare Erfahrung in zeitlicher oder räumlicher Hinsicht überschreitet, sprechen wir von kleinen Transzendenzen. Die soziale Bewältigung solcher Transzendenzen gelingt mittels Zeichen; räumlich sind dies Anzeichen und zeitlich Merkzeichen. Die mittleren Transzendenzen unterscheiden sich von den kleinen grundsätzlich darin, dass das, was erfahren wird, überhaupt nur mittelbar erfahren werden kann. Die Erfahrung des Alter ego etwa ist nur über Akte der Kundgabe und Kundnahme möglich. Sozial hilft dabei vor allem die Sprache. Während andere aber wenigstens mittelbar erfahrbar sind, zeichnen sich die großen Transzendenzen dadurch aus, dass sie in der Alltagswelt überhaupt nicht erfahrbar sind. In Ekstasen und Träumen etwa machen wir Erfahrungen, an die wir uns im Alltag bestenfalls erinnern können. Im Alltag können wir diese Erfahrungen großer Transzendenzen lediglich durch Statthalter, Symbole und Ikonen mitteilen.

Man sollte betonen, dass die Dreifaltigkeit der Transzendenzen heuristisch verstanden werden muss.[6] Denn wenn wir die kleinen Transzendenzen näher betrachten, werden wir bemerken, dass die Transzendenzen des Raumes 'leichter' überbrückbar sind als die der Zeit. An einen anderen Ort können wir, ceteris paribus, immer gehen (oder am selben bleiben) – in die Vergangenheit

---

[6] Nur nebenbei sei angemerkt, dass Schütz – im Unterschied zu Luckmann und in einer deutlichen Ähnlichkeit zum späteren Entwurf von Soeffner (Soeffner 1991) – auf dieser mittleren Ebene verschiedene Stufen sozialer Transzendenzen unterscheidet. Sowohl im Symbolaufsatz (Schütz 1971b: 318ff.) wie in den „Notizbüchern" (Schütz/Luckmann 1984: 318-321) erläutert Schütz diese Dreiteilung: Die Transzendenz der Welt des anderen bildet die erste Transzendenz. Schütz bezeichnet die dabei ablaufende analogische Erfassung der appräsentierten Bezüge anderer Individuen auch als eine „immanente Transzendenz". Er unterscheidet sie von der Wir-Beziehung, in der andere mich durch ihre Biographie, durch den nicht in die Interaktion eingehenden Teil ihrer Persönlichkeit und durch ihr Relevanzsystem transzendieren. Dies bildet, wie er als Unterüberschrift anführt, die zweite Transzendenz. Schließlich bildet die Wir-Beziehung selber eine dritte Transzendenz: „Sie gehört zu einem geschlossenen Sinnbereich, welcher ein anderer als der der alltäglichen Erfahrung ist, und kann nur mit Hilfe von Symbolen erfahren werden."

jedoch kehren wir unmittelbar nur gebrochen zurück: in den Reproduktionen unserer Erinnerung, bei der sich das Bewusstsein in der lebendigen Gegenwart früheren Erfahrungen zuwendet. Der Raum lässt sich, anders als die Zeit, ceteris paribus, in wiederherstellbare Reichweite bringen.

Aber auch die Zeit kennt ihre Tücken. Zwar liefern die automatisch ablaufenden Protentionen einen Bezug „nach vorne", doch sind die Inhalte prinzipiell offen. Die Zukunft ist phänomenologisch ein Horizont offener Möglichkeiten. Im Alltag allerdings gestaltet sich die Zukunft etwas anders. Der Alltag zeichnet sich definitorisch gerade durch das aus, was man Konstanz nennen könnte: Als Sinnbereich praktischen Handelns wird er beherrscht vom „Und so weiter", „Ich kann immer wieder" und der (aus der Wissenschaftstheorie) entlehnten Ceteris paribus-Regel. Man könnte dies auch die Konstanzannahme der Alltagszeit nennen. Später, morgen, nächstes Jahr werde ich Brötchen holen oder ein Bier trinken – gesetzt ich kann noch gehen, gesetzt ich kann noch trinken, gesetzt es gibt noch Bäcker und Wirtschaften und Bier und Brötchen. Radikale Brüche dieser Annahmen sind sicherlich Probleme für die Normalität des gesamten Alltags: Hinter der Tür des Bäckers nichtet das Nichts, das Bier entpuppt sich als ein lebendes Wesen, der Bäcker ist eine Chimäre oder, moderner, ein Zombie – die Protentionen explodieren regelrecht, der Nomos des Alltags ist in Gefahr. Ebenso aber wie das handelnde Phantasieren mehr ermöglicht als das bloße Reproduzieren schon gemachter Erfahrungen, beinhaltet die Möglichkeit der kleinen Transzendenzen mehr als nur die Auslegung der Zukunft als Anwendung meines schon bekannten Wissens. Die Transzendenzen enthalten nicht nur Unerwartetes, das den Alltag insgesamt in Frage stellt; gerade weil „im common sense-Denken des Alltags alles, was passiert, nicht genau so erwartet werden konnte, wie es passierte, und alles, was erwartet wurde, sich niemals begeben wird, wie es erwartet wird" (Schütz 1972: 270). Wenn Transzendenz in die Zukunft besagt, dass etwas in der Gegenwart erfahren wird, das in der Zukunft „so" (typisch) eintrifft, dann ist das – auch im Alltagsdenken – nur ein Fall; vielfach trifft – auch in der Typik – etwas anderes ein, so dass wir hier fast von einer anderen Art der Transzendenz reden müssten (des Möglichkeitsraumes z.B.).

Aber nicht die Differenzierung der Transzendenzen steht hier im Vordergrund; vielmehr beschäftigen wir uns mit der zukünftigen Zeit. Wenn es ein Kriterium für Transzendenzen darstellt, ob das, worauf sie sich beziehen, prinzipiell der Erfahrung zugänglich ist oder nicht und durch Anzeichen oder Merkzeichen appräsentiert werden kann, dann müssen wir die *erwartbare Zukunft unterscheiden, die ceteris paribus eintritt und die wir aufgrund der Vorerfahrungen antizipieren können, von der, die aus dem mit den Transzendenzen mitgegebenem offenen Horizont der Erfahrungen einbricht und nicht erwartet wird.* Das muss, wie erwähnt, nicht unbedingt eine große Transzendenz sein. Ähnlich aber

wie etwa kollektiv geteilte Erinnerungen auch keine kleine Transzendenz sind,
sind diese etwas anderes als die durch Erfahrbarkeit definierten kleinen Transzendenzen. Erfahrbarkeit bedeutet hier, dass das, was transzendent appräsentiert
wird, zu einem anderen Zeitpunkt oder an einem anderen Ort erfahren werden
kann.

Wenn wir von Transzendenzerfahrungen sprechen, sollten wir beachten,
dass für die Erfahrung von Transzendenz sowohl universale, d.h. phänomenologisch und anthropologisch in der Struktur unseres Bewusstseins verankerte Anteile[7] als auch soziohistorisch bedingte Anteile verantwortlich sind. Das gilt auch
für den besonderen Fall der Transzendenzerfahrungen, die auf die Zukunft bezogen sind. Hier ist eine weitere Unterscheidung relevant. Denn nicht alle auf die
Zukunft bezogenen Transzendenzerfahrungen werden aktiv erfahren. Es muss
vielmehr zwischen *spontanen* und *induzierten* Vorauserfahrungen unterschieden
werden.[8] Denn während das Imaginieren als Grundlage unseres Zukunftswissens
einen aktivischen Zug trägt, kann dieses Wissen auch Folge von Erfahrungen
sein, die ganz und gar passiv erlitten werden. Im Traum, in Rauschzuständen, in
der Vision etwa erfahren Menschen innere Bilder, die nicht absichtsvoller Denk-
tätigkeit entstammen, sondern *auferlegt* sind. Man könnte hier von einer „inver-
sion of agency" sprechen: Die Erlebenden gewinnen den subjektiven Eindruck,
dass die Vorgänge ihrer Imagination nicht auf die Autorschaft des eigenen Bewusstsein zurückgehen, sondern durch andere Instanzen verursacht werden. Das
mag, je nach Kultur, auf göttliche Mächte, übernatürliche Agenten und Kräfte
oder die Tiefen der Psyche zurückgeführt werden.[9]

Bislang haben wir das Wissen über die Zukunft aus einer rein egologischen
Perspektive betrachtet. Zukunftswissen ist allerdings nicht nur das Ergebnis
unserer privaten Bewusstseinstätigkeit, und nicht immer Folge intentionaler
Anstrengungen. Deshalb ist es erforderlich, die phänomenologischen Analysen
wissenssoziologisch zu ergänzen. In ähnlicher Weise hat Luckmann seine frühen
religionssoziologischen Ausführungen erweitert (Luckmann 1991b). Denn schon
aus dem vorigen Abschnitt ist klar, dass nicht alle Transzendenzen ausschließlich

---

[7] Zur Unterscheidung des phänomenologischen vom anthropologischen Begriff der Transzendenz
vgl. Knoblauch (1998).

[8] In ähnlicher Weise unterscheidet Peukert (2000) zwischen *intuitiver* und *induktiver* Zukunftsschau.
Erstere besteht darin, dass ihre Ergebnisse dem Menschen unmittelbar, gleichsam innerlich, bewusst
werden; letztere ist dadurch charakterisiert, dass die Zukunft auf Grund von Zeichen oder Vorgängen
seiner äußeren Umgebung, nicht aber durch innere Wahrnehmung, erkannt werden. Dies kann den
Einsatz von mantischen oder divinatorischen Techniken einschließen, die dazu dienen, Wissen über
die Zukunft aktiv hervorzubringen. Für eine kulturgeschichtliche Übersicht dazu vgl. Minois (1998).

[9] An anderer Stelle diskutieren wir, welche handlungstheoretischen Implikationen diese Zurechnung
von Handlungsträgerschaft auf nichtmenschliche Akteure hat, die in der gegenwärtigen Debatte um
die „Postsozialität" so vehement diskutiert wird (Knoblauch/Schnettler 2004).

in der subjektiven Erfahrung gründen. Deshalb müssen die bisherigen phänomenologischen Betrachtungen zur *Konstitution* des Zukunftswissens wissenssoziologisch erweitert werden. Zur Konstitutionsanalyse tritt die Analyse der sozi-
kulturellen *Konstruktion* hinzu.[10] Denn nur ein Teil unserer Erfahrungen ist
selbstgemacht. Ein Großteil besteht aus ‚abgeleiteten' Elementen des gesellschaftlichen Wissensvorrates (vgl. Schütz/Luckmann 1979, Kap. II A, Kap. IV
D), die wir uns im Verlauf unserer Sozialisation aneignen. Und da Menschen
immer einem ganz bestimmten ‚soziohistorischen Apriori' (Luckmann 1980:
127), mit ihren je eigenen Wirklichkeitskonstruktionen unterworfen sind, liegt
hier der Grund für die geschichtliche Relativität von Transzendenzerfahrungen.
Transzendenzerfahrungen haben ihren Ort im Individuum. Sie lassen sich allerdings nicht auf individualpsychologische Kategorien reduzieren. Denn diese
individuellen Vorgänge der Grenzüberschreitungen bedürfen intersubjektiver
Absicherung. Diese liefert der gesellschaftliche Wissensvorrat: die im kollektiven Gedächtnis abgelagerten gesellschaftlichen Konstruktionen ‚anderer' Wirklichkeiten. „Sofern aber nur ein Mindestangebot an glaubwürdigen sozial vor-
konstruierten Deutungsmöglichkeiten zur Verfügung steht, können solche Erfahrungen nicht nur einen flüchtigen, sondern einen bleibenden Anspruch auf Wirklichkeit erheben" (Luckmann 1991b: 169f.). Dieser „Wirklichkeitsanspruch, der
auch nach der ‚Rückkehr' in den Alltag seinen *Vorrang* beibehält" (Luckmann
1991b: 170, Hervh. ebd.), ist aber ein Element, das nicht auf der universal-
anthropologischen Struktur des menschlichen Bewusstseins und dessen Erfah-
rungsmöglichkeiten beruht, sondern auf der „Vorgegebenheit einer sozialen
Konstruktion der Wirklichkeit, einer solchen und einer ‚anderen', einer alltäglichen und einer außeralltäglichen" (Luckmann 1991b: 170). *Wohin* wir transzendieren, wenn wir Transzendenzerfahrungen machen, ist also abhängig davon, ob
gesellschaftlich vorgeprägte Muster verfügbar sind, in die sich unsere Rekonstruktion der Erfahrung einfügen lässt. Und die je geschichtliche ‚Wirklichkeits-
theorie' bestimmt wesentlich darüber, welchen Status wir diesen Erfahrungen
verleihen. Zu den Elementen der subjektiven *Erfahrung* gesellen sich also die
des gesellschaftlich verfügbaren, kommunikativ vermittelten *Wissens*, so dass
von einer sich wechselseitig bedingenden Dialektik wiederkehrender menschlicher Transzendenzerfahrungen einerseits und gesellschaftlicher Konstruktionen
transzendenter Wirklichkeiten andererseits ausgegangen werden muss. Das gilt
auch für die Transzendenzerfahrungen, die Zukunftswissen vermitteln.

   Wissen über die Zukunft kann also in verschiedenen Formen auftreten. Allein alltagsweltlich können wir vor diesem Hintergrund mehrere *Formen des
Wissens über die Zukunft unterscheiden*: (1) ‚Zukunftswissen': Ceteris paribus-

---

[10] Wir folgen hier der Unterscheidung von Protosoziologie und soziologischer Analyse, wie sie
Luckmann formuliert hat (Luckmann 1999).

Wissen, das auf Typisierung und Konstanz-Annahmen beruht (das gilt auch für kausales Wissen: morgen geht die Sonne auf, der Ball fällt auf den Boden, mein Computer geht auf Knopfdruck an), (2) ‚zukünftiges Wissen': also Erfahrungen, die wir in der Zukunft haben werden; hier handelt es sich um phantastische Extrapolationen, die Erfahrungen variieren, sowie (3) ‚Wissen über die Zukunft', also Wissen über den zukünftigen Zustand der Welt (als Erfahrungsraum); hier handelt es sich im wesentlichen um kognitive Konstruktionen, die auf den anderen Formen aufbauen. Hinzu kommen (4) die nichtalltäglichen Formen. Das sind zum einen Prophetien, deren Zukunftswissen Transzendenzerfahrungen zugrundeliegen, sowie Prognosen als dasjenige Zukunftswissen, das mit dem Anspruch wissenschaftlicher Methodik auftritt.

Unter soziologischer Perspektive ist nun bedeutsam, dass Wissen über die Zukunft in besonderer Weise auf *Kommunikation* angewiesen ist. Man könnte die Frage stellen, ob Wissen über die Zukunft nicht prinzipiell kommunikativ (aber nicht nur anzeichenhaft) sein muss. Diese Frage ist für gewöhnlich mit dem Problem der Kassandra verbunden, das Schütz überhaupt nicht anspricht: Kassandra kann in die Zukunft sehen, doch wird ihr nicht geglaubt. Ihr gelingt es nicht zu kommunizieren, dass sie die Zukunft vorhergesehen hat. Die *Kommunikation des Zukünftigen* ist in der Tat ein großes Problem, das über das der individuellen Entwürfe hinausgeht. Blicken wir auf die Formen, die uns zur Verfügung stehen, so ist die Zukunft grammatisch zwar vorstrukturiert; bei den größeren Formen aber sieht es trauriger aus: Kommunikative, literarische, filmische aber auch wissenschaftliche Gattungen sind großteils *rekonstruktiv*; nur wenige und häufig randständige Formen sind prospektiv (Science Fiction, Utopien und eben Prognosen – und diese Gattungen beschränken sich in der Regel auf Schütz' Modell der Vorschau als Rückblick). Wie bewältigen wir dann die Zukunft, sofern sie außerhalb des Konstanzrahmens der Welt thematisiert wird? Bleiben wir im Alltag, dann sehen wir einen Mangel an monologischen Gattungen, dafür aber eine Vielzahl interaktiver Formen: Räte, Planungsstäbe, runde Tische, Sitzungen, Konferenzen usw. sind mehr die Formen, Zukunft zu erarbeiten als monologische Gattungen.

Nach dem oben Gesagten könnte das damit zusammenhängen, dass Zukunft erst dann zu einem gemeinsamen Entwurf wird, wenn sie kommuniziert wird. Das gilt nicht nur, wie Schütz bemerkt, für den Wissensvorrat, durch den Vergangenheit, Gegenwart und Zukunft ausgelegt wird. Erst wenn wir das, was wir wissen, kommunizieren, entsteht eine Kongruenz, die eine gemeinsam erwartbare Welt schafft. „Diese Kongruenz ermöglicht es mir, besonders hinsichtlich der sozialen Welt, zukünftige Ereignisse in einer so verläßlichen Weise zu antizipieren, das ich behaupten kann, ich ‚wüßte', was geschehen wird" (Schütz 1972: 265). Es gilt natürlich auch für die Zukunftsentwürfe, sofern sie mehr als den

Handelnden betreffen. Mit anderen Worten: Wissen über die Zukunft ist wesentlich an Kommunikation gebunden.

Man darf sich fragen, ob Prognosen eine Ausnahme darstellen: Sofern es sich nicht um Fortschreibungen auf der Grundlage von Konstanzannahmen handelt, könnte man vermuten, dass Prognosen nur dann prognostisch sind, wenn sie die Kommunikation sowohl entscheidend leiten wie auch auf der schon laufenden Kommunikation aufbauen. Prognosen hätten dann eine Grundstruktur, die der von self-fulfilling prophecies (Merton 1995) ähnelt.

4. Prophetie als Grundform der Prognose

Zur Klärung der Frage, welche Rolle die Kommunikation für die charismatischen Formen des Zukunftswissens spielt, betrachten wir einen empirischen Fall unserer eigenen Untersuchung von prophetischen Zukunftsvisionen (Knoblauch/Schnettler 2001; Schnettler 2004). Es liegt auf der Hand, dass diese Untersuchung konkret das von Schütz am Beispiel des Sehers Tiresias behandelte Problem des zukünftigen Wissens aufwirft.[11] Dabei gehen wir davon aus, dass die Prophetie als Grundform nichtalltäglicher Produktion von Zukunftswissen angesehen werden kann, und ihre eingehende Untersuchung deshalb auch für die Frage der (wissenschaftlichen) Prognose relevant ist.[12] Betrachten wir deswegen das charismatische Sehen, mit dem sich ja auch Schütz beschäftigt. Schütz unterscheidet drei Möglichkeiten des charismatischen Sehens: (1) Man sieht zukünftige Ereignisse mit der Einstellung des Zuschauers im Theater; (2) Man sieht sie mit der Einstellung des Theaterschriftstellers, der das Ende des Stückes in einer einzigen Vision voraussieht; (3) Tiresias sieht die zukünftigen Ereignisse, wie wenn sie eine Tatsache der Vergangenheit wären, deren Entstehung er zu berich-

---

[11] In diesem Forschungsprojekt haben wir zwischen Juni 1999 und Oktober 2000 ausführliche qualitative Interviews mit 20 Visionärinnen und Visionären geführt. Die Interviews fanden im südwestdeutschen und nordschweizer Raum statt. Die Interviewten wurden gebeten, ihre visionären Erfahrungen, von denen sie annahmen, dass sie sich auf Zukünftiges beziehen, ausführlich zu erzählen, Dies Gespräch, die in der Regel zwischen ein und zweieinhalb Stunden dauerten (einige mehr als vier Stunden) wurden auf Tonband aufgenommen und transkribiert. Das Material enthält 127 Episoden von Visionsschilderungen, die einer detaillierten Gattungsanalyse unterzogen wurden.
[12] Ähnlich spricht Mannheim, der bekanntlich Utopie und Ideologie voneinander scheidet, von der Vision als Individualform der Utopie: „Es kommt nun sehr häufig vor, dass die leitende Utopie zunächst nur als Wunschtraum, Phantasie eines vereinzelten Individuums auftritt und erst später in das politische Wollen breiterer und soziologisch stets genauer bestimmbarer Schichten aufgenommen wird. In solchen Fällen pflegt man von einem Vorläufer und dessen Pionierdienst zu sprechen und auch seine Leistung soziologisch jener Schicht zuzurechnen, für die der Betreffende die Vision gehabt, den Gedanken durchdacht hat" (Mannheim 1985: 179).

ten hat. Letztere Variante erhebt Schütz zum Strukturprinzip unseres gesamten Wissens über zukünftige Ereignisse. Woher aber weiß Schütz das?

Um diese Frage beantworten zu können, kommen wir um eine genauere Betrachtung der Kommunikationsprozesse, in denen das Zukunftswissen der Propheten vermittelt wird, nicht herum. In diesen vollzieht sich die Mitteilung, die gesellschaftliche Formung und Rahmung der subjektiven Transzendenzerfahrung. In Kommunikation wird diesen ein ‚Wirklichkeitsakzent' verliehen – oder entzogen. Wir können diesen allgemeinen Ansatz hier nicht ausführlich erläutern.[13] Für den Argumentationszusammenhang dieses Beitrags wesentlich ist, dass subjektive Erfahrungen anderen immer nur vermittels kommunikativer Vorgänge zugänglich gemacht werden können. Das gilt in besonderem Maße für die Erfahrung großer Transzendenzen, die Anderen im Alltag nicht zugänglich ist. Um diese außergewöhnlichen Erfahrungen mitteilbar machen zu können, müssen besondere Formen geschaffen werden, die das Außergewöhnliche gleichsam markieren. In der Tat finden wir genau dies in unseren Untersuchungen: Es gibt besondere kommunikative Formen der Darstellung der „Sehens", also des Blicks in die Zukunft.

---

[13] Ein paar Hinweise sollen genügen: Alle menschlichen Sprachen zeichnen sich dadurch aus, dass sie der pragmatischen intersubjektiven Sinnprovinz des Alltags entstammen und vornehmlich für die Bewältigung deren pragmatischer Anforderungen ausgelegt sind. Schütz spricht hier von einem ‚Paradox der Kommunikation' (1971c: 294). Die Verständigungsmittel der intersubjektiven Wirkwelt des Alltags mögen zwar unzulänglich in Bezug auf die Mitteilung von Erfahrungen sein, die einer anderen geschlossenen Sinnprovinz angehören. Dies führt allerdings nicht zu einer prinzipiellen Inkommunikabilität: „Weil die verschiedenen Sinnprovinzen zum selben Bewusstsein gehören und lediglich ‚Ableitungen' der natürlichen Einstellung des Alltags sind, können sie wenigstens prinzipiell zum Gegenstand der Kommunikation im Alltag gemacht werden" (Knoblauch 1998: 171). In welcher Form aber werden sie mitteilbar? Nach Ansicht von Schütz können diese Grenzüberschreitungen nicht mehr einfach mit Zeichensystemen überwunden werden, die allein auf die Wirklichkeit des Alltags Bezug nehmen. Deshalb weist Schütz für die Bewältigung der ‚großen' Transzendenzen eine besondere Klasse von Zeichen aus, die er *Symbole* nennt. Das, was in Symbolen vermittelt wird, ist aber nicht Teil der phänomenologischen Konstitution, sondern Ergebnis soziokultureller Konstruktion: Wir sind in eine Welt immer schon mit Bedeutung aufgeladener und gedeuteter Zeichen, Symbole und der durch sie ausgedrückten Sinnzusammenhänge hineingeboren. Die Welt erscheint nicht erst dann sinnhaft und geordnet, „weil und sofern sie uns in Zeichen und Symbolen deutbar und interpretierbar ist", sondern weil umgekehrt „die Zeichen selbst eine Ordnung suggerieren, da sie auf Zeichensysteme und Verkettungen verweisen". Diese Ordnung ist aber nur eine vordergründige, „die von uns konstruierten Zeichen-, Symbol- und Verweisungssysteme repräsentieren die Strukturen unserer Sinnorientierung. Ihre Systematik ist unser Produkt" (Soeffner 1991: 66). Weiter noch aber können, wie die Untersuchung von Todesnähevisionen gezeigt hat, Symbole zum Teil der Erfahrung selbst werden (Knoblauch 2001b). Sie transformieren nicht nur inneres Erfahren in äußerlichen Ausdruck – sie generieren selbst inneres Erfahren. Das ist nun für die Prophetien relevant. Hier erweist sich das als auferlegt erfahrene Imaginative als mit dem Anspruch auf kollektive Verwirklichung ausgestattet (wie etwa bei religiös Berufenen). In diesem Fall sieht sich das Imaginative mit dem Zwang zur Darstellung behaftet. Schwiege etwa der Prophet über die in seiner Vision vorausgesehene Zukunft, so könnte seine prophetische Botschaft keine Wirkung entfalten.

In vielen Fällen wird die Zukünftigkeit durch eine *A-B-Struktur* erzeugt, die retrospektiv berichtet wird. Das heißt, die Person berichtet von einem Ereignis, das sie visionär wahrgenommen habe – und das dann später – aber natürlich vor dem Bericht – in der intersubjektiven Wirklichkeit eingetroffen sei.[14] Hier nur ein kurzes Beispiel.

Frau Marquard berichtet:

> (A) „also ich- zum Beispiel vor über vierzehn Jahrn war des bestimmt ähm ja (hab) so'n Gespräch geführt mit'n paar Leutn äh was weiss ich °au über über° Pläne und so, und auf einmal seh ich 'n 'n farbigen Menschen
>
> (X) ich hat aber kein' Kontakt zu Farbigen un- ich wusste aber im dem Moment wo des Foto sah äh mit dem bin ich zusammen
>
> (B) und vierzehn Jahre später: mein Mann isch aus Afrika"

Eine zweite Weise der Zukünftigkeit wird durch das erzeugt, was man als „*andere Stimme*" bezeichnen könnte: So erfährt etwa Uriella, die von uns interviewte Leiterin der Neuoffenbarergemeinschaft 'Fiat Lux', vom durch sie sprechenden Gott, was sich in der Zukunft ereignen kann. Dies geschieht nicht in Form eines visuellen „Gesichts", sondern durch eine Audition, bei der sie die Stimme des Herrn vernimmt. Bei der „anderen Stimme" kann es sich aber auch um ein besonderes Wissen handeln, wie etwa im Falle des Herrn Kamm:

> „da hab ich so eine Vision gehabt, war irgendwo in den Bergen und wollten den Weg zurück nach Nikosia finden und hab die Leute gefragt, wo sie liegt. Welche Richtung soll ich da hingehen. Und sie zeigten mir dahin, und da wo sie zeigten, hab ich Meer gesehen. Da sagte ich: Da wo das Meer liegt? Da ham sie mich angeschaut ((lacht)) – da war offensichtlich kein Meer. Aber ich hab ganz deutlich ein Meer gesehen. (...) Später dachte ich mir – irgendwie kam's zu mir, dass äh in acht oder neun Jahren Nikosia unter Wasser stehen würde"

Eine dritte Möglichkeit der Herstellung von Zukünftigkeit, die wir *motivisch* nennen, zeichnet sich dadurch aus, dass hier die Zukunftsbezogenheit durch den Rekurs auf im kollektiven Wissensvorrat verfügbare Szenarien, Motive oder Topoi vollzogen wird, die einen klare Verortung in der Zukunft indizieren. Deutlich wird dies etwa in der Vision von Frau Semper, in der sie folgendes erlebt hat:

---

[14] Vgl. ausführlich dazu Schnettler (2004: 137ff.).

„da hab ich mich also gesehen ich hab meine drei Kinder gesucht- damals hatte ich
überhaupt keine Idee an Heirat oder sonst was und war- ich denk halt - in der
Schweiz, ich weiß es net, es kann auch die Gegend hier gewesen sein, auf jeden Fall
war alles furchtbar aufgerissen, der Himmel war richtig rot, die Berge warn wie äh
durchgerissen, ich bin durch tiefe Schluchten gelaufen, und war immer furchtbar besorgt, weil ich keine Nachricht von meinen Kindern hatte und war auf der Suche zu
ihnen. (...) Das war, wie wenn die Erde verbrannt wär, es war kein Strauch, es war
gar nix da, wie gesagt, der Himmel so gelb und blutrot und es roch so eigenartig,
des kann man gar net beschreiben, wie es roch, ne, es roch nach Metall oder oder
nach nach Steine, die heiß sin', also es war unermesslich. Es war ein Brausen, es
war ein ein ungeheures- des kann man gar net sagen, dass einem die Ohren weh taten von dem Brausen, ne, des war also mit sechzehn Jahren. (...) Ich hab also irgendwie gedacht, ich erlebt des mal, also des wär mir furchtbar. Ich sah mich also
als Frau, als Frau, und nicht als Mädchen, die da entlang lief, und es war also furchtbar, es war also, aber es waren Farben, gelb, rot, und die Berge, also wie so Sand-
steinberge, durchgerissen, oder wie so Kalkberge, oder Basalt, also es war alles wie
gespalten, zerfetzt und so, die Brocken lagen rum, und dann ganze riesige Täler,
man kann jetzt vielleicht vergleichen, ich war mal im Grand Canyon, und vielleicht
kann mans somit vergleichen, aber es war eigentlich mehr sone glatte Fläche, wie
wie mit ungeheurer- würd heut sagen, damals gabs des noch net Laserstrahlen da-
durchgeratscht, so war das (...) wahnsinnige Geräusche, also furchtbare, Brausen
und schrille Sachen, und es roch (...) Ich war allein, ja, es gab kein Busch, kein
Baum, es gab kein Wasser, es war auch sone Hitze, also es war unheimlich heiß, a-
ber sone andre Hitze als wirs normal kennen. Es war alle des- des war die einzige
echte Vision die ich je hatte, des andre waren Träume." I: „und was meinen Sie bedeutet diese Vision?" R: „Also ich hab damals- ich hatte auch noch nicht Nostrada-
mus gelesen- ich hab damals gedacht, es is also eine unwahrscheinliche Katastrophe
über die Erde hereingebrochen. Und ich war jetzt irgendwo in der Schweiz, das
dacht ich automatisch, °warum jetzt eigentlich° Schweiz, weiß ich nicht, und ich suche meine Kinder, und ich finde niemand. Es war ne sehr angstvolle Geschichte, also es war wirklich entsetzlich. Und ich hab nicht geträumt."

Frau Semper erlebt sich in der ersten Zukunftsvision als Protagonistin durch eine
unwirkliche Szenerie eilend, die aus gelb-roten Bergen besteht und von tiefen,
wie mit einem Laserstrahl eingeschnittenen Tälern durchzogen ist. Die Umgebung ist nicht nur in unwirkliches Licht getaucht - der Himmel erscheint ihr gelb
bis blutrot - auch die Abwesenheit von anderen Menschen und Lebewesen überhaupt, ja sogar von Vegetation erinnert sowohl an das Motiv einer postatomaren
Landschaft hier auf der Erde wie an die Wüste und Leere fremder Planetenober-
flächen aus Science-Fiction Filmen (bei rot natürlich zuerst assoziiert mit dem
roten Planeten Mars). Auch findet sich hier das Motiv der einsamen Suche: Frau
Semper ist auf der Suche nach ihren drei Kindern, obwohl sie damals noch eine
junge, kinderlose Frau war. Die Visionserfahrung ist auch mit starken negativen

Emotionen der Angst und Besorgnis angereichert und endet ohne eine glückliche Auflösung – das Bild bleibt gleichsam ohne Entwicklung bei der frustrierenden Suche stehen, deren nicht herbeizuführender Beendigung die Protagonistin sich machtlos ausgeliefert sieht.

Diese Beispiele mögen genügen, um zu zeigen, dass die Mitteilung der geschauten Zukunft eigene Formen aufweist. Daneben ist für uns jedoch eine zweite Beobachtung von noch größerem Gewicht: Die Berichte der Visionäre enthalten nämlich in der Regel keine Verkündigung eines speziellen Zeitpunktes, an dem die Erfüllung der Prophezeiung erwartet wird. Vielmehr handelt es sich um die Schilderung von außeralltäglichen Erfahrungen, die aufgrund ihrer inhaltlichen Aspekte dem Betroffenen als auf die Zukunft bezogen erscheinen, deren Eintreffen jedoch zukunftsoffen und zeitlich unbestimmbar bleibt. Die Zukunftsprophezeiungen werden nicht datiert. Was aber zeichnet diese Visionen als *zukünftige* aus? Diese Frage führt zur überraschenden Erkenntnis: *Zukunftsvisionen beinhalten keine eigentliche Vision der Zukunft, also kein Wissen über die Zukunft.* Der Kern der Erfahrung ist zwar zweifellos eine Vision. Doch enthält sie keinerlei Hinweis auf die Zukünftigkeit. Diese wird vielmehr durch die Struktur der Geschichte (also die A-B-Struktur oder die Motivik) oder Kraft der Performanz, des Charismas oder der Autorität der Seherin oder des Sehers hergestellt. Wenn es statthaft ist, diese Ergebnisse auch auf andere historische Kontexte zu übertragen, dann ist es eben nicht so, dass „die Bilder zukünftiger Dinge Tiresias' Bewusstseinsstrom passieren, sie sind dessen integralen Elemente", wie Schütz (1972: 259) meint. Die Zukünftigkeit der Vision ist ein Ergebnis der Kommunikation und nicht ein Merkmal der Erfahrung. Dabei wirken sich selbst die Kommunikationstechniken auf die Art der Visionen aus. So äußert sich der Umgang mit Filmen schon in der Todesnäheerfahrung darin, dass das, was einst als „Buch des Lebens" oder „Panoramaerfahrung" erschien, nun als „Lebensfilm" wahrgenommen wird. (Dabei werden einzelne Stationen wie schnell abfolgende Einzelbilder gesehen.) Auch bei den Visionären der Gegenwart finden sich häufig Filmanalogien, d.h. den Schilderung von visuellen Effekten und Bildern, die aus den Massenmedien bekannt sind, wenn über die visionären Erlebnisse berichtet wird.[15]

Ein drittes Ergebnis unserer Untersuchung dürfte für den Schluss unseres Beitrages Konsequenzen haben. Es zeigte sich nämlich sehr deutlich, dass Zu-

---

[15] Eine Frau etwa bezeichnete ihre Vision als „Fotoeinschuss", ein anderer erfuhr sie als „Multivisionsshow", ein dritter verglich das Erleben in seiner apokalyptischen Vision mit einem Szenario aus einem bekannten Hollywood-Katastrophenfilm. Offenkundig wirkt die Entwicklung moderner Sehtechniken auf die Formen des bildhaften Erlebens zurück (Soeffner/Raab 2004). Was für das alltagsweltliche Sehen gilt, schlägt sich auch in den Visionen nieder. Die Verfügbarkeit neuer Techniken der visuellen Darstellung zieht – im Rahmen der Flexibilität der organischen Grundbedingtheiten – eine Variation der (sinnlichen) Erfahrung nach sich.

kunftsvisionen hierzulande keine besonders legitimen religiösen Erfahrungen sind. Zwar machen auch heute noch Menschen in unserer Gesellschaft prophetisch-visionäre Erfahrungen. Doch treten diese kaum als prophetische Verkünder auf.[16] Während dem außeralltäglichen Erleben in unserer ‚ekstatischen Kultur' (Knoblauch 2001a) ansonsten durchaus hohe Wertschätzung beigemessen wird, ist die Legitimation für Prophetien hierzulande vollkommen verschwunden. Zugleich ist es zu einem allgemeinen Schrumpfen kollektiver Erwartungen und Befürchtungen gekommen. Obgleich der Begriff der „Vision" derzeit floriert, ist der Mangel an kollektiv verbindlichen, größeren Zukunftsentwürfen kaum übersehbar. Für diese These vom „Zukunftsverlust" (Schnettler 2004: 243ff.) ist eine wissenssoziologische Erklärung naheliegend: der kollektive Grund für geteilte Zukunftsvorstellungen schwindet in dem Maße, wie sich die gesellschaftlichen Wissensbestände ausdifferenzieren. Im religiösen Bereich scheint die Zukunftsvision – wenigstens hierzulande[17] – nicht mehr hoffähig zu sein. Wie aber sieht es in anderen institutionellen Bereichen aus?

5. Wissenschaftliche Prognose

Mit dieser Frage sind wir beim Thema des Buches angekommen, dem wir uns bisher eher grundsätzlich genähert haben. Auch wenn wir beim Grundsätzlichen bleiben wollen, so können wir doch einige Folgerungen der bisherigen Überlegungen und Beobachtungen auf die Frage der wissenschaftlichen Prognosen – und wir beschränken uns hier auf sozialwissenschaftliche Prognosen – ziehen. Wie wir festgestellt haben, ist die Prophetie als religiös legitimierte Tätigkeit mittlerweile sehr ins Abseits gerückt. Dies hängt sicherlich damit zusammen, dass die Zukunftsvision in anderen gesellschaftlichen Bereichen eine herzliche Aufnahme gefunden hat – auch wenn sie in diesen anderen Bereichen zweifellos andere Formen angenommen hat. Für die *wissenschaftliche* Zukunftsvoraussage existiert inzwischen eine nahezu unüberschaubare Fülle ausgefeilter Verfahren. Diese lassen sich in einzelne Formen, Typen und Gattungen unterscheiden, wie etwa Prognosen, Sekundäranalysen, Szenarien, Delphi-Studien, Extrapolationen, Expertenbefragungen, Trendforschungen, Innovationsforschung, Futurologie, usw. Gegenüber den Laienformen der Zukunftsvoraussage unterscheiden sich die wissenschaftlichen vor allem dadurch, dass sie beanspruchen, Zukunft *metho-*

---

[16] Das kann in sprachlicher (Prophezeiungen aussprechen) oder anderen kommunikativen Formen erfolgen, die das inneres Erleben rituell und performativ zur Darstellung zu bringen, wie (Schnettler 2001) anhand einer Untersuchung der „visionären Performanz" von aufgezeigt hat.
[17] Dass dies nicht notwendigerweise in allen modernen Gesellschaften der Fall ist, zeigt z.B. die große Lebendigkeit der prophetischen Tradition in den USA (vgl. Schnettler 2004: 236ff.).

disch kontrolliert vorauszusagen. Daneben ist es aber unübersehbar, dass sich neben die Soziologen als Deuter der Gesellschaft längst eine Reihe von spezialisierten Professionen gesellt haben – Trendforscher, Sozialstatistiker, Demographen usw., die ebenfalls beanspruchen, zukünftige Entwicklungen vorauszusagen und dazu ihre eigenen Verfahren entwickelt haben. Allerdings sollte man beachten, dass gerade dort, wo Handlungsbedarf besteht, die Frage der methodischen Kontrolle keineswegs im Vordergrund steht. Nicht zufällig hat sich ja im Bereich der Wirtschaft und des Managements ein Begriff der Vision durchgesetzt, der dem der Prophetie durchaus verwandt ist. Paradoxerweise wird dabei heute der Begriff der Vision gerade auf solche Zukunftsprognosen angewandt, die der Machbarkeit unterliegen (die Topoi „nachhaltiger Entwicklung, oder „Innovation" sind gute Beispiele hierfür). Dieser „säkulare Visionsbegriff" (Herbrik 2001; Schnettler 2004: 212ff.) findet in Kontexten wie etwa der politischen Rede (vgl. Raab/Tänzler 2002), der Werbekommunikation und der Unternehmensprogrammatik Verwendung. So sehr die Zukünftigkeit betont wird, so undeutlich ist sein *Vision*charakter. Es handelt sich um einen sehr pragmatischen Begriff: Mit ‚Vision' ist hier ein intentional hergestellter, gedanklicher, kommunizierbarer Inhalt angesprochen, der *durch das menschliche Handeln* in der Zukunft verwirklicht werden soll und dadurch Einfluss auf menschliches Tun und Denken ausübt. ‚Vision' in diesem Sinne meint ein anzustrebendes Ziel, einen durchzuführenden Plan oder eine zu verwirklichende Idee und ist semantisch in die Nähe der Begriffe ‚Plan', ‚Vorstellung' oder ‚Vorhaben' gerückt. Dabei bedarf sie keinerlei transzendenter Agency: ihre Verwirklichung ist ausschließlich in menschliche Hand gelegt. Hierin liegt der und markanteste Unterschied zu religiös oder ästhetisch ausgezeichneten Visionen. Im Gegensatz zu diesen fehlt ein Rekurs auf eine besondere *Erfahrung* als Quelle und Motiv bei säkularen Visionen vollkommen. Ihre Autorität gewinnt die Säkularvision nicht aus Erfahrung oder Berufung, sondern aus persönlicher Kompetenz oder institutioneller Position. ‚Visionäre' in diesem Sinne sind Personen, die eine bestimmte Funktion innerhalb einer Institution ausüben. Dies schließt Vorstandsvorsitzende, Verbandspräsidenten, Unternehmensgründer der New Economy oder Experten ein, die in einer Denkfabrik damit beschäftigt sind, kontrolliert Visionen „herzustellen". Mit diesen Visionen meint man also nicht besondere *Erfahrungen*, sondern besondere (intellektuelle) *Produkte*. Deshalb heißt es von diesen Visionen auch, sie seien „machbar". Sie sind das Ergebnis intentionaler Akte, das willentlich vom ‚Visionär' hergestellt wird, ihm dann als eine Art geistiges Eigentum gehört und in der Konsequenz auch als Ware verkauft werden kann. Sie sind ein Produkt, das einen ökonomisch messbaren Wert besitzt und verkauft, aber auch als Luxusgut behandelt werden kann. Um den Prognosen größere Legitimität zu verleihen, werden dann ausgefeilte Verfahren ersonnen. Das zieht eine Technisierung und Rationalisierung der Prognose nach sich. Voraussetzung jeder prognostischen Vorhersage ist somit eine gewisse Rationalisierung der Zukunft. Unsere spezifische, auf Fortschritt ausgerichtete Vorstellung von Zukunft ist jedoch selbst ein historisches Produkt der Neuzeit (Kosellek 2000).

Wie wir zu zeigen versuchten, ist jedoch das Wissen über die Zukunft methodisch nicht kontrollierbar. Daran ist nicht nur der Umstand schuld, dass es unheilbar subjektiv ist. Entscheidend für die Unkontrollierbarkeit des Wissens über die Zukunft (von der Unkontrollierbarkeit der wirklichen Zukunft ganz zu schweigen) ist jedoch, dass es trotz aller Rationalitätsversuche auf dem Funken an Irrationalität gebaut ist, den wir phänomenologisch Phantasie oder religiös Charisma nennen.[18] Deswegen verwundert es nicht, dass wir „Visionen", die den Unterschied zwischen Prognose und Prophetie zu verwischen drohen, mittlerweile in einer Reihe von gesellschaftlichen Funktionsbereichen außerhalb der Religion finden. Man darf annehmen, dass diese Inflation von „Visionen" einer symbolischen Aufladung rationaler Handlungsplanung gleichkommt, einer Form der Charismatisierung der Planung, die selbst im rationalistischen Fall (Club of Rome) transzendente Quellen beanspruchen muss.

Da wissenschaftliche Zukunftsvorhersagen nicht nur Gegenstand einer soziologischen Forschung sind (die die Kulturbedeutung der Religion auch in den säkularen Sphären sehr deutlich macht), sondern Teil unserer wissenschaftlichen Praxis, ist es abschließend angebracht, dazu Stellung zu beziehen. Auch wenn wir uns bewusst sind, dass die Soziologie – seit Comtes „voir pour prévoir" – entscheidend am Mythos der Vorhersagbarkeit einer von ihr selbst mitgestalteten linearen zeitlichen Entwicklung mitgewirkt hat, halten wir die Warnung in Ehren, die ein so engagierter Wissenschaftler und öffentlicher Intellektueller wie Bourdieu – keinesfalls jemand, dem man mangelnde öffentliche Wirkung vorwerfen könnte –, seinerseits Weber zitierend, ausgesprochen hat: wer von der Soziologie „Visionen" erwarte, solle lieber ins Kino gehen.[19] Will die Soziologie nicht selbst zum Mythenproduzenten und Wirklichkeitskonstrukteur werden, ist sie als „Rekonstruktionswissenschaft" zu verstehen, wie Soeffner es formuliert hat: „Soziologie ist primär *rückwärtsgewandte* Prophetie – die Rekonstruktion

---

[18] Eine Anlehnung der Voraussage an das Charisma der Prophetie führt zu einer Subjektivierung der Vorhersage. So trägt ja auch die Generierung von neuen Erkenntnissen, die „abduktiv" gewonnen werden (vgl. Peirce 2004/1903), durchaus charismatische Züge – was erkenntnistheoretische von einiger Relevanz ist.

[19] Vgl. Bourdieu (1981: 21). Die Passage von Weber (1988/1921: 14), auf die Bourdieu hier Bezug nimmt, lautet bekanntlich: „Wer ‚Schau' wünscht, gehe ins Lichtspiel; sie wird ihm heute massenhaft auch in literarischer Form auf eben diesem Problemfeld geboten. Nichts liegt den überaus nüchternen Darlegungen dieser der Absicht nach streng empirischen Studien ferner als diese Gesinnung. Und – möchte ich hinzusetzen – wer ‚Predigt' wünscht, gehe ins Konventikel". Dem ist nichts hinzuzufügen.

der gesellschaftlichen Konstruktionen und der Konstruktionsbedingungen von Wirklichkeit".[20]

Literatur

Bächtold-Staeubli, Hanns (Hg.) (2000): Handwörterbuch des deutschen Aberglaubens. Bd. VII (zuerst 1936). Berlin: Walter de Gruyter

Bourdieu, Pierre (1981): Einleitung. In: Bourdieu et al (Hg.) (1981): 11-21

Bourdieu, Pierre et al (Hg.) (1981): Eine illegitime Kunst. Die sozialen Gebrauchsweisen der Photographie. Frankfurt am Main: Europäische Verlagsanstalt

Brosziewski, Achim/Eberle, Thomas Samuel/Maeder, Christoph (Hg.)(2001): Moderne Zeiten. Reflexionen zur Multioptionsgesellschaft. Konstanz: UVK.

Graevenitz, Gerhard v./Rieger, Stefan/Thürlemann, Felix (Hg.) (2001): Die Unvermeidlichkeit der Bilder. Tübingen: Narr

Gurwitsch, Aron 1974: Phenomenology and the Theory of Science. Evanston: Northwestern University Press

Herbrik, Regine 2001, Soziologische Untersuchungen zum Begriff der Vision. Unveröffentlichte Magisterarbeit, Universität Konstanz

Hitzler, Ronald/Reichertz, Jo/Honer, Anne (Hg) (1999): Hermeneutische Wissenssoziologie. Standpunkte zur Theorie der Interpretation. Konstanz: UVK

Hitzler, Ronald/Reichertz, Jo/Schröer, Norbert (Hg.) (1999): Hermeneutische Wissenssoziologie. Standpunkte zur Theorie der Interpretation. Konstanz: UVK

Husserl, Edmund 1972: Erfahrung und Urteil. Untersuchungen zur Genealogie der Logik. Hamburg: Meiner

Husserl, Edmund 1980: Ideen zu einer reinen Phänomenologie und phänomenologischen Philosophie: Allgemeine Einführung in die reine Phänomenologie, 4. Aufl., unveränd. Nachdr. d. 2. Aufl. 1922. Tübingen: Niemeyer

Husserl, Edmund 1986: Die Idee der Phänomenologie. Hamburg: Meiner

Knoblauch, Hubert 1998: Transzendenzerfahrung und symbolische Kommunikation. Die phänomenologisch orientierte Soziologie und die kommunikative Konstruktion der Religion. In: Tyrell et al. (1998): 147- 186

Knoblauch, Hubert, 2001a: Ekstatische Kultur. Zur Kulturbedeutung der unsichtbaren Religion. In: Brosziewski et al. (2001): 153-167

Knoblauch, Hubert, 2001b: Gelebte Allegorie. Symbol und Erfahrung in der Nähe des Todes. In: Graevenitz et al. (2001): 255-270

Knoblauch, Hubert/Schnettler, Bernt: Die kulturelle Sinnprovinz der Zukunftsvision und die Ethnophänomenologie. Psychotherapie und Sozialwissenschaft. Zeitschrift für qualitative Forschung 3. 2001. Heft 3. 182-203

---

[20] Soeffner (1999: 40). Er fährt fort: „Dementsprechend besteht soziologische Prognostik in dem – oft zweifelhaften – Versuch, sich und andern auf der Grundlage wissenschaftlicher Deutungen und Rekonstruktionen verflossener Wirklichkeiten, Möglichkeiten oder Wahrscheinlichkeiten ‚neuer' gesellschaftlicher Wirklichkeitsentwürfe vorzustellen"

Knoblauch, Hubert und Bernt Schnettler (2004): 'Postsozialität', Alterität und Alienität. In: Tschesche (2004): 23-41

Kosellek, Reinhart (2000): Vergangene Zukunft der frühen Neuzeit. Vergangene Zukunft. Zur Semantik geschichtlicher Zeiten. Frankfurt am Main: Suhrkamp. 17-37

Luckmann, Thomas, 1980: Persönliche Identität als evolutionäres und historisches Problem. Lebenswelt und Gesellschaft. Paderborn: Schöningh. S. 123-141

Luckmann, Thomas (1991a): Die unsichtbare Religion. Frankfurt am Main: Suhrkamp

Luckmann, Thomas (1991b): Nachtrag. Die unsichtbare Religion. Frankfurt am Main: Suhrkamp. 164-183

Luckmann, Thomas (1992): Theorie sozialen Handelns. Berlin/New York: De Gruyter

Luckmann, Thomas (1999): Wirklichkeiten: individuellen Konstitution und gesellschaftliche Konstruktion. In: Hitzler et al. (1999): 17-28

Mannheim, Karl (1985): Das utopische Bewußtsein (zuerst 1929). Ideologie und Utopie. Frankfurt am Main: Klostermann. 169-225

Merton, Robert K. (1995): Die self-fulfilling prophecy. Soziologische Theorie und soziale Struktur. Berlin und New York: de Gruyter. 399-413

Minois, George (1998): Geschichte der Zukunft. Orakel, Prophezeiungen, Utopien, Prognosen. Düsseldorf und Zürich: Artemis und Winkler

Oelkers, Jürgen/Wegenast, Klaus (Hg.) (1991): Das Symbol. Brücke des Verstehens. Stuttgart: Kohlhammer

Peirce, Charles S. (1903): Aus den Pragmatismus-Vorlesungen. In: Strübing et al. (2004): 201-222

Peukert, Will-Erich (2000): Stichwort Prophetie. In: Bächtold-Staeubli et al. (2000): 338-366

Raab, Jürgen/Tänzler, Dirk (2002): Schröders politische Visionen. Analyse eines Werbeclips. In: Willems, Herbert (2002): 217-246

Schnettler, Bernt: Vision und Performanz. Zur soziolinguistischen Gattungsanalyse fokussierter ethnographischer Daten. sozialer sinn. In: Zeitschrift für hermeneutische Sozialforschung 1. 2001. 143-163

Schnettler, Bernt (2004): Zukunftsvisionen. Transzendenzerfahrung und Alltagswelt. Konstanz: UVK

Schütz, Alfred (1971a): Das Wählen zwischen Handlungsentwürfen. In: Schütz (1971): 77-110

Schütz, Alfred (1971b): Symbol, Wirklichkeit und Gesellschaft. In: Schütz (1971): 331-411

Schütz, Alfred (1971c): Über die mannigfaltigen Wirklichkeiten. In: Schütz (1971): 237-298

Schütz, Alfred (Hg.) (1971d): Gesammelte Aufsätze. Band 1. Den Haag: Nijhoff.

Schütz, Alfred (1972): Tiresias oder unser Wissen von zukünftigen Ereignissen. Gesammelte Aufsätze II. Studien zur soziologischen Theorie. Den Haag: Nijhoff. S. 259-278.

Schütz, Alfred (1974): Der sinnhafte Aufbau der sozialen Welt. Frankfurt am Main: Suhrkamp (zuerst Wien 1932)

Schütz, Alfred/Luckmann, Thomas (1979): Strukturen der Lebenswelt I. Frankfurt am Main: Suhrkamp

Schütz, Alfred/Luckmann, Thomas (1984): Strukturen der Lebenswelt II. Frankfurt am Main: Suhrkamp

Strübing, Jörg/Schnettler, Bernt (2004) (Hg.): Methodologie interpretativer Sozialforschung. Klassische Grundlagentexte. Konstanz: UTB

Soeffner, Hans-Georg (1991): Zur Soziologie des Symbols und des Rituals. In: Oelkers et al. (1991): 63-81

Soeffner, Hans-Georg, (1999): Verstehende Soziologie und sozialwissenschaftliche Hermeneutik. Die Rekonstruktion der gesellschaftlichen Konstruktion der Wirklichkeit. In: Hitzler et al. (1999): 39-49

Soeffner, Hans-Georg/Raab, Jürgen (2004): Sehtechniken. Die Medialisierung des Sehens: Schnitt und Montage als Ästhetisierungsmittel medialer Kommunikation. In: Soeffner (2004): 254-284

Soeffner, Hans-Georg (Hg.) (2004): Auslegung des Alltags - Der Alltag der Auslegung. Zur wissenssoziologischen Konzeption einer sozialwissenschaftlichen Hermeneutik. 2. durchgeseh. u. erg. Ausg.. Konstanz: UTB

Tschesche, Michael (Hg.) (2004): Der maximal Fremde. Begegnungen mit dem Nichtmenschlichen und die Grenzen des Verstehens. Würzburg: Ergon

Tyrell, Hartmann/Krech, Volkhardt/Knoblauch, Hubert (Hg.) (1998): Religion als Kommunikation. Würzburg: Ergon

Weber, Max (1988/1921): Vorbemerkung. Gesammelte Aufsätze zur Religionssoziologie I. Tübingen: Mohr. 1-16

Willems, Herbert (Hg.) (2002): Die Gesellschaft der Werbung. Kontexte und Texte; Produktionen und Rezeptionen; Entwicklungen und Perspektiven. Wiesbaden: Westdeutscher Verlag

Ein Pfeil ins Blaue?
Zur Logik sozialwissenschaftlicher Zeitdiagnose

Jo Reichertz

1. Die Zeit der Zeitdiagnosen

Zeitdiagnosen haben Konjunktur. Vor gut einem Jahrzehnt war die Lage noch eine andere. Damals (wenn eine Dekade das Wort „damals" rechtfertigt) versuchte sich jeder Geistes-, Kultur- und Sozialwissenschaftler, der etwas auf sich hielt, oder jeder, der mochte, dass man etwas von ihm hielt, in soziologischer Theoriebildung. Zeitdiagnosen standen nicht hoch im Kurs. Heute dagegen wenden sich eine Vielzahl von Wissenschaftler von der Konstruktion der Grand Theory ab und dagegen dem Geschäft der Zeitdiagnose zu. Wohl deshalb gibt es mittlerweile in der Welt schon so viele Zeitdiagnosen, dass Bücher und Artikel auf dem Markt sehr erfolgreich sind, die leicht verständliche Sammlungen solcher Zeitbefunde bieten und versuchen, Ordnung in deren Dickicht zu bringen (Ederer & Prisching 2003, Pongs 1999 und 2000, Prisching 2003a und 2003b, Müller 1997, Reese-Schäfer 1996, Lange 2002, Teufel 1996, Reichertz 1999 und Heitmeyer 1997).

Pointiert formuliert: Ein Zeichen unserer Zeit ist, dass es die Zeit der Zeitdiagnosen ist. Weshalb das so ist, dürfte eine soziologisch nicht uninteressante Frage sein, mit der ich mich allerdings hier nicht auseinandersetzen werde. Mich interessiert dagegen mehr die Frage, auf welche Weise die Zeitdiagnostiker, und hier insbesondere die qualitativ arbeitenden, die von ihnen beobachteten Zeichen der Zeit deuten, wie sie von den Erscheinungen zu allgemeinen Regel kommen oder anders: *wie sie aus schwachen Spuren starke Thesen entwickeln.* Die Großmeister soziologischer Theoriebildung haben damals bei ihrem Tun vor allem auf die Vernunft und die Intertextualität gebaut, die heutigen Zeitdiagnostiker setzen dagegen auf die Macht des Faktischen, das sich mehr oder weniger systematisch beobachten lässt. Inspiration erhofft sich der moderne Zeitdiagnostiker von der Empirie, nicht von der Bibliothek. Das gilt insbesondere von den qualitativ arbeitenden Diagnostikern.

Qualitativ arbeitende Sozialwissenschaftler/innen aller Fachrichtungen, die sich ja ansonsten eher als Experten für den Mikrobereich, also den sozialen Nah-

bereich, die kleinen Welten und Fluchten begreifen, wagen immer häufiger etwas, was noch vor gut einem Jahrzehnt den „Interpretativen" nicht machbar
erschien: Sie äußern sich als Wissenschaftler/innen, also in Ausübung ihres Berufs und mit der Autorität der Wissenschaft zu dem allgemeinen Zustand der
Gesellschaft als Ganzes, deuten Einzelphänomene als Zeichen der Zeit und wagen sogar gelegentlich einen Blick in die Zukunft der Gesellschaft. Und: Sie
geben aufgrund ihrer Zeitdiagnose sogar gelegentlich Ratschläge an Politik,
Unternehmen und Bürger oder erheben mahnend ihre Stimme.

Beides, makrosoziologische Zeitdiagnose wie bewertende Kritik lösen nicht
nur bei den Skeptikern großflächiger Sinnschließungen fast reflexartig die Frage
nach der Begründbarkeit solchen Tuns aus, sondern auch die, die oft allzu gerne
bereit sind zu glauben, was man ihnen im Gewand der Wissenschaft sagt, fragen
sich, wie manche etwas wissen können, was anderen bislang verborgen geblieben ist. Fragen kann man dann z.B. nach der empirischen Sättigung der Zeitbefunde, also danach, ob die Diagnose sich mit der gesellschaftlichen Wirklichkeit
zur Deckung bringen lassen muss, oder ob eine solche Übereinstimmung unnötig
ist. Zum anderen kann man (und das ist das viel trockenere Geschäft) nach der
„Logik" des zeitdiagnostischen Erkenntnisurteils fragen, also danach, mit Hilfe
welcher gedanklichen Operationen man von den schwachen Spuren zu den starken Thesen kommt.

Im Weiteren möchte ich (so verlockend auch die Frage nach der empirischen Sättigung ist) mich hier ausschließlich auf das logische Fundament solcher
Zeitdiagnosen konzentrieren und untersuchen, welche Art des Schlussfolgern
hier angewandt wird bzw. werden sollte.

Ein solches Unterfangen zeigt als Erstes, dass die „Logik" nicht vorausset-
zungslos operiert, sondern dass die Logik der Zeitdiagnose wie jede Logik auf
einer Reihe von weitreichenden theoretischen Prämissen über die Beschaffenheit
des Gegenstandes aufruht. Von dieser Vielzahl der Prämissen möchte ich hier
nur diejenigen kurz ansprechen, die sich deutlich auf ihren Gegenstand, nämlich
den Zustand der Gesellschaft beziehen.

2. Zeitgeist oder Zeichen der Zeit?

Folgende Voraussetzungen sind implizit jeder Zustandbeschreibung implizit.
Expliziert man sie, weiß man nicht unbedingt mehr (über den Gegenstand), aber
über die Bedingtheit und damit auch Beschränktheit des eigenen Tuns.

1.   Es *gibt* eine Ordnung (eine keineswegs selbstverständliche Annahme) und
     es gibt für die untersuchte Gruppierung mehr oder weniger in einer Zeit nur

eine Ordnung. Der untersuchten Gesellschaft als Ganzes liegt (außer in Sattelzeiten) ein Muster und nicht eine Vielzahl von Mustern zugrunde (Existenz und Singularität).

2. Dieses Muster wird sichtbar durch eine bestimmte Konstellation einer Vielzahl von Einzelphänomenen. Das Muster selbst ist mehr als die Summe der Einzelerscheinungen, hat also eine eigene Qualität (Komplexität) und dieses Muster entwickelt sich in der Zeit wesentlich, bleibt also nicht mit sich identisch (Entwicklungsoffenheit).

3. Dieses Muster bildet mehr oder weder eine widerspruchsfreie Gestalt (Widerspruchsfreiheit) und es ist mehr oder weniger an jedem Ort und auf jeder Ebene der untersuchten Gesellschaft anzutreffen (Allgegenwärtigkeit).

4. Das Muster ist in einer bestimmten Zeit in einem bestimmten sozialen Raum vorherrschend (Dominanz) und zwischen kurzfristigen und somit unbedeutenden und langfristigen, somit bedeutenden Mustern muss unterschieden werden.

5. Dieses Muster entspricht auf der Handlungsebene einem Set von konstitutiven und performativen Regeln. Diese neuen Regeln liegen der Sinnhaftigkeit des Handelns in der Gesellschaft zugrunde, sie stellen die Blaupause dar, nach der eine Gesellschaft zurzeit „funktioniert". Sie sind relevant für das gegenwärtige und auch das zukünftige Handeln in der Gesellschaft (Zentralität und Bedeutsamkeit).

Viel Verwirrung stiftet die Unterscheidung zwischen kurz- und langfristigen Mustern – und sie darf nicht mit der Unterscheidung „Trend" und „Gesetz" verwechselt werden (vgl. Ryan 1973). Die entscheidende Frage lautet hier, ob ein Phänomen ein *Zeitzeichen* (= Teil einer gesellschaftlichen Wirklichkeit), ob etwas also die Signatur der Zeit ist, oder ob es sich dabei um Ausdrucksformen eines verführerischen, weil allgegenwärtigen, aber auch sich leicht und somit in der Regel sehr schnell verflüchtigenden *Zeitgeist, also um eine Mode* handelt. Sollte die zweite Möglichkeit zutreffen, dann braucht sich eine auf großflächige Deutungen angelegte Sozialforschung nur dann darüber Gedanken zu machen, wenn dieser Zeitgeist selbst Teil dessen ist, was mit der Zeitdiagnose verständlich gemacht werden soll. Wer den Zeitgeist mit den Zeichen der Zeit verwechselt, ist schon widerlegt, wenn der Diagnostiker sein Manuskript an den Verlag gibt. Denn: „*Wer den Zeitgeist heiratet, ist schnell verwitwet*" (Soeffner 1993: 201).

3. Geordnete Entwicklung?

Andere Prämissen beziehen sich auf Entwicklung des Musters, der Ordnung der Zeit. Hier sind im Wesentlichen vier Positionen zu unterscheiden:

Die Entwicklung der Ordnung folgt notwendig einer von Gott geplanten oder von der Natur eingepflanzten Richtung auf ein (immer „reiferes") Ziel hin. Auf dem Weg zu diesem Ziel durchläuft die Entwicklung verschiedene, aufeinander aufbauende und von einander unterscheidbare Stufen (Teleologie).

Die Entwicklung variiert zufällig und sie besitzt deshalb ihrerseits keinerlei Ordnung. Die Entwicklung mäandert vor sich hin, ohne Ziel und Zweck, ohne Fortschritt, ohne Rückschritt, immer wieder neu angestoßen durch zufällige Ereignisse in der Natur und/oder der Gesellschaft (Dezisionismus).

Die Entwicklung folgt einem menschlichen Plan. Demnach entwirft der Mensch ein besseres Bild von sich und der Natur und versucht auf der Grundlage normativen Entscheidungen die Entwicklung der Ordnung auf dieses Ziel hin zu gestalten (Selbstoptimierung).

Die Entwicklung der Ordnung der Dinge ist weder zufällig noch durchgängig selbstoptimierend. Stattdessen droht die einmal geschaffene, historisch und gesellschaftlich erarbeite und verbürgte Ordnung immer wieder zu zerbrechen, weshalb die Gesellschaft ohne Unterlass und immer energischer (mit Institutionen, Geboten und Gesetzen etc.) versucht, Ordnung zu bewahren und abzusichern. Dies gelingt jedoch nie vollständig, sondern der Aufbau von Ordnung wird unhintergehbar immer wieder durch Zufälle aus der Natur und dem gesellschaftliche Leben aufgebrochen und verändert (Konstruktivität und Innovation).

Diese Annahmen und Prämissen bilden in der einen oder anderen Ausprägung das Fundament jeder Zeitdiagnose und sie resultieren oft aus vorwissenschaftlichen Hoffnungen oder Befürchtungen, manchmal aber auch bewusster, begründeter Entscheidung. Die Wahl der Prämissen ist deshalb so wichtig, weil sie Konsequenzen für die Art des logischen Schlussfolgerns nach sich zieht.

Ist man z.B. als Zeitdiagnostiker der Ansicht, dass man das Telos oder die generative Entwicklungsregel der gesellschaftlichen Entwicklung kennt, dann behauptet man, bereits das Gesetz zu kennen, das man deshalb auch in der Gegenwart finden können muss. Die jeweils vorgefundenen Einzelphänomene sind nur als Illustrationen des Gesetzes von Interesse. Die Art des Schlussfolgerns entspricht einer *Deduktion*. Ich kenne bereits das Gesetz, das sich gesetzmäßig in die Zukunft vorsetzt. Deshalb weiß ich, was heute los ist. Wenn man so will ist der deduktive Schießer gegenüber der Veränderlichkeit der Welt ignorant.

Ist man jedoch der Ansicht, dass ein beobachtetes neues Einzelphänomen sehr wohl zu beachten ist, weil es nämlich der Vorbote eines späteren Allgemeinen sein könnte und verallgemeinert man dann dieses Einzelne zum Typischen einer Gesellschaft, dann schichtet man Einzelphänomene auf, verlängert man das Singuläre zum Gesetz, dann schlussfolgert man quantitativ *induktiv.* Auf diese Weise wird von dem Neuen nur die Oberfläche gesehen, das Offensichtliche, nicht die Regel dahinter. So arbeitet in der Regel die Trendforschung.

Ist man zum dritten der Ansicht, das die neuen Phänomene Teile eines Musters sind, das ich durchaus schon kenne und das auch schon beschrieben ist, dann folgere ich *qualitativ induktiv.* Ich habe „nur" entdeckt, das etwas zusammengehört, von dem man bislang nicht dachte, dass es zusammengehört. Das ist durchaus ein lohnenswerter Erkenntnisgewinn, aber schließt nur Lücken, entdeckt kein Neuland.

Sieht man dagegen eine Reihe von scheinbar unverbundenen Einzelphänomene und entwirft aufgrund der genauen Betrachtung der Phänomene ein neues Muster, eine neue Regel, die alle diese Phänomene sinnhaft verbindet, so dass sie als Ausdruck eben dieser Regel verständlich werden, dann liegt (ganz im Sinne von Charles S. Peirce) eine *Abduktion* vor (vgl. Peirce 1976 und Reichertz 2003).

Eine letzte Art der Zeitdiagnose, die immer mal wider anzutreffen ist, sei der Vollständigkeit halber noch erwähnt: Sieht der Zeitdiagnostiker bei er Durchmusterung der Gesellschaft im Moment noch nichts Besonderes, hat aber die innere Gewissheit, dass bald gewiss etwas der Fall sein wird, dann liegt ein Fall von *Prophetie* vor. Für diese Art der Vorhersage ist Wissenschaft allerdings nicht zuständig.

4. Die Logik der Abduktion als Logik der Zeitdiagnose

Aus meiner Sicht verdienen nur abduktiv gewonnen Zeitdiagnosen ihren Namen. Denn nur auf diese Weise kann die Gesellschaft Neues über sich erfahren. Mittels Deduktionen wird behauptet, dass das Alte auch in Zukunft sein wird, da bei Deduktionen der in Frage stehende Einzel-Fall einer bereits bekannten Regel untergeordnet wird. Hier wird eine vertraute und bewährte Ordnung auf einen neuen Fall angewendet. Neues (über die Ordnung der Welt) erfährt man auf diese Weise nicht. Deduktionen sind also *tautologisch,* sie sagen nicht Neues. Deduziert man, dann hat man sich entschlossen, das zu Untersuchende als Wiederkehr des Bekannten und Bewährten anzusehen.

Anders folgert man, wenn man vorgefundene Einzelerscheinungen zu einer Ordnung oder Regel ´verlängert´, *generalisiert.* Ausgehend von einer Beobachtung wird der Schluss gezogen. Die logische Form dieser gedanklichen Operation ist die der *quantitativen Induktion.* Sie überträgt die quantitativen Eigenschaften einer Stichprobe auf die Gesamtheit, sie ´verlängert´ den Einzelfall zu einer Regel. Quantitative Induktionen sind also (streng genommen) ebenfalls tautolo-

gisch (da sie keine neue Idee in die Welt bringen), jedoch nicht wahrheitsüber-
tragend.

Eine besondere Variante der induktiv verfahrenden Zeitdiagnose besteht
nun darin, bestimmte Erscheinungen der untersuchten Gesellschaft (Stichprobe)
so zusammenzustellen, dass diese Merkmalskombination einem anderen (bereits
im Wissensrepertoire der Interaktionsgemeinschaft vorhandenen) Muster in
wesentlichen Punkten gleicht. In diesem Fall entdeckt man, dass etwas Neues im
Grunde doch etwas ‚Bekanntes' ist. Die logische Form dieser Operation ist die
der *qualitativen Induktion*. Sie schließt von der Existenz bestimmter qualitativer
Merkmale einer Stichprobe auf das Vorhandensein anderer Merkmale. Nur in
diesem Sinne überschreitet diese Art der Induktion die Grenzen der Erfahrung.
Kenntniserweiternd ist dieser Schluss nur insofern, als er sagt, dass in einem
scheinbar Neuen doch die alte Ordnung ist. Neues Wissen (im strengen Sinne)
wird auf diese Weise nicht gewonnen, bekanntes lediglich ausgeweitet.

Die *Abduktion* ist dagegen dort gefordert, wo Phänomene auftauchen, für
die sich im bereits existierenden wissenschaftlichen Wissensvorratslager *keine*
Erklärung oder Regel findet. Etwas Unverständliches wird vorgefunden und
aufgrund des geistigen Entwurfs einer *neuen* Regel wird sowohl die Regel gefunden bzw. erfunden und zugleich klar, was der Fall ist. Hier hat man sich (wie
bewusst auch immer und aus welchen Motiven auch immer) entschlossen, der
bewährten Sicht der Dinge nicht mehr zu folgen.

Eine solche Bildung eines neuen „types", also die Zusammenstellung einer
neuen typischen Merkmalskombination ist ein kreativer Schluss, der eine neue
Idee in die Welt bringt. Diese Art des Zusammenschlusses ist nicht zwingend,
eher sehr waghalsig. Die Abduktion „schlussfolgert" also aus *einer* bekannten
Größe (= Resultat) auf *zwei* unbekannte (= Regel und Fall).

Was bedeutet es nun, dass etwas ′neu′ ist? Dass es so noch nie in der Welt
war, also gerade erst von Einem für Alle erfunden wurde? Oder bedeutet ′neu′,
dass etwas zum ersten Mal in dieser Form in einem bestimmten Bewusstsein
erfunden wurde, was für andere Zeitgenossen jedoch eine allseits bekannte Realität ist? Etwas völlig Neues kann es nach Vorstellungen von Peirce nun nicht
geben. ′Neues-Finden′ bedeutet stets nur, Unbekanntes an das Bekannte anschließen. Dennoch liegt das Neue jenseits der Grenze des Bekannten. „Ein weiteres bemerkenswertes Ergebnis ist es, daß ein vollkommen neues Zeichen niemals durch einen Akt der Kommunikation erzeugt werden kann, sondern höchstens ein schon existierendes Zeichen (...) weiter ergänzt und verbessert werden
kann. Wenn Sie mir also sagen, daß es an einer bestimmten Stelle, von der ich
noch nie gehört habe und von deren Standort ich nicht die geringste Ahnung
habe, eine Diamantenmine gibt, so teilen Sie mir nichts mit; wenn Sie

mir aber sagen, daß ich sie finden kann, wenn ich einem bestimmten Weg folge, dessen Anfang ich gut kenne, so ergänzen Sie einfach meine Kenntnis dieses Wegs" (Peirce 1990: 242).[1]

Nun kann die Zuschreibung von 'neu' aus zwei Perspektiven geschehen: aus der Sicht der Gesellschaft und aus der Sicht eins singulären Subjekts. Mit dem Ersten ist das Neue gemeint, dass von einem Bewusstsein zum ersten Mal in dieser Welt gedacht wurde (Erfindung), zum zweiten aber auch das Neue, das individuell nur wiederholt, was historisch und gesellschaftlich bereits gedacht ist, dennoch in einem konkreten Geist zum ersten Mal auftaucht (neuer Einfall).

Beiden Perspektiven ist die Handlungsorientierung gemeinsam. Allerdings ist für die Wissenschaft nur der erste Gebrauch von 'neu' von Interesse, also das, was dem Bestand an Wissen durch die Forschung hinzugefügt wird – und nur dies verdient das Prädikat 'neu'. Im konkreten Forschungsprozess wird es dagegen immer wieder zu neuen Erkenntnissen kommen, die sich bei Einsichtnahme in die entsprechende Fachliteratur jedoch als nicht mehr so neu herausstellen werden. Dennoch sind auch diese Vorgänge des Erfindens ohne Zweifel abduktive Prozesse. Oder anders: Wer ohne Kenntnis der Kuckucksuhr diese erneut erfindet, war ohne Zweifel abduktiv tätig, allerdings wird er schnell feststellen, dass er mit den Ergebnissen seiner Abduktion nicht viel anfangen kann, da sie in jedem Warenhaus in großer Stückzahl feilgeboten werden. Was also für die einen eine echte Abduktion darstellt, ist für die anderen eine allseits bekannte qualitative Induktion. Dies gilt jedoch nicht nur systematisch, sondern auch biographisch: *nach der Entdeckung einer neuen Idee ist alles nur noch ein Wiederfinden.*

Die Abduktion ist ein mentaler Prozess, ein geistiger Akt, ein gedanklicher Sprung, der das zusammenbringt, von dem man nie dachte, dass es zusammengehört. Abduktionen ereignen sich, sie kommen so unerwartet wie ein Blitz („flash"), sie lassen sich nicht willentlich herbei zwingen, und sie stellen sich nicht ein, wenn man gewissenhaft einem operationalisierten Verfahrensprogramm folgt. Begleitet wird die Abduktion von einem angenehmen Gefühl, das überzeugender ist als jede Wahrscheinlichkeitsrechnung. Leider irrt dieses gute Gefühl nur allzu oft. Abduktionen resultieren aus Prozessen, die nicht rational begründ- und kritisierbar sind. Deshalb ist abduktives Schlussfolgern nach Peirce nicht mehr und nicht weniger als *Raten* („neither more nor less than guessing").

---

[1] Vgl. auch den Metalog, in dem ein Vater seiner Tochter auf die Frage: „Was ist ein Klischee?" u.a. folgendes antwortet: „Wir alle haben eine Menge fertiger Redewendungen und Vorstellungen, und der Drucker hat fertige Druckstöcke, die alle in Redewendungen angeordnet sind. Wenn aber der Drucker etwas Neues drucken will – sagen wir mal, irgendwas in einer neuen Sprache, dann muß er die alte Ordnung der Buchstaben aufbrechen" (Bateson 1983: 47).

Maßnahmen, günstige Bedingungen für Abduktionen zu schaffen, zielen neben einer sehr guten Kenntnis der Daten stets auf eins: auf die Erlangung einer *Haltung*, bereit zu sein, alte Überzeugungen aufzugeben und neue zu suchen. Abduktives 'Räsonieren' ist also kein glückliches, zufälliges Raten. Abduktionen sind also keine Pfeile ins Blaue hinein, sondern ein informiertes Raten. Wenn man so will: *Das Glück trifft immer nur den vorbereiteten Geist*. Die Abduktion sucht angesichts überraschender Fakten nach einer sinnstiftenden Regel, nach einer möglicherweise gültigen bzw. passenden Erklärung, welche das Überraschende an den Fakten beseitigt. *Ergebnis* und Endpunkt dieser Suche ist eine (sprachliche) Hypothese. Ist diese gefunden, beginnt ein mehrstufiger Überprüfungsprozess.

Besteht die erste Stufe des wissenschaftlichen Erkenntnisprozesses in der *Findung einer Hypothese* mittels Abduktion, dann besteht die zweite aus der *Ableitung von Voraussagen* aus der Hypothese, also einer Deduktion, und die dritte in der *Suche nach Fakten*, welche die Vorannahmen 'verifizieren', also einer Induktion. Sollten sich die Fakten nicht finden lassen, beginnt der Prozess von neuem, und dies wiederholt sich so oft, bis die 'passenden' Fakten erreicht sind. Mit dieser Bestimmung entwirft Peirce eine dreistufige Erkenntnislogik von Abduktion, Deduktion und Induktion.

Die Abduktion ist also zu verstehen als gedankliches Schlussfolgern in einer bestimmten, auch logisch beschreibbaren Form, die etwas Überraschendes und somit Problematisches durch die Erfindung einer neuen Regel erklärt bzw. verstehbar werden lässt. *Deshalb ist abduktives Folgern immer riskantes Denken*. Die in subbewussten Prozessen erfundene Regel erscheint dem abduktiven Folgerer von seinem jeweiligen Kenntnisstand aus als die beste und wahrscheinlichste Lösung – ohne allerdings diese tatsächliche Wahrscheinlichkeit einschätzen zu können. Deshalb überprüft er die „wahrscheinlichste" als erste. Dennoch: Das Abgrenzungskriterium für die Abduktion ist weder ihre Logik, noch ihre erklärende Funktion, noch ihre Wahrscheinlichkeit, *sondern allein die Fähigkeit, Neues zu erfinden – das Auffinden bereits bekannter Ordnungen ist dagegen keineswegs eine Abduktion*.

Gewissheit über die Gültigkeit abduktiver Schlüsse ist jedoch selbst dann nicht zu erreichen, wenn man die abduktiv gewonnene Hypothese einer extensiven Prüfung unterwirft, also aus ihr Konsequenzen deduziert und diese dann induktiv aufzuspüren sucht und dann diesen Dreischritt immer wieder repetiert. Was man allein auf diesem Wege erhält, ist eine intersubjektiv aufgebaute, wenn man so will: gesellschaftlich konstruierte und geteilte 'Wahrheit'. Diese ist (nach Peirce) allerdings erst erreicht, wenn *alle* Gemeinschaftsmitglieder zu der gleichen *Überzeugung* gekommen sind und aufgrund dieser Überzeugung auch handeln. Da mit 'alle' (bei Peirce) auch die gemeint sind, die nach uns geboren werden, ist der Prozess der Überprüfung grundsätzlich nicht abzuschließen.

Wenn man um diesen Konstruktions- und Vorläufigkeitscharakter von Zeitdiagnosen weiß, wird man in der Regel bescheidener (was den Anspruch angeht), aber auch mutiger (was die Bereitschaft betrifft, Neues zu äußern). Die Bescheidenheit ist dabei ein gutes Gegengift gegen die vor allem in den Wissenschaften verbreitete „Arroganz des Wissens", der Mut aber eine gute Voraussetzung für neue Abduktionen, neue Zeitdiagnosen. Und davon leben nicht nur wir als Soziologen, sondern davon lebt unter anderem auch die Gesellschaft, die sich mit Hilfe von Zeitdiagnosen immer wieder neu finden bzw. erfinden kann. Deshalb ist riskantes Denken eine Hauptaufgabe aller Geisteswissenschaften, denn (und darin stimmen fast alle Zeitdiagnosen überein) unsere Gesellschaft braucht nicht weniger, sondern mehr Meldungen zum Zustand der Gesellschaft. Aber damit bin ich wieder beim Beginn meiner Argumentation.

Literatur

Bateson, Gregory (1983): Ökologie des Geistes. Frankfurt a.M.: Suhrkamp

Ederer, Othmar/Prisching, Manfred (Hrsg.) (2003): Die unsichere Gesellschaft. Graz: Medienfabrik

Heitmeyer, Wilhelm (Hrsg.) (1997): Was hält die Gesellschaft zusammen? Was treibt die Gesellschaft auseinander?. 2 Bände. Frankfurt a.M.: Suhrkamp

Lange, Stefan: Diagnosen der Entstaatlichung. In: Leviathan 2002. Heft 4. 455-481

Müller, Hans-Peter: Sinn deuten. Über soziologische Zeitdiagnostik. In: Merkur1997. Heft 1. 352-357

Peirce, Charles Sanders (1976): Schriften zum Pragmatismus und Pragmatizismus, Frankfurt a. M.: Suhrkamp

Peirce, Charles Sanders (1990): Semiotische Schriften Band 2. (Herausgegeben und übersetzt von Ch. Kloesel und H. Pape). Frankfurt a. M.: Suhrkamp

Pongs, Armin (1999): In welcher Gesellschaft leben wir eigentlich?. Bd. 1. Berlin: Dilemma Verlag

Pongs, Armin (2000): In welcher Gesellschaft leben wir eigentlich?. Bd. 2. Berlin: Dilemma Verlag

Prisching, Manfred (Hrsg.) (2003a): Modelle der Gegenwartsgesellschaft. Wien: Passagen

Prisching, Manfred (2003b): Zeitdiagnostik als humanwissenschaftliche Aufgabe. In: Ders. (2003): 153-195

Reese-Schäfer, Walter: Zeitdiagnose als gesellschaftliche Aufgabe. In: Berliner Journal für Soziologie 1996. Heft 6. 377-390

Reichertz, Jo: Gültige Entdeckung des Neuen? Zur Bedeutung der Abduktion in der qualitativen Sozialforschung. In: Österreichische Zeitschrift für Soziologie. 1999. Heft 4. 47-64

Reichertz, Jo (2003): Die Abduktion in der qualitativen Sozialforschung. Opladen: Leske
    + Budrich
Ryan, Alan (1973): Die Philosophie der Sozialwissenschaften. München: List
Soeffner, Hans-Georg: Die unsichtbare Religion. Ein Essay über Thomas Luckmann. In:
    Soziologische Revue 16. 1993. 1-5
Teufel, Erwin (Hrsg.) (1996): Was hält die moderne Gesellschaft zusammen?, Frankfurt
    a. M.: Suhrkamp

Zur Prognostizierbarkeit der Folgen außergewöhnlicher Ereignisse

Michael Schetsche

1. Hypothetische Ereignisse

Gegenstand meines Beitrags ist ein Spezialfall der sozialwissenschaftlichen Prognostik: die Vorhersage der Folgen schwerwiegender, katastrophenartiger *Einzelereignisse*. Dies scheint mir wichtig, weil die klassische Futurologie in den meisten ihrer Prognosen einer Logik kontinuierlicher Entwicklungen folgt. Dies ist nicht nur den hier dominierenden quantitativen Methoden geschuldet, die soziale Entwicklung in Form mathematischer Funktionen abzubilden versuchen. Es ist vielmehr auch Wiederhall eines am Ende des 19. Jahrhunderts entstandenen Evolutionismus, nach dessen Leitbild die Entwicklung von Gesellschaften einer linearen ökonomischen oder kulturellen Logik folgt. Einzelereignisse haben – als im doppelten Sinne Unberechenbares – weder in einem solchen Geschichtsverständnis noch in der quantifizierenden Futurologie einen Platz. Umso wichtiger ist es, dass wir uns als interpretativ orientierte Sozialforscher und Sozialforscherinnen dem *Unberechenbaren* widmen.

Die sozialen Folgen von Einzelereignissen sind zum einen von Parametern der Ereignisse selbst (etwa der Stärke und dem Epizentrum eines Erdbebens) und zum anderen vom gesellschaftlichen ‚Umgang‘ mit ihm abhängig. Bei letzterem muss analytisch zwischen dem gesellschaftlichen Handeln vor Eintreten (Vorsorge) und dem nach Eintreten (Reaktion) des Ereignisses unterschieden werden. Ob Vorsorge, hier verstanden das Ergreifen bestimmter Maßnahmen zur Verhinderung bzw. Abschwächung bestimmter Ereignisfolgen vor eintreten des Ereignisses selbst, getroffen wird, ist dabei weniger von seiner *wissenschaftlichen Erwartbarkeit* (der Einschätzung der Wahrscheinlichkeit des Eintretens durch Experten), als von dessen *sozialer Erwartung* (Überzeugungen der Bevölkerung plus Anerkennung des Handlungsbedarfs durch staatliche Instanzen) abhängig.[1]

---

[1] Dass zwischen beidem kein zwingender Zusammenhang besteht, lässt sich empirisch an einer Reihe von Fällen zeigen. Ein frappierendes aktuelle Beispiel hierfür sind ist der Klimawandel und der von ihm wahrscheinlich ausgelöste Zusammenbruch des Nordatlantikstroms. Das ‚Abreißen des Golf-

Die *Prognostizierbarkeit* der Folgen solcher Einzelereignisse wiederum ist (auch wenn diese Frage nicht unabhängig von der sozialen Erwartung untersucht werden kann) in erster Linie von Häufigkeit des Ereignisses abhängig, also davon, wie oft ein entsprechendes Ereignis bereits stattgefunden hat – also wie viele entsprechende historische Fälle zu Vergleichszwecken zur Verfügung stehen (und natürlich auch: wie gut diese dokumentiert sind). Einen Sonderfall stellen in dieser Hinsicht Ereignisse dar, die zwar vorstellbar und auch – mit einer gewissen Wahrscheinlichkeit – erwartbar sind, die aber erstens in der (überlieferten) Menschheitsgeschichte jedoch noch nicht stattgefunden haben und bei denen zweitens auch nicht exakt vorhergesagt werden kann, ob und gegebenenfalls wann sie eintreten werden. Mit dieser besonderen Klasse von Ereignissen, ich nenne sie *hypothetische Ereignisse*, will ich mich in meinem Beitrag beschäftigen.

Einige solcher Ereignisse waren in der Vergangenheit wiederholt Gegenstand kollektiver Ängste und politischen Kalküls. Klassisches Beispiel ist der in der Phase des ‚Kalten Krieges‘ befürchtete umfassende bewaffnete Konflikt zwischen den Supermächten. Die in einer Vielzahl medialer Fiktionen beschworenen globalen Folgen ließen einen mit Atomwaffen ausgetragenen ‚Dritten Weltkrieg‘ wohl zu Recht als eines der einschneidendsten Ereignisse der Menschheitsgeschichte erscheinen. Heute ist der kalte Krieg vorbei und das Interesse von Wissenschaft wie Öffentlichkeit hat sich mehr den nichtmilitärischen Katastrophenszenarien zugewandt: Klimawandel und Abreißen des Golfstroms[2] oder – neuerdings – die Umpolung des Erdmagnetfeldes[3] und Meteoritenimpakt[4].

---

stromes‘ wird inzwischen von vielen Klima- und Meeresforscher für die nächsten Jahrzehnte erwartet, auch wenn der Zeitpunkt des Eintretens aktuell nur schwer zu prognostizieren ist (vgl. Fußnote 2). Die Auswirkungen dieses Ereignisses wären für Nord- und Mitteleuropa ökologisch, ökonomisch, sozial und politisch verheerend. Trotzdem (oder vielleicht auch gerade deshalb) wird die sehr reale Gefahr von politischen Entscheidungsträgern wie den meisten Bewohnern der betroffenen Regionen ignoriert – vielleicht auch aufgrund einer medial erzeugten Realitätsverschiebung, die den Klimawandel zunehmend vom ‚realen sozialen Problem‘ zur Science Fiction degenerieren lässt.

[2] Nach dem derzeitigen wissenschaftlichen Kenntnisstand ist der Zusammenbruch des bisherigen Strömungssystems im Nordatlantik aufgrund des vom Menschen hervorgerufenen globalen Klimawandels in den nächsten Jahrzehnten nicht nur wahrscheinlich, sondern er wird auch, nach allem was wir von früheren Änderungen der Meeresströmungssysteme sowie von Modellrechnungen wissen, innerhalb weniger Jahre, also nach den Zeitmaßstäben der Klimaforschung *abrupt* eintreten. Vgl. National Research Council (2002), Holderness (2003), Knorr/Gerrit (2003), Spokes 2003, Ramstorf (2003).

[3] Zentrale Aspekte dieses, unter Experte umstrittenen, Ereignisses diskutieren Naica-Loebell (2000) und Britt (2004).

[4] Einen Überblick über die Impaktproblematik liefert die NASA-Website "Asteroid and Comet Impact Hazards" http://impact.arc.nasa.gov/index.html (Zugriff: 20.3.2004); die auch die diesem Problem in den USA inzwischen zugesprochene politische Bedeutung dokumentiert. Über die Ein-

Alle genannten Ereignisse stellen sozialwissenschaftliche Experten vor das Problem, wie die Folgen einschneidende Ereignisse prognostiziert werden können, die zwar vorstellbar, schlimmstenfalls wahrscheinlich sind, aber in der angenommen Form *noch nicht stattgefunden haben* – für die es also (zumindest auf den ersten Blick) keine historischen Paralellen gibt. Dass die Folgen solcher Ereignisse trotzdem nicht gänzlich unvorher-sehbar und unvorher-sagbar sind, werde ich im Folgenden zu zeigen versuchen.

2. Ein Fallbeispiel: ‚First Contact‘

Im Herbst letzten Jahres erschien im Netzmagazin telepolis ein von mir verfasstes Essay, in dem ich versuchte, die Folgen des so genannten "*First Contact*" abzuschätzen, also des Zusammentreffens der Menschheit mit außerirdischen Intelligenzen (Schetsche 2003a). Auf den ersten Blick wirkt das Thema jenes Essays vielleicht ein wenig obskur, eher der Science Fiction denn dem wissenschaftlichen Denken zugehörig. Auf den zweiten Blick erweist es sich jedoch als fast typischer Fall eines hypothetischen Ereignisses: Der Kontakt ist sowohl wissenschaftlich[5] wie auch lebensweltlich[6] *vorstellbar*, er hat aber, jedenfalls wenn man Anhänger eines Erich von Däniken, ist in der bisherigen Menschheitsgeschichte noch nicht stattgefunden. Und wir wissen auch nicht, ob und wann er stattfinden wird. Der einzige Unterschied zu anderen, futurologisch untersuchbaren Einzelereignissen besteht in der von den meisten Experten angenommenen geringen Wahrscheinlichkeit seines Eintretens in den nächsten Jahrzehnten. Die mangelnde Erwartbarkeit hat jedoch – im Gegensatz zum Parameter der gesellschaftlichen Erwartung –keinen Einfluss auf die Frage nach der grundsätzlichen Prognostizierbarkeit der Ereignisfolgen.

---

ordnung von Meteoritenimpakten in die Klasse der hypothetischen Ereignisse kann gestritten werden, weil zumindest ein historisch überlieferter Fall vorliegen *könnte*. Die sog. Tunguska-Katastrophe im Jahre 1908 ist in dieser Hinsicht allerdings problematisch, weil bis heute nicht eindeutig geklärt werden konnte, ob es sich überhaupt um einen Meteoritenimpakt handelt; darüber hinaus waren die sozialen Folgen dieses Ereignisses – welches auch immer seine Ursachen waren – vergleichsweise gering, weil es in einem extrem dünn besiedelten Gebiet des mittelsibirischen Berglandes stattfand (vgl. Brenneisen 2001).
[5] Vgl. dazu exemplarisch die Bände von Regis (Hrsg.) 1985, McDonough 1987, Billingham et al. 1992, Heidmann 1995, Harrison 1997, Fetscher und Stockhammer (Hrsg.) 1997 sowie Bova und Preiss (Hrsg.) 1999.
[6] Nach einer vom IGPP Freiburg durchgeführten Repräsentativbefragung können sich immerhin 24,6 Prozent der Deutschen vorstellen, dass es sich bei einigen der heute beobachteten sog. UFOs um Raumschiffe außerirdischer Besucher handelt (Schmied-Knittel/Schetsche 2003: 21).

In meinen Telepolis-Beitrag unterscheide ich drei Szenarien des First Contact: (1) den Fernkontakt mittels Radiowellen oder anderer Informationsträger[7], (2) das Auffinden von Artefakten, die Außerirdische bei einem früheren Besuch unseres Sonnensystems hinterlassen haben[8], (3) den unmittelbare physischen Kontakt zwischen Menschen und Aliens. Im Mittelpunkt des Aufsatzes steht das letztgenannte Szenario, welches nach meiner Auffassung die massivsten sozialen Auswirkungen haben würde[9] – und zwar überwiegend negative. Ob mein Pessimismus gerechtfertigt ist oder nicht, ist in unserem Kontext weniger von Interesse, als die Frage, *wie* ich zu dieser Einschätzung gelangt bin.

Da wir bis heute im wahrsten Sinne des Wortes *nichts* über Existenz, sensorische Möglichkeiten, Modi der Weltwahrnehmung, Motivlagen usw. von Außerirdischen wissen, können die sozialen Folgen eines Kontakts nur auf Basis der Parameter diskutiert werden, *die unabhängig von den Eigenschaften der Aliens selbst sind* (vgl. Schetsche 2003b: 26). Die Überlegungen können (und müssen) lediglich voraussetzen, dass der Kontakt von uns als solcher erkannt, die Anderen also als *Fremde im nichtirdischen Sinne* identifiziert werden können[10]. Unter dieser Einschränkung werden im Telepolis-Beitrag *vier Argumente* für verheerende soziale Auswirkungen eines solchen Kontakts angeführt[11]:

---

[7] Dies ist das Gebiet der traditionellen astronomischen SETI-Forschung ((SETI=Search For Extraterrestrial Intelligence); einen Überblick über die Entwicklung dieser Forschungen liefern Heilbron et al. 1994; Harrison 1997: 40-42; Walter 2001: 155-165.

[8] Dieses Szenario diskutieren der Brookings-Report (1960: 42, 182) sowie Harrison/Johnson (2002: 113). Als klassischer fiktiver Fall kann hier der Roman/Film "2001 – Odyssee im Weltraum" angesehen werden: Im Rahmen der Erkundung des Mondes stoßen die Menschen auf das Artefakt einer fremden Zivilisation, das dort vor mehreren Millionen Jahren offenbar zum Zwecke einer zukünftigen Kontaktaufnahme zurückgelassen wurde (vgl. Hurst 2004).

[9] Entsprechende Auswirkungen können sich selbstverständlich nur dann zeigen, wenn die Realität des Kontakts zumindest partielle gesellschaftliche Anerkennung findet. Diese Einschränkung ist notwendig, weil es ja bereits jetzt in verschiedenen Regionen der Erde Tausende von Menschen gibt, die behaupten, in Kontakt mit Außerirdischen zu stehen. Die Berichte dieser Menschen werden sowohl von der überwältigenden Mehrzahl der Wissenschaftler, die sich mit diesem Thema beschäftigen, wie auch von den verschiedensten gesellschaftlichen Instanzen und der Öffentlichkeit für fiktiv gehalten, die Betroffenen vielfach als psychisch gestört stigmatisiert. (Vgl. Schetsche 1997, 1998, 2003c sowie Jones o.J.).

[10] Dies ist keine Selbstverständlichkeit. Es lassen sich durchaus Szenarien vorstellen, in denen intelligente Wesen sich selbst bei unmittelbar physischem Kontakt wechselseitig nicht als solche zu erkennen vermögen – sei es, weil ihre Wahrnehmungsräume nicht kompatibel sind, sei es, weil sie in unterschiedlichen organisch-materiellen oder zeitlichen Horizonten existieren (vgl. Bach 2004 und Schetsche 2004).

[11] Einen weiteren Grund nennt Moebius, wenn er eine solche Begegnung aus theoretischen Erwägungen zu einem "fast traumatisierenden" Ereignis erklärt: "Traumatisierend deswegen, weil die Unmöglichkeit besteht, eine Beziehung der Gegenseitigkeit aufzubauen." (Moebius 2004, FN 16).

1. Das erste Argument geht von kriminalsoziologischen Befunden aus, wonach das Bedrohungsgefühls beim Menschen um so stärker ist, je mehr die Begegnung mit einem potentiell gefährlichen Gegenüber im eigenen sozialen Lebensraum verortet wird. Am stärksten ist die Beunruhig dabei, wenn uns das als bedrohlich Empfundene in den ‚eigenen vier Wänden' gegenübertritt. Und hier findet in dem Beitrag auch der entscheidende Analogieschluß statt: Die Erde und ihre unmittelbare Umgebung werden für die Gesamtheit der Menschheit emotionstechnisch mit der Wohnung des einzelnen Erdenbürgers gleichgesetzt. Daraus wird gefolgert: das Erscheinen der Aliens auf der Erde selbst oder in ihrer direkten Nähe ist psychologisch gesehen, der worst case-Fall:: "Wir können daraus folgern, dass der Ausbruch von Massenpaniken am wahrscheinlichsten ist, wenn der Kontakt auf der Erde selbst stattfindet, sozusagen im Schlafzimmer der Menschheit." (Schetsche 2003)

2. Die Heftigkeit der Reaktionen auf die Landung von Aliens dürfte beim Einzelnen vom Abstand des eigenen Lebensmittelpunkts vom Ort des Ereignisses abhängig sein. Dies schließe ich nicht nur aus dem eben dargelegten, sondern auch – und dies ist das zweite Argument – aus einem ungeplanten, quasi natürlichen Experiment: die Reaktionen der Bevölkerung auf die Ausstrahlung des Hörspiels "Krieg der Welten" im Jahre 1938. Hunderttausende von Radiohörern hielten die Landung von ‚Marsianern' irrtümlich für real und viele versuchten in Panik einen möglichst großen räumlichen Abstand zwischen sich und die angenommenen Orte des Geschehens, also die Landeplätze, zu bringen (vgl. Cantril 1940: passim).[12]

3. Das dritte Argument geht von historischen Beispielen interkultureller Kontakte auf der Erde aus. Entscheidend für ihre massenpsychologischen, sozialen und ökonomischen Folgen war stets die Differenz von ‚Entdeckern' und ‚Entdeckten'. Die entsprechenden Rollen bestimmten sich dabei ausschließlich dadurch, auf wessen Territorium die ersten Begegnungen der Kulturen stattgefunden hatten. Für die ‚Entdecker' bewies die Entdeckung fern ihrer eigenen Heimat ihre eigene Überlegenheit – für die ‚Entdeckten' entsprechend die Tatsache, auf dem eigenen Territorium mit den Fremden konfrontiert zu werden, ihre Unterlegenheit. Dies war so, weil Diskrepanzen hinsichtlich des Stands der Transporttechnik *von beiden Seiten* als Zeichen all-

---

[12] Nach den von Cantril (1940: 57-58) verwendeten Daten einer Umfrage des American Institute of Public Opinion (AIPO) sechs Wochen nach der Sendung hörten schätzungsweise 6.000.000 US-Amerikaner die Sendung. 28 Prozent der von AIPO Befragten hielten die Sendung für eine reale Reportage und wiederum gut 70 Prozent von diesen berichteten über negative emotionale Reaktionen. Cantril schliesst daraus, "that about 1.200.000 were excited by it" (58). Die Zahl der Personen, die damals tatsächlich äußerlich beobachtbare Panikreaktionen zeigte, ist bis heute allerdings umstritten (vgl. Harrison/Elms 1990: 214).

gemeiner Unter- bzw. Überlegenheit interpretiert wurden. Meine Folgerung für die Mensch-Alien-Kontakte: Zumindest die Erde selbst und der heute technisch genutzte Erdorbit stellen in massenpsychologischer Hinsicht das Territorium der Menschheit dar. Jedes Zusammentreffen in diesem Bereich hieße: wir sind die ‚Entdeckten', die anderen die ‚Entdecker'. Man kann zeigen, dass bei solchen *asymmetrischen Kulturkontakten* auf der Erde oftmals die Existenz der *entdeckten* Kultur bedroht war. Und dies nicht nur dann, wenn die ‚Eindringlinge' (wie die Spanier in Amerika) von vornherein als Eroberer auftreten, sondern auch, wenn erste Begegnungen sich primär durch wechselseitige Neugier auszeichnen (vgl. Rausch 1992: 19). Die Zerstörung *der sich als unterlegen ansehenden* Kultur war in allen diesen Fällen nicht das Ergebnis einer tatsächlichen (militär-)technischen Überlegenheit der ‚Eroberer', sondern Folge der massenpsychologischen Auswirkungen auf das ‚Entdeckt-Werden. So erlitten zahlreiche Völker Amerikas und Ozeaniens nach Ankunft der Europäer einen *kollektiven existenziellen Schock.* Er stellte nicht nur ihr religiöses und kulturelles Vorstellungssystem in Frage, sondern führte mittelfristig auch zur Desintegration der ökonomischen und sozialen Systeme – in einigen Fällen gar zum ‚Selbst-Genozid' der betroffenen Kulturen. (Vgl. Rausch 1992; Bitterli 1986: passim; Michaud 1999: 272; Müller 2004) Die These lautet hier, dass die Erfahrungen mit asymetrischen Kulturkontakten auf der Erde auch auf die Konfrontation der Menschheit mit einer außerirdischen Zivilisation übertragen werden können.

4. In einem letzten Argument schließlich behaupte ich, dass die direkte physische Konfrontation zwischen Menschen und Außerirdischen – im Vergleich mit den Fernkontaktszenarien der SETI-Forschung – das wechselseitige Verstehen zwischen Menschen und Fremden eher hindern als befördern würde. Ausgangspunkt sind hier Theorien und Befunde der Sozialpsychologie, namentlich der Stereotypenforschung. Aus ihnen kann man folgern, dass wir die Außerirdischen bei einem unmittelbaren Sichtkontakt primär aufgrund ihrer Äußerlichkeiten einschätzen würden. Das heißt, aus Assoziationen der äußeren Erscheinung mit uns Bekanntem würde auf Wahrnehmungsweisen, Charaktereigenschaften, Motive usw. der Fremden geschlossen: "In dieser Hinsicht könnte man (im Anschluss an eine Formulierung von Heinrich Popitz) geradezu von einer "Präventivwirkung des Nichtwissens" sprechen: Je weniger wir über die körperliche Gestalt der Außerirdischen wissen, desto weniger werden bildgebundene Stereotype oder gar ererbte Verhaltensschemata unser Handeln beeinflussen. Das Wissen über das ‚Aussehen' der Aliens wird deshalb nicht dazu führen, dass wir sie besser verstehen, sondern lediglich dazu, dass wir sie schneller *missverstehen* wer-

den" (Schetsche 2003a; vgl. Harrison 1997: 198; Harrison/Johnson 2002: 103-104; Michaud 1999: 266-267).

Ich will versuchen, diese von mir im Essay zugegebenermaßen voluntaristisch verwendeten Argumente hinsichtlich der Frage zu systematisieren, welche Strategien zur Prognose der Folgen hypothetischer Ereignisse überhaupt vorstellbar sind.

3. Prognosestrategien im Telepolis-Aufsatz

Im vorgestellten Artikel haben wir es mit vier Prognosestrategien zu tun:

Tabelle 1: Prognosestrategien im Essay "SETI und die Folgen"

Strategie	Forschungslogik, Basismethode	Vorzüge	Probleme
1. Übertragung empirischer Befunde aus anderen Forschungsfeldern	Analogieschluss	Vielschichtigkeit der zur Verfügung stehenden Daten	Zweifel an Vergleichbarkeit; Problem der Generalisierung
2. Auswertung ‚natürlicher Experimente'	soziales Experiment	Rekonstruktion von Realverhalten	Abhängigkeit von natürlich entstandenen Daten
3. Historische Parallelen	historischer Analogieschluss	ggf. umfangreiches historisches Material	Vielzahl von Parametern; Übertragbarkeit;
4. Theoriegeleitete Extrapolation	Deduktion	Orientierung an bewährten theoretischen Folien	rein theoretische Überlegungen; Probleme der Anwendbarkeit

1. Strategie: Die Übertragung empirischer Ergebnisse aus anderen Forschungsfeldern. Was wir von der Kriminalitätsfurcht und den sie anleitenden Reaktionen wissen, soll auch für die Konfrontation mit dem ‚maximal Fremden' (Schetsche 2004) gelten. Aliens werden also, zumindest hinsichtlich ihres emotionale Reaktionen auslösenden Potentials als eine Art von Gangstern betrachtet. Unabhängig von dieser Problematik ist die Argumentationslogik klar: es geht um Analogie-schlüsse. Diese Strategie hat den Vorteil, dass für fast jeden denkbaren Fall eine ganze Reihe von empirischen Befunden aus den unterschiedlichsten Forschungs-gebieten zur Verfügung steht – gerade das führt allerdings zu der schwer zu beantwortetenden Frage, welche Analogieschlüsse zulässig sind und welche nicht. Wenn wir eine solche Strategie nutzen wollen, wären jeweils gute Gründe anzuführen, warum gerade die ausgewählten externen Befunde aussagekräftig für den zu untersuchenden Fall sind.

2. Strategie: Die Auswertung gleichsam natürlicher sozialer Experimente. Der hier untersuchte Fall, Orwells Hörspiel "Krieg der Welten", wird gerade in der populärwissenschaftlichen Literatur immer wieder zitiert. Als plakativer Beleg für die Ideen der konstruktivistischen Sozialforschung scheint er sich geradezu anzubieten. Hier wird das Hörspiel jedoch – unabhängig von den tatsächlichen Ereignissen im Jahre 1938 – im Sinne eines wahrscheinlich eher ungewollten, zumindest nicht systematisch vorbereiteten *sozialen Experiments* angeführt. Der Vorteil dieser Strategie ist, dass sie mit realen Beobachtungsdaten arbeitet, die (zumindest bei so spektakulären Fällen wie dem hier geschilderten) bereits in wissenschaftlichen Arbeiten systematisch rekonstruiert worden sind. Das heißt wir haben es möglicherweise mit gut gesichertem empirischen Material zu tun. Entsprechend groß ist allerdings auch der Nachteil: entweder es gibt im interes-sierenden Untersuchungsbereich entsprechende natürliche Experimente – oder eben nicht.

3. Strategie: Die Suche nach historischen Parallelen. Im Aufsatz wird der Mensch-Alien-Kontakt in *Analogie* zu asymmetrischen Kulturkontakten auf der Erde konturiert. Es wird gefragt, was wir aus der Geschichte der irdischen Kultu-ren hinsichtlich der mittel und langfristigen Folgen einer Landung der Außerirdi-schen auf der Erde lernen können. Dies ließe sich in der Hinsicht generalisieren, dass wir uns die dem hypothetischen Ereignis am ehesten vergleichbaren realen Ereignisse anschauen, ihre Auswirkungen rekonstruieren bzw. sie sogar unmit-telbar zu beobachten versuchen. Je nachdem, welche Anforderungen dabei an die Ähnlichkeit historischer Situationen gestellt werden, könnten hier einzelne bis sehr viele Fälle untersucht werden. Vorteil also: es könnte umfangreiches Da-tenmaterial vorhanden sein. Die Nachteile liegen in der Komplexität jedes ein-zelnen Falles – und in der, bereits bei der ersten Strategie offen gebliebenen Frage nach der Übertragbarkeit der Ergebnisse. Zu überlegen ist insbesondere, welche Parameter für die historische Entwicklung entscheidend waren und wel-che von ihnen es auch für die zu untersuchende zukünftige Entwicklung sein dürften. Und wie überhaupt Sicherheit in der Auswahl der zu untersuchenden Faktoren zu erreichen ist.

4. Strategie: Die extrapolierende Anwendung theoretischer Überlegungen: Extrapolierend ist diese Anwendung, weil die angesprochenen Theorien (hier der Sozialpsychologie) auf ein empirisches Feld projiziert werden, für das sie ‚eigentlich' nicht gedacht waren: Aus dem Verhalten gegenüber dem sozial oder kulturell Fremden wird auf das Verhalten gegenüber dem maximal Fremden geschlossen. Der Vorteil solcher Verfahren liegt auf der Hand: wir können von empirisch gut belegten und weitgehend anerkannten theoretischen Folien ausgehen. Allerdings müssen wir deren Geltungsbereich gedanklich erweitern, um sie auf bislang in der Realität unbekannte Situationen und Entwicklungen anzuwenden. Ob und wie dies möglich ist, wäre in jedem Einzelfall zu diskutieren.

Bei allen Strategien des erwähnten Aufsatzes geht es mir hier und heute nicht darum, ob das konkret verwendete empirische Beispiel oder die einzelne angesprochene Theorie für den Fall des Mensch-Alien-Kontakts passend bzw. tragfähig ist. Es geht mir vielmehr um die allgemeine Frage, welche Strategien bzw. Methoden wir überhaupt zur Verfügung haben, um die sozialen Folgen hypothetischer Ereignisse abschätzen zu können.

4. Alternative Prognosestrategien

Ich will deshalb an dieser Stelle die Argumentation des Aufsatzes verlassen und einige weitere Strategien diskutieren, die mir im damals untersuchten Fall zunächst nicht so wichtig erschienen:

Tabelle 2: Alternative Prognosestrategien

Strategie	Forschungslogik, Basismethode	Vorzüge	Probleme
5. Prospektive Interviews	qualitative Demoskopie	Feinsteuerung der Fragestellung; erprobte Methodik	hypothetischer Charakter der Situation
6. Biographische Interviews	Rekonstruktion von Erfahrungen	Erhebung realitäts-bezogener Daten	Auswahl ‚passender' Fälle; Übertragbarkeit
7. Systematische Experimente	experimentelles Setting; Krisenexperiment	Kontrolle der Parameter	Aufwand, Forschungsethik
8. Auswertung fiktionaler Szenarien	Gedanken-experiment	Nutzung von Expertenwissen	Fiktions-Realitäts-Transfer

5. Strategie: Die Durchführung prospektiver Interviews: Bei der Suche nach
Pfaden aus der Ungewissheit könnten wir mit Hilfe von Methoden wie Interview
oder Gruppendiskussion solchen Fragen nachgehen: Wie würden Menschen sich
in einer von uns gedanklich vorgegebenen hypothetischen Situation verhalten?
Welches wären die Normen und Werte, die ihr Handeln unter extremen Bedingungen anleiteten? Was hätte für ihr weiteres Leben Priorität? Die Vorteile eines
solchen Vorgehens liegen in der Verwendung erprobter Methoden und in der
exakten Ausrichtung unserer Interviewleitfragen. Der größte Nachteil ist hingegen der recht hohe Unsicherheitsfaktor hinsichtlich der gefundenen Antworten:
Wie gut können die Menschen sich in die geschilderte Situation hineinversetzen?
Können sie sagen, wie sie sich tatsächlich verhalten würden? Welche Wechselwirkungen im kollektiven Handeln gibt es, die von den hypothetisch Betroffenen
gar nicht vorhersehbar sind? usw. usf.

6. Strategie: Biographische Interviews mit Opfern ähnlicher Katastrophen: Auch
für hypothetische Ereignisse gibt es in gewisser Weise Präzedenzfälle – nämlich
Ereignisse, bei denen wir zwar mit anderen Katastrophenursachen, aber mit
wahrscheinlich sehr ähnlichen Folgen konfrontiert sind. So könnte der oben
bereits kurz angesprochene Meteoritenimpakt mit den Folgen schwerer Erdbeben
oder eines Vulkanausbruchs verglichen werden. Entsprechend können wir die

Überlebenden solcher bekannten Katastrophen Jahre später fragen: Wie hat sich ihr Alltagsleben durch das unerwartete Ereignis verändert? Wie ihre Einstellungen oder ihr Glaubenssystem? Etwas zeitnäher ließe sich zum Beispiel auch fragen: Was ist in außergewöhnlichen Situationen anders? Welche sozialen Regeln sind außer Kraft gesetzt? Wir würden dann – im Rahmen aller bekannten Probleme retrospektiver Verfahren natürlich – zumindest realitäts*bezogene* Erfahrungen erheben. Das ist gut. Weniger gut ist, dass wir es bei der Untersuchung hypothetischer Ereignisse zwangsläufig mit Erfahrungen hinsichtlich *anderer, eben nur ähnlicher* Situationen und Entwicklungen zu tun haben. Das Hauptproblem ist hier wiederum das der Übertragbarkeit der Befunde.

7. Strategie: Durchführung und Auswertung systematischer Experimente: Die Reaktion von Menschen auf das Unerwartete lässt sich experimentell untersuchen. Von Bedeutung scheinen mir dabei insbesondere psychologische und soziologische Experimente zu sein, in denen den Versuchspersonen der tatsächliche Gegenstand der Untersuchung, nämlich die Reaktion auf das Unerwartete, nicht bekannt ist. Zu denken ist etwa an Krisenexperimente im Sinne Garfinkels. Hinsichtlich katastrophaler Ereignisse sind die Untersuchungsmöglichkeiten jedoch durch forschungsethische Prinzipien und möglicherweise auch durch den erforderlichen Forschungsaufwand stark eingeengt. Die zentrale Frage ist deshalb, wie aussagekräftig die Befunde gleichsam entschärfter oder verkleinerter Experimente sein können.

8. Strategien: Die systematische Auswertung von Szenarien aus der Science Fiction-Literatur: In dieser Literatur sind, um noch einmal auf das Beispiel ,First Contact' zurückzukommen, eine Vielzahl sozialer Szenarien entwickelt worden, in denen dies Auswirkungen einer solchen Konfrontation geschildert werden. Wir können solche Romane als Gedankenexperimente von Experten für hypothetische Ereignisse ansehen, denn nichts anderes sind Science Fiction-Autoren in dieser Hinsicht. Weil diese Art des Fiktions-Realitäts-Transfers in den Sozialwissenschaften bisher wohl eher unüblich ist, vielleicht auch unter Wissenschaftlern ein gewisses Unbehagen auslösen könnte, will ich für diese letzte Strategie kurz ein Untersuchungsdesign skizzieren. Eine prognosebezogene wissenschaftliche Auswertung der phantastischen Literatur zu hypothetischen Ereignissen könnte in fünf bis sechs Schritten erfolgen:

1. Festlegung der Ereignisse, deren mögliche Folgen untersucht werden sollen (also etwa Mensch-Alien-Kontakte, ein Meteoritenimpakt oder auch eine Umpolung des Erdmagnetfeldes);

2. Identifizierung der Romane, Kurzgeschichten und Filme, in denen die sozialen Folgen eines solchen Ereignisses ausführlich beschrieben werden;
3. Komparatistische Rekonstruktion von möglichen Szenarien des Ereignisses und seiner Folgen (etwa hinsichtlich der Frage der Größenordnung des Ereignisses oder der verschiedenen Dimensionen sozialer Auswirkungen, z.B. politisch, ökonomisch, religiös);
4. Falls möglich: Interviews mit einigen dieser literarischen Experten über die Hintergründe ihrer jeweiligen Szenarien: Welche ‚guten Gründe' hatten sie, um aus einem wahrscheinlich extrem großen Möglichkeitsraum jeweils gerade die geschilderten Entwicklungen auszuwählen? usw. (Dabei würden wir wahrscheinlich darauf stoßen, dass diese Autoren sich ähnlicher Strategien bedienen, wie ich sie hier diskutiert habe.)
5. Abschätzung des Realitätsgehaltes der Szenarien auf Basis soziologischer, psychologischer, ökonomischer oder politologischer Theorie und Empirie. Dies ist sicherlich die anspruchsvollste und wohl auch problematischste Aufgabe; und schließlich
6. Bestimmung von realistischen Szenarien und Systematisierung der Parameter, in denen sich die einzelnen Szenarien unterscheiden.

5. Grundsätzliche Probleme qualitativer Prognostik

Ich will die einzelnen Strategien nun endgültig verlassen und zu einem kurzen Fazit kommen: Es sollte klar geworden sein, dass es für die Prognose der sozialen Folgen hypothetischer Ereignisse keinen Königsweg geben kann. Alle vorgestellten Strategien haben zwar Vorteile, aber alle eben auch erhebliche Nachteile. Sie enthalten, richtiger produzieren vielfältige Ungewissheiten, die oftmals grundsätzliche Zweifel an den jeweils erhaltenen Befunden mehr als rechtfertigen.

Für alle diese Ereignisse stellt sich (unabhängig von der Wahrscheinlichkeit des Eintretens) hinsichtlich der Prognostizierbarkeit ihrer sozialen Folgen eine Reihe grundsätzlichen Fragen, die es beim Versuch der Prognose der Kommenden zu berücksichtigen gilt. Einige dieser *Prognoseprobleme* seien hier wenigstens kurz benannt:

1. *Problem der Größenordnung*: In welcher Weise unterscheiden sich lokale von regionalen und von globalen Ereignissen? Wann sind diese Folgen vergleichbar und wann nicht?

2. *Problem der Realitätsnähe*: Wie realistisch sind experimentelle Befunde? Wie können möglichst viele Parameter realitätsnah gestaltet werden? Welche Beschränkungen erlegt uns die Forschungsethik auf?

3. *Problem interkultureller Unterschiede*: Reagieren soziale Gruppen, Kulturen gleich auf bestimmte Ereignisse? Welchen Faktoren bringen mögliche Unterschiede hervor? Gibt es wiederkehrende Ereignisse, an denen sich kulturspezifische Unterschiede ablesen lasen?

4. *Problem der historischen Vergleichbarkeit* (Sonderfall des interkulturellen Problems): Reagieren Menschen heute so wie früher? Und reagieren sie in Zukunft noch so wie heute? Welche Rolle spielen Wissen, Kultur und soziale Funktionalitäten? Wie reagieren überhaupt unterschiedliche soziale und ökonomische Systeme auf katastrophale Ereignisse?

5. *Problem übergroßer Komplexität*: Massive Ereignisse haben extrem komplexe Wirkungen – welche Systeme schaue ich mir zuerst an? Welche sind die entscheidenden – Ökonomie, Politik oder Religion? Welche Wechselwirkungen müssen untersucht werden und von welchen kann abstrahiert werden?

6. *Problem des Verhältnisses von kurz- und langfristigen Folgen*: In welchem Verhältnis stehen sie zueinander? In welcher Weise präformieren kurzfristige Reaktionen die längerfristigen Folgen? Können schwere Fehler in den ersten Reaktionen etwa des politisch-administrativen Systems überhaupt wieder ausgeglichen werden?

7. *Problem der Informationssteuerung*: Außerdem ist zu berücksichtigen, dass die nicht unmittelbar betroffenen Menschen nicht aufgrund des Ereignisses selbst handeln werden, sondern auf Basis der Informationen, die sie über das Ereignis erhalten. Dies führt zur Frage der Informationssteuerung. Wie werden die Massenmedien reagieren? Ist hier eine politische Einflussnahme möglich und sinnvoll? Wie ist Informationspolitik ethisch zu bewerten?

8. *Problem des Einflusses von Vorsorgemaßnahmen*: Welche Rolle spielt die gesellschaftliche Erwartung des Ereignisses für die Bewältigung seiner Eintrittsfolgen? Welches könnten die Wirkungen geplanter Vorsorgemaßnahmen sein – und wie sehen die nichtintendierten Nebenfolgen dieser Maßnahmen im ,Ernstfall' aus?

Nicht zuletzt aufgrund solcher generellen Probleme denke ich: Es ist weniger die Frage, welche der oben beschriebenen Einzelstrategien am erfolgversprechendsten oder gar am risikolosesten ist, sondern vielmehr die, welche der Strategien am effektivsten und am aussagekräftigsten kombiniert werden können. Ich schlage deshalb vor, sich bei Prognosen niemals auf nur eine der geschilderten Strategien zu verlassen, sondern stets mehrere von ihnen zu verfolgen und zu schauen, welche davon vergleichbare oder zumindest anschlussfähige Ergebnisse liefern. Dies sollte das Risiko, mit unseren Prognosen völlig in die Irre zu gehen, zumindest verringern. Ich denke allerdings, dass dieses Risiko aus den geschilderten grundlegenden Problemen immer bestehen bleiben wird. Interpretative Prognostik ist und bleibt Highrisk-Forschung – mit allen Konsequenzen, die dies für die soziale Anerkennung und universitäre Etablierung dieser Teildisziplin der Sozialwissenschaften hat.

Trotzdem haben wir nach meiner Überzeugung als Sozialwissenschaftler und Sozialwissenschaftlerinnen das gute Recht, uns mit den Folgen von Ereignissen zu beschäftigen, die noch nicht stattgefunden haben, bei denen aber die Möglichkeit besteht, dass sie in wenigstens absehbarer Zeit stattfinden könnten. Solche Ereignisse können zu abrupten Veränderungen in Überzeugungssystemen, kollektiven Stimmungslagen und Zukunftsorientierungen führen, die denen bekannter Katastrophen (wie Erdbeben, Vulkanausbrüchen oder Sturmfluten) in nichts nachstehen, diese vom Wirkungspotential vielleicht sogar noch übertreffen, gerade weil sie für die betroffenen Gesellschaften und ihre Subjekte mit der Macht singulärer historischer Ereignisse hereinbrechen. Im Extremfall lösen sie einen kollektiven existenziellen Schock aus, der die bisherige Funktionsweise des gesellschaftlichen Gesamtsystems in Frage zu stellen vermag.

Auch wer der Vorstellung von der Konfrontation der Menschheit mit einer außerirdischen Zivilisation[13], etwa aufgrund des eigenen anthropozentristischen Weltbildes, nichts abgewinnen kann, wird sich der Potentialität hypothetischer Ereignisse stellen müssen. Dazu gehören, wie schon mehrfach erwähnt, etwa der Einschlag eines großen Meteoriten auf der Erde oder das Abreißen des Golfstroms durch die aktuellen Klimaveränderungen. Beides sind außerordentlich schwerwiegende Ereignisse, die große Regionen der Erde in Mitleidenschaft ziehen könnten und extreme Auswirkungen auf die betroffenen Gesellschaft haben werden. In beiden Fällen handelt es sich um Katastrophen, deren Eintreten möglicherweise zu einem bestimmten Zeitpunkt relativ sicher vorausgesagt werden kann.[14] Problematisch sind Ereignisse, die ‚ihren Schatten voraus werfen‘,

---

[13] Dabei sind die psychosozialen Auswirkungen dieses Falles aus zwei Gründen besonders schwerwiegend. Erstens haben wir es mit einem Ereignis zu tun, bei dem es nicht um die Konfrontation mit einer ebenso ‚motiv- wie rücksichtslosen‘ Natur geht, sondern um Fragen des (intentionalen) Handelns eines nonhumanen Gegenübers. Zweitens dürfte diese Konfrontation mit dem ‚maximal Fremden‘ eine Reihe schwerwiegender Implikationen für das Weltbild ganzer menschlicher Kulturen haben. Diese beiden Besonderheiten verschärfen die sozialen Auswirkungen eines solchen Ereignisses in schwer kalkulierbarer Maße.

[14] Beim Meteoritenimpakt können solche ‚Vorwarnzeiten‘ zwischen wenigen Stunden und immerhin einigen Jahren betragen; dies hängt insbesondere von der Größe des Objekts und der mit der Beobachtungsdauer korrelierten Bestimmbarkeit der Bahnparameter ab; tendenziell ist dabei die Vorwarnzeit um so länger, je größer das Objekt und damit auch je massiver die erwartbaren Auswirkungen sein werden (vgl. hierzu aktuell Naica-Loebell 2004).

weil die Möglichkeiten der Verringerung von sozialen Auswirkungen durch das frühzeitige Ergreifen von Maßnahmen mit den Folgen sozialer Verwerfungen aufgrund der Bekanntgabe der in Bälde drohenden Katastrophe sowohl wissenschaftlich wie auch politisch und ethisch abgeglichen werden müssen.

Und spätestens wenn solche Katastrophen – wie etwas die Klimaveränderungen – durch menschliches Handeln ausgelöst werden, geht das Recht zur Prognose der sozialen Folgen hypothetischer Ereignisse in die moralische Verpflichtung zur Warnung der politischen Entscheidungsträger und zur Aufklärung Öffentlichkeit über. Wer meint, vermeidbare soziale ökonomische oder ökologische Katastrophen mit Mitteln sozialwissenschaftlicher Prognostik vorhersehen zu können, sollte aus seinem Wissen auch Konsequenzen ziehen. Nicht nur als Wissenschaftler/in, sondern auch als Mitglied der Gesellschaft, in der er oder sie *noch* lebt.

Literatur

Bach, Joscha (2004): Gespräch mit einer Künstlichen Intelligenz – Voraussetzungen der Kommunikation zwischen Intelligenten Systemen. In: Schetsche (2005): 43-56

Billingham, John et al. (1994): Social Implications of the Detection of an Extraterrestrial Civilisation. A Report of the Workshops on the Cultural Aspects of SETI held in October 1991, May 1992, and September 1992, at Santa Cruz, California. Montain View: SETI Press

Bitterli, Urs (1986): Alte Welt – neue Welt. Formen des europäisch-überseeischen Kulturkontaktes vom 15. bis zum 18. Jahrhundert. Beck: München

Bova, Ben/Preiss, Byron (Hrsg.) (1999). Are We Alone in the Comos. The Search for Alien Contact in the New Millennium. New York: ibooks

Brenneisen, Christoph M. (2001): Das Rätsel um die Tunguska Katastrophe. Onlinequelle: http://home.t-online.de/home/cm.brenneisen/tunguska/tunguska.html (Zugriff: 11. 2. 2004)

Britt, Robert Roy (2004): When North Becomes South: New Clues to Earth's Mangetic Flip-Flops. In: Space.com (Netzmagazin), http://www.space.com/scienceastronomy/earth_poles_040407.html (Zugriff: 8. 7. 2004)

Brookings-Report (1960): Proposed studies on the implications of peaceful space activities for human affairs. Donald N. Michael et al.: Washington D.C: Brookings Institution [Prepared for the COMMITTEE ON LONG-RANGE STUDIES of the NATIONAL AERONAUTICS AND SPACE ADMINISTRATION] Onlinequelle: http://www.anomalies.net/brookings/report.pdf (Zugriff: 15.5.2003)

Cantril, Hadley (1940): The Invasion from Mars. A Study in the Psychology of Panic. Princeton: Princeton University Press

Fetscher, Justus/Stockhammer, Robert (Hrsg.) (1997): Marsmenschen. Wie die Außerirdischen gesucht und erfunden wurden. Leipzig: Reclam

Harrison, Albert A. (1997): After Contact. The Human Response to Extraterrestial Life. New York/London: Plenum Trade

Harrison, Albert A./Johnson, Joel T. (2002): Leben mit Außerirdischen, S. 95-116 in: S.E.T.I. Die Suche nach dem Außerirdischen. München: Beust

Harrison, Albert A./Elms, Alan C.: Psychology and the search for extraterrestrial inteligence. In: Behavioral Science 35. 1990. Heft 3. 207-218

Heidmann, Jean (1995): Extraterrestrial Intelligence. Cambridge/New York: Cambridge University Press

Heilbron, J. L./Conway, Jill/Cullers, D. Kent/Dick, Steven J./Finney, Ben/Guthke, Karl S./Kenniston, Kenneth: History and SETI. In: Billingham et al. (1994): 33-60

Holderness, Mike (2003): The Weather Turned Upside-down? Abrupt Climate Change: Evidence, Mechanisms and Implications. Onlinequelle: http://www.royalsoc.ac.uk/ events/discussion_meetings/reps/acc.htm (Zugriff: 12.7.2004)

Hurst, Matthias (2004): Stimmen aus dem All – Rufe aus der Seele. Kommunikation mit Außerirdischen in narrativen Spielfilmen. In: Schetsche (2005): 95-112

Jones, Kenneth Morris (o.J.): Epistemological Aspects of the Search for Extraterrestrial Intelligence. Quelle: http://www.nidsci.org/essaycomp/kmjones.html (Zugriff: 29.8.2002)

Knorr, Gregor/Lohmann Gerrit (2003): Southern Ocean Origin for the Resumption of Atlantic Thermohaline Circulation During Deglaciation. In: Nature 424. 2003. 532-536

McDonough, Thomas (1987): The Search for Extraterrestrial Intelligence: Listening for Life in the Cosmos. New York: John Wiley & Sons

Menzel, Birgit/Ratzke, Kerstin (2003): Grenzenlose Konstruktivität? Standortbestimmung und Zukunftsperspektiven konstruktivistischer Theorien abweichenden Verhaltens. Opladen: Leske + Budrich

Michaud, Michel (1999): A Unique Moment in Human History. In: Bova/Preiss (1999): 265-284

Moebius, Stephan (2004): Wegmarken zu einer Soziologie des maximal Fremden. In: Schetsche (2005): 205-214

Müller, Klaus E. (2004): Einfälle aus einer anderen Welt. In: Schetsche (2005): 191-204

Naica-Loebell, Andrea (2002): Umpolung im nächsten Jahrtausend. Magnetische Polarität der Erde destabilisiert sich drastisch. In: Telepolis (Netzmagazin), http://www.telepolis.de/deutsch/inhalt/lis/12323/1.html (Zugriff: 1. 12. 2003)

Naica-Loebell, Andrea (2004): Meteoriten per Expresslieferung. In: Telepolis (Netzmagazin), http://www.heise.de/tp/deutsch/special/raum/17881/1.html (Zugriff: 19. 7. 2004)

National Research Council [Hrsg.] (2002): The Science and Policy Implications of Abrupt Climate Change. Washington: National Academic Press

Prien, Hans-Jürgen (1992): 1492 und die Folgen: Beiträge zur interdisziplinären Ringvorlesung an der Philipps-Universität Marburg. Münster/Hamburg: LIT

Rahmstorf, Stefan. (2003): Timing of Abrupt Climate Change: A Precise Clock. In: Geophysical Research Letters 30. 2003. Heft 10. 1510

Rausch, Renate (1992): Der Kulturschock der Indios. In: Prien (1992): 18-32

Regis, Edward (Hrsg.) (1985): Extraterrestrials: Science and alien intelligence. Cambridge/New York: Cambridge University Press

Schetsche, Michael: "Entführungen durch Außerirdische" – ein ganz irdisches Deutungsmuster. In: Soziale Wirklichkeit 1. 1997. Heft 3-4. 259-277

Schetsche, Michael: Reale und virtuelle Probleme. In: Berliner Journal für Soziologie 8. 1998. 223-244

Schetsche, Michael (2003a): SETI und die Folgen. Futurologische Betrachtungen zur Konfrontation der Menschheit mit einer außerirdischen Zivilisation. In: Telepolis (Netzmagazin), http://www.heise.de/tp/deutsch/inhalt/co/15651/1.html (12.4.2005)

Schetsche, Michael (2003b): Soziale Folgen der Entdeckung einer außerirdischen Zivilisation. Zweiter Teil: Grundlegende Faktoren kollektiver psychischer Reaktionen. In: Nachrichten der Olbers-Gesellschaft. 2003. Heft 202. 26-30

Schetsche, Michael (2003c): Soziale Kontrolle durch Pathologisierung? Konstruktion und Dekonstruktion ‚außergewöhnlicher Erfahrungen‘ in der Psychologie. In: Menzel/Ratzke (2003): 141-160

Schetsche, Michael (2004): Der maximal Fremde – eine Hinführung. In: Ders. (2005): 13-21

Schetsche, Michael (Hg.) (2005): Der maximal Fremde. Würzburg: Ergon

Spokes, Lucinda (2003): Die Auswirkung der globalen Erwärmung auf die Ozeanzirkulation. Onlinequelle: http://www.atmosphere.mpg.de/enid/2rt.html (Zugriff: 1.7.2004)

Walter, Ulrich (2001): Außerirdische und Astronauten. Zivilisationen im All. Heidelberg/Berlin: Spektrum Akademischer Verlag

Prognose oder Diagnose?
Entscheidungsunterstützende Information
unter Bedingungen der Unvorhersehbarkeit

Franz Liebl

> es ist zeit für ein *private banking*, das entwicklungen
> nicht nur beobachtet. sondern vorhersieht.
> *Anzeige der Commerzbank*
> *FAS 19. Dezember 2004, S. 7*

> We have no future, because our present is too volatile.
> ... We have only risk management. The spinning
> of the given moment's scenarios. Pattern recognition.
> *Bigend in:*
> *William Gibson – Pattern Recognition, S. 57*

1. Wie proaktiv soll Management sein?

Unabhängig davon, ob in Vermögensverwaltung, Entwicklung von Unternehmensstrategien oder Planungsentscheidungen in Politik und Verwaltung: die Frage, "wohin der Trend geht" und der Ruf nach "genaueren Prognosen", die "Planungssicherheit" verschaffen sollen, erscheinen lauter denn je. Neu sind sie allerdings nicht. Und gerade deshalb müßte der Verdacht aufkommen, ob diese Fragen nicht vielleicht falsch gestellt sein könnten.

Denn während die Praxis seit jeher von der Wissenschaft *genauere Prognosen* zum "proaktiven" Planen und Entscheiden unter Unsicherheit einforderte, konnte die Wissenschaft dem nur zu Recht entgegenhalten, daß ihr Beitrag nicht im Wegdefinieren der Unsicherheit bestehen könne, sondern allenfalls in der *Quantifizierung von Unsicherheitsbandbreiten*.

Unter Bedingungen erhöhter Umfeldturbulenz kommen nun zwei Aspekte in besonderer Schärfe zum Tragen:

- Erstens, es verkürzen sich systematisch die Horizonte für "aussagefähige" Prognosen. Das heißt, die Unsicherheits-Bandbreiten für längerfristige Prognosen werden so groß, daß herkömmliche Planungsansätze nicht mehr sinnvoll darauf Bezug nehmen können. Offe (1999) hat dieses Überraschungsmoment auf folgenden Nenner gebracht: *"Die Irritation hat ... zugenommen, seit wir bei jeder Trendaussage, die wir treffen, damit rechnen müssen, dass auch das Gegenteil wahr ist."*
- Zweitens, es geht nicht mehr nur darum, eindeutig operationalisierte und inhaltlich klar definierte Größen zu prognostizieren, sondern um den Umgang mit Nichtwissen ("ignorance"; vgl. Ansoff 1976). Es ist unbestimmt, was sinnvollerweise prognostiziert werden soll, neue Bestimmungsgrößen für das zu Prognostizierende treten auf den Plan oder bekannte "Kausalitäten" sind damit außer Kraft gesetzt.

Die in diesen beiden Aspekten zum Ausdruck kommende "Unvorhersagbarkeit" läßt sich also auch als "Neuheit" begreifen und hat gravierende Folgen für das in der "Früherkennung" einstmals beschworene "proaktive" Handeln. Die innere Logik eines solchen proaktiven Handelns lautet *predict and prepare*, d. h. prognostiziere das Umfeld und optimiere Entscheidungen mit Blick auf dieses Zukunftsbild. Wo sich aber das Umfeld als prinzipiell unvorhersagbar präsentiert, ist eine solche Management- und Planungs-Logik obsolet geworden (vgl. Ackoff 1981).

Nunmehr gilt es, vor allem die Gegenwart und ihre sozio-kulturellen Überformungen besser zu verstehen – als Ausgangspunkt für eine *gestaltbare Zukunft*. Der Gedanke des bewußten Kreierens steht auch hinter der Forderung, das *predict and prepare* des proaktiven Handelns durch ein "interaktives" Management (Ackoff 1981) abzulösen, in dem in enger Vernetzung mit dem Umfeld Trends und Issues mitgestaltet werden (Ansoff/Sullivan 1993). Der darin zum Tragen kommende Anspruch an entscheidungsunterstützende Informationen erweist sich als durchaus realitätsnah: Nämlich im Zeitalter turbulenter Umwelten, die von Unvorhersagbarkeit gekennzeichnet sind, keine längerfristigen Prognosen abzugeben und stattdessen eine Ethnographie der Gegenwart zu versuchen, da dort der Keim zukünftiger Entwicklungen angelegt ist. Die Gegenwart und das in ihr verborgene "Neuheits-" bzw. "Innovationspotential" besser zu verstehen und die daraus entstehenden Möglichkeitsräume zu diagnostizieren, entspricht ebenjener interaktiven Management- und Planungs-Logik für turbulente Umfelder.

Das mag plausibel klingen, erweist sich jedoch tatsächlich noch als wenig operational. In der Folge soll daher der Frage nachgegangen werden, wie dieser Gedanke der Innovation fruchtbar gemacht werden kann für Zecke der Diagnostik, insbesondere der Trend-Diagnose. Hierzu sollen zunächst die charakteristischen Dimensionen der Innovation herausgearbeitet werden. Sodann soll untersucht werden, welche Konzepte existieren, um die diagnostische Kraft jeder Dimension zu nutzen.

2. Charakteristika von Innovation

Wenn man davon ausgeht, dass Innovation – d. h. die erfolgreiche Neuerung bzw. Invention – eine (qualitative) Neuheitsfacette und eine (quantitative) Verbreitungsfacette besitzt, existieren folglich zwei Grundfragen, die zur Diagnose an einen wie auch immer erkannten "Trend" gestellt werden müssen:

- Worin besteht das qualitativ Neue an dem "Trend" und welche Verbreitungschancen hat dieser Sachverhalt? Hier geht der quantitativen Veränderung eine Änderung der Qualität voraus – quasi der klassische Fall einer Invention, die erfolgreich zu neuen Nutzungsformen bzw. Praktiken führt.
- Im zweiten Fall, der häufig als "schleichende Diskontinuität" (vgl. Mintzberg 1987) bezeichnet wird, schlägt eine quantitative Veränderung bei Überschreiten kritischer Grenzen in eine neue Qualität um. Ab welcher Grenze nimmt ein Sachverhalt eine neue Qualität an und worin besteht diese Qualität?

Diese beiden Grundfacetten qualitativ/quantitativ bzw. Neuheit/Verbreitung werden häufig in der Diskussion über "Trends" miteinander vermischt und sind dafür verantwortlich, dass in diesem Bereich eine erhebliche Begriffsverwirrung herrscht. Mit "Trend" bezeichnen die Beteiligten oft willkürlich kurzfristige und langfristige, qualitative und quantitative, anbieterbezogene und abnehmerbezogene Phänomene. Besonders deutlich wird das etwa bei den Aussagen von sogenannten "Trend-Scouts". Was "angesagt" tatsächlich zu bedeuten hat, schwankt dann nach individueller Disposition der Trend-Scouts erheblich: Wo die einen darunter die "Diffusionsträchtigkeit" aufgrund vermeintlicher Massenkompatibilität verstehen, meinen andere das akute "Outhipping-Potential" im innersten Kern der beobachteten Szene. Die herkömmliche Literatur zur sogenannten "Trendforschung" trifft in dieser Hinsicht ebenfalls weitgehend willkürliche Zuordnungen und Abgrenzungen (z. B. Horx/Wippermann 1996), und kann somit für die beschriebene Problemlage nicht viel beitragen.

3. Diagnose in bezug auf Verbreitung

Indes existieren in anderen Bereichen erhellende Konzeptionen. Es ist beispielsweise das Verdienst von Mathews/Wacker (2003), schlüssig gezeigt zu haben, daß in der Bizarrerie von heute der Keim des Mainstreams von morgen angelegt ist. Ausgehend von dieser These entwickeln sie die einschlägigen Grundgedanken des Issue-Lebenszyklus (z. B. Downs 1972, Renfro 1993) und der Lead-User-Analyse (Urban/von Hippel 1988) zu einem differenziert ausgearbeiteten Trend-Lebenszyklus weiter. Jener beschreibt, wie und unter welchen Bedingungen sich eine deviante, sozial bisweilen geächtete Verhaltensweise vom Rand der Gesellschaft über eine Avantgarde der Coolness in die konventionellen Bereiche des Mainstreams hineinzubewegen vermag. Anhand zahlreicher Beispiele illustrieren die Autoren, wie mit zunehmender Verbreitung eine qualitative Veränderung einhergeht. Der Lebenszyklus stellt also so etwas wie einen Prozess der Normalisierung dar. Und der besteht aus zwei Facetten: Normalisierung erstens in dem Sinne, dass ein bestimmtes Verhalten zum geübten Standard wird; aber zweitens auch in dem Sinne, dass dies gemeinhin als normal – in bezug auf einen normativen Standard – angesehen wird. (Vgl. Link 1999) Es geht kurz gesagt nicht nur darum, wieviele Menschen eine bestimmte (kulturelle, soziale, ...) Praktik vollziehen, sondern auch darum, was die Menschen, die das nicht tun, von ihnen denken (vgl. Dekkers 1996). Für die Zwecke der "Früherkennung" interessiert daher nicht so sehr der "Trend" im Sinne eines Veränderungs-Phänomens in der offiziellen Statistik – denn dann ist ein Phänomen schon klar operationalisiert sowie quantitativ erfassbar und damit allenfalls Gegenstand einer Späterkennung. Soll der Trend das erst vage Umrissene und in seiner Quantität bestenfalls Erahnbare verkörpern, so ist er in einer Dunkelziffer, in der Zone des Anormalen und jenseits der Zivilisiertheitsgrenze zu suchen – die aber in der Folge in Bewegung gerät. Wo dann Tabuzonen schmelzen, wachsen Märkte im Zuge dieser Normalisierungsbewegung; die sprichwörtliche Dunkelziffer wird zum Frühindikator von strategischen Potentialen. Analog haben, so Groys (2003), soziale Protestbewegungen seit jeher neue Märkte geschaffen – etwa für Rockmusik, ökologische Lebensmittel und vieles mehr. Das heißt, dissidente und abweichlerische Potentiale sind auch immer Marktpotentiale.

4. Diagnose in bezug auf Neuheit

Bei diesen Lebenszyklusüberlegungen geht es primär um die Frage nach der Verbreitung und Konventionalisierung von neuen bzw. andersartigen Verhaltensweisen und Praktiken. Bleibt noch die Frage nach der Identifikation des

Neuen zu klären. Auf welcher Basis kann so eine Markierung der Invention stattfinden? Zu diesem Zweck wollen wir kulturelle Innovationen ganz allgemein betrachten. Anhand zahlreicher Beispiele zeigt Groys (1992), dass Innovation ein Kontextphänomen ist. Das Neue besteht darin, dass etwas Bekanntes in einen noch nicht benutzten Kontext gestellt wird und dadurch in der Folge eine Umwertung erfährt. Das gilt für die Geistesgeschichte (z. B. Freud, Marx) ebenso wie für die Kunst des 20. Jahrhunderts (z. B. Duchamp, Malewitsch) oder wissenschaftlich-technologische Errungenschaften (z. B. Bionik). Der Neuheitsgrad speist sich demnach vor allem aus den verschiedenen Formen des Umcodierens und Umfunktionierens (siehe hierzu ausführlich Düllo/Liebl 2005), die zu einem neuen "Muster" führen.

Um den Neuheitsgrad von Trends – also neuen Mustern – zu identifizieren, gilt es herauszufinden, welche Kontextüberschreitungen stattgefunden haben. Nach Cova/Svanfeldt (1993) erweisen sich Trends insbesondere dann als durchschlagskräftig, wenn mehrere Kontexte im Spiel sind, also beispielsweise eine technologische Entwicklung mit einer sozialen oder kulturellen Veränderung einhergeht. Ob ein Trend sich durchsetzen wird, ist zwar im positiven Sinne kaum prognostizierbar. Umgekehrt besteht jedoch für einen Trend, der nur wenige Kontexte miteinander in Verbindung bringt, eine vergleichsweise hohe Flüchtigkeitsgefahr. Es ist also nicht so sehr die Frage, ob sich ähnliche bzw. verwandte Entwicklungen in ein und derselben Kategorie bzw. ein und demselben Kontext häufen, sondern ob vielfältige Entwicklungen unterschiedlicher Herkunft komplementär zueinander wirken und ein neues Muster bilden.

Auch wenn dies plausibel klingt, so bedarf es noch eines Zusatzkriteriums, um davor gefeit zu sein, in eigentlich beziehungslosen Sachverhalten Verbindungen wahrzunehmen und fälschlicherweise einen Bedeutungsgehalt zu kreieren. Dieses Zusatzkriterium besteht in der Paradoxheit einer Innovation. Alex Shakar (2001) führt diesbezüglich die Denkfigur der *Paradessenz* – d. h. die paradoxe Essenz, das paradoxe Wesen – als Schlüsselmechanismus des Marketing ein. Paradessenz bedeutet, daß zwei sich scheinbar ausschließende Phänomene bzw. Eigenschaften miteinander vereinigt werden. Gerade besonders erfolgreiche Produktinnovationen zeichnen sich dadurch aus, daß sie einst als sich ausschließend angesehene Eigenschaften auf sich vereinen (z. B. Nivea-Creme, Post-it Notes). Ebenso trifft das auf Trends zu; denn es geht bei ihnen, wie wir gesehen haben, nicht um eine (quantitative) Entwicklung in die eine oder andere Richtung, sondern um überraschende neue Qualitäten, um neue und oftmals hybride Muster: bei Glokalisierung etwa ist globale Ausweitung bei gleichzeitiger lokaler Spezialisierung zu konstatieren; BoBos verbinden bohemeartige Attitüde mit bourgeoisem Lebensstil.

Paradessenz als Denkfigur ist für die Diagnose erkenntnisleitend. Denn wenn ein Trend eine solche "gebrochené Seele" (Shakar 2001: 72) besitzt, ist offensichtlich, daß man ihn und seine strategischen Implikationen erst dann verstehen kann, wenn der Bruch herauspräpariert ist. Statt dessen existiert bei sicherheitsversessenen Planern und Entscheidern der zweifelhafte Bedarf nach immer mehr, immer neuen Trends – geleitet von dem Bestreben, nur ja keinen Trend zu versäumen. Doch daß ein schlecht verstandener Trend zu weitaus fataleren Fehlentscheidungen führen kann, wird dabei übersehen. Geheimdienste nennen so etwas nicht umsonst "gezielte Desinformation".

5. Zusammenfassung

Seit den frühen 80er Jahren postuliert die fortgeschrittene Management-Theorie, daß unter Bedingungen turbulenter Umfelder mit hohem Grad an Unvorhersagbarkeit prognose-basiertes, proaktives Handeln ausgedient hat und stattdessen diagnose-basiertes, interaktives Management Platz greifen soll. Um diese Idee für die Praxis von Planern und Entscheidern fruchtbar zu machen, bedarf es allerdings eines entsprechenden Bezugsrahmens. In diesem Beitrag wurde skizziert, wie die Denkfigur der "Innovation" mit seinen beiden Dimensionen "Neuheit" und "Verbreitung" hierzu einen Denkrahmen zur Verfügung stellen kann und mit welchen konzeptionellen Diagnose-Bausteine diese Dimensionen gefüllt werden können.

Literatur

Ackoff, Russell Lincoln (1981): Creating the Corporate Future – Plan or Be Planned fo. New York: Wiley

Ansoff, Harry Igor: Managing Surprise and Discontinuity – Strategic Response to Weak Signals. In: Zeitschrift für betriebswirtschaftliche Forschung 28. 1976. 129–152

Ansoff, Harry Igor/Sullivan, Patrick A.: Optimizing Profitability in Turbulent Environments: A Formula for Strategic Success. In: Long Range Planning 26. 1993. Heft 5. 11–23

Cova, Bernard/Svanfeldt, Christian: Societal Innovations and the Postmodern Aestheticization of Everyday Life. In: International Journal of Research in Marketing 10. 1993. Heft 3. 297–310

Dekkers, Midas (1996): Geliebtes Tier. Die Geschichte einer innigen Beziehung. Reinbek: Btb Goldmann

Downs, Anthony: Up and Down with Ecology – The "Issue-Attention Cycle". In: The Public Interest 28. 1972. Spring. 38–50

Düllo, Thomas/Liebl, Franz (Hg.) (2005): Cultural Hacking: Kunst des Strategischen Handelns. Wien/New York: Springer

Gibson, William (2003): Pattern Recognition. London: Berkeley Publishing Group

Groys, Boris (1992): Über das Neue – Versuch einer Kulturökonomie. München: Hanser

Groys, Boris (2003): Die Sprache des Geldes. In: Groys (2003): 255–268

Groys, Boris (2003): Topologie der Kunst. München: Hanser

Horx, Matthias/Wippermann, Peter (1996): Was ist Trendforschung?. Düsseldorf: Econ

Link, Jürgen (1999): Versuch über den Normalismus: Wie Normalität produziert wird. Opladen: Westdeutscher Verlag

Mathews, Ryan/Wacker, Watts (2003): The Deviant's Advantage: How Fringe Ideas Create Mass Markets. London: Three Rivers Press

Mintzberg, H.: Crafting Strategy. in: Harvard Business Review 65. 1987. Heft 4.66-75

Offe, Claus: In welcher Gesellschaft leben wir eigentlich? Podiumsdiskussion mit C. Offe. In: Frankfurter Rundschau. 27. November. 1999. 11

Renfro, William L. (1993): Issues Management in Strategic Planning; Westport, CT

Shakar, Alex (2001): The Savage Girl. London: Perennial.

Urban, Glen/Hippel, Eric von: Lead User Analysis for the Development of New Industrial Products. In: Management Science 34. 1988. Heft 5. 569–582

II. Diagnostische und prognostische Studien

Forschen und Wetten
– zum Verhältnis von Diagnose und Prognose

Olaf Behrend

1. Übersicht

Nachfolgend stelle ich zuerst knapp die Etymologie des Wortes Diagnose dar sowie was alltagssprachlich mit Diagnose bezeichnet wird und was handlungs- und erkenntnislogisch deren wesentliche Struktureigenschaften sind. Dann versuche ich zu zeigen, dass alltägliche Diagnosen – wie sie beispielsweise ein Arzt erstellt – erkenntnistheoretisch betrachtet den Fallstrukturgesetzlichkeiten, wie sie die qualitative sozialwissenschaftliche Forschung aus Fallrekonstruktionen gewinnt, homolog sind, weil beider gemeinsamer Kern aus hermeneutischen Argumenten besteht. Ich erläutere dann – in Anlehnung an Burkholz (2003) – die Struktureigenschaften hermeneutischer Argumente, allerdings in sehr knapper Form. Dabei arbeite ich Gemeinsamkeiten der Diagnose und Prognose heraus.

Danach wende ich mich der Prognose zu und versuche, deren Struktureigenschaften sowie gesellschaftliche Funktion zu bestimmen. Anhand zweier Beispiele versuche ich zu klären, welche Gemeinsamkeiten und Differenzen zwischen Prognosen bestehen, die auf statistischen Prämissen begründet sind (in den Naturwissenschaften aber auch in den Sozial-, Geistes- und Gesellschaftswissenschaften) und solchen Prognosen, die rekonstruktiv (hermeneutisch) zustande gekommen sind (in Sozial-, Geistes- und Gesellschaftswissenschaften). Beim ersten Beispiel handelt es sich um Berechnungen zur Prognose der Entwicklung der Weltbevölkerung. Beim zweiten Beispiel handelt es sich um eine Prognose des – aus damaliger Sicht – zukünftigen Kaufverhaltens von Konsumenten von Rindfleisch nach der BSE-Krise im Winter 2000/01, welche sich auf hermeneutische Fallrekonstruktionen stützte.

Ich werde zeigen, dass in beiden Prognosetypen letztlich auf die zukünftige Anwendbarkeit von Diagnosen (bzw. Theorien) auf einen konkreten Sachverhalt gewettet werden muss. Die Wetten schätzen die zukünftigen Sachverhalte ab. Wetteinsätze wie Wettpartner sind lediglich unterschiedlich.

2. Zur Diagnose

Diagnose wie Prognose sind alte Wörter, aus dem Altgriechischen stammend. Bei Worten langer Verwendungsgeschichte ist eine etymologische Betrachtung aufschlussreich: Das Kompositum διά-γνωσις bedeutet: „Unterscheidung, Entscheidung, Beschluss" (Benseler et al. 1900: 169). Zu Grunde liegt das Verb διάγιγνώσκειν was „1. genau kennen lernen oder genau erkennen sowie unterscheiden" und „2. entscheiden" bedeutet. Als Wurzel ist γνωσις „Erkenntnis" (im Allgemeinen) und „richterliche Erkenntnis, Richterspruch, Urteil" bzw. das Verb γιγνώσκειν für: „erkennen" anzugeben Die semantische Erweiterung zum genauen, detaillierten Erkennen und Unterscheiden kommt durch das Suffix διά- zustande, welches, als zeitliche und räumliche Präposition, die Bedeutung von „Ausdehnung" und „Reichweite" trägt, beispielsweise: „durch; durch – hin", etwa in διά τελούς für „vollständig bis zum Ende".

Diagnostizieren bedeutet also „vollständig erkennen", und grenzt sich damit von einem einfachen Erkennen, wie es das Verb *gignoskein* bezeichnet, ab. In der deutschen Sprache kann man *Diagnose* bzw. die dem Griechischen nähere Form *Diagnosis* bis ins 17 Jh. zurückverfolgen, es wurde aus der damals französisch geprägten, medizinischen Fachsprache entlehnt und bedeutete dem Arzt oder Quacksalber: „Bestimmen einer Krankheit oder eines Defekts" (Kluge 1995: 177).

Entsprechend der etymologischen Herkunft kann man die Diagnose einer Erkrankung eines Patienten, durch einen Arzt, als den typischen alltagsprakti-schen Normalfall der Verwendung des Wortes Diagnose bezeichnen. Was ist erkenntnistheoretisch – ohne nachfolgend zu tief in die Erkenntnistheorie und deren Terminologie abzutauchen – wesentlich an dem Begriff Diagnose?

Ein Arzt diagnostiziert anhand eines Krankheitssymptoms die Erkrankung eines Patienten. Damit versucht er, die Erkrankung des Patienten zu bestimmen. Der Pschyrembel vermerkt dazu: „(gr. διάγνωσις Entscheidung) zweifelsfreie Zuordnung einer gesundheitl. Störung zu einem Krankheitsbegriff [...]." (Pschy-rembel 1994: 322). Das heißt der nichtsprachlichen, unvermittelten Konkretion einer Erkrankung wird ein Allgemeines in Form eines Krankheitsbegriffes zugeordnet. Damit wird die Erkrankung in den Rahmen des Begriffsallgemeinen aufgenommen und dadurch nach vorhandenem Wissen behandelbar.

Wesentliche Struktureigenschaft der Diagnose ist weiterhin, dass es sich bei der Zuordnung eines Krankheitsbegriffs nicht um eine identifizierende Subsumtion handelt, die sich nur an den äußeren Merkmalen des Symptoms oder der Symptome aufhält, sondern eine Rekonstruktion des Prozesses umfasst, der zu den vorliegenden Beschwerden geführt hat.

Eine Rekonstruktion der Krankheitsgenese bedeutet idealtypisch für einen Arzt, wie gesagt, nicht allein, das gegenwärtige Symptom zu betrachten, sondern nach dessen Entstehung zu fragen, also abstrakt ausgedrückt: die Erzeugungs- oder Strukturgesetzlichkeit der Erkrankung im konkreten Fall des Patienten, zu rekonstruieren. Aus der vorliegenden gesundheitlichen Störung und dem stets lückenhaften Wissen über den Patienten, rekonstruiert der Arzt den Fall und formuliert eine Strukturgesetzlichkeit des Falls bzw. eine Theorie des Falles. Diese stellt den Bezug zum medizinischen Wissen her, weil dem erkrankten Fall ein Krankheitsbegriff, wie im Pschyrembel formuliert, diagnostisch zugeordnet wird.

Der Krankheitsbegriff beinhaltet als Begriff Allgemeines und macht, wie bereits erwähnt, die gesundheitliche Störung behandelbar, weil vorhandenes Wissen über die Erkrankung appliziert werden kann. Die Diagnose des Arztes kann man demnach als die Theorie des Falles bzw. dessen Fallstrukturgesetz- lichkeit bezeichnen und ist damit eine Verallgemeinerung, und sie ist als ein abstraktes, wissensmäßiges Gebilde vom konkreten Fall ablösbar und darin der hermeneutischen Forschung (also der fallrekonstruktiven Sozialforschung) ho- molog. Dem widerspricht auch nicht, dass die erste Funktion der Diagnose des Arztes nicht Wissensgenerierung, sondern selbstredend Heilung lautet, weil für Heilung die zweite Funktion von Diagnosen, die Ausdehnung und Optimierung von Wissen für die Verbesserung von Behandlungsformen, Vorraussetzung ist.

Strukturhomolog zielt der hermeneutische Forscher in seinen Fallrekon- struktionen auch auf die Rekonstruktion von Fallstrukturgesetzlichkeiten bzw. Gesetzmäßigkeiten, die den einzelnen Fall, den er rekonstruiert, transzendieren. Insofern kann man eine Strukturgeneralisierung hin zur Fallstrukturgesetzlichkeit bzw. eine Ergebnisverdichtung – oder wie auch immer die unterschiedlichen hermeneutischen Methodologien die Zusammenfassung von Einsichten in einen Fall mit Hinblick auf verallgemeinernde Abstraktion bezeichnen mögen – als Diagnose bezeichnen und der des Arztes erkenntnistheoretisch gleichstellen.

Aus Fallstrukturgesetzlichkeiten mehrerer Fälle kann in den Sozialwissen- schaften die Theoriebildung erfolgen – auch dies weißt Homologien zu Krank- heitstheorien auf, welche immer auch auf Behandlungen und Diagnosen klini- scher Fälle beruhen, und nicht nur auf naturwissenschaftlicher (Grundlagen-) Forschung im Labor.

Forschen mit Diagnostizieren gleichzusetzen ist m.E. nur an einem Punkt nicht ganz gerechtfertigt, als Diagnosen – vom alltäglichen Sprachgebrauch her betrachtet – stets auf etwas Lebendiges gehen. Ein Vor- und Frühhistoriker be- zeichnet seine Bedeutungsrekonstruktion eines steinernen Artefaktes nicht als Diagnose, das Sprachgefühl sträubte sich dagegen. Freilich sind solche Artefakte – als Überbleibsel – Ausdruck einer vergangenen, einst lebendigen Praxis auf uns überkommen. Der Bezug einer Diagnose auf eine Praxis ist bereits in den altgriechischen Bedeutungen („Beschluss, Urteil, Entscheiden") des Wortes markiert.

Die wesentliche Differenz zwischen ärztlichen und forscherischen Diagnosen liegt in etwas anderem, nämlich darin, dass die Diagnose des Arztes in der Praxis erfolgt, also nicht dem Praxisdruck enthoben ist, wie dies für jede Form wissenschaftlicher Forschung gilt. Insofern verwendet der Arzt einen abkürzenden, wissensmäßigen Erkenntnismodi, fundiert in seinen Erfahrungen und den aktuell gültigen wissensmäßigen Routinen seines Faches.

3. Rekonstruktion des Vergangenen, Gegenwärtiges und Wetten auf die Zukunft: Zum Übergang von Diagnosen in Prognosen und deren gemeinsamer methodologischer Hintergrund

Bezüglich der zeitlichen Dimension, um die es in diesem Beitrag ja geht, scheint zunächst, dass die Diagnosen primär auf Vergangenes bzw. Gegenwärtiges gehen – sei es im Falle des Patienten vor dem Arzt, sei es das Protokoll vor dem Forscher – und nicht auf Zukünftiges. Dies möchte ich nachfolgend genauer betrachten.

Zukünftiges ist dem Arzt freilich auch thematisch, und zwar darin, dass er eine Diagnose über den Krankheitsfall – idealtypisch betrachtet – stets mit der Absicht auf Behandlung stellt, und eine Heilung ins Auge fasst. Dafür *prognostiziert* er den Krankheitsverlauf; siehe wiederum Pschyrembel: „Prognose (gr. πρόγνωσις Vorherwissen) [...] Vorhersage; Voraussicht auf den Krankheitsverlauf" (1243). Das Nomen ‚Prognose' wurde laut Kluge vor dem achtzehnten Jahrhundert fachsprachlich (Medizin) aus dem Französischen erworben. Das altgriechische Wörterbuch kennt προγιγνώσκειν als „vorher erkennen", erneut gebildet aus dem Verb γιγνώσκειν, bzw. dem Nomen γνωσίς. Das Nomen *prognosis* gilt als Wortbildung des Neuen Testaments, es kommt im Altgriechischen nur dort vor, und bedeutet „das Vorauswissen" (Kluge 1995: 649).

Bevor eine alltagspraktische Prognose thematisch sein wird, möchte ich kurz der Frage nachgehen, welcher Argumenttyp bei der hermeneutischen Erschließung von Einzelfällen – und somit bei Diagnosen – verwendet wird; warum in der hermeneutischen Forschung Thesen (und somit Prognosen) über Zukünftiges immer impliziert sind und schließlich inwieweit der hermeneutische Argumenttyp auch in den Naturwissenschaften, die vermittels statistischer (also auf Stochastik beruhender) Verfahren nach Signifikanzen suchen, zum Einsatz kommt.

Dem hermeneutischen Forscher ist Zukünftiges – anders als dem Arzt, aber auch – stets darin thematisch, als er – solange er sequenziell Daten interpretiert, und das geschieht mittlerweile in den allermeisten Methodologien der qualitativen Forschung – permanent Prognosen über den weiteren Verlauf des protokollierten Falls abgibt. Dies tut er, weil er, sobald er eine Sequenz – beispielsweise eines Interviews – interpretiert, Lesarten generiert. Lesarten der Sequenz zu generieren besteht im Kern darin, hermeneutische Argumente zu bilden. Hermeneutische Argumente sind – hier verwende ich die methodologische Rekonstruktion von Burkholz –, logisch betrachtet, Behauptungen, die argumentativ eine These aus Daten gewinnen und begründen (Burkholz 2003: 15-19). Die explizierten Thesen sind logische Implikate der Daten beispielsweise einer Interviewsequenz und damit nicht wahrheitserweiternd. Dennoch ist man berechtigt, von wahrheitserweiternden (synthetischen) Schlüssen zu sprechen, weil es in hermeneutischen Dateninterpretationen um den Gegenstandsbereich Praxis (also die sinnstrukturierte Welt) geht, und Praxis bedeutungskomplex ist, also eine Sequenz mehrere Bedeutungen enthalten kann.

Beispielsweise impliziert die sprachliche Sequenz: *„Der schnellere Aufzug ist stecken geblieben."* logisch mehreres. Ziemlich unriskant gedeutet bedeutet es, dass es:

1.   mindestens einen anderen Aufzug geben muss,
2.   mindestens einer dieser weiteren Aufzüge langsamer ist,
3.   einen Sprecher geben muss, der diese Sequenz geäußert hat und
4.   dieser Sprecher ein Minimum an Erfahrung mit diesem Aufzug gemacht haben muss.

Diese Auflistung von logischen Implikaten der Bedeutung der sprachlichen Äußerung ist nicht vollständig; wesentlich ist hier, dass es sich bei den Lesarten um logischen Implikate handelt, die der Sequenz, als einem Beispiel für sinnhafte Daten innewohnen. D.h die logischen Implikate sind deduktiv erschlossen, stecken also in den Daten, müssen sich an diesen belegen lassen und gehen nicht über die Daten hinaus. Die logischen Implikate können aber zugleich für Interpreten (und mögliche Rezipienten der Interpretation) neues Wissen enthalten, also wissenserweiternd bzw. wahrheitserzeugend sein. Damit sind sie, wenn der Schluss erfolgreich war, ampliativen (dem mittlerweile in der Logik üblichen Begriff für induktiv generalisierende Schlüsse) Typs.

Wie kommt es nun zustande, dass man widersprüchlich sagen muss, dass hermeneutische Argumente deduktiver Form sind, aber dennoch wissenserweiternd – bzw. erkenntnistheoretisch gesprochen – wahrheitserzeugend sind? Mit deduktivem Schluss gewonnene Argumente gelten schließlich als wahrheitserhaltend und nicht -erweiternd, weil sie nur die in den Prämissen enthaltenen Informationen explizieren. Und nichts anderes macht, wie oben gezeigt, der hermeneutische Forscher: er expliziert die in den Prämissen der Sequenz enthaltenen Bedeutungen. Wie kann man diesen Widerspruch auflösen? Wie folgt: Die deduktive Form macht nur ein Moment des hermeneutischen Arguments aus, das Mehr an Wissen kann hinzukommen, weil die Bedeutungskomplexität des Gegenstandes ‚Praxis' eine Vielzahl von möglichen Lesarten erlaubt. Abstrakt kann man dies wie folgt ausdrücken: Den Daten (also einer protokollierten Praxis) werden in der hermeneutischen Interpretation, gemäß angebbarer Regeln, Bedeutungen zugeordnet. Diese Zuordnung erfolgt, hier folge ich – mit Burkholz (2003: 19f.) der Regel: „x counts as y in context c" (x gilt als y im Kontext c), was Searle als konstitutive Regel bezeichnet (Searle 2001: 147-154 und 1997: 54-61).

Qualitative Sozialforscher machen nun in der Datenanalyse nichts anderes, als die in der Realität vorhandenen konstitutiven Regeln zu rekonstruieren. Konstitutive Regeln (und deren Befolgung qua Zugehörigkeit zur Gattung) sind die Bedingung der Möglichkeit für die Erzeugung von Praxis und damit von zu interpretierenden Daten (welche beispielsweise durch einen Sprecher erzeugt worden sind, welcher selbst wieder diesen Regeln folgt, wenn er oder sie mit anderen eine Praxis hat) zu unterscheiden. Aus den Daten können die – erstere erzeugt habenden – Regeln deshalb rekonstruktiv ermittelt werden, weil sie als Erzeugungsregeln in den Daten ebenfalls – implizit und bruchstückhaft – festgehalten sind. Das Wahrheitserweiternde ist demnach die subjektive Aneignung der objektiv – aber latent schlummernden – konstitutiven Regel. Wie ein Forscher nun auf Lesarten kommt, hat der logischen Form nach nichts mit Schlüssen zu tun, sondern ist eine Praxis: Er kann ein Wörterbuch konsultieren, Leute im Supermarkt oder in der Kneipe befragen usw. Ob es ihm gelingt, die für die Sequenz (und später für einen gesamten Fall) gültige(n) konstitutive(n) Regel(n) zu finden, wird sich immer nur in den Daten der protokollierten Praxis, also im Verlauf des Falles, fallibilistisch klären lassen. Das liegt am sequenziellen Verlauf und der sequenziellen Interpretationsweise, weil damit die hermeneutischen Argumente im Verlauf überprüft werden.

Halten wir fest: Hermeneutische Argumente sind, bezüglich ihrer Verwendung im Verlauf einer Dateninterpretation, Wetten auf im Datenprotokoll sequenziell nachfolgende (also zukünftige) Xe. Die Argumente können scheitern,

1.   weil sich der Fall im Verlauf des Protokolls transformiert hat oder
2.   weil eine / mehrere / alle Lesarten falsch gewesen ist / sind.

Daraus folgt, dass hermeneutische Argumente notwendig korrigibel sind, d.h., die Prämissen können richtig expliziert worden sein, dennoch wurde nicht der richtige Schluss gezogen, d.h., nicht die richtige konstitutive Regel gefunden.

Dies liegt einfach daran, dass der hermeneutische Forscher nie sicher sein kann, alle Lesarten expliziert zu haben bzw. die real gültige (d.h. wahre) konstitutive Regel gefunden zu haben. Hermeneutische Argumente enthalten entsprechend immer eine riskante Entscheidung – nämlich: Wann ist eine Sequenz ausschöpfend interpretiert? Diese Entscheidung ist eine praktische, nicht formalisierbare Entscheidung, d.h. eine weitere Wette auf die Zukunft des Falls, sowohl die protokollierte als die nicht protokollierte. Aus diesen beiden praktischen Gründen:

1. der Offenheit, ob zukünftig eine Transformation oder eine Reproduktion des Falls vorliegt und

2. der Offenheit, ob die Sequenz erschöpfend interpretiert und die gültige (wahre) konstitutive Regel gefunden worden ist,

ist jede Diagnose auch eine Prognose auf den zukünftigen Verlauf des Falls. Insofern ist die Differenz von Gegenwart und Zukunft logisch für eine Unterscheidung von Diagnosen und Prognose hinfällig.

Verwendet der Naturwissenschaftler auch hermeneutische Argumente, wettet er auch? In den Naturwissenschaften werden Vorgänge protokolliert, das Verfahren der Protokollierung ist Messen. Die Auswertung der Messwerte in Hinblick auf interpretierbare Signifikanzen erfolgt unter Zuhilfenahme von stochastischen Prämissen. Die Auswertungen der Zahlen sind entsprechend nicht hermeneutischen Argumenttyps, weil für diese Datenauswertungen keine konstitutiven Regeln notwendig sind. Gibt es in den Naturwissenschaften andere Bereiche, in denen konstitutive Regeln vorkommen, die der Forscher ermitteln muss? Ja: In der Auswahl und Zuordnung einer Theorie, welche die Messergebnisse interpretiert zu eben diesen werden hermeneutische Argumente durchgeführt. Dafür muss der Naturwissenschaftler aber deutlich seltener wetten als der Sozialwissenschaftler.

Hier möchte ich festhalten: Hermeneutische Forscher (also qualitative Sozialforscher) sind Protagonisten der Prognose, weil ihre Diagnosen stets auch Prognosen sind. Die Frage, ob sich eine Praxis zukünftig reproduziert oder transformiert, die in der *praxisentlasteten* Forschung vom Datenmaterial beantwortet wird, kann der Sozialforscherforscher in *alltagspraktischen* Prognosen nicht hermeneutisch klären, dafür muss er wetten. Aber im Wetten ist der Hermeneut geübt, weil er häufiger in seiner Forschung wetten muss, als die an Stochastik orientierten Forscher. Die diesen Vortrag beschließende Frage lautet: Wie gewinnt man prognostische Wetten? Die Frage soll nachfolgend an zwei Bespielen aufgeworfen werden.

4. Zur Prognose im alltagspraktischen Kontext

Prognosen haben grundsätzlich die Funktion, die für Praxis konstitutive Offenheit der Zukunft zu schließen. Dass dies nicht letztgültig gelingt, liegt auf der Hand. Dass Prognosen die Praxis andererseits schon immer verlockt haben, liegt ebenso auf der Hand (vgl. die alttestamentarische Bedeutung von *prognosis*: „Vorauswissen").

Prognosen sind nur für Vorgänge interessant, die sich zukünftig ändern könnten. Die zukünftige Veränderung der Gravitation oder Energieverteilung im All spielt sich in solch großen Zeiträumen ab, dass die Praxis sich dafür nicht interessiert; niemand schließt ernsthaft Wetten darüber in Wettbüros ab. Interessant für die Praxis sind Prognosen über Vorgänge, die in irgendeiner Form aktiv gestaltbar sind oder auf die man zumindest passiv reagieren kann: Also Aussagen des Typs: künftige Wählervoten, Entwicklung von Bevölkerungszahlen, Konsumentenverhalten, Lebenserwartung (so kann man auf die Lebenserwartung von Prominenten wetten) etc. . Grenzfälle sind beispielsweise das Wetter der kommenden Woche oder längerfristige Klimaveränderungen, deren Prognostizierbarkeit umstritten ist.

Vormodern war der Protagonist der Prognose ein magischer: der Schamane. In der Moderne wird diese Funktion immer mehr an systematisch-methodisch erzeugtes Wissen delegiert, nur tilgt dies nicht die Zukunftsoffenheit der Zukunft. Doch auch heutige Bemühungen um Zukunftsbestimmung stehen tendenziell immer im Licht von Augurentum und Scharlatanerie, obwohl es sich bei der Schließung der offenen Zukunft um einen allzu menschlichen Wunsch handelt[1].

Bei der nachfolgenden Prognose aus der strategischen Marketingberatung handelt es sich dabei um eine Prognose basierend auf einer qualitativen Studie zu Konsumenten und deren Motiven für Rindfleischkonsum in Deutschland während der BSE-Krise, also im Winter 2000/01.

Leitend war die Frage, wie der stark eingebrochene Konsum von Rindfleisch zukünftig verlaufen würde und – Stichwort Gestaltbarkeit zukünftiger Vorgänge – wie abtrünnige Konsumenten wieder zum Verzehr und damit zum Kauf von Rindfleisch gewonnen werden könnten. Also: Wie kann der durch BSE

---

[1] Zur Transformation von offener Zukunft im universalen Säkularisierungsprozess und zur je konkreten Ausformung und Gestaltbarkeit in je konkreten Einzelkulturen – in diesem Fall einer kanadischen first nation – siehe Behrend/Kammler 2003.

ausgelöste Vertrauensverlust wettgemacht werden (vgl. Behrend/von Romatowski 2001)?

Bei der individuelle Bedeutung von Essen und Lebens- und Genussmitteln geht es kaum rational zu, zu sehr sind frühe biographische Erfahrungen und unbewusste Valenzen thematisch, insofern ist es geboten, qualitative Methoden in der Untersuchung anzuwenden, weil die interessierenden Aspekte nicht direkt abfragbar sind, sondern erschlossen werden müssen. Entsprechend führten wir offene, unstandardisierte Interviews über die Bedeutung von Essen und Rindfleisch und werteten diese sequenzanalytisch gemäß der Methodologie der objektiven Hermeneutik (vgl.: Wernet 2000, Zehentreiter 2000, Oevermann 2000) aus.

Kurz zur Diagnose: Es ergab sich erstens ein Generationenmodell des Verzehrs und der biographischen Bedeutung von Rindfleisch:

1. Die Mittsechzigjährigen und Älteren konnotieren mit Rindfleisch Besitz, Wohlstand und Sicherheit. Rind gab es am Festtag, sonst Schwein; dies galt weitgehend flächendeckend bis in die frühen achtziger Jahre; jede Scheibe Rindfleisch war der Beweis, es nach den Trümmern des Krieges wieder zu etwas gebracht zu haben. Die BSE-Seuche ist für diese Generationen entsprechend eine schwere Verunsicherung des fast sakralen Status von Rindfleisch gewesen.

2. Die Jüngeren, also die Achtundsechziger-Generation bis zu den Mittdreißigern (bis zur so genannten „Durchblickergeneration"), erlebten meist noch Rindfleisch bei ihren Eltern am Esstisch. Weil dort ihren Eltern besonders gemundet, reiht diese Altersgruppe den Rinderbraten in den Wertekanon der Aufbaugeneration ein, gegen den sich viele dieser Altersgruppen programmatisch abgrenzten und abgrenzen. Entsprechend ist der Rinderbraten für diese Altersgruppen häufig nicht festlich, sondern ‚spießig' konnotiert; gefeiert wird beim Italiener an der Ecke besser als mit Rinderbraten im gutbürgerlichen Restaurant. Die BSE-Krise war für sie eine Bestätigung für ihren programmtisch-kritischen Blick auf das ‚verdarbte' Establishment: BSE als Ausdruck eines falschen, nur auf Profit und Ausbeutung hin orientierten, Systems. Gesteigert noch, weil für die etablierten Kritiker dieser Generation die Verwendung von BSE-gefährdetem Fleisch der Kühltheken in Supermarkt und Discounter Ausdruck mangelnder höherer Bewusstseinsformen ist und nicht fehlenden Geldes unterer Einkommensklassen, um etwa beim Metzger oder im Ökoladen einkaufen zu können. Insofern wird *Ökofleisch / Fleisch vom Metzger* versus *Fleisch vom Discounter* in diesen Generationen auch zum Material für Distinktion im Sozialen Raum.

3. Die letzte deutlich abgrenzbare Kohorte sind die Dreißigjährigen bis hinab zu den Jugendlichen. Mit abnehmendem Alter dient für immer mehr dieser

Generation die Kategorie „Fleisch" nur zur Abgrenzung gegen beispielsweise Gemüse oder Obst; eine Binnendifferenzierung innerhalb der Kategorie findet weniger statt. Die Unterscheidung läuft vielmehr über den Ort des
Verzehr: Zu Hause oder bei MacDonalds: *Cheeseburger* versus *Whopper* an
Stelle von Rind versus Schwein. Die BSE-Folge hier: Fleisch allgemein
wurde diskreditiert. Der Mac-Burger blieb davon relativ unbetroffen: was
MacDonalds verkauft, bedeutet offenbar immer weniger Fleisch und viel
mehr Lebensstil und Outfit – ob das noch etwas mit Genuss zu tun hat,
bleibt eine andere Frage.

Das Generationsmodell ist sehr grob, simplifizierend und überzeichnet, aber das
entspricht der orientierenden Funktion von Diagnosen der angewandten Sozialforschung in der zweckgerichteten Praxis, hier ökonomischen Interessen. Man
sieht hier des Weiteren gut, dass Rational-Choice-Modelle solche Motivlagen
von Konsumenten nicht einmal annäherungsweise erklären können.

Das zweite wesentliche Ergebnis fand sich – erstaunlicher Weise – über alle
Befragten hinweg: Allen drei Generationen gemein ist eine starke Bedeutungs-
aufladung des Rinds als Sinnbild einer *guten* deutschen Landwirtschaft: Die Kuh
steht glücklich auf der Wiese und grast im Zentrum eines weit verbreiteten myt-
hischen Bildes des heilen und gesunden Landlebens. Dieses imaginierte rurale
und naturverbundene Leben und Produzieren steht für Heimat, Herkunft und
Geborgenheit. Diese latente Phantasie ist durch die BSE-Krise flächendeckend
erweckt und zugleich erheblich – vor allem durch die suggestiven Fernsehbilder
desorientiert wankender Kühe und Formen verwahrloster Massentierhaltung –
erschüttert worden. Man sorgt sich um das, *„was da auf dem Land eigentlich
passiert"* (Zitat Interview).

Diese durch BSE aufgeweckte und dann erschütterte kognitive Dissonanz
zwischen

- dem weiterverbreiteten Wissen um die moderne, technisierte und rationali-
  sierte Lebensmittelproduktion und
- dem dennoch ‚operierenden' Mythos vom guten und heilen Landleben mit
  glücklichen Kühen

war nach unserer Diagnose über alle Generationen hinweg die gravierendste
Folge der BSE-Krise und damit das größte Problem für die gesamte Fleischbran-
che.

Soweit zu den hier relevanten Diagnosen dieser Studie. Wie wird aus dieser
nun eine folgenreiche Prognose? Prognose heißt in diesem Fall nicht allein zu
beantworten, warum Konsumenten zukünftig Rindfleisch kaufen werden und

warum nicht, sondern zugespitzter und gestaltender: Wie kann das verlorene Vertrauen des Konsumenten zurückgewonnen und der Konsum so schnell wie möglich wieder gesteigert werden? Man sieht hier: Alltagspraktischen Prognosen sind immer Grundlage für anschließende Gestaltungen. Gemäß dem unter erstens explizierten Modell haben wir die Diagnose in die Zukunft verlängert und gefragt: Wie kann der Mythos der glücklichen Kuh und des guten Landlebens wieder stabilisiert werden? D.h. wir haben auf Reproduktion (statt auf Transformation) gewettet. Diese Wette war keine schwierige Entscheidung, weil der *Erfahrungswert* existiert, dass der Lebensmittelmarkt in seinen zentralen etablierten Produkten – bis auf wenige Ausnahmen – zäh und unflexibel ist, und Konsumenten recht schnell vergessen. Unser erfahrungsbasierter Wettvorschlag lautete: Den Mythos kommunizieren und zugleich – mit seriöser Kommunikation – (beispielsweise Gütesiegel der CMA) klar machen, dass die Massentierhaltung den Kunden und den Mythos nicht bedrohen muss, sondern hygienisch betrieben, für den Mensch sicher und für das Tier keine Qual ist. Außerdem: Transparenz der Bezugswege. Zur Information: Der Konsum von Rindfleisch ist seit Beginn letzten 2003 wieder auf dem Niveau vor der BSE-Krise; es gibt dabei eine leichte Zunahme des Marktanteils höher- und hochpreisigen Rindfleisches (Metzgereien, Bioläden) und eine leichte Abnahme des Konsums von abgepacktem „Billigfleisch" aus dem Discounter.

An dem Beispiel kann man sehen, dass der *Erfahrungswert* als Basis einer Wettentscheidung keine wissenschaftliche sondern eine lebenspraktische Entscheidungsgrundlage ist. Wir folgten einer Routine, wir wetteten darauf, dass diese Routine durch die BSE-Krise nicht hinfällig geworden ist[2].

Der zentrale Unterschied bei einer mathematisch-statistisch gewonnen Prognose wie etwa die Berechnungen der Entwicklung der Weltbevölkerung zu einer primär hermeneutisch zustande gekommenen Prognose ist, dass anhand der zugrunde liegenden statistischen Variablen eine *Vielzahl* von Projektionen vorgenommen werden[3]. Im vorliegenden Fall hat die zu Grunde gelegte Berechnungsmethode, die *cohort survival method*, zum Ziel, aus den drei Variablen: *initial population* (anfängliche Bevölkerung), *fertility* (Fruchtbarkeit) und *mortality* (Sterblichkeit) einen Wert, den *replacement fertility level*, zu berechnen. Die

---

[2] Zum konstitutionstheoretischen Grundbegriffspaar Krise und Routine siehe: Zehentreiter (2000) oder Oevermann (2002).
[3] Ich betrachte hierfür Berechnungen der Entwicklung der Weltbevölkerung, wie sie Herwig Birg, Ökonom und Demographieforscher, in mehreren Publikationen vorgelegt hat. Ich beziehe mich nachfolgend auf seine Ausführungen in *World Population Projections for the 21st Century* (Birg 1995).

cohort survival method wird von Weltbank und UN für Bevölkerungsprognosen verwandt[4].

Gemäß der *cohort survival method* führte ein *replacement fertility level* von 2,13 Geburten pro Frau allmählich im Verlauf dieses Jahrhundert zu einem Stillstand des Bevölkerungswachstums (Die Geburtenrate lag 1995 bei weltweit 3,26 Kinder pro Frau, in den Industriestaaten bei 1,91; in den Entwicklungsländern bei 3,64; Birg, 1995: 84).

Birg stellt dann an drei Formeltypen, die unterschiedliche Entwicklungsdynamiken repräsentieren (hyperbolisch, S-förmig und linear), und unterschiedlichen Zieljahren des Erreichens des *replacement fertility level* von 2,13 Berechnungen der Abnahme der *total fertility rate* an. So erlangt er eine Vielzahl an Verlaufskurven, welche die Weltbevölkerungsentwicklung repräsentieren, die wiederum unterschiedliche Wetten auf die offene Zukunft darstellen.

Im vorliegenden Rahmen ist nun zentral, dass Birg keine dieser möglichen Wette wirklich eingeht. Er berechnet mögliche Verläufe. Im theoretischen Teil des Buches kommt Birg auf die unabhängigen Variablen zu sprechen, welche das Reproduktionsverhalten bestimmten. In seiner Theorie gibt es eine ganze Menge davon – beispielsweise Grad der Individualität der Subjekte, Mangel an Sozialversicherung, gesellschaftliche etablierte Geschlechterrollen, ökonomische Sicherheit, welche in komplexen funktionalen Zusammenhängen die abhängige Variable Kinderzahl (*reproductive behaviour*) determinierten (Birg 1995:52). Entsprechend wird in der Bevölkerungsforschung das Reproduktionsverhalten als *multikausal determiniert* betrachtet.

Wenn man nun eine alltagspraktische Prognose, beispielsweise für praktische Fragen der Bevölkerungspolitik abgeben sollte, dann liegt es auf der Hand, dass letztere, also die unabhängigen Variablen, für die Zukunft geschätzt werden müssen. Diese Schätzung – „wenn...dann...-Schätzungen" (93) in Birgs Worten – sind nun wiederum: Wetten. Die Wetten können untergliedert und für die einzelnen unabhängigen Variablen quantifiziert werden, so dass sich eine ganze Wettkaskade ergibt. Aber an dem Wettanteil kommt die mathematisch-statistisch basierte Prognose der Entwicklung der Weltbevölkerung, sobald sie konkret einen Fall prognostizieren soll, auch nicht vorbei, weil Annahmen über zukünftige konkrete (und nicht nur mögliche) Verläufe, d.h. Annahmen über Strukturreproduktion oder Strukturtransformation (der unabhängigen Variablen), angestellt werden:

"The computations, projections and simulations shown here should not be regarded as population forecasts or prophecies; rather they consist of „if...then..."statements

---

[4] Da es sich um eine komplexes Formelgebilde handelt, möchte ich sie hier nicht im Detail besprechen.

with regard to the future. That is to say, these statements as to future developments will prove true if the assumptions on which they are based are fulfilled. The consequences for fertility and mortality derived from these if-then conditions can be ascertained with a high degree of accuracy" (Birg 1995: 93).

Das Riskante sind die Annahmen; die kalkulierbaren Konsequenzen daraus sind hingegen akkurat zu berechnen (was ja auch das Wesen von Formeln ist).

5. Fazit

Eine Prognose hat denselben logischen Status wie eine Diagnose, die Prognose ist die Fortführung der Diagnose in die Zukunft. Die Frage ist, ob sich die zu prognostizierende Praxis im zukünftigen Kontext reproduzieren oder transformieren wird. Ich hoffe gezeigt zu haben, dass in beiden, den hermeneutischen wie den mathematisch-statistischen Prognosetypen, letztlich auf die zukünftige Anwendbarkeit von Diagnosen auf einen konkreten Sachverhalt gewettet wird. Die Wetten schätzen unterschiedlich riskant die zukünftigen Sachverhalte und deren Kontexte ab. Das Wissenschaftliche an Prognosen sind die angewandten Diagnosen bzw. Theorien. Die notwendigen Sachverhalts- und Kontextschätzungen sind Wetten, die sich wiederum in einzelne (Sub-)Diagnosen und Theorien auflösen lassen, bei denen stets ein *Wettanteil* übrig bleibt. Dieser Wettanteil ist eine alltagspraktische, nicht formalisierbare Operation. Diesen unhintergehbaren Wettanteil teilen alle wissenschaftlich fundierten Prognosen.

Qualitative bzw. hermeneutische Sozialforscher und -forscherinnen haben nun gegenüber den stochastisch orientierten Forschern den Vorteil, dass in ihrer wissenschaftlichen Operation – den hermeneutischen Argumenten – stets Wetten enthalten sind: sie sind Wettprofis.

Zu guter letzt: Mit wem wettet der Wissenschaftler? (Ideal-)Typischerweise mit seinem Forschergeist und – im übertragenen Sinne – mit seinen Fachkollegen. Mit wem wettet der angewandte, alltagspraktische Prognostiker? Letztlich mit den an der Prognose Interessierten, seinen Auftraggebern. Paradox ist: Sobald er die Wette verliert, wetten letztere nicht mehr mit ihm.

Literatur

Behrend, Olaf/Romatowski, Arnd von: Der objektive Sinn von Konsumentenentscheidungen. In: Planung & Analyse. 2001. Heft 3. 52-58
Behrend, Olaf/Kammler, Henry: Fieldwork within a contemporary first nation community. In: European review of native American studies 17. 2003. Heft 1. 19-26

Benseler, Gustav/Kaegi, Adolf (1900): Griechisch-Deutsches Schulwörterbuch. Leipzig: Sauer

Birg, Herwig (1995): World Population Projections for the 21st Century. Frankfurt am Main: Campus

Burkholz, Roland/Gärtner, Christel/Zehentreiter, Ferdinand (Hrsg.) (2001): Materialität des Geistes. Weilerswist: Velbrück.

Burkholz, Roland (2003): Struktureigenschaften wissenschaftlicher Praxis. Habilitations-manuskript. Frankfurt am Main.

Kluge (1995): Etymologisches Wörterbuch der deutschen Sprache. Berlin und New York: de Gruyter

Kraimer, Klaus (Hrsg.) (2002): Die Fallrekonstruktion. Sinnverstehen in der sozialwissen-schaftlichen Forschung. Frankfurt am Main: Suhrkamp

Roth, Gerhard (2003): Aus Sicht des Gehirns. Frankfurt am Main: Suhrkamp

Oevermann, Ulrich (2000): Die Methode der Fallrekonstruktion in der Grundlagenfor-schung sowie der klinischen und pädagogischen Praxis. In: Kraimer (2000): 58-153

Pschyrembel (1994): Klinisches Wörterbuch. Berlin und New York: de Gruyter

Searle, John (1997): Die Konstruktion der sozialen Wirklichkeit. Frankfurt am Main: Rowohlt

Searle, John (2001): Geist, Sprache, Gesellschaft. Frankfurt am Main: Suhrkamp

Wernet, Andreas (2000): Einführung in die Interpretationstechnik der objektiven Herme-neutik. Opladen: Leske + Budrich

Zehentreiter, Ferdinand 2001: Systematische Einführung. Autonomie der Kultur in Ulrich Oevermanns Modell einer Erfahrungswissenschaft der sinnstrukturellen Welt. In: Burkholz et al. (2001): 11-104

Die Verhältnisse sind klüger als das Bewusstsein – oder: Das prognostische Einholen von Wirklichkeit im Spannungsfeld von Praxis und den Theorien über die Praxis

Werner Vogd

Im *common sense* Verständnis von Prognostik wird von einer logischen Einheit von Diagnose, Prognose und Intervention ausgegangen. Wem es gelänge, die Verhältnisse exakt zu beschreiben, der sei auch in der Lage, die künftige Entwicklung vorherzusagen, bzw. die Notwendigkeit von eingreifenden Korrekturen und deren Konsequenzen abzusehen. Erklärt nun aber das Schema Diagnose – Prognose wirklich die evolutionäre Entwicklung sozialer und anderer komplexer Prozesse oder handelt es sich hier nicht viel mehr um eine Fiktion der Kausalität, die auch in wissenschaftlichen Kreisen weit verbreitet ist? Mit Luhmann gesprochen: beruht die Strukturbildung in sozialen Systemen nicht vielmehr auf dem Problem der Kontingenzbewältigung, wobei die jeweiligen Ordnungen als Lösungen selbst als Kontingent gelten müssen (Luhmann 1993b, S. 195ff.)? Um die Frage mit Willhelm Flusser zu pointieren: „[Es ist] nicht so, daß der Zufall Folge noch unbekannter Ursachen ist, sondern umgekehrt so, daß Phänomene, bei denen die Ursachen erkenntlich sind, eigentlich nichts anderes sind als Zufälle, die zufällig kausal erklärt werden können" (Flusser 1992, S. 1167).[1]

Im Folgenden soll am Beispiel der ärztlichen Profession aufgezeigt werden, dass eine grundlegende Diskrepanz zwischen dem *praxeologischen* Verständnis von Diagnostik, Prognostik und Expertise und der *Common sense* Perspektive diagnostischer Kausalität besteht. Da Ärzte von Berufs wegen mit der Erstellung von Diagnosen und den hieraus abzuleitenden Handlungsanweisungen bestens vertraut sind, eignen sie sich gewissermaßen als Modell, um die Handlungslogik der diagnostischen und prognostischen Praxis zu studieren. Im zweiten Teil des

---

[1] Indem Darwins evolutionstheoretischer Erklärungsansatz zwischen Variation und Selektion unterscheidet, erlaubt sie wie auch Luhmann rekapituliert „die Entstehung der Wesensformen und Substanzen aus dem Akzidenziellen. Sie löst die Ordnung der Dinge von jeder Bindung an einen Ursprung, an einen formgebenden Anfang ab. Sie kehrt das begriffliche Gerüst der Weltbeschreibung einfach um" (Luhmann 1998a, S. 426).

Vortrags werden dann unter dem Lichte der Prinzipien einer praxeologisch rekonstruierten Expertise einige Fragen an die interpretative Sozialforschung zu
stellen sein, um dann schließlich im dritten Teil am Beispiel der Umsetzung der
Gesundheitsreform einige Implikationen für eine planungsrelevante Sozialwissenschaft anzudeuten.

1. Der Arzt als Modell praxeologischer Diagnostik

Der moderne Arzt stellt sowohl im Selbst- als auch im gesellschaftlichen Fremd-
verständnis gewissermaßen den Idealtyp des zweckrational verfahrenden Akteurs
dar. Scheint nicht die ganze medizinische Handlungspraxis im Sinne eines naturwissenschaftlichen Erklärungsmodells nach dem Schema Diagnose – Prognose - Therapie zu operieren? Es lohnt sich jedoch, die Beziehung zwischen *common sense*, d. h. den Theorien über die Praxis und gelebter ärztlicher Praxis genauer in den Blick zu nehmen. Im Folgenden sind hierzu zunächst einige Ergebnisse aktueller wissenssoziologischer Studien zu rekapitulieren:

1. Die moderne Expertiseforschung zeigt auf, dass wir es bei medizinischen
    Problemen oft mit so genannten „schlecht definierten Domänen" zu tun ha-
    ben (Gruber 1999). D. h. zu dem Zeitpunkt, wo der Arzt eine Entscheidung
    zu treffen hat, liegen in der Regel noch nicht alle Informationen vor, bzw.
    die diagnostischen Zeichen sind unscharf bzw. mehrdeutig. Anders als bei
    den wohl definierten Domänen, wie wir sie aus der Untersuchung der Ex-
    pertise eines Programmierers, Ingenieurs oder professionellen Schachspie-
    lers kennen, hilft hier das deduktive Wissensformat, wie es in wissenschaft-
    lichen Vorlesungen oder Lehrbüchern vermittelt wird, nur begrenzt weiter.
    Erfahrene medizinische Experten besitzen vielmehr eine an den Einzelfall
    angekoppelte Wissenskonfiguration, die narrative und metaphorische Figu-
    ren enthält und sich in ihrer logischen Struktur durch induktive und abduk-
    tive Elemente charakterisieren lässt (Fischer-Rosenthal 1992; Gruber 1999).
2. Marc Bergs Beobachtungen ärztlicher Praxis zeigen auf, dass das klassische
    Formschema Diagnose – Therapie oft erst *post hoc* für die ärztliche Kom-
    munikation rekonstruiert wird, während die ärztliche Behandlung hand-
    lungspraktisch eher einer Kunstlehre gleicht, in der verschiedene Suchrouti-
    nen am Ende zu einem Ergebnis führen, das Anfangs noch nicht absehbar
    war. Erkennen und Handeln bilden vielmehr eine untrennbare Einheit, denn
    erst im Prozess des Gehens werden der Anfang, das mögliche Ziel und po-
    tentielle Kausalitäten sichtbar. In ähnlichem Sinne weisen die Studien von
    Atkinson (1995) darauf hin, dass insbesondere die Mustererkennung in den

modernen bildgebenden Verfahren keineswegs als ein linearer Informationssammlungsprozess verstanden werden darf, sondern nur funktionieren kann, wenn es dem Diagnostiker gelingt, aktiv Muster in die von ihm untersuchten Daten hineinzusehen. Das richtige Sehen wiederum zeigt sich als sozial konfiguriert. Es kann entsprechend nicht oder nur schwer über Bücher erlernt werden, sondern bedarf einer Instruktion mittels einer Meister-Schüler-Beziehung. Ebenso können prekäre medizinische Entscheidungen, wie die Untersuchungen des Autors zum ärztlichen Entscheidungsverhalten im Krankenhaus aufzeigen, nur bedingt als Resultat eines Zweck-Mittel-Kalküls verstanden werden, sondern erklären sich oftmals schlüssiger als reziprokes Abtasten von Erwartungen und Erwartungserwartungen in komplexen sozialen Gebilden (Vogd 2004b).

3.　Wie eine Reihe von Studien aufzeigen (vgl. Hermann 2004; Vogd 2004a; Wettreck 1999), erfährt das Schema Diagnose-Therapie innerhalb der ärztlichen Orientierungsrahmen gegenüber der *Common sense* Vorstellung eine Umdefinition. Eine erfolgreiche Therapie darf in der medizinischen Praxis nicht unbedingt als Heilung verstanden werden, denn gerade bei nichttrivialen Krankheitsbildern ist seitens der Ärzte die Frage der Prognose vom Behandlungsgeschehen zu entkoppeln. Wesentlich bleibt die Anforderung, aufgrund einer Diagnose eine Therapie starten zu können. Ob diese Therapie jedoch Erfolg zeigt, ist eine andere Frage. Die Ärzte sind im Sinne der Aufrechterhaltung ihrer Handlungsfähigkeit wohl beraten, nicht allzu konkret hierüber nachzudenken, denn sonst würden sie leicht in ein ganzes Set von Unwägbarkeiten und Unsicherheiten getrieben. Praxeologisch spielt der Kausalnexus von Ursache und Wirkung eine eher untergeordnete Rolle, denn systemtheoretisch gesprochen ist die Krankheit und nicht die Gesundheit anschlussfähig (vgl. hierzu auch Luhmann 1983b). Diese Prozesse lassen sich insbesondere in medizinischen Feldern aufzeigen, in denen in hohem Maße mit dem Scheitern der Therapie zu rechnen ist, etwa in den onkologischen Disziplinen.[2] In der Regel wird ein Patient hier immer dann als ‚geheilt' bezeichnet, wenn eine Operation bzw. eine Chemotherapie erfolgreich durchgeführt worden ist. Der Begriff Heilung ist hier jedoch im Kontrast zum Alltagsverständnis keineswegs dahingehend zu verstehen, dass der Krebs besiegt worden ist, bzw. eine gute mittel- oder langfristige Überlebensperspektive bestehe. Vielmehr zeigt sich die Logik der Praxis darin, im Sinne eines „Arrangements der Hoffnung" (Hermann 2004) von einer Intervention zur nächsten handlungsfähig zu bleiben.[3]

---

[2] Dies gilt beispielsweise auch für die Psychiatrie und Psychosomatik (vgl. Vogd 2004a, S. 258ff.).
[3] Erst im Funktionssystem der Wissenschaft gewinnt der „wirkliche" Heilerfolg im Sinne der klassischen Logik der richtigen Schlüsse an Bedeutung. Aber selbst wenn manche Autoren in einschlägi-

Um die Ausführungen zu illustrieren, folgt eine kurze Beobachtungssequenz einer Chefarztvisite durchgeführt auf einer onkologischen Station:
Im Anschluss an die chemotherapeutische Behandlung einer Leukämie, die den Laborwerten nach erfolgreich verlaufen ist, erklärt der Chefarzt dem Patienten gegenüber, dass dieser nun als geheilt entlassen werden könne. Daraufhin bedankt sich der Patient ausdrücklich bei dem behandelnden Team. Professor Wieners wendet sich daraufhin noch einmal kurz zu dem Patienten und erklärt, dass geheilt sein nicht unbedingt bedeute, dass die Krankheit nicht wiederkommen könne. Daraufhin antwortet der Patient, dass er dies wisse und auch schon vorher gewusst habe:

„9:40 Chefarztvisite (im Patientenzimmer)

Prof. Wieners: Sie können wir jetzt als geheilt entlassen ... es geht ja heute nach Hause.

Patient: Jetzt muss ich Ihrem Team ausdrücklich noch mal das Lob aussprechen ... Sie haben sich hervorragend um mich gekümmert ... auch um die Kleinigkeiten, die kleinen Probleme, die ich so hatte [...]

Prof. Wieners (wendet sich zum nächsten Patienten, dreht aber nochmals zu Herrn Schulz zurück): Auch wenn ich jetzt sage ‚geheilt', kann es dann doch sein, dass die Krankheit noch mal wiederkommt.

Patient: Ja, das weiß ich ja, wusste ich auch schon, als ich mit der Therapie angefangen habe" (Vogd 2004a, S. 145).

Die formal-logische Unmöglichkeit, gleichzeitig geheilt und nicht-geheilt zu sein, wird hier in bemerkenswerter Subtilität verhandelt. Der Rahmenwechsel zwischen dem beruhigenden ‚so tun als ob' und dem verunsichernden ‚medizinisch Ungewissen', scheint hier spielend leicht in beide Richtungen vollzogen werden zu können. Die überschwängliche Reaktion des Patienten – sein Lob an das Team – lässt den Chefarzt eine Bemerkung anschließen, in der das Arrange-

---

gen Journalen wie dem Deutschen Ärzteblatt zu dem Schluss kommen, dass nur für etwa 10-20 % aller gängigen medizinischen Interventionen die Wirksamkeit bewiesen sei, ändert dies – sehr zum Leidwesen der Protagonisten der so genannten *evidence based medicine* – wenig an der gängigen ärztlichen Praxis, die – das zeigt die lange Medizingeschichte – schon immer etwas anderes war, als Heilerfolg im Sinne des Kausalnexus Intervention – therapeutischer Effekt (vgl. Vogd 2002a, 2004a). Ohne hier die zweifelsohne großen Erfolge und Leistungen der wissenschaftlichen Medizin klein reden zu wollen: Ärztliche Logik meint aus praxeologischer Perspektive etwas anderes, nämlich auch im Hinblick von Ungewissheit das Spannungsfeld von Welt und Modellen über die Welt handlungspraktisch zu überschreiten.

ment der Hoffnung kurzzeitig verlassen wird. Die Gefahr eines 'wirklichen' Missverständnisses, das dann vielleicht zu einem leichtsinnigen Verhalten führen könnte, scheint hier zu groß zu sein. Der Patient gibt demgegenüber zu erkennen, dass er sehr wohl um das Spiel der Täuschung wisse und gliedert sich hier gleichsam optimal in die Funktionsbezüge der Krankenbehandlung ein, denn das Spiel der wechselseitigen Täuschung läuft hier nicht einmal Gefahr, durch das kurze Ansprechen potentieller Wahrheiten ausgehebelt zu werden. Der Kausalnexus von Diagnose, Therapie und Heilung kann hier nicht mehr im Sinne eines formallogischen Verständnisses gefasst werden.

Im Folgenden sind die wesentlichen Merkmale einer praxeologisch rekonstruierten ärztlichen Handlungslogik kurz zusammengefasst:

1. Das Formschema ‚Diagnose – Prognose – Therapie' lässt sich oftmals erst in der Retrospektive konstruieren, während der wirkliche Behandlungsprozess durch chaotische, aber nicht zufällige Suchbewegungen ausgezeichnet ist.
2. Das deduktive Wissensformat hilft in den so genannten ‚schlecht definierten Domänen' nur begrenzt weiter. Erfahrene medizinische Experten binden demgegenüber ihr Wissen an Einzelfälle an und strukturieren dieses über Narrative und metaphorische Figuren.
3. Der Kausalnexus von Therapie und Heilung spielt für die Anschlussfähigkeit ärztlichen Handelns nur bedingt eine Rolle.

2. Sozialwissenschaftliche Diagnostik: Rekonstruktion der Logik der Praxis

Wenden wir uns nun unter dem Blickwinkel der bisherigen Ausführungen der sozialwissenschaftlichen Diagnostik und Prognostik zu. Die Problemfelder, mit denen wir es hier zu tun haben, müssen in den allermeisten Fällen als schlecht definierte Domänen charakterisiert werden. Darüber hinaus stellen diese selbst unter der Voraussetzung ihrer analytischen Beschreib- und Determinierbarkeit in der Regel nicht-triviale, also prinzipiell unvorhersagbare Phänomene im Sinne von Heinz v. Foersters (1994) dar. Frei nach Luhmanns Diktum, dass es unter den gegebenen Bedingungen leichter ist, „Konstruktionen zu entwerfen und nachzuvollziehen als richtige Realitätswahrnehmungen zu behaupten und durchzusetzen" (Luhmann 1998b, S. 634), könnte man das Geschäft der sozialwissenschaftliche Prognose nun als eine Kunstlehre verstehen, plausiblere Wirklichkeitssichten zu produzieren. Unter dieser Perspektive käme dann der Wissenschaft etwa die Rolle zu, „Daten als Unterlagen für Entscheidungen in Politik und Wirtschaft" zu beschaffen und „Stereotypisierungen" zu korrigieren, „die sich durch die Nachrichten und Berichterstattung der Medien entwickelt und festgesetzt haben" (Luhmann 1996, S. 160). Analog zur Praxis der Medizin hätte die angewandte Sozialwissenschaft den prognostischen Erfolg von der Plausibilität der angebotenen Lösungen abzukoppeln.[4]

Die hiermit verbundene Bescheidenheit im Hinblick auf die eigenen Aufgaben würde die angewandte Sozialwissenschaft jedoch keineswegs überflüssig werden lassen. Denn um ihre eigene Identität in Abgrenzung zum Geschäft der Politik und Unternehmensberatung wahren zu können, müssten sich ihre Daten und Ergebnisse jedoch weit aus mehr als bisher üblich durch das Qualitätsmerkmal der Gegenstandsangemessenheit auszeichnen. Ihre Aufgabe bestände dann gerade darin, die sozialen Realitäten zu heben, die der *Common sense* Typenbildung bisher verborgen geblieben sind. Die interpretative und rekonstruktive Sozialforschung hätte in der Datenproduktion hierzu eine Schlüsselstellung einzunehmen, denn erst in den Rekonstruktionen der jeweiligen *Modi operandi* der untersuchten Phänomene können sich die dem aktuellem *Common sense* verborgenen Eigengesetzlichkeiten, d. h. die Latenzen und Tendenzen zukünftiger Entwicklung zeigen. Denn die Leittugend des Forschers würde dann gerade in dem Wissen um die eigene Unwissenheit bestehen und der damit verbunden konzeptionellen Offenheit. Er hätte nun eine Haltung einzunehmen, „daß der Gegenstand seinem Beobachter, hinsichtlich der Lösung seiner Probleme voraus ist" (Baecker 2002, S. 103). Die eigentliche prognostische Aufgabe würde nun weniger darin bestehen, ferne Zukünfte vorherzusagen, als die Diskrepanz zwischen den *Common sense* Theorien über die Welt und den in der Praxis verborgenen impliziten Wissensbeständen aufzudecken. Hierdurch könnte der Sozialwissenschaftler zumindest einen Beitrag dazu leisten, dass die Theorie über die Praxis der Praxis nicht allzu weit hinterher hinkt.

Die hypothesentestenden Verfahren helfen hier nur bedingt weiter, da sich unter dem Raster ihrer eigenen Modelle der Blick für das Neue verschließt. Aber auch dem qualitativen Vorgehen kann der sehende Zugang verschlossen bleiben, falls er sich auf die Rekonstruktion des subjektiv gemeinten Sinns beschränkt, denn analog zur Differenz von Gesellschaftsstruktur und Semantik muss davon ausgegangen werden, dass in den untersuchten Wirklichkeiten die Verhältnisse oftmals ‚klüger' sind als das Bewusstsein der einzelnen Akteure.[5] Die Eigenge-

---

[4] Sie würde ihre Glaubwürdigkeit gerade dadurch gewinnen, dass sie lineare, auf mittlere und ferne Zukünfte gerichtete Diagnose-Prognose Schemata zwar als abstrakte Leitidee bestehen lässt, jedoch dabei die prekären, weil fehlbaren Konkretisierungen vermeidet. Handlungsfähig würde sie dadurch, dass sie praxeologisch, mehr induktiv und abduktiv als deduktiv, in feingliedrigen Schritten Diagnosen rekonstruiert und entsprechende Lösungsentwürfe anbietet. Ihre eigentliche Aufgabe würde dann darin bestehen, intelligente und begründete Varianz in festgefahrene Praxen einzubringen.

[5] In diesem Sinne darf sich prognostische Forschung in ihrer rekonstruktiven Arbeit nicht darauf beschränken, Akteurstheorien über die Praxis zu beschreiben, sondern hat auch die habituellen und

setzlichkeit dieser Prozesse – und damit das prognostische Datum – erscheint jenseits des common sense-Bewusstseins erst in der Arbeit der Fallrekonstruktion: als latente Sinnstruktur (Oevermann 1973), als dokumentarische Interpretation (Bohnsack 1999; Mannheim 1980) bzw. als Beobachtung zweiter Ordnung (Luhmann 1993a). In diesem Sinne hat das prognostische Einholen der Wirklichkeit durch die interpretative Rekonstruktion gerade hier anzusetzen, nämlich am Spannungsfeld zwischen Praxis und den Theorien über die Praxis. Beide Sinnebenen sind zu erheben und in Beziehung zu setzen. Eine so verstandene angewandte Sozialforschung hätte die sich selbst noch nicht bewussten ‚klügeren' Verhältnisse zu rekonstruieren und könnte dann mittels der Methode der komparative Analysen Kompetenzen, Potenziale und gegebenenfalls Alternativen aufzeigen.

In diesem Sinne könnte eine interpretativ vorgehende Sozialwissenschaft beispielsweise versuchen, die Kunstlehre des Professionellen zu rekonstruieren. So ließe sich dann in dem vorangegangenen Beispiel der onkologische Chefarzt möglicherweise als ein Kommunikationsmeister der pragmatisch praxeologischen Synthese rekonstruieren, dem gegenüber zwei empirisch auffindbare Typen von kommunikativ weniger erfolgreicher Ärzte gegenüber zu stellen wären: auf der einen Seite der Mediziner, der den Bewusstheitskontext des Sterben vollkommen geschlossen hält, auf der anderen Seite die ‚Wahrheitsfanatiker', denen es jedoch nicht gelingt, mit dem Patienten gemeinsam ein therapeutisches ‚Arrangement der Hoffnung' aufzubauen. Die impliziten Regeln guter Praxis würden durch eine solche Rekonstruktionsarbeit verstehbar und unter gewissen Voraussetzungen lehrbar – eine Minimalvoraussetzung sinnvoller Interventionen.

3. Sozialwissenschaftliche Diagnostik als Korrektur festgefahrener Stereotypisierungen

Eine anspruchsvollere sozialwissenschaftlicher Diagnose- und Interventionsforschung hat darüber hinaus die Differenzen in den milieuhaften Erfahrungsräumen zu behandeln bzw., um es systemtheoretisch zu formulieren, die unterschiedlichen Logiken verschiedener systemischer Kontexturen und deren Interpenetration zu thematisieren. Während beispielsweise die Akteure des Krankenhauses auf ihr implizites, in der Regel unbewusstes Wissen, d. h. ihre habitualisierten Kompetenzen[6] zurückgreifen können, verfügen die Gesundheitspolitik

---

impliziten Wissensbestände in den untersuchten Gegenständen zu heben, um nicht wieder in das Selbstmissverständnis zu fallen, die Theorien über die Praxis mit der Praxis selber zu verwechseln.
[6] Anlehnend an Polanyi (1985) hat sich hierfür im soziologischen Diskurs auch der Begriff des „tacit knowledge" eingebürgert.

und ihre Verwaltungen im Hinblick auf die Geschehnisse im Krankenhaus in der Regel nur über die *Common sense* Perspektive mit den entsprechenden Motivunterstellungen. Entsprechend erscheinen gerade hier besonders eklatante Diskrepanzen zwischen den Modellen über die Praxis und der Praxis selber. Gerade hier könnte die interpretative Sozialforschung Übersetzungsarbeit leisten und hierdurch helfen, Wirklichkeiten einzuholen. So könnte beispielsweise die Rekonstruktion unterschiedlicher Akteurslogiken und Systemebenen deutlich werden lassen, warum der Versuch, über Behandlungsstandards und fallpauschalisierte Abrechungssysteme eine Dämpfung der Krankenhauskosten zu erreichen, ein wenig Erfolg versprechendes Unternehmen erscheint.

Um diese These zu illustrieren, folgen zwei Beobachtungsbeispiele aus dem klinischen Alltag:

1. Herr Kolbe, ein ca. 50-jähriger Patient aus Hamburg, liegt wegen einer Gallenkolik auf einer chirurgischen Station in Berlin. Zunächst wurde mittels einer ERPT (endoskopische retrograde Papillotomie) ein Stein aus dem Gallengang entfernt. Aufgrund weiterer Steine in der Gallenblase ist im Anschluss deren operative Entfernung indiziert. Für das Krankenhaus stellt sich nun das Problem, dass aufgrund der neuen Fallpauschalenregelung der Krankenkassen jedoch nur ein Eingriff vergütet wird. Um die zweite Operation bezahlt zu bekommen, müsste der Patient zunächst entlassen und dann erneut durch einen Hausarzt eingewiesen werden. Für die Ärzte stellt sich nun die Aufgabe, dieses Dilemma handlungspraktisch geschickt zu lösen. Die Ärzte entscheiden sich auch hier, ihre Motive dem Patienten gegenüber nicht zu offenbaren und erklären ihm durch die Blume, dass er das Krankenhaus doch besser erst einmal verlassen und sich dann eine neue Einweisung durch den Hausarzt besorgen solle:

> „Oberärztin: ... Nein, wir geben Ihnen alles mit, die gesamte Akte ... höchstens noch mal Blutabnahme am Anfang und vielleicht nochmals eine Sonographie ... Sie könnten dass natürlich auch hier machen ... aber Sie können dann doch erst mal jetzt rausgehen und sich dass ganze nochmals überlegen ... wie gesagt, Sie können dann auch gerne wiederkommen...

> Patient: ... Ich denke...

> Oberärztin: Auf jeden Fall, bevor Sie dann wieder ins Krankenhaus gehen, hier oder in München, dann müssen Sie sich vom Hausarzt nochmals eine Einweisung besorgen und dann einen Stempel von der Kasse...

> Oberärztin (auf dem Gang, zum Beobachter): Das ist auch so ein Fall, wo wir mit den Fallpauschalen in Konflikt kommen ... der ist jetzt schon zu lange hier, wenn

wir die Gallenblase jetzt noch mit machen, wird uns das zu teuer... eigentlich sollte man ihm das sagen.

Stationsärztin: Nein bei dem nicht ... das ist so ein Halbprivater ..." (Vogd 2004a, S. 182f.).

Die Idee, die Krankenhauskosten senken zu können, indem man das Abrechnungssystem von Liegezeiten auf Fallpauschalen umstellt, verkennt das Potential der ärztlichen Akteure, sich dem Finanzierungsmodus jeweils dynamisch anpassen zu können.[7] Im Hinblick auf das, was ärztlicherseits zu tun ist, kann nun weiterhin dasselbe geschehen, nun jedoch unter einer anderen organisatorisch-administrativen Rahmung. Um es mit den Worten eines erfahrenen Stationsarztes zu formulieren: „Ist dann wie beim Schachspiel, der MDK[8] macht einen Zug und wir machen einen Zug – man muss dann immer einen Zug voraus sein". Die Ärzte können in ihrer Handlungssphäre eine relative Autonomie gegenüber äußeren Zugriffen aufrechterhalten, indem sie in Goffmans Sinne die Rahmen für die Außenkommunikation modulieren können. Man denke hier nur etwa an die Modulation im Modus der „Täuschung in guter Absicht" (Goffmann 1996, S. 117).[9]

2. Entgegen den üblichen Attribuierungen und Schuldzuweisungen lassen sich die Konflikte zwischen den Gesundheitsministerien, den Krankenkassen und dem ärztlichem Bereich jedoch nicht schlicht auf eine Weigerung der Mediziner zurückführen, auf Einkommenssteigerungen zu verzichten. Sie resultieren – und dies ist für das Verständnis der Dynamik entscheidend – vielmehr aus grundsätzlichen Zielkonflikten zwischen dem medizinischem Denken und der damit verbundenen notwendigen Einzelfallorientierung der behandelnden Ärzte hie und der Kostenbegrenzungslogik von Politik und Krankenkassen da.

Um dies etwas ausführlicher zu illustrieren folgt ein abschließendes Beobachtungsbeispiel: Der onkologischen Abteilung eines Universitätsklinikums

---

[7] Je nach Finanzierungsmodus kann auch die umgekehrte Logik der Fall sein, wie die folgende Beobachtungssequenz verdeutlicht:
(Visite bei einer 60-jährigen Dialysepatientin, der erfolgreich ein Shunt angelegt wurde.)
„*Stationsärztin Dr. Schneider*: Falls es Ihnen recht ist, werden Sie noch einen Tag bleiben ... nach der Dialyse kommen Sie dann noch mal wieder und übermorgen können Sie dann gehen .... Sie sind ja auch allein zu Hause.
Stationsärztin (auf dem Gang, zum Beobachter): Das machen wir manchmal so ... die kostet uns jetzt nichts und die Operation ist recht teuer, dann müssen die Kosten wieder reingespielt werden ...
(unveröffentlichtes Beobachtungsprotokoll, Januar 2000)."
[8] Der medizinische Dienst der Krankenkassen (MDK) versucht unter anderem darauf zu achten, dass die Kosten einer Krankenbehandlung im finanziellen Rahmen bleiben.
[9] Zur Rekonstruktion ärztlicher Kommunikation aus dem Blickwinkel Goffmans´ Rahmenbegriff vgl. auch Vogd (2002b).

drohen bei Verordnung und Durchführung von Therapien, die in Deutschland noch nicht etabliert sind, Regressforderungen in Millionenhöhe. Auf einer Abteilungsbesprechung wird die Problematik ausführlicher diskutiert. Um die Gefahr der Regressverantwortung abzuwehren, ordnet der Chefarzt an, die Patienten über die diesbezügliche Versorgungslage aufzuklären und dann mit vorgefertigten Formularen zur Krankenkasse zu schicken, um dort eine Finanzierung für sich einzufordern. Nach einem Hinweis des leitenden Oberarztes, dass es sich hier um ein wirklich ernstes Problem handele, das durchaus die ökonomische Existenz von ganzen Einrichtungen bedrohen könne, konkretisiert der Chefarzt die Problematik am Beispiel des kleinzelligen Lungenkarzinoms, da hier die derzeit beste Therapieform eben nicht im Katalog drin stehen würde. Hierauf schlägt eine Assistenzärztin vor, doch zunächst nur die ‚erlaubten' Therapieformen zu verschreiben. Der Chefarzt weist diesen pragmatischen Vorschlag sofort zurück, denn man würde sich mit einer solchen Argumentation auf das Niveau eines Aldi-Einkaufs begeben. Der leitende Oberarzt ergänzt, dass die ärztliche Aufgabe darin bestehe, die Qualitätssicherung in der Onkologie zu gewährleisten, und nicht dann, einfach nur ein Medikament zu verschreiben, weil seine Indikation zugelassen sei:

> „Chefarzt: Jetzt eine weitere wichtige Sache ... die Mittelprobleme für die Bereitstellung von Medikamenten für die Versorgung von Tumorpatienten ... jetzt kommen schon die Regressforderungen der Krankenkassen ... nur Medikamente mit Zulassungsdiagnose werden jetzt erstattet [...].

> Chefarzt: ... Ist ja dann etwa so ... das Beste was wir für das Kleinzellige haben ... ist nach einer Studie aus Japan das (nennt die Medikamentennamen) ... und das steht da nicht drin. Wenn Sie das jetzt beim Patienten verordnen, dann müssen Sie ihn auch zur Krankenkasse hinschicken... .

> Assistenzärztin: Die ... (liest die Namen einiger Medikamente ab) sind jetzt zugelassen ... die anderen nicht ... könnte man doch sagen, nehmen wir erst mal die?

> Chefarzt: Dann sind wir ja wieder beim Aldi-Einkauf.

> Leitender Oberarzt: Die primäre Intention ist jetzt die Qualitätssicherung in der Onkologie ... nicht der Sinn, dass die Leute sagen: Carboplatin ist zugelassen, also unbedenklich, das wollen wir jetzt gerade nicht" (Vogd 2004a, S. 189f.).

Insbesondere die letzten Gesprächssequenzen verdeutlichen die starke professionelle Identität der universitären Mediziner. Mit der Aldi-Metapher wird hier der Negativhorizont zu einer Vulgärmedizin aufgebaut, die nur noch Standardprodukte zu günstigen Preisen liefern kann. Medizinische Exzellenz kann und darf jedoch niemals nur entsprechend formalisierter Routine-Schemata operieren. Denn das würde bedeuten, unreflektiert vorgegebene Therapiestandards zu übernehmen, ohne diese an die jeweilige Problematik des Einzelfalls anzupassen. Die junge Assistenzärztin versteht die Essenz des medizinischen Ethos noch nicht – deshalb wird sie von den leitenden Ärzten zurechtgewiesen. Der primäre Handlungsrahmen der Ärzte liegt hier nicht im Ökonomischen, sondern im Medizinischen.[10] Institutionelle und auch persönliche ökonomische Interessen mögen zwar auch verfolgt werden, aber der primäre Funktionsbezug des Handelns besteht in der Behandlung kranker Menschen,[11] in einem Universitätsklinikum darüber hinaus in der experimentellen Weiterentwicklung der Krankenbehandlung. In Hinblick auf die leitenden Orientierungsrahmen der Ärzte ist weniger die Misswirtschaft oder die Gewinnsucht Kosten treibend, sondern vielmehr die inhärente Logik des medizinischen Fortschritts selber. Viele der aufwändigen diagnostischen und therapeutischen Prozeduren resultieren daher weniger aus der (steuerrechtlichen) Notwendigkeit einer Amortisierung der teuren Apparaturen, sondern stellen eine genuin medizinische Thematik dar, da mit wachsenden diagnostischen und therapeutischen Möglichkeiten auch die medizinischen Handlungsspielräume wieder zunehmen.

Unter diesen praxeologisch rekonstruierbaren Voraussetzungen ärztlichen Handelns erscheinen die in den aktuellen gesundheitspolitischen Debatten zu findenden Motivunterstellungen und Schuldzuweisungen tendenziell eher als ideologische Verklärung, denn als eine angemessene Diagnose der Probleme unseres medizinischen Versorgungssystems. Im Sinne einer entwicklungsorien-

---

[10] Der Funktionsbezug – oder aus der Akteursperspektive formuliert – die Motivation zum medizinischen Handeln liegt dabei – wie Rohde feststellt – weder im Geld noch, wie fälschlicherweise oft vermutet, im Mitgefühl für die Patienten, sondern einfach im konkreten Vollzug der Krankenbehandlung selber: „Ein Chirurg, der während einer komplizierten Operation sich zu den notwendigen, höchste Aufmerksamkeit erfordernden Handlungen von der bedrückenden Tatsache motivieren ließe, daß das Leben des Patienten X. auf dem Spiele steht, oder einer, der dabei das nach Paragraph sowieso der ADGO fällige Honorar von soundsoviel Mark samt der dafür erhältlichen Verbrauchsgüter vor Augen hätte, würde vermutlich – gelinde gesagt – recht schlecht operieren. Die eigentliche Motivation zur Handlungsfolge liegt hier typisch in dem kranken Organ, das operiert werden muß, und nicht im Patienten, der (während der Operation!) als Orientierungsobjekt nur mit seinen sachrelevanten Eigenschaften (Kreislauf, Atmung etc.) in Betracht kommt. Von daher ist in erster Linie die vielbeklagte ‚Operationssucht' der Chirurgen zu erklären, und nicht von der vielberufenen ‚Geldgier' her oder was man ihnen auch immer von außen her als Motive unterschieben mag. Eine Gallenblasenentzündung ist für den Chirurgen per se ein Objekt, das bestimmte spezialisierte Handlungsfolgen auslöst. Der Antrieb ist in den Gegenstand verlagert, d.h. aber, die Motivation zum Handeln kommt vom Gegenstand her" (Rohde 1974, S. 110f.).

[11] Wie schon Luhmann feststellt, gibt es in der Medizin keine inneren Grenzen des Wachstums und damit des ökonomischen Ressourcenverbrauchs. Tendenziell kann die Diagnostik immer noch aufwendiger betrieben werden und es können immer noch komplexere Therapien veranstaltet werden (Luhmann 1983a).

tierten Evaluation könnte hier die interpretative Sozialforschung einen wichtigen Beitrag leisten, durch informierte Praxis die festgefahrenen Wirklichkeitssichten, die sich bei genauerem Hinsehen, mit als Teil des Problems erweisen, aufzulockern. Das Einholen der Wirklichkeit könnte hier im besten Sinne soziologischer Tradition auch als eine Ideologiekritik verstanden werden, nämlich in dem Sinne, dass das Sein und das Bewusstsein, die Theorien über die Praxis und die Praxis miteinander in Beziehung zu setzen sind. Doch anders als im marxistischen Selbstverständnis kann im Sinne des Methodenverständnisses der interpretativen Sozialwissenschaft das wahre Bewusstsein nicht mehr deduktiv von oben herab erschlossen werden – denn auch die Diktatur des Proletariats weiß es nicht besser. Die Aufklärung bedarf hier vielmehr einer informierten Praxis verbunden mit einer sorgfältigen praxeologischen Rekonstruktion[12] – denn die Verhältnisse sind klüger als das Bewusstsein. Sozialwissenschaftliche Diagnostik und Prognostik wäre in diesem Sinne primär als „Therapie des *Common sense*" zu begreifen.

Literatur

Atkinson, Paul 1995: Medical Talk and Medical Work. The Liturgy of the Clinic. London Thousand Oaks New Delhi: Sage Publications.

Baecker, Dirk 2002: Wozu Systeme. Berlin: Kulturverlag Kadmos.

Bohnsack, Ralf 1999: Rekonstruktive Sozialforschung. Einführung in Methodologie und Praxis qualitativer Forschung. Opladen: Leske und Budrich.

Bohnsack, Ralf 2001: Typenbildung, Generalisierung und komparative Analyse. Grundprinzipien der dokumentarischen Methode. In: Bohnsack, R. et al. (Hrsg.) (2001) Die dokumentarische Methode und ihre Forschungspraxis. Opladen, Leske und Budrich. 225-252.

Fischer-Rosenthal, Wolfram 1992: Talking and Doing. On the Phenomenology of Medical Diagnosis as Practical Theory and Action. In: Lachmund, J./Stollberg, G. (Hrsg.) (1992) The Social Construction of Illness. Illness and Medical Knowledge in Past and Present. Stuttgart: Steiner, 133-142.

---

[12] Im Sinne der hier vorgeschlagenen Heuristik basiert schon die Schwachstellenanalyse im Gegensatz zu den üblichen Planungen und Analysen am grünen Tisch auf praxisnahen Problemanalysen. Erst aus dieser Perspektive ergeben sich dann Hinweise und Beispiele für gute Praxis. Deren Realisierungsbedingungen sind dann als die eigene prognostische Leistung in aller Bescheidenheit herauszuarbeiten. Analytisch sind dabei die Makro-, Meso- und Mikroebene zu unterscheiden, um sowohl in Richtung der sozialpolitischen Rahmenbedingungen als auch für die konkrete (Versorgungs-)Praxis Empfehlungen formulieren zu können. Eine diesbezügliche gegenstandsorientierte Suchstrategie trägt insbesondere auch der Diversität möglicher Lösungen Rechnung und schärft den Blick für das Spektrum des Möglichen. Die Kontrolle der eigenen Standortgebundenheit kann dabei nur mittels einer mehrstufigen komparativen Analyse, etwa im Sinne der dokumentarischen Methode von Bohnsack (2001) geleistet werden.

Flusser, Vilém 1992: Mit dem Zufall gegen den Zufall spielen. In: Universitas, 12 Jg., H. S 1164-1169.

Foerster, Heinz von 1994: Wissen und Gewissen: Versuch einer Brücke. Frankfurt/Main: Suhrkamp.

Goffmann, Erving 1996: Rahmen Analyse. Ein Versuch über die Organisation von Alltagserfahrungen. Frankfurt/Main: Suhrkamp.

Gruber, Hans 1999: Mustererkennung und Erfahrungswissen. In: Fischer, R. M./Bartens, W. (Hrsg.) (1999) Zwischen Erfahrung und Beweis. Medizinische Entscheidungen und Evidence-based Medicine. Bern Göttingen Toronto: Hans Huber, 25-52.

Hermann, Anja 2004: Kommunikativer Umgang mit den Möglichkeiten und Grenzen maximal-invasiver medizinischer Behandlung von Knochen- und Weichgewebesarkomen auf einer chirurgischen Station einer onkologischen Spezialklinik. Dissertation, eingereicht am Fachbereich Psychologie und Erziehungswissenschaften, Freie Universität Berlin. Berlin.

Luhmann, Niklas 1983a: Anspruchsinflation im Krankheitssystem. Eine Stellungnahme aus gesellschaftstheoretischer Sicht. In: Herder-Dorneich, P./Schuller, A. (Hrsg.) (1983a) Die Anpruchsspirale. Schicksal oder Systemdefekt? Stuttgart Berlin Köln: Kohlhammer, 28-49.

Luhmann, Niklas 1983b: Medizin und Gesellschaftstheorie. In: Medizin Mensch Gesellschaft, 8: Jg., H. S 168-175.

Luhmann, Niklas 1993a: Soziale Systeme. Grundriß einer allgemeinen Theorie. Frankfurt/Main: Suhrkamp.

Luhmann, Niklas 1993b: Gesellschaftsstruktur und Semantik. Studien zur Wissenssoziologie der modernen Gesellschaft. Band 2. Frankfurt/Main: Suhrkamp.

Luhmann, Niklas 1996: Die Realität der Massenmedien. Opladen: Westdeutscher Verlag

Luhmann, Niklas 1998a: Die Gesellschaft der Gesellschaft. Frankfurt/M.: Suhrkamp.

Luhmann, Niklas 1998b: Die Wissenschaft der Gesellschaft. Frankfurt/Main: Suhrkamp.

Mannheim, Karl 1980: Strukturen des Denkens. Frankfurt/Main: Suhrkamp.

Oevermann, Ulrich 1973: Zur Analyse der Struktur von sozialen Deutungsmustern. Manuskript, Universität Frankfurt am Main (Download unter: http://www.objektive hermeneutik.de/bibliographienliste.htm). Frankfurt/Main.

Polanyi, Michael (1985): Implizites Wissen. Frankfurt/M., Suhrkamp.

Rohde, Johann Jürgen 1974: Soziologie des Krankenhauses. Zur Einführung in die Soziologie der Medizin. Stuttgart: Ferdinand Enke.

Vogd, Werner 2002a: Professionalisierungsschub oder Auflösung ärztlicher Autonomie. Die Bedeutung von Evidence Based Medicine und der neuen funktionalen Eliten in der Medizin aus system- und interaktionstheoretischer Perspektive. In: Zeitschrift für Soziologie, 31 Jg., H. 4, S 294-315.

Vogd, Werner 2002b: Die Bedeutung von "Rahmen" (frames) für die Arzt-Patient-Interaktion. Eine Studie zur ärztlichen Herstellung von dem, "was der Fall ist" im gewöhnlichen Krankenhausalltag. In: Zeitschrift für qualitative Bildungs-, Beratungs- und Sozialforschung (ZBBS), 2002 Jg., H. 2, S 321-346.

Vogd, Werner 2004a: Ärztliche Entscheidungsprozesse des Krankenhauses im Spannungsfeld von System- und Zweckrationalität: Eine qualitativ rekonstruktive Studie. Berlin: VWF.

Vogd, Werner 2004b: Ärztliche Entscheidungsfindung im Krankenhaus bei komplexer Fallproblematik im Spannungsfeld von Patienteninteressen und administrativ-organisatorischen Bedingungen. In: Zeitschrift für Soziologie, 33 Jg., H. 1, S 26-47.

Wettreck, Rainer 1999: „Arzt sein – Mensch bleiben". Eine Qualitative Psychologie des Handelns und Erlebens in der modernen Medizin. Münster: LIT Verlag.

Gesellschaft in der Gemeinschaft?
Paradoxien der Sozialstilisierung in Gruppen

Axel Schmidt und Klaus Neumann-Braun

1. Einleitung

In alltagssprachlichen Kontexten wird der Begriff ‚Prognose' im Sinne von ‚Aussagen über zukünftige Entwicklungen' verwendet. Ausgangspunkt prognostischer Aussagen sind Zeitdiagnosen, welche Auskunft über den gegenwärtigen Zustand eines Phänomens geben. In dieser Breite reichen Prognosen von alltagsweltlichen Antizipationen über hellseherische Prophezeiungen (Schütz) bis zu wissenschaftlich-methodisch gestützten Prognosen. Letztere finden sich vornehmlich im Bereich quantitativer Sozialforschung in Form von Trend- oder Modellprognosen. Was fehlt, sind analoge Methoden im Umfeld qualitativer Forschung. Der Akzent liegt damit deutlich auf der Aufgabe, methodisch-methodologisch adäquate Instrumente für Prognosen aus Diagnosen im Bereich qualitativer Sozialforschung zu entwickeln.

Der eigene Beitrag geht einen anderen, jedoch verwandten Weg: Er greift auf Ergebnisse eines inzwischen abgeschlossenen, ethnographisch-konversationsanalytisch konzipierten DFG-Projektes zum Thema „Kommunikationskultur Jugendlicher"[1] zurück und versucht von der Fallebene ausgehend, schrittweise zu Generalisierungen und Prognostisierungen zu gelangen. Prognostische Aussagen fügen sich damit nicht in die Logik klassischer Prognosemodelle[2], sondern versuchen auf der Grundlage typischer (hier: gemeinschaftlicher) Interaktionsmuster (Diagnose) mögliche Konsequenzen für die Zukunft abzuleiten (hier: eine zunehmende ‚Vergesellschaftlichung' von gemeinschaftlicher Verbundenheit).

---

[1] Das DFG-Projekt (Kenn-Nr. NE 527/2-1) wurde unter der Leitung von Prof. Dr. Klaus Neumann-Braun und unter Mitarbeit von Dr. Arnulf Deppermann, Dr. Axel Schmidt sowie Dr. Jana Binder durchgeführt und u.a. in folgenden Publikationen dokumentiert: Binder (2001); Neumann-Braun/Deppermann/Schmidt (2002); Schmidt (2004)

[2] Klassische Trendprognosen verfahren *ceteris paribus*, d.h. ein fokal gesetzter Zusammenhang (z.B. die Altersstruktur einer bestimmten Gesellschaft) wird unter der Annahme gleich bleibender Randbedingungen für die Zukunft hochgerechnet.

Zuvor jedoch eine kurze Skizze des Forschungszusammenhangs: Die Datenerhebung ging von einem Jugendhaus in einer ländlichen Kleinstadt aus und konzentrierte sich auf eine etwa 12 Kernmitglieder umfassende Gruppe männlicher Jugendlicher. Zu Beginn der Untersuchung war der Feldkontakt bereits etabliert. Die Gruppe wurde von einem Feldforscher und einer Feldforscherin über einen vollen Jahreszyklus hinweg kontinuierlich begleitet (November 1998 bis November 1999). Neben den regelmäßigen, zweimal wöchentlich stattfindenden Kontakten im Jugendhaus wurden die Jugendlichen bei verschiedensten Freizeitaktivitäten begleitet. Dadurch konnte ein umfassendes Panorama der für die Gruppe charakteristischen Aktivitäten und Interaktionssituationen gewonnen werden. Die intensive und systematische Beobachtung über ein ganzes Jahr hinweg vermochte zudem Auskunft darüber zu geben, welche Aktivitäten in welchem Umfang und in welcher Regelmäßigkeit den Alltag der beobachteten *Peer-Group* prägten. Im Verlauf der ausgedehnten teilnehmenden Beobachtung wurden unterschiedliche Daten erhoben, die zusammen genommen eine solide Grundlage sowohl für eine umfassend-holistische als auch zugleich für eine ins sprachlich-interaktive Detail gehende Analyse der Kommunikationsroutinen der Jugendlichen zur Verfügung stellten.[3]

2. Konzeption der Studie und zentrale Erkenntnisse

Der Kern der Erkenntnisse ist klar und deutlich im mikrosoziologischen Bereich angesiedelt. Die Untersuchung konzentriert sich hauptsächlich auf interaktive Formen der Vergemeinschaftung unter Jugendlichen und ihrer Funktionspotenziale für die Kontinuierung der untersuchten Gruppe. Die *Konzeption der Studie* lässt sich anhand des folgenden Schaubilds illustrieren:

---

[3] Forschungsleitende Strategie ist die Rekonstruktion kommunikativer Muster und Routinen einer Teilkultur und ihre Verdichtung zu einer spezifischen ‚*Kommunikationskultur*' (vgl. Corsaro/Eder 1990; Knoblauch 1995; Neumann-Braun/Deppermann 1998).

Abbildung 1:   Konzeption der Studie

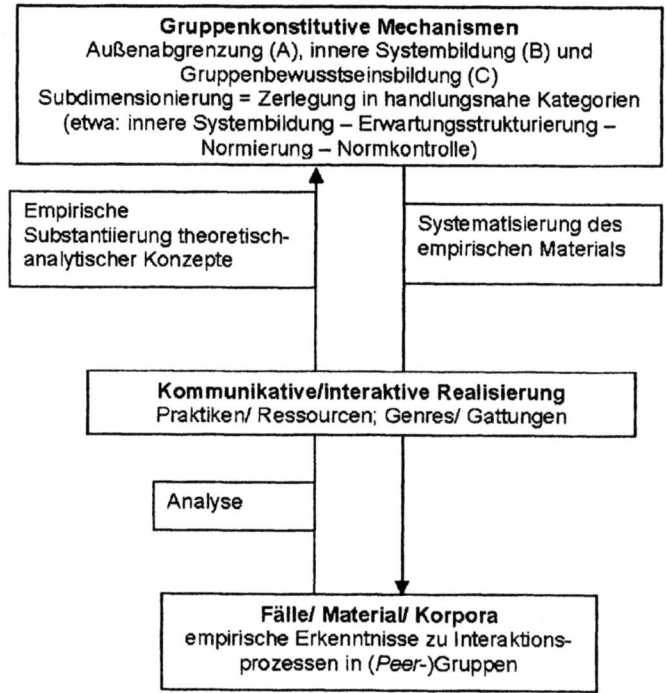

Der Prozess der *Gruppenkontinuierung* lässt sich theoretisch-analytisch in die Mechanismen der Außenabgrenzung (A), der inneren Systembildung (B) und der Gruppenbewusstseinsbildung (C) zerlegen. Sie stellen in diesem Sinne universelle funktionale Erfordernisse dar, um von sozialen Gruppen i.e.S. sprechen zu können.[4] *Subdimensionierung* bedeutet des Weiteren die Zerlegung dieser abstrakten Mechanismen in sukzessiv konkreter werdende und damit auch handlungsnahere Kategorien (etwa: innere Systembildung – Erwartungsstrukturierung – Normierung – Normkontrolle). Vorhandene eigene und fremde empirische Erkenntnisse zu *Peer-Group*-Kommunikationen[5] werden auf diese Weise vor

---

[4] Vgl. hierzu Claessens (1977); Homans (1960); Neidhardt (1983a, 1999); zfs. Schmidt (2004, 48 ff.).

[5] Einschlägige Studien zum Themenkomplex *Peer-Group*-Kommunikation finden sich im angloamerikanischen Sprachraum prominent bei Adler/Adler (1998); Corsaro (1985, 1986); Eder (1985, 1988, 1990, 1991, 1993, 1995, 1998) Fine (1981, 1984, 1986, 1987, 1995); Goodwin (1990, 1993a und b,

dem Hintergrund theoretischer Konzepte zu Gruppenbildungsprozessen einer *Systematisierung* unterzogen. Ansatzpunkt für eine solche Systematisierung ist die Funktionalität typischer kommunikativer Praktiken für die Kontinuierung der untersuchten Gruppe. Die *Detail-Analyse* von Einzel-*Fällen*[6] aus unserem Korpus sowie die systematische, fallübergreifend-kontrastive Analyse der Fälle ist Grundlage einer *empirischen Substantiierung* theoretischer Konzepte der Gruppenforschung, d.h. auf der Basis empirischer Erkenntnisse zu Interaktionsprozessen in (*Peer*-)Gruppen genauer zu bestimmen, *wie* die jeweiligen Mechanismen (etwa: innere Systembildung) und Submechanismen (etwa: Normaushandlungen) interaktiv vollzogen und kommunikativ realisiert werden (etwa durch Streit). Das Nachzeichnen *kommunikativer Realisierungsformen* gibt Auskunft *über die spezifische Art und Weise, wie* Gruppen ihre Kontinuierung jeweils bewerkstelligen, und stellt damit den Ausgangspunkt für die Spezifizierung einer konkreten lebensweltlichen Gruppe (Fallebene) und/oder eines Gruppentypus (*peer-group*) dar. Der Versuch, theoretische bzw. deduktiv-analytisch gewonnene (*top-down*) mit empirischen bzw. induktiv-synthetisch gewonnenen (*bottom-up*) Erkenntnissen zu verbinden, resultiert schließlich in einem formalen Modell der Kontinuierung von *Peer*-Gruppen, das zeigen soll, auf Basis welcher (Sub-)Mechanismen und kommunikativer Praktiken/Gattungen sich *Peer*-Gruppen aufrechterhalten. Einen *Ausschnitt dieses Systematisierungsversuchs* zeigt die folgende Tabelle[7]:

1998, 2001); Goodwin/Goodwin (1987) und Hoyle/Adgar (1998) sowie im deutschen Sprachraum bei Breidenstein/Kelle (1998); Krappmann/Oswald (1983, 1990, 1995); Schwitalla (1986, 1988, 1994); Schwitalla/Streeck (1989) sowie Tertilt (1996, 1997 a und b).

[6] Datenqualität, -erhebung und Forschungsdesign orientieren sich an den Grundsätzen, natürliche Interaktionsdaten zu verwenden (Bergmann 1985), ethnografische Daten als interpretatorisches Hintergrundwissen einzusetzen (vgl. Deppermann 2000; Spranz-Fogasy/Deppermann 2001) sowie den Prozess der Erkenntnisbildung offen und zirkulär-kumulativ zu gestalten (vgl. Strauss 1994). Die Auswertung der Daten rekurriert auf den Entwurf einer interdisziplinär angelegten Gesprächsanalyse (vgl. Deppermann 1999). Die Identifikation und Beschreibung kommunikativer Musterhaftigkeiten orientiert sich an den Leitvorstellungen einer wissenssoziologischen Gattungsanalyse (vgl. Günthner/Knoblauch (1997); Knoblauch/Luckmann (2000); Luckmann (1986, 1995)).

[7] Die Bereiche ‚Außenabgrenzung' (A-Bereich) und ‚Gruppenbewusstseinsbildung' (C-Bereich) sowie die Subdimensionen ‚Erwartungsstrukturierung' (B.1) und ‚Subgruppenbildung' (B.2.2) sind in dieser Darstellung aus Gründen der Übersichtlichkeit ausgeblendet (eine vollständige Darstellung der Systematik findet sich in Schmidt (2004, 225 f.)).

Abbildung 2: Modell der Gruppenkontinuierung (Ausschnitt)

Konstitutive Mechanismen und Subdimensionen
B. Inneres System B.2 Binnendifferenzierung
□.2.1 Hierarchisierung
I. *Direkte, wechselseitige Verfahren* 1. Spielerische Konflikte 2. Spielerische Diskreditierungen mit Normbezug 3. Ernsthafte, explizite Konflikte *II.* *Direkte, einseitige Verfahren: Performance* *III.* *Laterale Verfahren: Diskreditierungen anwesender Gruppenmitglieder durch* *IV.* *das Sprechen über sie* *Indirekte Verfahren: Abwertendes Sprechen über abwesende* *Gruppenmitglieder*
Kommunikative Realisierung
I. *Direkte wechselseitige Verfahren:* 1: (Rituelle) Beschimpfungen, ‚Dissen', ‚Verarschungen' 2: Frotzeln, Necken 3: Streit, Diskussion *II:* *Formen der Selbstdarstellung: Boasting, Bragging, Witze, Sprüche, Geschich-* *tenperformanz* *III:* *Degradierender Spott* *IV:* *Klatsch*

In der oberen Spalte ist *ein* Kern-Bereich gruppaler Vergemeinschaftung (B-Bereich = inneres System) sowie eine spezifische Richtung der Subdimensionierung zusammengestellt, nämlich: die *Binnendifferenzierung*. Soziale Gruppen – so lässt sich die analytische Zerlegung weiter treiben – differenzieren sich in horizontaler und vertikaler Hinsicht. Der Fokus der vorliegenden Betrachtung liegt auf dem Phänomen der vertikalen Differenzierung (= *B.2.1. Hierarchisierung*). Der Prozess der horizontalen Differenzierung, d.h. die Entstehung und Aufrechterhaltung von Subgruppen (B.2.2) bleibt ausgeblendet. Da Identitäts- und Statusaspekte in jeder Interaktionssituation mehr oder weniger relevant sind, erscheint es zunächst sinnvoll, sich auf *besonders identitäts- und statusrelevante Kommunikationstypen* zu konzentrieren. Hierzu gehören alle Arten von *Konflikten (I.)*, des Weiteren sog. *Performance-Interaktionen (II.)*, deren Zweck darin besteht, dass sich Einzelne oder Mehrere selbst darstellen (etwa ein bestimmtes Können präsentieren etc.), des Weiteren *laterale Formen der Degradierung durch Spott (III.)*, mittels derer über andere in deren Anwesenheit abwertend gesprochen wird und schließlich *indirekte Formen (IV.)*, in denen über abwesende Gruppenmitglieder abwertend gesprochen wird. Konflikte sind *direkte, wechselseitige Formen*, Performance-Interaktionen dagegen *direkte, einseitige Formen der Positionsreklamierung oder -demonstration. Direkte, wechselseitige Verfahren der Positionsaushandlung* (I.) lassen sich wiederum in drei weitere Unterarten differenzieren, nämlich in *spielerische Konflikte (1), spielerische Diskreditierungen mit problematisierendem Normbezug (2)* und *ernsthafte, explizite Konflikte (3)*. In der unteren Spalte sind die *Formen kommunikativer Realisierung* zusammengestellt, welche wir auf der Basis eigener und fremder Studien zu *Peer-Group*-Kommunikationen als typisch für die Durchführung der Binnendifferenzierung erachten. So werden etwa spielerische Konflikte mittels mehr oder weniger ritueller Beschimpfungen oder mittels der Aktivität des „Dissens" durchgeführt, *Performance*-Aktivitäten etwa mittels der Verfahren des *Boasting* und *Bragging*[8] usw.

Primäres Anliegen unserer Untersuchung ist es, solche zentralen kommunikativen Realisierungsformen für die Kontinuierung der Gruppe in sprachlichen Detailanalysen nachzuzeichnen. Darüber hinaus lässt sich auf der Basis solcher Momentaufnahmen, welche die Art und Weise der kommunikativen Organisation von Gemeinschaft unter Jugendlichen nachzuzeichnen versuchen (Diagnosen), Aussagen darüber treffen, wo sich Gemeinschaft hin entwickelt bzw. in welcher Weise sich gemeinschaftliche Solidarität gewandelt hat und wandeln wird (Prognose). Zugleich ist hiermit das Anliegen verbunden, Entwicklungen auf der Mikroebene (Muster kommunikativer Vergemeinschaftung) zum Auspunktpunkt zu nehmen, um Thesen auf makrosoziologischer Ebene zu wagen (Wandel von Gemeinschaft). Ein solcher Versuch soll im Folgenden vorgestellt werden.

3. Versuch einer Mikro-Makro-Verknüpfung am Beispiel des Aktivitätsmusters ‚*Dissen*'

Der oben skizzierte mikrosoziologische Blick gibt tiefe Einblicke in die Funktionsweise einzelner jugendlicher Gruppen. Aber es stellt sich die Frage der Generalisierbarkeit der Ergebnisse. Was an Allgemeinem zeigt sich in unserem Besonderen? Eine erste, auf einer mesotheoretischen Ebene angesiedelte Antwort

---

[8] *Boasting* ist eine Form hyperbolisch-scherzhaften Prahlens, welches nahezu ausschließlich auf der Grundlage ästhetischer Kriterien beurteilt wird. *Bragging* dagegen ist eine Form des Angebens, die neben formalen auch an Wahrheitskriterien bemessen wird, was den Akteur nachweispflichtig macht (vgl. hierzu Kochman (1981, 1983)).

wurde bereits gegeben: Das Fallmaterial wurde – wie oben erörtert –mit dem Ziel ausgewertet, sozialpsychologische und soziologische Theorien der Gruppe empirisch zu fundieren. Bleibt eine weitere Aufgabe, nämlich die Herausforderung, die Generalisierungspotenziale hinsichtlich einer Mikro-Makro-Verknüpfung, die in unserem Material stecken, exemplarisch auszuschöpfen. Dies soll nun für den Bereich der *spielerischen Konflikte* (s. graue Unterlegung in Abb. 2) geschehen, indem zunächst ein Fall spielerischen Konflikts vorgestellt und analysiert wird, um dann *auf dem Hintergrund unserer Forschungsergebnisse* eine Generalisierung zu wagen.

Innerhalb der *In-Group*-Kommunikation der untersuchten *peer-group* ist die häufigste Form verbaler Aggression eine Interaktionspraxis, die die Jugendlichen selbst ‚Dissen' nennen. ‚Dissen' ist abgeleitet vom englischen Nomen ‚disrespect' (dtsch.: ‚Missachtung' oder ‚Respektlosigkeit').[9] Mit ‚Dissen' sollen kommunikative Akte bezeichnet werden, mit denen ein Gegner in direkter und rüder Form persönlich angegriffen und ihm die Achtung entzogen wird. Der Angriff selbst wird als unernst oder zumindest als nicht wörtlich zu verstehen gerahmt. Beim nun folgenden Gesprächsbeispiel handelt es sich um einen typischen Fall einer ‚Diss'-Runde. Teilnehmer an der Interaktion sind vier männliche Kernmitglieder der untersuchten Gruppe, ein peripheres Gruppenmitglied (Markus) sowie der Betreuer des Jugendhauses (Alex).

Gesprächsbeispiel 7: ‚*rauchringe*' (JuK-24-Betrieb 6)

```
01 Denis:   <<atmet Rauch aus> schh::> (--)
02 Markus: toll; mach doch ma geschEIte ringe,(-)
03 Wuddi:  <<ff> a:::ch komm-> (.)
04 Markus: aja das is doch schEI[ße-]
05 Wuddi:            [<<p> dr]uffes stück schEIße->
06    Fabian:       <<schrill,       ff,      kreischend>
=ahahahaha↑A:::?>
07    ((klatscht in die Hände))
08    <<kreischend, ff, japsend> HA↑U?> (-)
09 Denis:  oar die sin gut die rInge <<p< alex,>(--)
10 Fabian: <<bellend, gepresst> HA↑U?>
11    (1,6)
```

[9] Vgl. klassisch: Labov (1978a) sowie des Weiteren Kochman (1981, 1983).

12 Markus: wie er (rummacht),

13 Fabian: <<krächzend> =ha[hu]?>

14 Markus: <<imitiert Lachen von F.> [hö]höhö[hö]->

15 Fabian: [<<lachend, singend, h> du]

16   drUffes stück schei↑ße?> (.)

17 Denis: <<all> eh mAkus>

18 Markus: ((räkelt sich auf der Couch und

19   zündet sich eine Zigarette an))

20   (1,2)

21 Denis: <<all>hier markus><<rall>[du siehst Echt]so drUff aus>

22 Chris: [oar,(.) oar,(.)]

23 Denis: [find ich;]

24 Chris: [its its] (.)jetzt is=er wieder de pOser heha;

25 Denis: =kuck ma de markus der sitzt dahinten,(-)

26   der sitzt <<all> im=moment> grad da-(.)

27   wie de MIlorAd oder so,(.)

28 Viele: ((lachen))

29 Fabian: <<meckerndes Lachen> hehehehe>

30 XM: <<dim> [=schei:ße;>

31 Chris: <<all> [=de mi:lorad immer im wohnwage ne?(.)

32   und wie der gemeint hat-(-)>

33   ich vertrAg fünf <<englisch>[shots,]>(.)

34 XM: [äh?]

35 Chris: <<lachend, meckernd> hehehA,> (-)

36   und dEnach im Wohnwagen lag und=n.

a)   Analyse eines ‚Dissen'-Falls

Der Ausschnitt beginnt damit, dass Denis Rauchringe mit seiner Zigarette produziert (Z01). Markus lobt sie ironisch („toll"; Z02) und äußert dann einen Befehl, der eine Kritik an Denis' Ringen zum Ausdruck bringt („mach doch ma gescheite ringe" in Z02). Markus stellt damit den Interpretationsrahmen eines ästhetischen Wettbewerbs her: Wer ist in der Lage, „gescheite" Rauchringe zu produzieren? Hierdurch beansprucht Markus Macht und Autorität: Er stellt ein ästhetisches Kriterium auf, dessen Erfüllung er kontrolliert, womit er sich zur Instanz der Bewertung des Handelns anderer aufwirft. Markus' Befehl kann als Eröffnungszug eines Machtspiels verstanden werden.

An dieser Stelle reagiert nun nicht Denis, sondern Wuddi auf Markus' Befehl. Er weist ihn sehr laut und mittels einer formelhaften Wendung zurück: <<ff> a:::ch komm-> (Z03). Die Vorgängeräußerung wird mit einer Art ‚Appell an die Vernunft' summarisch und ohne weitere Begründung abgelehnt. Als Markus auf seiner Abwertung und seinem Befehl insistiert (Z04: „aja das is doch scheiße"), beleidigt Wuddi Markus mit den Worten: „druffes stück scheiße" (Z05). Mit dieser ‚Diss'-Attacke bezieht sich Wuddi in verächtlicher Weise auf Markus' Zustand, unter Drogeneinfluss zu stehen. Die Beleidigung besteht in einer derben, fäkalsprachlich-abwertenden Kategorisierung des Adressaten und wird mit deutlich leiserer Stimme gesprochen.

Der Erfolg von Wuddis ‚Diss'-Aktivität erweist sich an den Folgereaktionen der anderen Gruppenmitglieder (Z06-20). So etwa:

– Lachen (Z06, 08, 10, 13)
– Applaus (Z07)
– amüsierte Wiederholung der Beleidigung: <<lachend, singend, h> du drUffes stück schei↑ße?> (Z15/16)
– die Bestätigung der Wahrheit der mit der Beleidigung vollzogenen Zuschreibung: „markus du siehst echt so druff aus" (Z21).

Die anerkennenden Reaktionen machen Wuddis Angriff zu einem erfolgreichen ‚Diss': In Bezug auf die Statusbeziehungen in der Gruppe hat er einen Punkt gewonnen, während Markus einen verloren hat.

Die Art der Goutierung zeigt weiterhin, dass die Gruppe die Beleidigung als unterhaltendes Ereignis, ja als eine Art Performance genießt; dies betrifft sowohl die Ästhetik des ‚Dissens' – Freude an einer gelungenen Formulierung – als auch die interpersonale Ebene: die Schadenfreude darüber, dass jemand treffend ‚gedisst', d.h. erfolgreich angegriffen und verletzt wurde. Die ausgiebige, fortgesetzte Goutierung durch das Publikum trägt darüber hinaus dazu bei, die Wirkung des Angriffs zu verstärken. Die Verletzung und Degradierung von Markus wird im Spiegel der Reaktionen präsent gehalten, die Reaktionen tragen somit wirkungsvoll in eigenständiger Weise zur Beschädigung des Images des Opfers (= Markus) bei.

Die Reaktionsversuche des Opfers werden schlichtweg übertönt und ignoriert (Z12-16). Markus' Verteidigungsversuche bleiben jedoch nicht nur erfolg-
los, sie werden zudem als inauthentisch kritisiert: „jetzt is er wieder de poser"
(Z24). Auch dieser Tadel, der ungerechtfertigte Identitätsansprüche zu entlarven
behauptet, greift – wie zuvor die Verteidigungsversuche durch Markus – zurück
auf sog. ‚Ausdrucksinformationen', die entgegen den Intentionen des Akteurs
interpretiert werden.

Schließlich vergleicht Denis Markus mit Milorad, einem wenig geschätzten
Bekannten der *Peer-Group*-Mitglieder (Z25-27). Der Vergleich, der wiederum
auf Ausdrucksinformation zurückgreift („sitz da wie..."), ist aufgrund seiner
Konkretheit lebendiger und verletzender, da er das Opfer mit einer spezifischen
abgewerteten Person vergleicht. Der Erfolg des beleidigenden Vergleichs zeigt
sich daran, dass das Publikum mit Lachen (Z28/29) und einer anschließenden
Kurzerzählung über Milorads ‚Poser'-Verhalten reagiert (Z31-36).

b) Allgemeine Merkmale und Differenzen scherzhaft-kompetitiver Identitätskonturierungen

Scherzhaft-kompetitive Identitätskonturierungen – für welche das „Dissen" prototypisch ist – zeichnen sich durch folgende zentrale Merkmale aus[10]:

1. Kompetitiv-unernste Identitätsaushandlungen sind *die* Quelle von Spannung
    und kommunikativ erzeugter Selbstunterhaltung und sind damit zugleich
    Grundlage für die Kontinuierung einer gruppenspezifischen Kommunikati-
    onskultur.[11]
2. Dabei wird konfliktäres Interagieren als Verfahren zur Identitätsprofilierung
    und -zuschreibung benutzt. Weder Ausgangspunkt noch Ziel bestehen in der
    Manifestation bzw. Klärung ernsthafter Meinungs- oder Interessendiver-
    genzen. *Face*-Angriffe erfolgen i.d.R. relativ grund- und anlasslos.
3. Dies erklärt auch die auffallende Häufigkeit, mit der nebensächliche Details
    in Verhalten, Kleidung und Sprache (Ausdrucksinformationen)[12] sowie ‚ei-
    gentliche' Motive, Absichten und Gedanken, die sich vermeintlicherweise
    hinter einer Identitätspräsentation verbergen (sog. Motivdiskreditierungen),
    thematisiert werden.
4. Nahezu alle Arten von Interaktionen in *Peer*-Gruppen zeichnen sich durch
    eine mehr oder weniger scherzhaft-kompetitive Modalisierung aus. Sie ten-

---

[10] Vgl. hierzu auch Neumann-Braun/Deppermann/Schmidt (2002) sowie Schmidt (2004, 265 ff.).
[11] Vgl. Hierzu Deppermann/Schmidt (2001b).
[12] Vgl. Goffman (1981).

dieren infolge dessen systematisch dazu, in solche Machtkämpfe umzu-
schlagen.

5. *Peer*-Kommunikationen tendieren dazu, den Grad der Ernsthaftigkeit bzw.
der Realitätsnähe von spielerischen *Face*-Verletzungen zu vergrößern, um
die eigenen Chancen, Status zu erringen, zu verbessern. Insgesamt wird dadurch ein kalkulierbares Maß an Schutz des einzelnen Gruppenmitglieds
vor Angriffen auf die eigene Person zugunsten der Unterhaltung der Ge-
samtgruppe geopfert.

Neben dem ‚*Dissen*' spielen des Weiteren ‚Verarschungen' und Spott eine zentrale Rolle. Systematische Differenzen zwischen diesen Mustern *scherzhaft-
kompetitiver Identitätskonturierungen* zeigt folgende Tabelle:

Abbildung 3:   Formen scherzhaft-kompetitiver Identitätskonturierungen

	'Verarschungen'	**'Dissen'**	**Spott**
Adressierung	direkt	direkt	lateral
Bezug zum Opfer	Reden mit jemandem	Reden mit jemandem	Reden über jemanden
Konditionelle Relevanz hinsichtlich einer Reaktion des Opfers	stark; eine Reaktion des Opfers wird erwartet	stark; eine Reaktion des Opfers wird erwartet	schwach; eine Reaktion des Opfers wird nicht unbedingt erwartet, ist aber möglich
Face-*Angriff*	verdeckt	direkt	indirekt
Art *der Repliken*	Haltung bewahren; sich unberührt zeigen; sich humorvoll und wehrhaft zugleich zeigen	schlagfertige, schnelle und direkte Reaktionen; Repliken/Retourkutschen /Gegenangriffe	eher Kommentare; Opfer muss intervenieren, um die Situation in seinem Sinne umzudefinieren
Verhältnis zum Publikum	Feste Publikums-/ Akteursrollen =Initiator und Opfer; komplizenhafte Interaktion (bei eingeweihtem Publikum)	Feste Publikums-/ Akteursrollen =Kontrahentenrolle n; Publikum goutiert die Schlagfertigkeit der Akteure	Suche nach Koalitionen, z.T. direkte Ansprache der anderen ("weißte de", "stell dir vor..." etc.); keine festen Publikums-/ Akteursrollen

Idealtypisches Beteiligungs- rollengefüge	Asymmetrie; Nicht-Wissender vs. Wissende	Symmetrie; eins gegen eins vor einem Publikum	Viele Angreifer gegen ein Opfer; Angreifer bilden je nach dem, wer gerade spricht, das Publikum
Initiierung des Aktivitätsmusters	‚Unverfängliche' Aktivitäten wie höfliche Fragen, Bitten etc. („gib mer ma bitte …")	Herausfordernde Aktivitäten wie Beleidigungen/ Beschimpfungen, Befehle etc. („druffes stück scheiße")	Rekonstruktive Gattungen: fiktive und reale Erzählun- gen, Konstruktion absurder Szenarien etc. („stell dir vor de friedrich...")
Normexekution und Aufrechterhaltung von Beziehungsqualitäten		latente Kontinuierung - basaler Wertvorstellungen (etwa durch die implizite Ratifikation von Beleidi- gungsinhalten) - ästhetisch-expressiver Normen durch die Art und Weise der Durchführung (Perfor- mance) und die daran gebundene Evaluati- on durch die Gruppenöffentlichkeit - grundlegender Interaktionsnormen (An- griffe werden durch Gegenangriffe beant- wortet; gegenüber ‚Verarschungen' und Spott wird gelassen reagiert etc.) - gruppenspezifischer Kommunikationssti- le (Präferenz für Wettbewerb und Unter- haltung, tabuisierte Themenbereiche etc.) - von Intimitätsstandards (‚lockerer', in- formeller Umgang, Eingriffe in die Terri- torien des anderen durch Aufrufen tabui- sierter Themen, absurder Unterstellungen, Albernheit etc.)	
Normkontrollbezug	anlasslos	optional; häufig anlasslos	optional; häufig anlasslos
Art der Statusaushandlung	Asymmetrisch bzgl. der Wissensvoraus- setzungen; Opfer ist uneingeweiht und wird vorgeführt	symmetrisch; Kontrahenten mes- sen sich in einem fairen Schlagab- tausch	Asymmetrisch bzgl. der Beteiligungs- konstellation; Bil- dung einer ‚Unter- haltungsgemein- schaft' gegen einen Einzelnen

| *Mögliche Statuseffekte* | Angreifer erhöht seinen Status auf Kosten eines uneingeweihten Opfers; Fehlschläge sind kalkulierbarer; Opfer ist um Schadensbegrenzung bemüht | Kontrahenten messen ihre Fähigkeiten; der Sieger erzielt statuserhöhende, der Verlierer statusmindernde Effekte | Viele Angreifer stellen ihre kreativwitzigen Fähigkeiten auf Kosten eines Opfers zur Schau; Opfer wird einem Charaktertest unterzogen und ist um Schadensbegrenzung bemüht; ausgebaute ‚Spottrunden' können sich verselbstständigen und dem Opfer massiven Imageschaden zufügen |

c) Generalisierung

An den Fällen scherzhafter Identitätswettkämpfe in unserem Material – für welche der vorgestellte Fall „Rauchringe" prototypisch ist –, lässt sich exemplarisch aufzeigen, wie Anforderungen moderner Gesellschaften (hier v.a.: gestiegener Selbstdarstellungsdruck) in informellen, lebensweltlich gewachsenen Gemeinschaften Eingang finden und bewältigt werden. *Die generelle These* ist, dass in und durch die Kontinuierung der Kommunikationskultur der Gruppe gesellschaftliche Verbundenheitsheitsprinzipien in die Gemeinschaft vermittelt werden.[13] In der untersuchten Gruppe geschieht dies u.a. durch die hier vorgestellten spielerischen Authentizitäts- und Identitätswettkämpfe (s. zusammenfassend Abb. 4). Diese fungieren – so die *weitere These* – als Mittel ritualisierter und bereichspezifischer Selbstverortung zwischen gemeinschaftlichen (Sicherheit; Solidarität) und gesellschaftlichen (Konkurrenz; Kompetition) Anforderungen. Anhand der vorgestellten Studie konnte insgesamt gezeigt werden, wie die kleine Gemeinschaft ihre jeweiligen basalen Standards sichert bzw. gegen eine Außenwelt abgrenzt und aufrechterhält (etwa mittels der Gattung des Lästerns), wo-

---

[13] Zur Unterscheidung von gemeinschaftlichen und gesellschaftlichen (vgl. klassisch: Tönnies (1988) [1887], Weber (1980 [1920]) oder auch informellen und formellen (vgl. Mayo 1950) Verbundenheits- resp. Strukturierungsprinzipien siehe zfs. Gukenbiehl (1999). In aktuelleren Konzeptualisierungen lässt sich die Gemeinschaft-Gesellschaft-Dichotomie etwa als Unterscheidung von systemzentrierten und funktionalen vs. personzentrierten und emotionalen Stabilisierungsformen (so bei Luhmann 1976) oder als kategoriale Trennung von diffusen Sozialbeziehungen und spezifischen Rollenbeziehungen (so bei Oevermann 1979) wiederentdecken.

durch zunächst ein verlässlicher, eigenstrukturierter Rahmen geschaffen wird. *Innerhalb* dieses Rahmens werden unernste Identitätswettkämpfe (etwa in Form des „Dissens") ‚organisiert', die *einerseits*

1.) das Konkurrieren um angemessene und gelungene Selbstpräsentationen
a) bereichsspezifisch verregeln (diese Regeln bleiben meist implizit und fungieren als allgemeiner, jeweils situativ zu füllender Aktivitätsrahmen) und
b) zugleich durch die Wettkampf- bzw. Spielrahmung entdramatisieren resp. normalisieren, und *andererseits* dadurch

2. einen an Selbstdarstellung und Unterhaltung orientierten Kommunikationsstil etablieren, innerhalb dessen
a) die zugelassenen Grenzen von *Face*-Verletzungen ausgedehnt bzw. aufgeweicht werden und
b) alle möglichen intentional und unintentional hervorgebrachten (Sprech-) Handlungen zu Diskreditierungszwecken ausnutzt werden.

Dieser Rahmen wird schließlich *drittens* aufgrund der primären Interaktionsstruktur des scherzhaften Wettkampfs insgesamt gegen alternative Aushandlungsformen immunisiert.
   In den angesprochenen Formen scherzhaft-kompetitiver Identitätskonturierungen scheint damit die Widersprüchlichkeit von Konkurrenz (kompetitives Gegeneinander) und Solidarität (zweckfreies, kooperatives Miteinander) in paradoxer Weise aufeinander bezogen zu sein. Solchen Ritualen kommen zugleich sowohl assoziierende als auch dissoziierende Funktionen zu. Einerseits fördern sie Rücksichtslosigkeiten und konkurrentes Verhalten. Scham- und Taktgrenzen, welche etwa Neidhardt (1983a) und Nedelmann (1983) als Regulierungsmechanismen zur Lösung des Problems der inneren Grenzziehung kleiner, intimer Gruppen ansetzen, sind in *Peer*-Gruppen herabgesetzt. Die Problematik solcher Gruppen, einen Überschuss an Bedeutungen und Wahrnehmungen aufgrund der diffusen Sozialbeziehungen innewohnenden Ausdrucksfülle regulieren zu müssen, scheint in *Peer*-Gruppen in höherem Maße ausgebeutet zu werden. Die eigene resp. andere Person und ihre Fähigkeiten werden in geselligen Interaktionen innerhalb der *peer-group* nicht zurückgenommen resp. geschont, sondern vielmehr über die Maßen eingebracht resp. exponiert, mehr noch: Die *peer-group*-typische Art und Weise der Herstellung von geselliger Kommunikation scheint gerade daran gebunden, Unterhaltung aus der diskreditierenden Thematisierung von Charakter und Identität zu schöpfen. *Andererseits* fördern solche Kommunikationen durch ihre rituell-scherzhafte Überformung eine Intimisierung, Informalisierung und – wenn auch brüchig werdende – Vertrauensbildung.

Die durchgehend unernste Rahmung schafft eine Distanz zum Gesagten und signalisiert, dass man sich in einer Welt des Spiels, des lockeren Miteinanders bewegt. Hierdurch wird zugleich Konfliktvermeidung betrieben und eine Konsensfiktion etabliert, die trotz oder auch gerade wegen des durchgehend kompetitiven Charakters der Interaktionen zustande kommt.

Für den hier behandelten Komplex der Hierarchisierungsprozesse in Gruppen bedeutet das u.a. folgendes: Das kommunikative Verfahren des ‚Dissens' vermag die implizite Aufrechterhaltung von Norm- und Wertstrukturen als Basis eines Gruppenzusammenhalts auf der einen Seite mit der Anforderung, sich auf der anderen Seite als autonomes, ‚ganzes' Individuum in konkurrierender Weise selbst zu präsentieren, in hervorragender Weise zu verbinden. ‚Dissen' funktioniert einerseits routineartig und unhinterfragt, wodurch übergreifende Wertvorstellungen (wie sie etwa in Beleidigungen kondensiert aufscheinen) und Verfahrensregeln (etwa: Spaß zu erzeugen, sich zu überbieten) kontinuiert werden, da sie als fraglose Grundlage der Zuweisung von Status in Anspruch genommen werden. Zugleich werden jedoch die Fähigkeiten der Gruppenmitglieder, sich als authentische Personen zu verteidigen und zu profilieren, in hohem Maße herausgefordert.

Abbildung 4:   Scherzhaft-kompetitive Identitätskonturierungen als Mechanismen der Vermittlung zwischen Gemeinschaft und Gesellschaft

Gemeinschaft	*Gesellschaft*
- Entdramatisierung durch Scherzrahmung und Ritualisierung - Intimisierung, Informalisierung - Kontinuierung grundlegender Geteiltheiten als Voraussetzung für Prozesse der Außenabgrenzung und Gruppenbewusstseinsbildung. Im Einzelnen: Latente Kontinuierung • basaler Wertvorstellungen (etwa durch die implizite Ratifikation von Beleidigungsinhalten) • ästhetisch-expressiver Normen durch die Art und Weise der Durchführung (*Performance*) und die daran gebundene Evaluation durch die Gruppenöffentlichkeit • grundlegender Interaktionsnormen (Angriffe werden durch Gegenangriffe beantwortet; gegenüber ‚Verarschungen' und Spott wird gelassen reagiert etc.) • gruppenspezifischer Kommunikationsstile (Präferenz für Wettbewerb und Unterhaltung, tabuisierte Themenbereiche etc.) • von Intimitätsstandards (‚lockerer', informeller Umgang, Eingriffe in die Territorien des anderen durch Aufrufen tabuisierter Themen, absurder Unterstellungen, Albernheit etc.). - Im Fokus stehen Merkmale der ‚ganzen Person' (Diffusität), d.h. individuelle Fertig- und Fähigkeiten (i. Ggs. zu (gruppen-)zielbezogenen Leistungsaspekten). - Beurteilungsgrundlage: zugeschriebene Authentizität, vorgenommen auf der Basis der Einschätzung, inwieweit ‚hochgeschätzte Güter' in der Gruppe (welche i.d.R. von gesamtgesellschaftlichen Anforderungen systematisch abweichen) freiwillig (aus Selbstzweck) beherrscht werden.	- Überschreitung von Scham- und Taktgrenzen (Erhöhung von Verletzungspotenzialen) - Erhöhter Selbstdarstellungsdruck: Thematisierung von Ausdrucksinformationen/ Motivdiskreditierungen - Aufweichung eines für den Einzelnen kalkulierbaren und gesicherten Selbstdarstellungsrahmens (ambivalente Vertrauensbildung) - Überformung i.e.S. nicht scherzhaft-kompetitiver Interaktionsformen (Spaß- und Wettkampfzwang) - Konsensfiktion qua Verfahren; Folge: verständigungsorientierte Problemverhandlungen sind kaum möglich (Immunisierung) - Zunehmende Verunmöglichung kooperativ-integrativer Konfliktlösungen.

4. Ausblick

Soziale Wandlungsprozesse zeigen sich bekanntlich besonders deutlich an gesellschaftlichen Bruch- und Konfliktstellen, aber auch an ‚Übergangsstellen’,
etwa wenn Heranwachsende in die Gesellschaft zu integrieren sind. Für unser
Fallbeispiel: Jugendliche zeigen expressiv, was auch in anderen Teilen der Gesellschaft vor sich geht, hier: der fortschreitende Einbruch der Gesellschaft in die
Gemeinschaft. Die ethnographisch-konversationsanalytisch konzipierte ‚Auslegung des Alltags’ hat verdeutlichen können, wie Jugendliche zwischen den
strukturellen Anforderungen von Gemeinschaft und Gesellschaft oszillieren und
ihren Weg finden – ein Weg, der ihnen in ihrer Gemeinschaft immer mehr gesellschaftliche Konkurrenz zu bescheren scheint: Kompetition und (allerdings
zunächst unernste) Aggression statt Solidarität sowie Innovationsdruck und
kommunikative Komplizierung statt eingefahrene bzw. verlässliche Interaktions-
routinen – der kommunikative Aufwand im Umgang miteinander erhöht sich
gravierend. Aber wir sehen auch, wie die gesellschaftliche Konkurrenz mit gemeinschaftlichen Umgangsweisen vermittelt wird: Zentral sind hier Verrege-
lungsprozesse, in denen im Übrigen auch Medien-Rituale aufscheinen (etwa
Spaß als Grundwert, *Face*-Angriffe und Identitätsduelle als zentrale humoristi-
sche Ressourcen, Prinzip des sich Überbietens usw.).[14]
    Peer-Gruppen als die zentralen Sozialisationsinstanzen des Übergangs (*in-
terlinking sphere*) scheinen gesellschaftliche Verbundenheitsprinzipien zwar auf
formaler Ebene zu übernehmen (etwa in Form von identitärer, leistungsbasierter
Konkurrenz), gemeinschaftliche Werthaltungen (wie Solidarität und Vertrauen)
scheinen jedoch zunehmend zersetzt zu werden. Gleichzeitig nimmt die Diversi-
fizierung bereichsspezifischer, inhaltlicher Standards enorm zu. Mögliche Folge:
Die Verfahren konkurrenter Selbstinszenierung werden formal erlernt, die jeweiligen Inhalte, um die konkurriert wird, entfernen sich jedoch zunehmend voneinander, wodurch zwar ein Konsens des Verfahrens, jedoch eine *steigende Desintegration* erreicht wird und zwar in einem doppelten Sinn: einmal durch die Abnahme von Solidarität insgesamt und zum anderen durch die bereichsspezifische
Zersplitterung grundlegender inhaltlicher Standards.

---

[14] Wie sie etwa für die Fernseh-Comedy-Show ‚TV total’ (vgl. Schmidt 2002) konstitutiv sind.

5. Transkriptionskonventionen nach GAT[15]

Sequenzielle Verlaufsstruktur
[......]
[......]   Überlappungen mehrerer Sprecher
=   schneller Anschluss von Beiträgen

Pausen
(.)   Mikropause
(-) (--) (---)   Pausen bis eine Sekunde (kurz, mittel, lang von 0,25-0,75
Sek. Dauer)
(2.0)   Pausenlänge in Sekunden

Sonstige segmentale Konventionen
:, ::, :::   Dehnung, Längung je nach Dauer
und=äh   Verschleifungen innerhalb von Äußerungseinheiten
'   Abbruch durch Glottalverschluss

Tonhöhenbewegung am Einheitenende
.   tief fallend
;   mittel fallend
-                        gleichbleibend
,   mittel steigend
?   hoch steigend

Akzentuierung
akZENT   Hauptakzent
ak!ZENT!   extra starker Akzent
akzEnt   Nebenakzent

Sonstige Konventionen
<<lachend> > sprachbegleitende para- und nonverbale Handlungen und
                Ereignisse mit Angabe der Reichweite
<<empört> > interpretierende Kommentare mit Angabe von Reichweite
((seufzt))   Beschreibung para- und nonverbaler Handlungen und Ereignisse
( )   unverständliche Passage; je nach Länge mit unterschiedlich viel
                Leerraum
(solche)   vermuteter Wortlaut

---

[15] Vgl. Selting et al. (1998).

Auffällige Tonhöhensprünge
| ↓ | auffälliger Tonhöhensprung nach unten |
| ↑ | auffälliger Tonhöhensprung nach oben |

Verändertes Tonhöhenregister mit Angabe der Reichweite
| <<t> > | tiefes Tonhöhenregister |
| <<h> > | hohes Tonhöhenregister |

Lautstärke- und Sprechgeschwindigkeitsveränderungen mit Angabe der Reichweite
<<f> >	forte, laut
<<ff> >	fortissimo, sehr laut
<<p> >	piano, leise
<<pp> >	pianissimo, sehr leise
<<cresc> >	crescendo, lauter werdend
<<dim> >	diminuendo, leiser werdend
<<all> >	allegro, schnell
<<len> >	lento, langsam
<<acc> >	accelerando, schneller werdend
<<rall> >	rallentando, langsamer werdend
<<stacc> >	staccato, deutlich segmentiert, ‚abgehackt'

Ein- und Ausatmen
| .h, .hh, .hhh | Einatmen je nach Dauer |
| h, hh, hhh | Ausatmen je nach Dauer |

Notationen für Sprecher-/Sprecherinnen-Zuordnung
Denis	Pseudonym des Vornamens des Sprechers/der Sprecherin
Viele	unbekannte Anzahl mehrerer, einzeln nicht identifizierbarer Sprecher(innen)
XM	männlicher, nicht identifizierbarer Sprecher
XW	weibliche, nicht identifizierbare Sprecherin

Literatur

Adler. Patricia A./Adler, Peter (1998): Peer Power. Preadolescent Culture and Identity. New Brunswick/London: Rutgers University Press
Asher, Steven R./Gottman, J. (Hg.) (1981): The Development of Children's Friendships. Cambridge: Cambridge Universtiy Press

Bergmann, Jörg R. (1985): Flüchtigkeit und methodische Fixierung sozialer Wirklichkeit. In: Bonß/Hartmann (1985): 299-320

Binder, Jana (2001): „Is' ja net jeder der vom Kaff kommt e'n Bauer" – Jugendkulturelle Praxen in ländlichen Regionen. Münster: Lit

Bonß, Wolfgang/Hartmann, Heinz (Hg.) (1985): Entzauberte Wissenschaft. Göttingen: Schwartz

Breidenstein, Georg/Kelle, Helga (1998): Geschlechteralltag in der Schulklasse. Ethnographische Studien zur Gleichaltrigenkultur. Weinheim/München: Juventa-Verlag

Brinker, Klaus/Antos, Gerd/Heinemann, Wolfgang/Sager, Sven F. (Hg.) (2001): Text- und Gesprächslinguistik/Linguistics of Text and Conversation. 2. Halbband. Berlin/New York: de Gruyter

Cahill, Spencer E. (Hg.) (1991): Perspectives on and of Children. Vol. 4. Greenwich: Jai Press

Claessens, Dieter (1977): Gruppen und Gruppenverbände. Systematische Einführung in die Folgen von Vergesellschaftung. Hamburg: Wissenschaftliche Buchgesellschaft

Cook-Gumperz, Jenny/Corsaro, William A./Streeck, Jürgen (Hg.)(1986): Children's Worlds and Children's Language. Berlin: de Gruyter

Corsaro, William A. (1985): Friendship and Peer Culture in the Early Years. Norwood: Ablex Pub.

Corsaro, William A. (1986): Routines in Peer Cultures. In: Cook-Gumperz et al. (1986): 231-251

Corsaro, William A./Eder, Donna: Children's Peer Cultures. In: Annual Review of Sociology 16. 1990. 197-220

Denzin, Norman K. (Hg.) (1984): Studies in Symbolic Interaction. Vol. 4. Greenwich: Jai Press

Deppermann, Arnulf (1999): Gespräche analysieren. Eine Einführung in konversationsanalytische Methoden. Opladen: Leske + Budrich

Deppermann, Arnulf: Ethnographische Gesprächsanalyse: Zum Nutzen einer ethnographischen Erweiterung für die Konversationsanalyse. In: Gesprächsforschung 1. 2000. 96-124

Deppermann, Arnulf/Schmidt, Axel (2001a): ‚Dissen': Eine interaktive Praktik zur Verhandlung von Charakter und Status in Peer-Groups männlicher Jugendlicher. In: Sachweh/Gessinger (2001): 79-98

Deppermann, Arnulf/Schmidt, Axel (2001b): ‚Hauptsache Spaß'. Zur Eigenart der Unterhaltungskultur Jugendlicher. In: Der Deutschunterricht 6. 2001. 27-37

Deppermann, Arnulf/Schmidt, Axel (2003): Vom Nutzen des Fremden für das Eigene. Interaktive Praktiken der sozialen Abgrenzung in einer jugendlichen peer-group. In: Merkens/Zinnecker (2003): 25-56

Eder, Donna: The Cycle of Popularity: Interpersonal Relations Among Female Adolescents. In: Sociology of Education 58. 1985. 154-165

Eder, Donna: Building Cohesion through Collaborative Narration. In: Social Psychology Quarterly 51. 1988. 225-235

Eder, Donna (1990): Serious and Playful Disputes: Variation in Conflict Talk Among Female Adolescents. In: Grimshaw (1990): 67-84

Eder, Donna (1991): The Role of Teasing in Adolescent Peer Culture. In: Cahill (1991): 181-197

Eder, Donna (1993): ‚Go get ya a French!': Romantic and Sexual Teasing Among Adolescent Girls. In: Tannen (1993): 17-31

Eder, Donna (1995): School Talk: Gender and Adolescent Culture. New Brunswick: Rutgers University Press

Eder, Donna (1998): Developing Adolescent Peer Culture through Collaborative Narration. In: Hoyle/Adger (1998): 82-94

Fine, Gary Alan (1981): Friends, Impression Management and Preadolescent Behaviour. In: Asher/Gottman: 29-52

Fine, Gary Alan (1984): Humorous Interaction and the Social Construction of Meaning: Making Sense in a Jocular Vein. In: Denzin (1984): 83-101

Fine, Gary Alan (1986): The Social Organization of Adolescent Gossip: The Rhetoric of Moral Evaluation. In: Cook-Gumperz et al. (1986): 405-424

Fine, Gary Alan (1987): With the Boys: Little League Baseball and Preadolescent Culture. Chicago: Universtiy of Chicago Press

Fine, Gary Alan (1995): The Natural History of Preadolescent Male Friendship Groups. In: Foot et al.: 293-320

Flick, Uwe/Kardorff, Ernst von/Steinke, Ines (Hg.) (2000): Qualitative Forschung. Reinbek: Rowohlt

Foot, Hug.C./Chapman, A.J./Smith, J.R. (Hg.) (1995): Friendship and Social Relations in Children. New Brunswick/London: Transaction Publication

Goffman, Erving (1981): Strategische Interaktion. München: Pieper

Goodwin, Marjorie Harness: Organizing Participation in Cross-Sex Jump Rope: Situating Gender Differences Within Longitudinal Studies of Activities. In: Research on Language and Social Interaction 34. 2001. Heft 1. 75-106

Goodwin, Marjorie Harness (1990): He-Said-She-Said. Talk as Social Organization Among Black Children. Bloomington: Indiana Universtiy Press

Goodwin, Marjorie Harness (1993a): Tactical Uses of Stories: Participation Frameworks Within Girls' and Boys' Disputes. In: Tannen (1993): 110-143

Goodwin, Marjorie Harness (1993b): Accomplishing Social Organization in Girls' Play: Patterns of Competition and Cooperation in an African American Working-Class Girls' Group. In: Hollis et al. (1993): 149-165

Goodwin, Marjorie Harness (1998): Games of Stance: Conflict and Footing in Hopscotch. In: Hoyle/Adger (1998): 23-46

Goodwin, Marjorie Harness/Goodwin, C. (1987): Children's Arguing. In: Philips et al. (1987): 200-249

Grimshaw, Alan D. (Hg.) (1990): Conflict Talk. New York: Cambridge University Press

Gukenbiehl, Hermann L. (1999): Formelle und informelle Gruppe als Grundformen sozialer Strukturbildung. In: Schäfers (1999): 80-96

Günthner, S./Knoblauch, Hubert (1997): Gattungsanalyse. In: Hitzler/Honer (1997):. 281-308

Gutenberg, Norbert (Hg.) (1988): Kann man Kommunikation lehren? Frankfurt/M: Scriptor

Hartung, Wolfdietrich (Hg.) (1986): Untersuchungen zur Kommunikation – Ergebnisse und Perspektiven. Berlin: Zentralinstitut für Sozialwissenschaften

Hinnenkamp, Volker/Selting, Magret (Hg.) (1998): Stil und Stilisierung. Tübingen: Niemeyer

Hitzler, Ronald/Honer, Anne (Hg.) (1997): Sozialwissenschaftliche Hermeneutik. Opladen: Leske+Budrich

Hollis, Susan Tower/Pershing, Linda/Young, M. Jane (Hg.) (1993): Feminist Theory and the Study of Folklore. Urbana/Chicago: Universtiy of Illinois Press

Homans, George Caspar (1960): Theorie der sozialen Gruppe. Köln/Opladen: Westdeutscher Verlag

Hoyle, Susan M./Adger, Carolyn T. (Hg.) (1998): Kids Talk. Strategic Language Use in Later Childhood. New York/Oxford: Oxford University Press

Kallmeyer, Werner (Hg.) (1994): Kommunikation in der Stadt. Bd. 1. Berlin/New York: de Gruyter

Knoblauch, Hubert (1995): Kommunikationskultur. Die kommunikative Konstruktion kultureller Kontexte. Berlin/New York: de Gruyter

Knoblauch, Hubert/Luckmann, Thomas (2000): Gattungsanalyse. In: Flick et al. (2000): 538-546

Kochman, Thomas (1981): Black and White Styles in Conflict. Chicago: University of Chicago Press

Kochman, Thomas (1983): The Boundary Between Play and Nonplay in Black Verbal Duelling. In: Language in Society 12. 1983. 329-337

Krappmann, Lothar/Oswald, Hans (1983): Beziehungsgeflechte und Gruppen von gleichaltrigen Kindern in der Schule. In: Neidhardt (1983b): 420-450

Krappmann, Lothar/Oswald, Hans: Sozialisation in Familie und Gleichaltrigenwelt. Zur Sozialökologie der Entwicklung in der mittleren Kindheit. In: Zeitschrift für Sozialisationsforschung und Erziehungssoziologie 10. 1990. Heft 2. 147-162

Krappmann, Lothar/Oswald, Hans (1995): Alltag der Schulkinder. Beobachtungen und Analysen von Interaktionen und Sozialbeziehungen. Weinheim/München: Juventa Verlag

Labov, William (1978a): Regeln für rituelle Beschimpfungen: In: Ders. (1978b): 2-57

Labov, William (1978b): Sprache im sozialen Kontext. Band 2. Königstein/Ts: Scriptor Verlag

Luckmann, Thomas (1986): Grundformen der gesellschaftlichen Vermittlung des Wissens: Kommunikative Gattungen. In: Neidhardt et al. (1968): 191-211

Luckmann, Thomas: Der kommunikative Aufbau der sozialen Welt und die Sozialwissenschaften. In: Soziologisches Jahrbuch 11. 1995. Heft I-II. 45-71

Luhmann, Niklas (1976): Funktionen und Folgen formaler Organisation. Berlin: Duncker & Humblot

Lüschen, Günther (Hg.) (1979): Deutsche Soziologie seit 1945. Opladen: Westdeutscher Verlag

Mayo, Elton (1950): Probleme industrieller Arbeitsbedingungen. Frankfurt/M: Verlag der Frankfurter Hefte

Merkens, Hans/Zinnecker, Jürgen (Hg.) (2002): Jahrbuch Jugendforschung. Band 2. Opladen: Leske + Budrich

Merkens, Hans/Zinnecker, Jürgen (Hg.) (2003): Jahrbuch Jugendforschung. Band 3. Opladen: Leske + Budrich

Nedelmann, B. (1983): Georg Simmel – Emotion und Wechselwirkung in intimen Gruppen. In: Neidhardt (1983b): 174-209

Neidhardt, Friedhelm/Lepsius, M. Reiner/Weiss, Johannes (Hg.) (1968): Kultur und Gesellschaft. Opladen: Westdeutscher Verlag

Neidhardt, Friedhelm (1983a): Themen und Thesen zur Gruppensoziologie. In: Ders. (1983b): 12-34

Neidhardt, Friedhelm (Hg.) (1983b): Gruppensoziologie. Opladen: Westdeutscher Verlag

Neidhardt, Friedhelm (1999): Innere Prozesse und Außenweltbedingungen sozialer Gruppen. In: Schäfers (1999): 135-156

Neumann-Braun, Klaus/Deppermann, Arnulf (1998): Ethnographie der Kommunikationskulturen Jugendlicher. Zur Gegenstandskonzeption und Methodik der Untersuchung von Kommunikationsprozessen in Peer-Groups Jugendlicher. In: Zeitschrift für Soziologie 4. 1998. 239-255

Neumann-Braun, Klaus/Deppermann, Arnulf/Schmidt, Axel (2002): Identitätswettbewerbe und unernste Konflikte: Interaktionspraktiken in Peer-Groups. In: Merkens/Zinnecker (2002): 241-264

Oevermann, U. (1979): Sozialisationstheorie. Ansätze zu einer soziologischen Sozialisationstheorie und ihrer Konsequenzen für die allgemeine soziologische Analyse. In: Lüschen (1979): 143-168

Philips, Susan Urmston/Steele, Susan/Tanz, C. (Hg.) (1987): Language, Gender, and Sex in Comparative Perspective. New York: Cambridge Universtiy Press

Sachweh, Svenja/Gessinger, Joachim (Hg.) (2001): Sprechalter. Osnabrücker Beiträge zur Sprachtheorie (OBST). Heft 62. Oldenburg: Red. Obst

Schäfers, Bernard (Hg.) (1999): Einführung in die Gruppensoziologie. Wiesbaden: Quelle & Meyer

Schmidt, Axel (2002): Aggressiver Humor in den Medien – am Beispiel der Fernseh-Comedy-Show ‚TV total'. In: Medien & Kommunikation 2. 2002. 195-226

Schmidt, Axel (2004): Doing Peer-Group. Die interaktive Konstitution jugendlicher Gruppenpraxis. Frankfurt/M: Peter Lang

Schwitalla, Johannes (1986): Jugendliche ‚hetzen' über Passanten. Drei Thesen zur ethnographischen Gesprächsanalyse. In: Hartung (1986): 248-261

Schwitalla, Johannes (1988): Die vielen Sprachen der Jugendlichen. In: Gutenberg (1988): 467-509

Schwitalla, Johannes (1994): Die Vergegenwärtigung einer Gegenwelt. Sprachliche Formen der sozialen Abgrenzung einer Jugendlichengruppe in Vogelstang. In: Kallmeyer (1994): 467-509

Schwitalla, Johannes/Streeck, Jürgen (1989): Subversive Interaktionen. In: Hinnenkamp/Selting (1989): 229-251

Selting, Magret et al. (1998): Gesprächsanalytisches Transkriptionssystem (GAT). In: Linguistische Berichte 173. 1998. 91-122

SpoKK (Hg.) (1997): Kursbuch Jugendkultur. Mannheim: Bollmann

Spranz-Fogasy, Thomas/Deppermann, Arnulf (2001): Teilnehmende Beobachtung in der Gesprächsanalyse. In: Brinker et al. (2001): 1007-1013

Strauss, Anselm L. (1994): Grundlagen qualitativer Sozialforschung. München: Fink

Tannen, Deborah (Hg.) (1993): Gender and Conversational Interaction. New Y-ork/Oxford: Oxford University Press

Tertilt, Hermann (1996): Turkish Power Boys. Ethnographie einer Jugendbande. Frankfurt/M: Suhrkamp

Tertilt, Hermann (1997a): Turkish Power Boys. Zur Interpretation einer gewaltbereiten Subkultur. In: Zeitschrift für Sozialisationsforschung und Erziehungssoziologie 1. 1997. 19-29

Tertilt, Hermann (1997b): Rauhe Rituale. Die Beleidigungsrituale der Turkish Power Boys. In: SpoKK (1997): 157-167

Tönnies, Ferdinand (1988) [1887]: Gemeinschaft und Gesellschaft. Grundbegriffe der reinen Soziologie. Darmstadt: Wissenschaftliche Buchgesellschaft

Weber, Max (1980) [1920]: Wirtschaft und Gesellschaft. Grundriss der verstehenden Soziologie. Tübingen: J.C.B. Mohr

Prognostische Kompetenz?
Über die ,Methoden' der Trendforscher

Michaela Pfadenhauer

Trendforschung ist ein Wirtschaftszweig, dessen Vertreter daraus Ressourcen schöpfen, (Zeit-)Diagnosen und (Zukunfts-)Prognosen abzugeben. Dieses Geschäftsfeld hat hierzulande in den 1980er Jahren allmählich Fuß gefasst, in den 1990er Jahren einen regelrechten ,Boom' erlebt und sich in dieser Zeit als ein „beachtliches Segment der Consulting-Branche" (Liebl 1996b: 36) etabliert. Nachdem die ,fetten Jahre' nun unweigerlich und unübersehbar vorbei sind, das Angebot ,Trendforschung' jedoch nicht vom (Beratungs-)Markt verschwunden ist, stellt sich nicht nur für potentielle Nachfrager, sondern auch für Sozialwissenschaftler die Frage, welches spezifische Leistungspaket unter dem Etikett ,Trendforschung' firmiert. Im Zusammenhang mit der Thematik des vorliegenden Bandes interessiert insbesondere, wie, unter dem Einsatz welcher Methoden, Techniken bzw. Kompetenzen *hier* Erkenntnisse zu „gegenwärtigen Zukünften" gewonnen bzw. ermittelt werden.

1. Der Gegenstand der Trendforschung

Dem Wortsinn nach handelt es sich bei Trendforschung um *Forschung*, die *Trends* zum Gegenstand hat. Beide Begriffsbestandteile erweisen sich bei näherem Hinsehen als problematisch, denn weder ist a) die (Selbst-)Etikettierung der Unternehmung als ,Forschung' unumstritten, noch ist b) der Begriff ,Trend' eindeutig definiert.

Zu a) Im Anschluss an die jüngere Wissenschaftsforschung, etwa an die Überlegungen von Gibbons et al. (1994), Nowotny (1999), Nowotny et al. (2001) zum so genannten „mode 2",[1] lässt sich auch Trendforschung als For-

---

[1] In der einschlägigen Literatur werden hierzu alternative Modelle präsentiert und diskutiert, die sich vor allem gegen eine strikte konzeptionelle Trennung von Grundlagenforschung und Anwendungswissenschaften wenden (vgl. Joerges/Potthast 2002, S. 6). Neben dem mode 2-Konzept sind gegenwärtig Modelle unter den Schlagworten „post-normal science" (Funtowicz/Ravetz 1993) und „triple helix" (Etzkowitz/Leydesdorff 1997; 2000) in der wissenschaftssoziologischen Diskussion.

schung etikettieren, allerdings als Forschung unter *anderen* als den – in diesem Kontext als ‚mode 1' etikettierten – akademisch-universitären Rahmenbedingungen:

Während die Generierung von Wissen im Modus 1 in einem disziplinären, durch akademische Interessen und Institutionen bestimmten Kontext erfolgt, ist die Wissensproduktion im Modus 2 in einen Anwendungszusammenhang eingebettet. Hier findet Wissensproduktion nicht primär bzw. ausschließlich unter der Maßgabe von Erkenntnisgewinn statt, sondern ist an praktischen Zielen und Nützlichkeitserwägungen orientiert, an denen sich die Qualität des Wissens bemisst, die durchaus auch von seinen Nutzern bzw. Anwendern bewertet werden kann. Demgegenüber impliziert ‚Wissenschaft' im traditionellen Modus ein „Ensemble von sozialen und kognitiven Normen und Praktiken" (Bender 2001a, S. 11): Aktivitäten der Produktion, Legitimation und Verbreitung von Erkenntnissen genügen hier nur dann dem Anspruch von Wissenschaftlichkeit, wenn sie an diesem Set von Normen ausgerichtet sind. Dies vermögen ausschließlich *peers* der Wissensproduzenten (d.h. Wissenschaftler-Kollegen) zu beurteilen, da die Produktion wissenschaftlichen Wissens, das sich im Resultat als disziplinäres bzw. allenfalls multidisziplinäres Wissen erweist, im Modus 1 ausschließlich Wissenschaftlern vorbehalten ist. Im Modus 2 ist Wissen demgegenüber prinzipiell transdisziplinär, insofern diese Transzdisziplinarität aus der gemeinsamen Problemdefinition heterogen besetzter Forschergruppen im konkreten Anwendungskontext entsteht.[2]

Auch wenn die Kontrastierung dieser beiden Modi der Wissensproduktion in ihrem Schematismus zu Recht als zu pauschal und in ihrer Begründung als unpräzise kritisiert wurde (vgl. Weingart 1997, 2001; Shinn 2002)[3], ergibt sich ‚entlang' den für Modus 2 formulierten Thesen eine Reihe von Entsprechungen zur trendforscherischen Praxis, die es erlauben, Trendforschung zumindest im eingeschränkten Verstande von ‚mode 2', als *Forschung* zu beschreiben:

---

helix" (Etzkowitz/Leydesdorff 1997; 2000) in der wissenschaftssoziologischen Diskussion. Dem liegt die Vermutung zugrunde, dass in Gesellschaften wie der unseren die Art und Weise, in der wissenschaftliches Wissen produziert wird, einem für die involvierten Akteure und die beteiligten Institutionen folgenreichen Wandel unterliegt (vgl. Bender 2001a, S. 9).

[2] „Transdisziplinarität entsteht dann, wenn Forschung quer über die disziplinäre Landschaft auf einer gemeinsamen Axiomatik und auf einer gegenseitigen Durchdringung disziplinärer Erkenntnismethoden beruht. Die Kooperation führt zu einer Bündelung, einem *clustering* von disziplinär unterschiedlich verorteten Problemlösungen, die aus einem Theorien-Pool schöpft" (Nowotny 1999, S. 106 im Anschluss an Jantsch 1972).

[3] Vgl. dazu auch Meyer (2001), demzufolge Modus 1 und Modus 2 als Extrempunkte eines Kontinuums zu verstehen sind, da sich keine klare Grenze ausmachen lasse, die Übergänge zwischen den Modi vielmehr als fließend anzusehen seien. Das mode 2-Konzept bietet ihm zufolge allerdings einen nützlichen Rahmen, um veränderte Muster im Zusammenspiel von Wissenschaft, Technik und Gesellschaft zu erfassen.

Trendforschung hat einen auftragsorientierten und anwendungsbezogenen Charakter, was bedeutet, dass der praktische Nutzen ihrer Erträge für potentielle Auftraggeber erkennbar sein muss. Deren Qualitätsurteil ist dementsprechend für den Trendforscher von weit höherem Wert als das von Kollegen oder gar aus der Wissenschaft. D.h.: Auch wenn Trendforscher ihr Metier als „Grenzwissenschaft" (Bosshart/Frick 2003: 2) bezeichnen, ist der Nachweis einer Orientierung an wissenschaftlichen Verfahrensregeln und Standards nicht einmal in legitimatorischer Hinsicht wirklich erforderlich. Die (Selbst-)Etikettierung der Unternehmung als Forschung soll nicht etwa eine Nähe zu Wissenschaft anzeigen, sondern gerade den Anspruch auf die Produktion relevanten Wissens außerhalb des Wissenschaftssystems, wobei die Relevanz in der „Orientierung an einer Zukunft" gesehen wird, die (Trend-)Analysten „entweder durch Information begleiten oder durch Handlungsvorschläge gestalten wollen" (Stichweh 2004: 153).

Zu b) Unklar ist auch, welche Art von Phänomen(en) mit dem Begriff des Trends erfasst werden soll: Im quantitativ-statistischen Sinn ist darunter eine Entwicklung über die Zeit hinweg, eine langfristige Entwicklungsrichtung, zu verstehen, d.h. die Zu- oder Abnahme einer interessierenden Größe (z.B. die durchschnittliche Lebenserwartung, die den neuesten Prognosen zufolge in den USA aufgrund der Adipositas-Verbreitung in der näheren Zukunft wieder sinken soll).[4] Im alltäglichen Sprachgebrauch hebt der Trendbegriff demgegenüber eher auf kurzfristige modische Phänomene ab, die auch als ‚Produkttrends' bezeichnet werden (z.B. den Frühjahrs-Trend 2005 zu Handys mit höherwertigem Display (vgl. SZ, 23.2.05).

Trendforscher operieren eher mit dieser alltagssprachlichen Trendvorstellung (vgl. Feld 1997). Dabei umfasst der Zeithorizont, bis zu dem Trendforscher Aussagen wagen, etwa fünf bis sieben Jahre. In der trendforscherischen Praxis hat sich die Suche nach derlei kurzlebigen Oberflächenphänomenen allerdings schnell als ein ausuferndes und damit unbewältigbares Unterfangen erwiesen, weshalb Trendforscher – allen voran John Naisbitt (vgl. Naisbitt/Aburdene 1990) – immer wieder Aggregationsversuche unternommen und etwa Moden zu Trends, Trends zu Megatrends, Megatrends zur Metatrends gebündelt haben,[5] um schließlich auf der Ebene von ‚Werten' zu enden, von der alle beobachtbaren

---

[4] Dieses Trendverständnis findet sich beispielsweise auch in der ‚Theorie des sozialen Wandels' von William F. Ogburn, der ‚Trend' als „die Richtung, die ein Fluss nimmt" (Ogburn 1969a: 153) verstanden wissen will.

[5] Die gestaffelte Ordnung, mit der im Zukunftsinstitut von Matthias Horx gearbeitet wird, unterscheidet Metatrends, Megatrends, Konsumtrends und soziokulturelle Trends sowie Produkttrends (vgl. http://www.zukunftsinstitut.de/presse/interview.php; Zugriff: 12.6.05).

Oberflächenphänomene ihren Ausgang nehmen, was Kritikern zum einen klärungsbedürftig, zum anderen wenig innovativ erscheint.

Mit einem Verständnis von Trend als ökonomisch relevante Manifestation des Neuen bzw. als marktrelevante Neuverknüpfung wird ein Ausweg aus dieser Verengung des Trendbegriffs gewiesen (vgl. Liebl 2000 im Anschluss an Groys 1992). Unter ‚Trends' sind demnach Entwicklungen in der kulturellen und sozialen Sphäre zu begreifen, „die das Neue zu schaffen vermögen" (Liebl 1996a: 27). Anschließend an Chase (1984) und Stanley (1985) greift Liebl damit die Bedeutung auf, die dem Begriff ‚Trend' im angelsächsischen Sprachraum zukommt – sozusagen im Verzicht auf den ‚Beigeschmack' des Modischen, der ihm im Deutschen anhaftet. Daraus leitet Liebl (in diesem Band) die Frage nach dem qualitativ bzw. quantitativ Neuen ab, die zur Diagnose an einen wie auch immer erkannten ‚Trend' gestellt werden müsse.

2. Die Praxis der Trendforschung

Von ihrem Selbstverständnis her lässt sich Trendforschung zwischen Marktforschung und Zukunftsforschung verorten: Zukunftsforschung ist „die wissenschaftliche Befassung mit möglichen, wünschbaren und wahrscheinlichen Zukunftsentwicklungen und Gestaltungsoptionen sowie deren Voraussetzungen in Vergangenheit und Zukunft" (Kreibich 2000: 9). Zukunftsforschung ist in der Regel auf größere bis sehr große Zeithorizonte ausgerichtet und wird vorwiegend in der Politikberatung und politischen Planung nachgefragt.

Die Trendforschung ist demgegenüber, vergleichbar mit der Marktforschung, wesentlich ein unternehmensberaterisches Betätigungsfeld. Während das Ziel von Marktforschung generell die zweckgerichtete Informationsbeschaffung für Marketingentscheidungen ist und der Schwerpunkt „Qualitativer Marktforschung auf der Produktion von „Orientierungswissen über aktuelles und künftiges *Konsum*verhalten als Entscheidungsgrundlage für Unternehmensentscheidungen"[6] liegt, zielt Trendforschung auf die (Früh-)Erkennung, Benennung und Bewertung sozialer und kultureller Entwicklungen bzw. Veränderungen *aller* Art ab, wobei häufig zwischen Konsumtrends, Branchentrends und Gesellschaftstrends unterschieden wird.

Sowohl gegenüber der herkömmlichen, quantitativ ausgerichteten Marktforschung als auch gegenüber der strategisch-planerischen Zukunftsforschung zeichnet sich Trendforschung durch ihr geringes Maß an Standardisierung aus: Auch wenn Trendforscher zur Identifizierung von Trends prinzipiell auf mannig-

---

[6] Vgl. Teuber/Schmid (2004) für die in Heidelberg angesiedelte Gesellschaft für innovative Marktforschung (GIM) mbH.

faltige Verfahren der Datenerhebung und Datenauswertung rekurrieren, sind hier quantitative Verfahren, wie z.B. die Trendextrapolation, d.h. die Fortschreibung eines Trends in die Zukunft, in dem eine Zeitreihe in Komponenten zerlegt wird, eher unüblich (vgl. Hammann/Erichson 2000: 419ff). Häufiger kommt in der Trendforschung ein (anderes) genuines Instrument der Zukunftsforschung zum Einsatz: die Delphi-Methode (vgl. Häder 2002). Während es sich dabei herkömmlicherweise um eine mehrfach wiederholte Befragung von auf dem je interessierenden Gebiet ausgewiesenen Experten unter Einsatz eines formalisierten Fragebogens handelt (bei der eine statistische Gruppenantwort ermittelt wird, welche die Teilnehmer in der nächsten Fragerunde als Informationsgrundlage übermittelt bekommen) wird (nicht nur) in der Trendforschung – abweichend von dieser klassischen Verfahrensweise – sowohl variiert, was den Expertenstatus der Befragten angeht[7], als auch hinsichtlich der Befragungsweise, die vor allem dann, wenn auf die Generierung von Ideen abgehoben wird, durchaus auch die Gestalt offener Fragen annehmen kann.

Generell lässt sich eine Präferenz für ‚weiche' Verfahren konstatieren, z.B. für das ‚Scanning' als ungerichtetes 360°-Abtasten des Themen(um)felds, für ‚Monitoring' als zielgerichtete Überwachung von Themen und Beseitigung von Informationslücken, aber auch für sozialwissenschaftlich ‚avanciertere' nichtstandardisierte Verfahren wie z.B. die Szenario-Technik, d.h. der Entwurf möglicher und alternativer Zukunftsbilder auf der Basis logisch konsistenter Annahmen über Entwicklungen und Veränderungen (vgl. Meyer-Schönherr 1992, Albers/Broux 1999; kritisch dazu Liebl 2001).[8]

Wie häufig in der Praxis, wenn so genannte ‚qualitative' Forschung betrieben wird, liegt allem Anschein nach allerdings auch in der Trendforschung der Schwerpunkt auf der Daten*erhebung*. So beinhaltet, um nur ein Beispiel zu nennen, die vom Hamburger Trendbüro durchgeführte Recherche zur „Moral der Netzwerkkinder" erstens Daten aus Gesprächen mit rund 300 Jugendlichen in zwölf ost- und westdeutschen Städten, zweitens Daten aus einem Fragenkatalog, der an ca. 20 Jugendliche in Hamburg und Frankfurt ausgegeben wurde, drittens visuelle Daten in Form von Fotos, welche diese Jugendliche selber angefertigt haben und viertens schließlich Daten aus Gesprächen mit (wissenschaftlichen) Fachleuten in Bezug auf Jugend. Bis auf den Hinweis, dass die visuellen Daten „zusammen mit den Jugendlichen" (Steinle/Wippermann 2003: 14) interpretiert

---

[7] So wird beim Instrument SENSONET, das der Zukunftsphilosoph Andreas Giger als „demokratisches Delphi" verstanden wissen will, jedem mündigen Bürger und Konsument ein Expertenstatus zugewiesen – vgl. http://www.sensonet.org.

[8] Auch diesbezüglich lässt sich in der Trendforschung eine Präferenz für die ‚qualitative' Formulierung von Szenarios gegenüber ‚quantitativen', mit Wahrscheinlichkeiten operierenden Cross-Impact-Techniken feststellen.

wurden, sind dem Band keine Angaben zur Auswertung des ebenso umfangreichen wie vielfältigen Datenmaterials zu entnehmen. Die Analyse der mit oft enormem zeitlichen, personellen und damit finanziellen Einsatz erhobenen Daten stellt sich demgegenüber häufig als eine Art „kreative Weiterverarbeitung" dar, wie es der Trendanalytiker David Bosshart (2003) einmal formuliert hat.

Überdies rekurrieren auch Trendforscher auf das, was man im Anschluss an die Ethnomethodologie als Techniken und Mechanismen, Verfahrensweisen, (Alltags-) Regeln – differenziert in Basisregeln und Präferenzregeln – bezeichnen kann, wobei Harold Garfinkel selber den Begriff der Regel später durch den der *Methode* ersetzt hat. Gemeint sind damit (besondere) Alltagswissensbestände, Routinen, Interpretationen, die hier als systematische *Praktiken* – als „sense making practices" – begriffen werden.[9]

Dem Programm der Ethnomethodologie zufolge lassen sich (bestimmte) „Alltagtätigkeiten als *Methoden* [analysieren], mittels derer die Mitglieder einer Gesellschaft ebendiese Tätigkeiten für praktische-Zwecke-sichtbar-rational-und-mitteilbar, d.h. darstellbar und erklärbar (,accountable') machen" (Garfinkel 1967, S. VII). Diese Methoden sind dem Alltagshandelnden nicht etwa verborgen. Er kennt sie und er benutzt sie. Er nimmt sie in der Regel aber auch als selbstverständlich an und hin. D.h., diese Methoden sind ihm nicht etwa nicht bewusst, sondern werden ihm – üblicherweise – einfach nicht zum Thema bzw. zum Problem.

Wie alle Menschen rekurrieren auch Trendforscher auf Methoden im ethnomethodologisch gemeinten Sinn. Im Rekurs auf die Laborstudie von Karin Knorr Cetina (1984) lassen sich aber auch für Trendforscher sozusagen ,branchenspezifische' Ethno-Methoden vermuten: Bekanntlich hat Knorr Cetina ja erkundet, dass die Selektion von Informationen durch die von ihr beforschten Wissenschaftler, etwa im Hinblick darauf, was sie überhaupt als Datum betrachten und behandeln, kontextgebunden stattfindet. D.h., diese Selektion erfolgt weit weniger auf Grund theoretischer Folgerichtigkeit als auf Grund durchaus wechselhafter Entscheidungsregeln, auf Grund lokaler Forschungsidiosynkrasien, aufgrund kontingenter personeller, technischer, finanzieller und räumlicher Ressourcen, auf Grund persönlicher Neigungen und Abneigungen und aufgrund wissenschafts- bzw. publikationsstrategischer Überlegungen.

Um sich unerwarteten, unklaren oder seltsamen Versuchsergebnissen kommunikativ anzunähern, rekurrieren die Forscher im Gespräch auf Metaphern und Analogien, wodurch vorab definierte Forschungsrahmen immer wieder erweitert, ,gesprengt' oder einfach verlassen werden. Das metaphernhaltige, assoziationsgeleitete ,wilde Räsonieren' im Labor, das ,talking science', wandelt sich im

---

[9] Darin drückt sich die ethnomethodologische Grundannahme aus, dass Handelnde Sinn produzieren, indem sie einander die Geordnetheit und Rationalität ihrer Handlungen anzeigen.

praktischen Vollzug über mehrere Läuterungsstufen hinweg zur ,zahmen Rhetorik' der publizierten Ergebnisse, zu ,talking about science'. D.h. die Wissenschaftler bearbeiten interaktiv die Kunst-Produkte von Laboratoriumsapparaturen in Prozessen der Verschriftlichung so lange, bis eine für die scientific community akzeptable, d.h. eben eine *wissenschaftliche* Publikation daraus geworden ist.

Auch die Fabrikate von Trendforschern sind vorzugsweise textförmig – etwa Publikationen, wie die so genannte ,Trendliteratur', aber auch die (zusätzlich reich bebilderten) Auftragsstudien sowie technisch aufwändig hergestellte (Powerpoint-) Präsentationen vor Kunden und anderen Publika: Zum ethnomethodischen Know-how *dieser* Branche nun gehört es, dass die interaktive Bearbeitung der angehäuften Datenberge nicht (nur) in ,zahme' Formulierungen, sondern (auch und gerade) in ,wilde' Begriffsneuschöpfungen mündet – und sich letztendlich eben in großen diagnostischen und prognostischen Gemälden manifestiert und legitimiert (bzw. ,verkauft').

Die spezifische Mischung von anverwandelten und abgewandelten Methoden der empirischen Sozialforschung zum einen und Ethno-Methoden zum anderen nun macht das aus, was als genuine *Kompetenz* von Trendforschern zu begreifen ist, die sich als eine Kombination aus drei Komponenten darstellt: der *Befähigung* dazu, ein Thema (einen Trend bzw. ein Issue) mit einem hohen Aufmerksamkeitsfaktor bzw. genauer: dem Potential für mehr als punktuelle Aufmerksamkeit aufzuspüren bzw. zu setzen und dieses möglichst einprägsam zu benennen.[10] Die Nutzbarmachung dieser Befähigung setzt die – keineswegs selbstverständliche – *Bereitschaft* voraus, (zeit-)diagnostisch und/oder (zukunfts-)prognostisch tätig zu werden und sich entweder mit dem ,bloßen' Umstand dieser Betätigung oder aber mit ihren Erträgen – den (Zeit-)Diagnosen und (Zukunfts-)Prognosen – der Kritik nachgerade ,von allen Seiten' auszusetzen und zu stellen.[11] Aus dieser Bereitschaft erwächst – sozusagen in einem Vorgang der Selbstermächtigung und schlicht durch wiederholten Vollzug – im Laufe der Zeit *Befugnis* im Sinne von Zuständigkeit, die mit der Besetzung einer Leerstelle einhergeht bzw. einhergehen kann. Die Kompetenz auch von Trendforschern

---

[10] Die Antwort auf die Frage, ob Trendforscher Trends (lediglich) erkennen oder (aktiv) setzen, ist in der Zunft von großer Bedeutung. Von außen betrachtet und im Resultat erweist sich vor allem der Vorgang der Benennung, d.h. das ,Naming', als besondere und spezifisch trendforscherische Leistung. Als Beispiele für gelungenes Naming lassen sich Begriffsneuschöpfungen wie ,Cocooning' (Popcorn) oder Ich-AG (Horx) anführen, die Eingang in den Alltagssprachwortschatz gefunden haben.
[11] Während das „Geschäft mit der Zukunft" (Rust 1995) unter Sozialwissenschaftlern als unseriöses Unterfangen stigmatisiert wird (vgl. dazu auch Friedrichs u.a. 1998a), ist der Bedarf an ,Umfeldanalyse' in Unternehmen und Management von Wirtschaftswissenschaftlern bis in die 1990er Jahre hinein vernachlässigt worden.

besteht darin, dass „Zuständigkeit, Fähigkeit und Bereitschaft sich in Deckung befinden" (Marquard 1981a: 24).

3. Zu einer soziologischen Analyse prognostischer Kompetenz

Die Praktiken trendforscherischen Tuns lassen sich weder schlicht abfragen, noch *nur* über Dokumente, wie etwa Publikationen von Trendforschern, rekonstruieren. Die spezifischen Kompetenzen der Trendforscher erschließen sich vielmehr erst mittels teilnehmender Beobachtungen praktischen Tätigseins ‚vor Ort'. Ein besonderes Augenmerk sind dabei zum einen auf „tacit knowledge", auf die nicht, jedenfalls nicht ohne weiteres explizierbaren, sozusagen ‚inkorporierten' Kenntnisse und Fertigkeiten, vor allem im Hinblick auf etwaige spezifische Deutungskompetenzen zu richten. Zum anderen ist im Hinblick auf Accounting-Praktiken unter anderem auf das erst vor kurzem systematisch in das strategische Marketing eingeführte Konzept des ‚story listening' zu rekurrieren (vgl. Liebl/Rughase 2002). Eine ideale Basis für „Accounting Research" (Brosziewski 2002: 91-99) stellt vor allem aber die Teilnahme an Arbeitssitzungen und -besprechungen dar.

Insofern auftragsbezogene Projektarbeit jeglicher Art angesichts prinzipiell knapper finanzieller (und das heißt implizit auch immer: knapper zeitlicher) Ressourcen in hohem Maß effizient und outputorientiert vonstatten gehen muss und folglich auch der ‚wohlgelittene' Beobachter unweigerlich eine gewisse Zusatzbelastung darstellt, müssen die als Quasi-Hospitationen in ausgewählten Trendforschungsunternehmen geplanten Beobachtungen auf jeweils wenige Wochen begrenzt werden. Aufgrund dieser engen Terminierung und in Anbetracht dessen, dass sich die Arbeitssituation vor Ort unseren Recherchen zufolge typischerweise als ausgesprochen vielschichtig, komplex und infolgedessen als nicht unmittelbar durchsichtig darstellt, sind die Beobachtungen – in Anlehnung an das Konzept der „fokussierten Ethnographie" (Knoblauch 2001) – ausschnittsbezogen und strukturiert anzulegen.

D.h., während Beobachtung als basale Methode nicht-standardisierter Sozialforschung im Rahmen von Feldforschung normalerweise sehr früh, oftmals bereits für eine erste Orientierung im Feld, zum Einsatz kommt, wird es bei der Erkundung der Kompetenzen von Trendforschern erforderlich sein, die ‚Hospitation' möglichst umfassend vorzubereiten. Das bedeutet insbesondere, dass *vorab* zwei andere Forschungsinstrumente – Dokumentenanalyse einerseits und (auf diese Dokumente) fokussierte Interviews andererseits – engesetzt werden müssen, um mittels der dabei gewonnenen Daten und der beim Forscher daraus resultierenden Feldkompetenz eine Strukturierung uns Systematisierung der Beobachtungen in den ausgewählten Firmen vornehmen zu können (vgl. Lueger 2000). Die Rekonstruktion der Praktiken von Trendforschern soll darüber hinaus mittels Experteninterviews (im strengen Sinne) als zusätzlichem Datengenerierungsinstrument ergänzt und präzisiert werden (vgl. Pfadenhauer 2002).

Die Analyse von Kompetenzen (auch von Trendforschern) erfordert also ein ethnographisches Design, im dem weder die Biographien von Trendforschern, noch die Exotik von Trendforschung interessiert. Im Fokus steht vielmehr das, was *diese* ‚ethnos' bei der Abwicklung der Angelegenheiten ihres Arbeitsalltags wissen, denken und tun und wie sie die Regeln ihres Tuns erzeugen und befolgen. Die erkenntnisleitende Annahme lautet, dass Trendforscher beim Trendforschen *methodisch* handeln, d.h. bei der Fabrikation von Diagnosen und Prognosen auf interaktive Regeln rekurrieren.

Unter ‚Methoden' sind dabei aber eben nicht und schon gar nicht nur Methoden der empirischen Sozialforschung, also Methoden im sozialwissenschaftlich strengen Sinne, sondern Methoden in einem weiten Sinn zu verstehen: das gesamte, die berufliche Handlungspraxis leitende, aber als solches in dieser Praxis eher unthematisierte ‚Regelwerk' branchenspezifisch *kompetenten* Verhaltens.

Literatur

Albers, Olfa/Broux, Arno (1999): Zukunftswerkstatt und Szenariotechnik. Weinheim: Beltz

Bender, Gerd (2001a): Einleitung. In: Ders. (2001b): 9-22

Bender, Gerd (Hrsg.) (2001b): Neue Formen der Wissenserzeugung. Frankfurt a.M./New York: Campus

Bogner, Alexander/Littig, Beate/Menz, Wolfgang (Hrsg.) (2002): Das Experteninterview. Opladen: Leske + Budrich

Bosshart, David/Frick, Karin (2003): Trendreport Megatrends Basic. Rüschlikon: gdi

Brosziewski, Achim (2002): Computer, Kommunikation und Kontrolle. Eine Fallstudie zum informatisierten Management. Konstanz: UVK

Chase, W. Howard (1984): Issue Management – Origins of the Future. Stamford, CT: IAP

Etzkowitz, Henry/Leyesdorff, Loet (Hrsg.) (1997): Universities in the Global Knowledge Economy. A triple helix of university-industry-government relations. London: Cassell Academic

Etzkowitz, Henry/Leyesdorff, Loet (2000): The dynamics of innovation: from National systems and "Mode 2" to a Triple Helix of university-industry-government relations. In: Research Policy 29. No. 2. 2000. 109-124

Feld, Christa (1997): Trends – Megatrends: Definition, Möglichkeiten der Ermittlung, Gütekriterien und Relevanz für die Unternehmensplanung. In: Müller-Hagedorn (1997): 9-25

Friedrichs, Jürgen/Lepsius, Rainer M./Mayer, Karl Ulrich (1998a): Diagnose und Prognose in der Soziologie. In: Dies. (1998b): 9-29

Friedrichs, Jürgen/Lepsius, Rainer M./Mayer, Karl Ulrich (Hrsg.) (1998b): Die Diagnosefähigkeit der Soziologie. Opladen: Westdeutscher Verlag

Funtowicz, Silvio O./Ravetz, Jerome R. (1993): Science for the post-normal age. In: Futures 25. No. 9. 1993. 739-755

Gibbons, Michael/Limoges, Camille/Nowotny, Helga/Schwartzman, Simon/Scott, Peter/Trow, Martin (1994): The New Production of Knowledge. The Dynamics of Science and Research in Contemporary Societies. London: Sage

Groys, Boris (1992): Über das Neue – Versuch einer Kulturökonomie. München: Hanser

Häder, Michael (2002): Delphi-Befragungen. Ein Arbeitsbuch. Wiesbaden: Westdeutscher

Hammann, Peter/Erichson, Bernd (2000): Marktforschung. 4. Auflage. Stuttgart: Lucius & Lucius

Jantsch, Erich (1972): Technological Planning and Social Futures. London: Cassell

Joerges, Bernward/Potthast, Jörg (2002): Heterogene Felder, verteiltes Wissen. Zum Verhältnis von sozialwissenschaftlicher Expertise und Management-Consulting. Berlin: Wissenschaftszentrum Berlin für Sozialforschung

Knoblauch, Hubert (2001): Fokussierte Ethnographie. In: Sozialer Sinn. Heft 1. 2001. 123-141

Knorr Cetina, Karin (1984): Die Fabrikation von Erkenntnis. Frankfurt a.M.: Suhrkamp

Kreibich, Rolf (2000): Herausforderungen und Aufgaben für die Zukunftsforschung in Europa. In: Steinmüller et al. (2000)

Lange, Knut W./Wall, Frederike (Hrsg.) (2001): Risikomanagement nach dem KonTraG? Aufgaben und Chancen aus betriebswirtschaftlicher und juristischer Sicht. München: Vahlen

Liebl, Franz (1996a): Strategische Frühaufklärung: Trends – Issues – Stakeholders. München: Oldenbourg

Liebl, Franz (1996b): Ethnographischer Surrealismus und soziale Meterologie. Zum State-of-the-Art der Trend- und Zukunftsforschung. In: gdi impuls 14. Heft 4. 1996. 35-44

Liebl, Franz (2000): Der Schock des Neuen. Entstehung und Management von Issues und Trends. München: Gerling Akademie

Liebl, Franz (2001): Auf dem Weg zu einem strategischen Risikomanagement. In: Lange/Wall (2001): 504-528

Liebl, Franz/Rughase, Olaf G. (2002): Storylistening. In: gdi impuls 20. Heft 3. 34–39

Lueger, Manfred (2000): Grundlagen qualitativer Forschung. Wien: WUV

Marquard, Odo (1981a): Inkompetenzkompensationskompetenz? Über Kompetenz und Inkompetenz der Philosophie. In: Ders. (1981b): 23-38

Marquard, Odo (1981b): Abschied vom Prinzipiellen. Stuttgart: Reclam

Meyer, Martin (2001): The emergence ov developer communities in a novel field of technology: A case of Mode 2 knowledge production. In: Bender, Gerd (2001b): 147-162

Meyer-Schönherr, Mirko (1992): Szenario-Technik. Ludwigsburg: Wissenschaft & Praxis

Müller-Hagedorn, Lothar (Hrsg.) (1997): Trends im Handel. Analysen und Fakten zur aktuellen Situation im Handel. Frankfurt a.M.: Deutscher Fachverlag.

Naisbitt, John/Aburdene, Patricia (1990): Megatrends 2000. Zehn Perspektiven für den Weg ins nächste Jahrtausend. Düsseldorf u.a.: Econ

Nowotny, Helga (1999): Es ist so. Es könnte auch anders sein. Über das veränderte Verhältnis von Wissenschaft und Gesellschaft. Frankfurt a.M.: Suhrkamp

Nowotny, Helga/Scott, Peter/Gibbons, Michael (2001): Re-Thinking Science. Knowledge and the Public in an Age of Uncertainty. Cambridge: Polity Press

Ogburn, William F. (1969a): Soziale Trends. In: Ders. (1996b): 153-161

Ogburn, William F. (1969b): Kultur und sozialer Wandel. Neuwied: Luchterhand

Pfadenhauer, Michaela (2002): Auf gleicher Augenhöhe reden. Das Experteninterview – ein Gespräch zwischen Experte und Quasi-Experte. In: Bogner et al. (2002): 113-130

Rust, Holger (1995): Trends. Das Geschäft mit der Zukunft. Wien: Kremayr & Scheriau

Shinn, Terry (2002): The Triple Helix and New Production of Knowledge: Prepackaged Thinking on Science and Technology. In: Social Studies of Science 32. No. 4. 2002. 599-614

Stanley, Guy D.D. (1985): Managing External Issues – Theory and Practice. Greenwich, CT: JAI Press

Steinmüller, Karlheinz/Kreibich, Rolf/Zöpel, Christoph (Hrsg.) (2000): Zukunftsforschung in Europa. Baden-Baden: Nomos

Steinle, Andreas/Wippermann, Peter (2003): Die neue Moral der Netzwerkkinder. München: Piper

Stichweh, Rudolf (2004): Wissensgesellschaft und Wissenschaftssystem. In: Schweizerische Zeitschrift für Soziologie 30. No. 2. 2004. 147-165

Teuber, Stephan/Schmid, Sigrid (2004): Prognosen in pragmatischer Hinsicht. Qualitative Marktforschung als (Re-)Konstruktion des Relevanten. Vortrag und Präsentation im Rahmen des Workshops ‚Interpretative Methoden der Diagnose und Prognose in Dortmund. Heidelberg: GIM

Weingart, Peter (1997): From „Finalization" to "Mode 2": old wine in new bottles? In: Social Science Information 36. No. 4. 1997. 591-613

Weingart, Peter (2001): Die Stunde der Wahrheit? Zum Verhältnis der Wissenschaft zu Politik, Wirtschaft und Medien in der Wissensgesellschaft. Weilerswist: Velbrück

Die Prognose des verfestigten Hangs zu weiteren Straftaten als wesentlicher Bestandteil der Anordnung der Sicherungsverwahrung
– Überlegungen zu (auch berufsspezifisch) eingeschränkten Sichtweisen in die Zukunft und ihren alltagsweltlichen Auswirkungen.

Thomas Feltes

> *„Eine furchtbar Sache ist das Wissen,*
> *wenn zu wissen nichts nützt"*
> (Tiresias in Sophokles „König Ödipus"[1])

1. Eine Einleitung

Bei der seit einiger Zeit in die politische und rechtstatsächliche Diskussion geratenen Anordnung von Sicherungsverwahrung nach §§ 66 und 66a StGB spielt ein Sachverständigengutachten gemäß den §§ 246a bzw. 275a StPO eine wesentliche Rolle. Dieses Gutachten ist Voraussetzug für die Verhängung der Sicherungsverwahrung. In der Hauptverhandlung muss ein Sachverständiger über den Zustand des Angeklagten vernommen werden, der sich zur Wahrscheinlichkeit der Begehung von Straftaten und zur Allgemeingefährlichkeit des Angeklagten zu äußern hat. In der Regel wird dazu der Angeklagte von dem Gutachter zuvor ‚untersucht bzw. befragt und es wird ein schriftliches Gutachten erstellt. Dieses Gutachten besteht im Wesentlichen aus einer Interpretation der bisherigen kriminellen und sozialen Karriere des Angeklagten, einer Einschätzung seiner aktuellen Einstellungen und der prognostischen Bewertung zukünftig eintretender Entwicklungen.

---

[1] Zitiert nach Schütz (1972): 259.

Der Beitrag thematisiert folgende Probleme:

- Wer ist als Gutachter gemäß den §§ 246a bzw. 275a StPO tätig und wer ist geeignet? Welche diagnostischen und prognostischen Kompetenzen und Erfolgsquoten haben die Gutachter?

- Welche Kriterien werden für die Begutachtung herangezogen? Wie sind diese Kriterien entstanden und wie werden sie evaluiert? Welches sind die Fakten und ‚Signale' aus denen die Gutachter das zukünftige Verhalten herauslesen?

- Welche Methoden (vornehmlich aus dem Bereich der qualitativen Analyse) werden dabei angewendet, wie geeignet sind sie, zukünftiges Verhalten zu prognostizieren und welche Risiken und Nebenwirkungen haben sie?

2. Die aktuelle Problematik und ihre Konsequenzen

Die Problematik der Erstellung eines Sachverständigengutachtens im Zusammenhang mit der Verhängung von Sicherungsverwahrung bekommt vor dem Hintergrund eines allgemein verschärften Strafrechts und der sich gleichzeitig abzeichnenden punitiveren Sanktionspraxis der Gerichte eine neue Dimension. Bislang war die Verhängung von Sicherungsverwahrung eine fast vernachlässigbare Ausnahme im Sanktionsalltag.[2] Die aktuellen Entwicklungen zeigen jedoch, dass die Strafgerichte zunehmend diese Verhängung prüfen. Dabei dürfte die Vermutung, dass die öffentliche, politisch angeheizte Diskussion dieses Themas aufgrund einiger weniger spektakulärer Fälle hier eine große Rolle spielt, nicht von der Hand zu weisen sein.

Während die Erstellung eines Sachverständigengutachtens im Strafverfahren allgemein weitgehend in das Ermessen des Gerichts gestellt ist (Grundidee: dort, wo der eigene Sachverstand des Gerichtes nicht ausreicht, ist ein Gutachter heranzuziehen), schreibt der Gesetzgeber seit 1970 die Anhörung eines Sachverständigen bei der Verhängung von Sicherungsverwahrung vor. Der Gutachter hat sich dabei mit dem normativen, d.h. im Gesetz vorgegebenen Begriff der „Hangtäterschaft" zu beschäftigen. Diese „Hangtäterschaft" soll die Voraussetzung für die Anordnung von Sicherungsverwahrung sein (s. Text des § 66 StGB in der Anlage).

Die Erstellung von Gutachten nach den §§ 66, 66a und 66b StGB wird bislang fast ausschließlich von Psychiatern übernommen, die zudem oft justiznah tätig sind (z.B. als Leiter von psychiatrischen Einrichtungen des Maßregelvoll-

---

[2] Bis Anfang dieses Jahrzehnts stagnierte die Zahl der Sicherungsverwahrten in den Vollzugsanstalten bei etwa 200 jährlich; 2003 waren es bereits 299 geworden; verhängt wurden z.B. 1994 40 Sicherheitsverwahrungen, 2001 dagegen schon74.

zuges oder von Justizkrankenhäusern) und auch als „Gerichtsgutachter" bezeichnet werden. Die Frage, inwiefern Psychiater überhaupt in der Lage sind, ein solches Gutachten auch bei psychiatrisch unauffälligen Angeklagten oder bei Angeklagten, abzugeben, bei denen es keinen Zusammenhang zwischen einer psychiatrischen Krankheit (z.B. Epilepsie, Depressionen) und ihrem kriminellen Verhalten gibt, wird erst in jüngster Zeit thematisiert (vgl. Habermeyer/Hoff/Saß 2002; Feltes 1998).

Wie theoretisch bedeutsam und in der Praxis für einen Angeklagten entscheidend diese Frage sein kann, ergibt sich daraus, dass die Gerichte in der Regel einem Sachverständigengutachten folgen (und dies nicht nur bei der Sicherungsverwahrung, sondern auch in den anderen gutachtenträchtigen Bereichen wie Alkohol, Schuldfähigkeit, Glaubwürdigkeit u.a.) – vor allem, wenn sie den Gutachter selbst bestimmt haben (Gegengutachten sind generell selten, auf ‚machtvolle' Angeklagte beschränkt und im Bereich der Sicherungsverwahrung praktisch nicht vorhanden, da es sich bei der Klientel in der Regel um macht- und finanzlose Personen handelt).

Der folgende Auszug aus einer Urteilsbegründung zeigt dies deutlich:

> „Unter Berücksichtigung der Gesamtumstände, insbesondere im Hinblick auf den Werdegang und die erkennbare Persönlichkeitsstruktur des Angeklagten, bestehen für die Kammer *keine Zweifel an der Richtigkeit der Feststellung des erfahrenen Sachverständigen*, weshalb die Kammer sich diese Feststellungen *nach eigener Überzeugungsbildung in vollem Umfang zu eigen* macht. ..."

3. Die Prognosten / Gutachter

Analyse und Prognose kriminellen Verhaltens sowohl auf der Meta-, als auch auf der Mikro-Ebene sollten eigentlich die Domäne von Kriminologen sein, die sich aufgrund ihrer Profession damit beschäftigen. Zumindest in Deutschland aber haben sie ihren psychiatrischen Kollegen das Feld der Begutachtung in diesem Bereich kampflos überlassen. Kinzig (1996) konnte nachweisen, dass es sich in fast 90% der von ihm untersuchten Fälle mit Sicherungsverwahrung um Psychiater oder Neurologen handelt, die diese Gutachten erstattet hatten. Selbst Psychologen werden immer nur ergänzend zu einem psychiatrischen bzw. neurologischen Gutachter hinzugezogen. Ein Kriminologe im engeren Sinne fand sich bei den von Kinzig untersuchten 314 Tätern bzw. 370 Gutachten nicht.

Somit werden praktisch ausschließlich Ärzte als Gutachter beteiligt, obwohl das Gesetz dies so nicht vorschreibt. Die Überschrift des §246 a StPO, in der von „ärztlichen Gutachtern" die Rede ist, gehört auch bei dieser Vorschrift nicht zum Gesetzestext. Die Einschaltung (zumindest auch) eines Kriminologen ist auch nach der Rechtsprechung zulässig, aufgrund der besonderen Aufgabenstellung des § 66 Abs. 1 Nr. 3 StGB m.E. sogar geboten, da es um eine Prognose der Wiederholungsgefahr geht, für die Kriminologen die besten (empirischen) Kenntnisse besitzen.

Man könnte unterstellen, dass die Vorherrschaft der medizinischen Gutachter im Bereich der Verhängung der Sicherungsverwahrung damit zusammenhängt, dass es in der Praxis keine Fälle ohne psychopathologische Aspekte gibt, so dass die dann ohnehin bestellten psychiatrischen Sachverständigen die Prognoseentscheidung ‚quasi nebenbei' mit erledigen. Laut Kinzig (1996) werden aber selbst in den Fällen, in denen Sicherungsverwahrung im Ergebnis vom Gericht verhängt wird, insgesamt 16,7 % der Probanden als „gesund" diagnostiziert, bei den Tätern, die nicht aus den Bereichen der Sexual-, Raub- oder Totschlagsdelikten kommen, sogar 27,4 %. Damit ist offensichtlich, dass es sich bei einem nicht unerheblichen Teil der begutachteten Personen um "gesunde" Täter ohne psychopathologischen Befund handelt.

Aber auch bei den anderen Angeklagten, bei denen die psychiatrischen Gutachter Hinweise auf psychische Krankheiten gefunden haben, muss dadurch nicht ‚automatisch' die Annahme verbunden sein, dass diese Krankheiten direkt oder indirekt mit der (Art und Weise der) Tatbegehung in Verbindung stehen. Vielmehr wird man durchaus vermuten dürfen, dass eine solche Verbindung erst durch das psychiatrische Gutachten hergestellt wird, weil es nahe liegend ist, bei der Erstellung eines solche Gutachtens entsprechende Bezüge zu ‚sehen' oder zu interpretieren, auch wenn sie möglicherweise nicht vorhanden bzw. ohne den deliktischen Hintergrund keine Rolle spielen würden: Jeder Mensch (und damit auch ein Wissenschaftler) hat den Wunsch und das Bestreben, Erklärungen für beobachtete Phänomene oder Verhaltensweisen zu finden. Wir können mit „unerklärbaren" Ereignissen und Verhaltensweisen schlecht umgehen und versuchen daher beständig, sie zu erklären oder solche Erklärungen und Zusammenhänge herzustellen. Dass dabei die jeweils individuellen und professionellen Bilder und in unseren Köpfen vorhandenen Erklärungsmuster eine entscheidende Rolle spielen, ist ebenso offensichtlich wie die Tatsache, dass die Angeklagten in der Regel aus anderen sozialen Schichten stammen und eine andere Form der Kommunikation pflegen als ihre Gutachter und Richter.

Die ‚Reduktion von Komplexität', die zu erreichen wir beständig bestrebt sind, wird professionell unterschiedlich erreicht. Während ein Jurist eher sein juristisches Weltbild und Erklärungsrepertoire bemüht, wird es bei einem Mediziner das medizinische, bei einem Psychologen das psychologische usw. sein. Da nur wenig interdisziplinär ausgebildete Gutachter tätig sind, kann auch kein Ausgleich durch eine individuelle Abklärung der verschiedenen Erklärungsmuster erfolgen.

> *„Wir gewöhnliche Menschen werden bei unseren selektiven Handlungen durch biographische Umstände und durch unsere Situation in der Welt motiviert"* (Schütz (1972): 263)

Auch die *Kriterien*, die nach der ganz herrschenden Meinung für die Annahme einer die Sicherungsverwahrung begründenden Hangtäterschaft von Bedeutung sind, sind originär kriminologische und nicht psychiatrisch-psychologische. Der Gesetzgeber hat die Frage nach der Hangtäterschaft nicht an einen Krankheits- oder Störungsbegriff gekoppelt; hätte er dies getan, dann wäre das Tätigkeitsfeld einem medizinischen oder psychologischen Gutachter zugewiesen. So aber sind Mediziner für diese Form der Begutachtung nicht oder zumindest nicht ohne weiteres qualifiziert.

Dennoch haben drei forensische Psychiater in einem Beitrag für die Monatsschrift für Kriminologie formuliert, dass das Gutachten zur Hangtäterschaft „für den forensisch erfahrenen und *kriminologisch interessierten* Psychiater" eine „zumutbare Herausforderung" (S. 24, Hervorhebung von T.F.) und daher von ihnen (und nur von ihnen) zu übernehmen sei. Kann man daraus den Umkehrschluss ziehen, dass angesichts der vorliegenden, empirisch überprüften Kriterienkataloge zur Begutachtung von psychischen Störungen auch der „psychiatrisch interessierte" *kriminologische* Gutachter entsprechende Gutachten z.B. im Bereich der Schuldfähigkeit oder in anderen bislang von Psychiatern „beherrschten" Bereichen erstatten könnte?

4. Die Prognose und ihre Methoden

Der Begriff Prognose beschreibt die Vorhersage einer künftigen Entwicklung von Ereignissen oder Handlungen. Sie ist sozusagen eine Mutmaßung darüber, wie die Zukunft einer Person oder einer Sache aussehen könnte. Die Kriminalprognose dient der Voraussage zukünftig eintretender krimineller bzw. nicht krimineller Geschehnisse oder Verhaltensweisen (Stiefel 1996b).

Da zukünftige Ereignisse entweder unbekannt oder zumindest schwer kalkulierbar sind, werden bereits bekannte (oder als solche definierte) Informationen ausgewertet.

> *„Der Mensch legt im Alltagslebenn zuallererst seine Vergangenheit, Zukunft und Gegenwart durch einen im vorhinein organisierten zuhandenen Wissensvorrat aus..."* (Schütz 1972: 264)

Grundsätzlich werden Prognosemethoden in drei Kategorien unterteilt: Die intuitive, die statistische und die klinische Methode.

Die *intuitive Prognose* soll auf der subjektiven und gefühlsmäßigen Bewertung einer Person beruhen (Prophezeiung, Orakel). Es soll sich dabei um eine Eindrucksbildung handeln, die ein nicht ausgebildeter Gutachter durch seinen ‚Instinkt' geleitet und nur aufgrund eigener persönlicher Erfahrung abgibt. Der Gutachter folgt seinem moralischen Gespür und verlässt sich bei der Einschätzung auf sein Bauchgefühl. Eigene Prinzipen und Werte werden zu Leitlinien.

. Die *statistische Prognose* bedient sich empirischer Daten für die Vorhersage kriminellen Verhaltens. Durch die Analyse von Biographien werden bestimmte Faktoren ermittelt, anhand derer eine Differenzierung in potentiell Rückfällige und Nicht-Rückfällige möglich ist. Die einzelnen Merkmale werden in ein Punktesystem überführt. Das Resultat dieser Prognosetafeln, also die Wahrscheinlichkeit für erneute bzw. keine Delinquenz, ergibt sich aus dem ermittelten Gesamtwert.

Als *klinische Prognose* wird eine „empirische Individualprognose" bezeichnet, die auf Analysen basiert, die von fachlich qualifizierten Gutachtern (idR Psychiatern) unternommen werden. Sie beurteilen verschiedene Lebensbereiche, wie z.B. kriminelle Vorgeschichte, therapeutische Entwicklung, Verhalten während der Vollzugsmaßnahmen und familiäres Milieu. In der klinischen Prognose beherrschen vor allem zwei Schulen das Geschehen: Der auf Rasch (1994) basierende Kriterienkatalog von Nedopil und die so genannte HCR-20–Methode von Webster.

Nedopils Kriterienkatalog von 1992 ist die lange Zeit am weitesten verbreitete Verfahrensweise der Prognoseerstellung (vgl. Nedopil 1997).

> „... *dass im Alltagsdenken unser Wissen von den zukünftigen Ereignissen aus subjektiven Antizipationen besteht, die auf unseren Erfahrungen von vergangenen Ereignissen beruhen, so wie sie in unserem zuhandenen Wissensvorrat organisiert sind"* (Schütz 1972: 275)

Die Grundlage des Schemas von Nedopil bilden vier Dimensionen, denen jeweils verschiedene Unterpunkte zugeordnet sind (Endres 2000: 76). Anhand dieser Bewertungseinheiten soll das Erfassen des individuellen lebensgeschichtlichen Hintergrundes und darauf gestützt, die Vorhersage der Wahrscheinlichkeit von Straffälligkeit möglich sein. Die vier Merkmalsbereiche seines Kataloges umfassen das *Ausgangsdelikt* (Tat im Kontext der spezifischen Situation, Zusammenhang von Tat und Persönlichkeitsstruktur, Täter-Opfer-Beziehung, früheres kriminelles Verhalten), die *„prädeliktische Persönlichkeit"* (Umstände einer fehlerhaften Entwicklung, gegenwärtige gesundheitliche Verfassung bzw. Krankheitsbilder, persönliche Lebensumstände), die *„postdeliktische Persönlichkeitsentwicklung"* (Verlauf des Vollzugs, Anpassung in und Modifikationen während der Verwahrung) und den *„sozialen Empfangsraum"* (Zukunftsaussichten, in bezug auf Arbeitsverhältnisse, Unterbringung, soziales Umfeld usw.). Dieser Kriterienkatalog soll dazu dienen, Einsicht in die Prinzipien prognostischer Gutachten zu geben (Horn 1999).

Aus dem Jahre 1997 stammt die HCR-20–Methode von Webster. Diese Checkliste besteht aus 20 Items, die verschiedenen Zeitabschnitten des Lebens einer zu beurteilenden Person zugeordnet sind. Zehn H (history)-Items beziehen sich auf die *Vergangenheit der Person*, sie sollen Auskunft über seine Vorgeschichte geben. Anamnese und Akten dienen hierbei als Bezugsquellen für Informationen. Fünf C (clinical)-Items geben Aufschluss über die *Gegenwart,* insbesondere über den klinischen Zustand. Dabei werden Befragungen und Analysen des gegenwärtigen psychologischen Status des Subjekts zu Hilfe genommen. Die fünf R (risk management)-Items sollen Aussicht in die Zukunft gewähren und prospektive *Risiken* aufzeigen. Als Endergebnis wird ein Summenwert gebildet, der die Ausprägung einer individuellen Rückfallgefahr darstellt.

Während früher die aufgezeigten Prognosemethoden durchaus unabhängig voneinander Anwendung fanden, geht man heute zunehmend dazu über, die Prognosemethoden zu kombinieren und die unterschiedlichen Kriterien gegeneinander abzuwägen (vgl. nur *Nedopil* 2000, S. 240). Ausgeprägt findet sich diese „integrative Prognose" etwa in der auf *Göppinger* zurückgehenden und von *Bock* weiterentwickelten Methode der idealtypisch vergleichenden Einzelfallanalyse (MIVEA) oder in dem verbreiteten und anerkannten Kriterienkatalog nach *Dittmann*.

Bei der „Methode der idealtypisch-vergleichenden Einzelfallanalyse" (MIVEA) werden Syndrome zur Früherkennung krimineller Gefährdungen zusammengestellt. Hier die wesentlichen Ergebnisse:

- Erfüllung der sozialen Pflichten, adäquates Anspruchsniveau, Gebundenheit an Häuslichkeit und Familienleben, reales Verhältnis zu Geld und Eigentum: 3% bei Verurteilten, 79,5% bei Vergleichsgruppe;
- Vernachlässigung des Leistungsbereichs, familiärer und sonstiger sozialer Pflichten, fehlendes Verhältnis zu Geld und Eigentum, unstrukturiertes Freizeitverhalten, Fehlende Lebensplanung: 60,5% vs. 0%;
- Lange Unterkunft in unzureichender Wohnung, längere Zeit selbstverschuldet, von Sozialhilfe lebend, Auffälligkeit einer Erziehungsperson, keine ausreichende Kontrolle des Probanden 20% vs. 1%;
- Rascher Arbeitsplatzwechsel, unregelmäßige Berufstätigkeit, schlechtes/ wechselndes Arbeitsverhalten: 43% vs. 0,5%;
- Ständige Ausweitung der Freizeit zulasten des Leistungsbereichs, überwiegend Freizeitgestaltung mit völlig offenen Abläufen: 75% vs. 0,5%;

■ Vorherrschen loser Kontakte, insbesondere Milieukontakte, frühes Alter bei erstem Geschlechtsverkehr, häufige Wechsel der Sexualpartner: 60% vs. 1,5%.

Versucht man, den Ablauf des Gutachtens nachzuvollziehen, dann lässt sich feststellen, dass die Relevanz der objektiven Kriterien mit zunehmender Verfahrensdauer zurück geht und zunehmend subjektive Aspekte eine Rolle spielen.

5. Die Prognose und ihr Erfolg

Das Problem bei der Prognose individuellen kriminellen Verhaltens besteht darin, dass es eigentlich unbestritten ist, dass bei keinem Menschen, sei er sozial auffällig oder nicht, eine sichere Sozialprognose oder eine sichere Vorhersage über zukünftige psychische Reaktionen möglich ist. Als unverdächtiger Zeuge (weil selbst Psychiater und als Kriminologe eher konservativ orientiert) kann hierzu Göppinger (1980: 333) zitiert werden:

„Jede Prognose muss mit Bedingungen rechnen, die in der Zukunft liegen und daher noch unbekannt sind. Dies gilt besonders für die Voraussage sozialer Verhaltensweisen, die sich schon angesichts der vielfältigen Wirkungsfaktoren, durch die sie bestimmt werden, niemals vollständig zu einem bestimmten Zeitpunkt erschließen lassen. Man sollte sich grundsätzlich bei allen Überlegungen zur Prognose klarmachen, dass man bei *keinem* Menschen ... eine sichere Sozialprognose oder eine sichere Prognose über zukünftige psychische Reaktionen stellen kann. Deshalb darf aber auch von der Kriminologie nicht erwartet werden, sie könne jemals mit ganz neuen und verlässlichen Methoden zu einer verbindlichen Aussage hinsichtlich des künftigen Legalverhaltens einer Persönlichkeit kommen". Ungeachtet dieser doch eigentlich klaren Aussage hat Göppinger selbst und haben seine Nachfolger (z.B. Bock) Kriterienkataloge für solche Prognosen aufgestellt, deren Anwendung auch nach wie vor proklamiert wird (z.B. im Rahmen von MIVEA – der „Methode der idealtypisch-vergleichenden Einzelfallanalyse").

Ablauf des Gutachtens

"Für jeden, der zu Unrecht rauskommt, bleiben etwa fünf zu Unrecht drin", bekannte in der Süddeutschen Zeitung der Münchner Psychiater Norbert Nedopil.[3] In einem anderen Interview über Straftäter im Maßregelvollzug werden Nedopils Einsichten so zusammengefasst: "Die Hälfte könnte entlassen werden, wenn man besser wüsste, welche die richtigen 50% sind".[4]

Andererseits wird ein nicht unerheblicher Teil psychisch kranker Täter im Strafverfahren nicht begutachtet, obwohl dies notwendig und geboten wäre: Zwischen 30 und 80 % aller im Strafvollzug einsitzenden Gefangenen sollen psychische Störungen aufweisen.

25 % der Einsitzenden könnten fehl begutachtet und daher fälschlicherweise in die Psychiatrie oder den Maßregelvollzug eingewiesen worden sein.

Legt man eine Fehlerquote von 25% (oder mit Nedopil eine Trefferquote von 75%) zugrunde, so werden bei jährlich rund 400.000 Prognoseentscheidungen (mindestens) 100.000 falsche Entscheidungen getroffen.

---

[3] http://www.afoeg.bayern.de/akademie/berichte/psychbeg.pdf
[4] http://www.freedom.de/bavarian/fdm_a0211/page01.htm

Nach wie vor bestehen keine gesicherten Erkenntnisse darüber, ob und ggf. *welche Prognosemethoden tatsächlich valide* genug sind, um die Basis für ein Gutachten bei Gericht und damit für eine gerichtliche Entscheidung abzugeben. Schöch hat betont, dass (mit einer Ausnahme) bislang *keine Evaluation von forensischen Gutachten* bzw. darauf aufbauenden Prognoseentscheidungen erfolgt ist. Andererseits wissen wir, dass verschiedene individuelle wie strukturelle Variablen Entscheidungen im juristischen Kontext beeinflussen und bei gleicher, sogar schriftlich fixierter Ausgangssituation sehr unterschiedliche Beurteilungen produzieren können (vgl. Streng 1984).

6. Die Sicherungsverwahrung

Die Sicherungsverwahrung ist nach den Intentionen des Gesetzgebers für „bedrohliche aktive Hangtäter mit schwerer Delinquenz" vorgesehen und soll angeordnet werden können bei Taten, durch welche die Opfer seelisch oder körperlich schwer geschädigt werden oder wo objektiv schwerer wirtschaftlicher Schaden entsteht. Neben der Streitfrage, ob die Sicherungsverwahrung tatsächlich in der Praxis den Personenkreis trifft, vor dem die Gesellschaft geschützt werden muss, stellt sich das Problem, an welchen Taten diese Kriterien festzumachen sind. An den bereits erfolgten (und – ggf. auch früher – abgeurteilten) oder an den (möglicherweise) später erfolgenden Taten? Bislang wird in der Regel aus früheren oder jetzt zur Verurteilung anstehenden Taten auf die so genannte Gefährlichkeit des Täters und auf spätere, der (einer Sicherungsverwahrung notwendigerweise vorausgehenden, in der Regel längeren) Strafvollzugstreckung folgende Taten geschlossen. Nicht nur die national wie international vorliegenden Ergebnisse der Rückfallforschung, sondern auch Studien zur Perseveranz von Täter zeigen aber, dass weder die Art der späteren Straftat noch die Schwere mit der notwendigen Sicherheit vorausgesagt werden können. Vielmehr sind polymorphe Tatbegehungen über Deliktsbereiche hinaus zumindest bei der Mehrzahl der Täter eher die Regel als die Ausnahme. Insofern müsste bei gutachterlichen Aussagen zur Art und Weise der späteren Delinquenz selbst bei auf den ersten Blick eindeutig erscheinenden Karriereverläufen größte Zurückhaltung angebracht sein, zumal retrospektiv die Karriere immer nur anhand der offiziellen Daten (Strafregisterauszüge; in den Akten vorhandene frühere Urteile; Strafvollstreckungs- oder Bewährungshilfe-Akten, die allesamt oft fehlerhaft oder unvollständig sind[5]) beurteilt werden kann und ein vorhandenes Dunkelfeld unbeachtet bleibt.

---

[5] Die forensische Erfahrung mit in die Hauptverhandlung eingebrachten Strafregisterauszügen zeigt, dass in einer nicht geringen Zahl von Fällen (schätzungsweise 10-20%) die Angaben in den Auszü-

7. Der Gutachter und die Erwartungen des Gerichts

Eine wichtige Frage dabei ist auch, wie der Gutachter mit den *Erwartungen des Gerichtes* umgeht, das von ihm möglichst genaue Aussagen erwartet und möchte, dass der Gutachter möglichst vorhandene Zweifel ausräumt. Im Zusammenhang mit der Sicherungsverwahrung stellen sich besondere Probleme dann, wenn der Angeklagte nicht geständig ist und die wesentlichen Tatsachen, auf die das Gutachten aufbauen kann oder muss, im Zusammenhang mit den angeklagten bzw. abzuurteilenden Taten stehen. Da das Gutachten *vor* der Urteilsverkündung abzugeben ist und der Gutachter insbesondere zur Frage der Gefährlichkeit und der Hangtäter-Eigenschaft Stellung zu nehmen hat, muss er die Taten, auf denen sich die Gefährlichkeit möglicherweise aufbaut, als erwiesen unterstellen, auch wenn sie der Angeklagte bestreitet.

Die Frage ist, ob ein Gutachter unter diesen Voraussetzungen (d.h. noch nicht erfolgte Verurteilung wegen einer oder mehrerer Taten, zu denen der Sachverständige Stellung zu nehmen hat) sein Gutachten tatsächlich unparteiisch und neutral abgeben kann. Erschwerend kommt hinzu, dass er nach der Rechtsprechung und weit verbreiteter Meinung im Schrifttum als Richtergehilfe oder gar als „Hilfsbeamter der Staatsanwaltschaft" angesehen wird (Bendler 1997). Die Konsequenzen sehen dann so aus: Sachverständige, einmal bestellt, lassen „Verteidiger mit ihren Fragen ,im Regen stehen'", sie scheuen „den Verteidiger..., wie der Teufel das Weihwasser" und sie weigern sich, „dem Verteidiger Einsicht auch in die Beweisstücke zu geben" (*Tondorf/Waider* 1997, 494). Dabei kommen solche ,Berührungsängste' nicht von ungefähr: "Kooperative Sachverständige – ob bestellte oder präsente – stoßen oft auf abgrundtiefe Skepsis bei den Staatsanwälten beziehungsweise Gerichten. Wird beispielsweise ein lebhaftes Gespräch zwischen dem Verteidiger und dem Sachverständigen in der Gerichtskantine von dem Staatsanwalt beobachtet, führt dies oft zu peinlichen Fragen in der Hauptverhandlung, bis hin zur Ablehnung des Sachverständigen" (Tondorf/Waider 1997: 494).

Dem „gerichtsbekannten Gutachter" wird in der Regel die Begutachtung aller ggf. relevanten Bereiche (Schuldfähigkeit, Alkohol, Hangtäter-Eigenschaft) übertragen. Dazu ein Auszug aus einem solchen Gutachten, das ein „multifunktionaler Sachverständiger", ein Facharzt für Neurologie und Psychiatrie, abgegeben hat. Er hat sowohl zur Schuldfähigkeit des Angeklagten als auch zur Alkoholbeeinflussung sowie letztlich zur Frage der Sicherungsverwahrung Stellung

---

gen aus dem Bundeszentralregister entweder unvollständig sind (begangene und abgeurteilte Straftaten sind nicht erfasst, obwohl sie enthalten sein müssten) oder aber unzulässigerweise enthalten sind (obwohl längst hätte gelöscht werden müssen). In manchen Fällen liegt auch beides gleichzeitig vor.

genommen. Dies entspricht dem üblichen Vorgehen, sich aus verschiedenen Gründen darauf beschränken, *einen* Sachverständigen zu beteiligen.[6]

Aus dem Urteil: Der Gutachter hatte „Schwachsinn oder eine andersartige schwere Abartigkeit" ausgeschlossen. „Allerdings liege bei dem Angeklagten – neben einer dissozialen Persönlichkeitsstörung – Alkoholabhängigkeit ... vor. ... Auch sei eine durchgreifende Persönlichkeitsstörung im Sinne einer alkoholbedingten Depravation nicht festzustellen. ... Nach den weiteren Ausführungen des Sachverständigen bestünden bei dem Angeklagten zwar *Züge einer sexuellen Devianz*, eine pädophile Störung oder eine Störung der sexuellen Präferenz sei nach der geltenden Umschreibung (ICD-10F65) aber nicht festzustellen. Der durch eine frühere Verurteilung für das Jahr 1995 dokumentierte sexuelle Kontakt zu einem 11-jährigen Jungen ähnle im Muster der Tatausführung mehr einer Vergewaltigung als einem pädophilen Kontakt im engerem Sinne. ... Eine Ritualisierung oder Stereotypisierung zeige das Muster der sexuellen Kontakte des Angeklagten nicht. Es geht dem Angeklagten um den erzwungenen Vollzuges des Sexualverkehrs mit Gewaltandrohung und -anwendung gegenüber männlichen Jugendlichen und auch Männern, die ersatzweise die Frauenrolle übernehmen müssen. Eine homosexuelle Grundorientierung stehe bei vorhandenen homosexuellen Neigungen nicht fest, zumal sich der Angeklagte selbst für bisexuell halte. Neben der Alkoholabhängigkeit bestehe aber eine dissoziale Persönlichkeitsstörung (ICD-10F60.2). Grundlage hierfür sei ein *andauerndes abnormales Verhaltensmuster*, beginnend in der Jugend, verbunden mit deutlichem Leiden und deutlichen Einschränkungen der beruflichen und *sozialen Leistungsfähigkeit*, und zwar aufgrund von *Störungen in den Funktionsbereichen: Impulskontrolle, Affektivität, Antrieb und Beziehung zu anderen Menschen. Diese Persönlichkeitsstörung zeige sich insbesondere in der Missachtung sozialer Normen und Verpflichtungen, in dem Unvermögen zur Beibehaltung langfristiger Beziehungen, in der geringen Frustrationstoleranz und in der niedrigen Schwelle für aggressives Verhalten. Auch fehlt dem Angeklagten ein Schuldbewusstsein, er neige vielmehr dazu, andere zu beschuldigen und sich selbst als Opfer zu sehen.* Diese Persönlichkeitsstörung ... genüge insgesamt aber nicht, um von einer verminderten oder gar aufgehobenen Schuldfähigkeit ausgehen zu können.

Den Sachverständigen zitiert das Gericht zuvor wie folgt:

„Was die Prognose für das weitere sexuelle Verhalten des Angeklagten angehe, bestehe ein sehr hohes Risiko für weitere sexuelle Gewalttaten. Insbesondere sei auch

---

[6] Dieses Verfahren ist in der Revision vom Bundesgerichtshof auch nicht moniert worden. Die Revision des Angeklagten gegen ein Urteil des Landgerichts wurde als unbegründet verworfen. In diesem Urteil war der Angeklagte zu einer Gesamtfreiheitsstrafe von vier Jahren und sechs Monaten verurteilt worden und die Unterbringung des Angeklagten in der Sicherungsverwahrung war angeordnet worden. Er war wegen Vergewaltigung in zwei Fällen sowie wegen versuchter sexueller Nötigung in zwei weiteren Fällen zu dieser Strafe verurteilt worden. Opfer waren jeweils 16 bzw. 17-jährige Jungen.

eine Untersuchung nach einem Bewertungsbogen durchgeführt worden, die von einem weltweit in diesem Sachgebiet führenden Sachverständigen (Professor Webster) entwickelt worden sei. ... Auch diese Untersuchung habe die Annahme eines sehr hohen Risikos für zukünftige sexuelle Gewalttaten bestätigt. Allerdings sei eine empirische Absicherung dieses im Ausland entwickelten Tests in Deutschland bisher noch nicht erfolgt. Zu sehen sei daher jedenfalls die ungünstige Sozialprognose des Angeklagten, der über *keine stützenden Beziehungen* verfüge und dessen *Arbeitssituation nachteilig* sei. *Konkrete und realisierbare Zukunftspläne* seien bei ihm nicht vorhanden. Auch sei eine *Nachreifung* des Angeklagten, der immer wieder versagt habe, nicht zu erwarten. Darüber hinaus *setzte sich* der Angeklagte mit seiner Delinquenz und deren Folgen für die Opfer *nicht auseinander.* Seine Fähigkeit, sich *selbstkritisch* zu sehen, sei reduziert. Dabei sei von chronischer Delinquenz mit unterschiedlichen Deliktsarten bei Zunahme der sexuellen Delinquenz auszugehen. Auch sei die Krankheitsprognose bezüglich Alkoholproblematik und Persönlichkeitsstörung bei fehlender Aussicht auf erfolgreiche Behandlung – und zwar unabhängig von der aufnehmenden Einrichtung - ungünstig. Ferner seien auch keine Erfolg versprechenden Maßnahmen zur Risikovermeidung ersichtlich. ... Angesichts der *Unfähigkeit des Angeklagten, einen inneren Widerstand gegen weitere Straftaten aufzubauen,* bestehe aus Sicht des Sachverständigen danach insgesamt ein hohes Risiko weiterer Straftaten im Sinne von § 66 Abs. 1 Nr. 3 StGB, weshalb der Angeklagte eine Gefahr für die Allgemeinheit darstelle."

Wenn es keine verbindliche Aussage hinsichtlich des künftigen Legalverhaltens einer Person geben kann, dann wird sich die Prognosestellung stets nur auf eine Wahrscheinlichkeitsbestimmung, auf die Bewertung eines Wahrscheinlichkeitsgrades beschränken müssen, der in Extremfällen sehr hoch ist, zum Mittelfeld hin aber abnimmt. Oft wird vom Gericht verlangt, diese Wahrscheinlichkeitsangabe mit Prozent-Angaben zu verknüpften. Im sozialen Bereich (und bei einer Rückfallprognose handelt es sich um eine soziale und nicht um eine medizinische Prognose) ist eine Aussage über zukünftige Entwicklungen immer mit Unwägbarkeiten behaftet, die in der Natur der Sache liegen: Die soziale Entwicklung (und damit auch eine kriminelle Karriere) eines Menschen wird von einer unendlichen Anzahl von Faktoren beeinflusst, die weder intuitiv noch statistisch erfasst werden können.[7]

In Bezug auf die Wahrscheinlichkeit weiterer Taten soll der Bereich zwischen der reinen *Möglichkeit* weiterer Straftaten und der (mehr oder weniger absoluten) *Sicherheit,* dass solche Straftaten begangen werden, näher bestimmt werden. Dabei besteht die Möglichkeit erneuter Taten praktisch immer und kann daher keine Gefährlichkeit des Täters begründen. Andererseits kann von einer auch nur relativen Sicherheit, dass weitere Straftaten zu erwarten sind, aus der

---

[7] Zum Problem der so gennaten „Basisrate" in der Kriminalprognose vgl. Volckart 2002.

generellen Beschränktheit von Prognosen nicht ausgegangen werden. Die Anhaltspunkte für eine „konkrete Wahrscheinlichkeit" weiterer Straftaten werden z.b. in einer besonderen Persönlichkeitsstruktur des Angeklagten gesucht (und gefunden) oder auch z.b. aus der Reaktion des Angeklagten auf das gegenwärtige Verfahren (wenn z.b. weder die Dauer noch der Ablauf des jetzigen Verfahrens bzw. der Untersuchungshaft bei dem Angeklagten zu einem Überdenken seiner Verhaltensweisen geführt hat). Erweckt der Angeklagte vor Gericht den Eindruck, dass er z.b. nach wie vor der Auffassung ist, dass er im Recht ist und ihm von der Justiz unrecht getan wird, so wird dies als eher für als gegen eine hohe Wiederholungswahrscheinlichkeit sprechend interpretiert, wobei nicht nur hier das Problem der Verifizierung der Einlassungen des Probanden oder der Interpretation nonverbaler Äußerungen im Vordergrund steht.

> „Hinsichtlich der zukünftigen Ereignisse ... können wir den Verlauf nur dadurch antizipieren, dass wir als Regel annehmen, dass das, was sich in der Vergangenheit bewährt hat, sich auch in der Zukunft bewähren wird" (Schütz S.276) - und umgekehrt!

8. Die Prognosekriterien

8.1. Die Reue

Oftmals wird vom Gericht und auch vom Gutachter eine explizite Distanzierung von den Taten, eine emotionale Beschäftigung des Angeklagten mit den Tatvorwürfen oder so etwas wie ‚Reue' erwartet. Ungeachtet der Tatsache, dass ‚erfahrene' Angeklagte dies wissen (zumindest deren Strafverteidiger) stellt sich die Frage der Aussagekraft solcher ‚Reuegedanken'.

> „Der Proband erschien pünktlich zu beiden Untersuchungsterminen. Er war wach, bewusstseinsklar und zu allen Qualitäten voll orientiert... Die Stimmung war oberflächlich ausgeglichen, bei *ausreichender Schwingungsfähigkeit*. Häufiger zeigte der Proband eine deutliche *emotionale Beteiligung*, ... Von der Grundpersönlichkeit her *imponierten* ausgeprägte narzisstische Züge ... Bei der Schilderung seiner privaten Beziehungen und gescheiterten Ehen fielen bei dem Probanden auch *Oberflächlichkeit und mangelnde Bereitschaft zur Selbstkritik* auf. ... Bei dem Probanden liegt u. E. eine *akzentuierte Persönlichkeit mit narzisstischen Zügen* vor. Dies ist gekennzeichnet durch *Selbstüberschätzung, mangelnde Bereitschaft zur Selbstkritik und niedrige Frustrationstoleranz*. ..."

8.2. Die soziale Entwicklung

Eine der Grundfragen ist immer wieder, ob und ggf. inwieweit die *frühkindliche und kindliche Entwicklung* eines Angeklagten herangezogen und zur Erklärung der Taten bzw. zur Interpretation der Verhaltensweisen oder zur Prognosestellung insgesamt benutzt werden kann. Die Merkmale, die hierbei herangezogen werden, sind keineswegs solche, die nur und ausschließlich bei Straftätern vorkommen.[8] Vielmehr gibt es meist mehr Menschen, die diese Merkmale aufweisen oder eine gleiche biographische Entwicklung erlebt haben und nicht straffällig geworden sind. Damit erfüllen diese Kriterien eher das Erklärungsbestreben des Gutachters, als dass sie tatsächliche Aussagekraft besitzen.

Auszug aus dem Bericht der Gerichtshilfe:

> „Es soll ein sehr strenges, wenig gefühlvolles Klima geherrscht haben. Er habe sehr viel Unfug getrieben. Die Erziehung erfolgte hauptsächlich durch Schläge, mit z. B. der Wäscheleine, einem Gürtel oder einem nassen Putzlappen." ... „Eine erste feste Bindung ging der Beschuldigte nach seinen Angaben erst Anfang dreißig ein". ... „Sein Leben sieht der Beschuldigte als chancenlos. Chancen und Hilfen, die ihm nachweislich nach der letzten Haftentlassung eingeräumt gewesen waren, *nutzte er jedoch nicht.* ... Einzelheiten aus seiner Kindheitsentwicklung, ... deuten auf eine bestehende, nach Meinung der Berichterstatterin (massive) Persönlichkeitsstörung hin (Kleintiertötungen, Materialzerstörungen). Es bleiben Zweifel, *ob Veränderungsmöglichkeiten* u. a. durch Therapie und/oder günstige Lebensbedingen dem Beschuldigten *überhaupt offen stehen.*"

Das Zitat macht auch deutlich, wie andere Verfahrensbeteiligte die dominierende psychiatrische Sichtweise übernehmen, weil sie sich dadurch mehr Reputation versprechen.

Dazu folgendes Beispiel aus einem Verfahren, in dem es um die Zwangsunterbringung eines Jugendlichen in einem geschlossenen Heim ging:

> Aus dem Gutachten von Dr. med. X, Arzt für Kinder- und Jugendpsychiatrie, Dipl.-Psychologe, Psychotherapie zu der Frage, ob A.B. aus medizinischer Sicht einer geschlossenen Unterbringung bedarf: „Ralf sei nach einer durch Blutungen komplizierten Schwangerschaft komplikationslos geboren worden. ... Die weitere Entwicklung des Kindes sei regelrecht verlaufen ... Die verspätete Integration des Kindes im

---

[8] Als Faktoren oder Indikatoren sollen so z.B. neben früheren Delikten bzw. vielfachen und erheblichen Vorstrafen vor allem erziehungswidrige Verhältnisse, Frühkriminalität, schlechte schulische und berufliche Ausbildung, lange Haftaufenthalte, eine schnelle Tatfolge, die Steigerung der kriminellen Intensität durch zunehmend schwerere Taten in schnellerer Abfolge und eine brutale Vorgehensweise in Betracht kommen.

Kindergarten im Alter von sechs Jahren sei aufgrund seiner mangelnden sozialen Integrationsfähigkeit gescheitert. Die gravierenden Störungen der sozialen Orientierung hätten sich in der Schule von Anfang an fortgesetzt. ...Bei einer ersten Kinder- und Jugendpsychiatrischen Vorstellung des damals sechs; fünf Jahre alten Jungen, ergaben sich unauffällige organmedizinische Befunde ..."

Ohne dass er weiß, ob eine entsprechende Prüfung der Schulleistungsmöglichkeiten oder der Intelligenz durchgeführt wurde, führt der Gutachter dann weiter aus: „Nachdem der Junge zunächst in einer Sonderschule für Lernbehinderte aufgenommen worden sei, gelangte er nach einer Sonderschulüberprüfung in eine Sonderschule für Erziehungshilfe." ... „Während der zweimonatigen stationären Behandlung in der Abteilung für Kinder- und Jugendpsychiatrie an der Landesklinik N. wurde die schwere, emotionale Störung des Kindes bestätigt. Außerdem wurde nunmehr auf das Bestehen „hyperkinetischen Syndroms" hingewiesen. Bei der neurologischen Untersuchung wurden jetzt Hinweise auf das Bestehen einer *diskreten* neurofunktionalen Entwicklungsstörung beschrieben. ... Im abschließenden Bericht der Jugendhilfeeinrichtung vom 30.7.1997 wurde betont, dass zunächst eine Verbesserung der erzieherischen Lenkbarkeit und sozialen Orientierung des Jungen erreicht werden konnte ... Man habe beobachtet, dass Ralf die Erwachsenen gegeneinander auszuspielen und zu manipulieren versuche. Gegenüber falle er durch „Imponiergehabe" auf. *Problematisch erscheine sein großer Körperbau*, der ihn als für sein Alter deutlich weiterentwickelt erscheinen lasse. Er sei ständig darum bestrebt „seinen Willen durchzusetzen". ...

Auf Seite 8 des Gutachtens schließlich kommt der eigene jugendpsychiatrische Untersuchungsbefund. Daraus folgende Zitate:

„Der zum Untersuchungszeitpunkt 12 Jahre und 6 Monate Jahre alte Junge nahm kooperativ und zugewandt am Untersuchungsgespräch teil. Seine kognitive Differenziertheit wirkte altersentsprechend, er vermochte sich verbal adäquat zu den ihm gestellten Fragen zu äußern und hinreichend differenziert eigenständige Bewertungen vorzunehmen. Insgesamt imponiere das Verhalten eher als „erwachsenenorientiert". ... „Im Übrigen fanden sich keine sicheren Hinweise auf eine gravierende psychische oder körperliche Erkrankung. Die Funktion des Denkens, Fühlens und der Wahrnehmung sowie des Gedächtnisses waren nicht krankhaft verändert."... „Bei dem nach Größe und Gewicht im oberen Normbereich gelegenen Jungen fanden sich diskrete Hinweise auf Koordinationsstörungen der oberen und unteren Extremitäten. Das Hörvermögen war in der orientierenden Prüfung beidseits, links stärker als rechts, leicht eingeschränkt."

... Im Zusammenhang mit der Durchführung des Intelligenztestes (hier wurde ein Wert von 90 Punkten erreicht, was bei einem Standardmessfehler von +/- sieben Punkten einen tatsächlichen Wert zwischen 83 und 97 bedeutet) wird betont, dass „auffällig während der Testdurchführung ... die deutlich eingeschränkte Konzentrationsfähigkeit und Misserfolgsorientierung des Probanden (war). Bei Erreichen der Leistungsgrenze *imponierten* Ausweichverhalten und Motivationsverlust." ...

Zusammenfassend betont der Gutachter Folgendes:

„In der jetzt veranlassten jugendpsychiatrischen Begutachtung zeigte sich Ralf als ein körperlich groß entwickelter Junge, der eine gewisse körperliche Belastung durch diskrete Koordinationsstörungen und ein leicht- bis mittelgradiges Hörvermögen aufwies. Gegenüber einer deutlich besser ausgeprägten verbalen Kommunikationsfähigkeit fielen erhebliche Einschränkungen des Rechnens auf. ... *Nach Würdigung der Angaben* zur Vorgeschichte, der Berichte der Jugendhilfe und der Kinder- und Jugendpsychiatrischen Klinik sowie des psychologischen und testpsychologischen Befundes *muss* davon ausgegangen werden, dass es bei R.F. zu einer erheblichen Störung der sozialen Orientierung und der Identitätsbildung gekommen ist. Die gravierenden Störungen des Sozialverhaltens dürften zu einer *Außenseiterorientierung mit wiederholten Erfahrungen sozialer Zurückweisung* geführt haben.

„Es ist *zu vermuten*, dass Ralf in sozialen komplexen Situationen, die er nicht zu lösen vermag, in aggressive Entladung ausweicht und dabei gleichzeitig dazu bereit ist, daraus folgende negative Konsequenzen und Bestrafungen zu akzeptieren. ... Während der kinder- und jugendpsychiatrischen Untersuchung, vor allem bei der Durchführung des Leistungstest, war ein *erhebliche Konzentrations- und Aufmerksamkeitsstörung* zu beobachten. ... Die aus kinder- jugendpsychiatrischer Sicht als *krankheitswertig* einzuschätzende Aufmerksamkeitsstörung war bereits während der 1993 durchgeführten Klinikbehandlung festgestellt worden. Es muss vermutet werden, dass die für ihn Sorge tragenden Erwachsenen und professionellen Helfer bei ihren Versorgungs- und Erziehungsbemühungen diese Beeinträchtigung nicht hinreichend berücksichtigen *konnten.*"

Später im Gutachten:

„Es steht zu befürchten, dass der bereits eingetretene Selbstwertverlust zu einer zusätzlichen personellen Desorientierung des Jungen geführt hat." ...„Bei den Bemühungen, die eingetretene schwere Störung zu beeinflussen, müssen *die im unteren Durchschnittsbereich gelegenen intellektuellen Fähigkeiten* und besonders die Folgen der Aufmerksamkeitsstörung des Kindes berücksichtigt werden. ... Die gravierende soziale Fehlentwicklung macht die Setzung eindeutiger pädagogischer Forderungen dringend erforderlich. Aus Sicht des kinder- und jugendpsychiatrischen Gutachters bedarf A.B. der geschlossenen Unterbringung. Sie kann wesentlich dazu beitragen, die heilpädagogisch erforderliche Struktursetzung zu unterstützen. Es erscheint angemessen, die Genehmigung zur geschlossenen Betreuung für mindestens weitere zwölf Monate aufrecht zu erhalten." ... „Wenn Ralf die Erfahrung eines unbedingten erzieherischen Interesses auch als Intensität von Beziehung und Anteilnahme erlebt, wird er aus Sicht des kinder- und jugendpsychiatrischen Gutachters auch dazu bereit sein, erzieherische Lenkung zu akzeptieren."

Der Gutachter übersieht dabei vollkommen, dass in einem Gutachten der Landesklinik, das vier Jahre zuvor erstellt worden war, Folgendes festgestellt wurde: Testpsychologische Untersuchung: Mit dem Hawik-R ließ sich eine *über der Norm liegende intellektuelle Leistungsfähigkeit feststellen (Gesamt-IQ 128*, kein Unterschied zwischen Verbal- und Handlungsteil)." Bei Aufgaben, die „eine hohe Aufmerksamkeitssteuerung erfordern" erzielte R. „besonders gute Ergebnisse. ... Insbesondere stechen also sein Allgemeinwissen, seine überdurchschnittlichen Fähigkeiten, soziale Handlungsabläufe zu erfassen, sehr gute Fähigkeiten im Rechnen und formal logischem Denken hervor."

Der Gutachter soll sich vor Gericht auf das Aufzeigen von Risikofaktoren künftiger Delinquenz beschränken (Nedopil 1995, 1996), tut dies aber oftmals nicht, sondern gibt eine „Schwarz-Weiss-Aussage" von sich: „Der Proband wird (oder wird nicht) aller Wahrscheinlichkeit nach wieder straffällig".

Eine Prognose ist vor allem dann, wenn sie auf statistischen Methoden basiert, eine Wahrscheinlichkeitsvorhersage, die von ihren methodischen Voraussetzungen her nicht auf den Einzelfall anwendbar ist. Aber auch die so genannte „klinische Prognose", die den Eindruck einer detaillierten Einzelfallanalyse macht, die nach Ursachen krankheitsähnlicher Phänomene sucht, basiert letztendlich auf (eigenen oder fremden, statistisch oder intuitiv belegten) Erfahrungen.

Zwar wird immer wieder verlangt, dass das gesamte Gutachten wissenschaftlich fundiert, rational und transparent gestaltet sein soll (vgl. Dölling 1995a). Dies bedingt aber wiederum, dass ein Prognosegutachten oftmals nicht zu einem eindeutigen, klaren Ergebnis kommen kann, sondern dass unterschiedlich zu bewertende Aspekte aufgezeigt und Hinweise zur Gewichtung gegeben werden – und damit wird es für die Zwecke des Strafverfahrens dysfunktional: Das Gericht muss sich – eigentlich im Gegensatz zu dem Gutachter – klar entscheiden, und diese Entscheidung möchte es gerne auf den Gutachter übertragen und tut dies zumeist auch.

Das Gutachten soll also gleich zwei Variablen antizipieren, obwohl es dies in dem einen Fall nicht dürfte und in dem anderen Fall nicht kann: Das Urteil bzw. die Sanktionsentscheidung des Gerichtes (nicht nur das ‚ob schuldig', sondern auch die Höhe der Strafe) und den Verlauf des Strafvollzuges. In der Praxis wird dieses Problem meist pragmatisch gelöst: Die Schuld des Angeklagten wird vom Gutachter unterstellt (meist beteiligt er sich sogar durch seine Exploration und sein Gutachten an dem Schuldnachweis), und die Länge der Strafe entweder aus bisherigen Erfahrungen mit dem urteilenden Gericht antizipiert (Stichwort: Strafkatalog, local legal culture) oder aus Gesprächen vor oder während der Verhandlung (z.B. in Pausen) entnommen. Nachdem das so genannte „Plea Bargaining" nach langer Diskussion nunmehr auch im deutschen Strafprozess akzeptiert ist, bieten sich hier sogar ganz neue Möglichkeiten an (die allerdings auch früher genutzt wurden): Über die Androhung der Sicherheitsverwahrung (indirekt, indem man ein entsprechendes Gutachten in Auftrag gibt) versucht man z.B., den Angeklagten kooperationsbereit zu machen (s.o.: Schuldeinsicht als Kriterium für Hangeigenschaft und Wiederholungsgefahr!).

Praktisches Beispiel für einen solchen machtungleichen Aushandlungsprozess aus einem Strafverfahren:

Im Sommer wird dem Angeklagten in einem Betrugsverfahren vom Gericht eine Freiheitsstrafe von drei Jahren ‚angeboten', wenn er gesteht; nachdem dieser sich weigert, werden zwei Gutachter zur Sicherheitsverwahrung beauftragt, die aufgrund des verfestigten Lebenslaufes des Angeklagten die Wiederholungsgefahr bejahen, ohne zu dem Schwere-Kriterium etwas auszusagen (was auch nicht ihr Auftrag ist!). Ergebnis: Die mehr als 20 zur Hauptverhandlung geladenen Zeugen (meist geschädigte Kleinunternehmer oder Privatpersonen) werden nur auf Drängen der Verteidigung und eines Sachverständigen überhaupt kurz angehört, die Verhandlungsdauer von zwei Tagen auf einen halben Tag reduziert, nachdem unmittelbar vor Beginn der Hauptverhandlung zwischen dem vorsitzenden Richter, dem Staatsanwalt und dem Verteidiger eine Freiheitsstrafe von viereinhalb Jahren (ohne Sicherheitsverwahrung) gegen ein Pauschalgeständnis ausgehandelt wurde. Dieses Ergebnis kennt fast nur Sieger, aber immerhin einen Verlierer, der eigentlich im Mittelpunkt des Strafverfahrens stehen sollte: den Angeklagten. Das Gericht ist zufrieden, weil es ein Geständnis hat und sich damit nicht der Mühe unterziehen muss, aus Zeugenaussagen und Beweismitteln eine ausführliche Urteilsbegründung zu konstruieren. Wenn Staatsanwalt und Angeklagten unmittelbar nach dem Urteil auf Rechtsmittel verzichten, was meist mit in die Absprache (im vorliegend Fall sollte besser von den ‚Deal' gesprochen werden) aufgenommen wird, kann sich der Richter bei der Erstellung des schriftlichen Urteils erstens Zeit lassen und zweitens braucht es nicht ganz so gründlich zu sein...; der Staatsanwalt ist auch zufrieden, weil er mehr bekommt, als er ursprünglich erwartet hatte (viereinhalb statt drei Jahre) und keine Angst vor Berufung haben muss; der Verteidiger ist zufrieden, weil er seine ohnehin niedrigen Gebühren jetzt für weniger Aufwand als bei einer streitigen Verhandlung bekommt (spannend ist es dann in solchen Fällen zu sehen, wie manche Verteidiger operettenhaft ihre Rolle spielen, um den Angeklagten weis zu machen, man hätte sich für ihn engagiert).

> Gerne unterhalten möchte Ich Befindte mich in Haft wegen eines taut.
> Gerichtsurteil: Sexualdelichtes (Somit bin ich ein Sexualstaftäter) Da aber
> In dieser Sache einiges nicht ganz gerecht Verhandelt wurde und eine
> Verurteilung nur auf Grund von: Aussagen, Annahmen, Vermutungen
> Des Richters Herr ███ Landgericht ███ Ich möchte mit jemanden
> Sprechen der auch Zuhört wenn ich ekxs Sage. Ich Denke Sie Herr Telfes
> Wehren da der Richtige Anspraches Partner - Person Sie kennen Sich auch

Lediglich der Angeklagte fühlt sich verschaukelt oder zwischen den Profis zerrieben.

8.3. Das Böse

Ein weiteres Problem solcher Begutachtungen ist die Fixierung auf das Negative, auf das Böse: Die bloße Möglichkeit künftiger Besserung oder die Hoffnung auf künftig sich ändernde Lebensumstände besteht zwar theoretisch, kann aber kaum eine Gefährlichkeit ausräumen. Konkrete Anhaltspunkte dafür, dass in der Person oder in dem Lebensumfeld des Angeklagten in absehbarer Zeit entscheidende Veränderungen eintreten werden, lassen sich aber oftmals schon deshalb nicht finden, weil die (auch jüngste) Vergangenheit des Probanden vom bzw. im Strafvollzug bestimmt war und hier ‚Veränderungen' zumal positiver Art eher unwahrscheinlich sind. Hinzu kommt, dass Angeklagte oftmals in einem (zumindest von den einer anderen sozialen Schicht angehörenden Gutachtern und Strafjuristen) generell problematischen Umfeld leben und auch keine Chancen haben, dies zu ändern.

9. Statt einer Zusammenfassung: Wie kommt eine Prognose zustande?

Literatur

Bendler (1997): Der psychowissenschaftliche Sachverständige im Strafverfahren: Der Sachverständige im Bezugssystem Staatsanwaltschaft/Gericht/Verteidigung – eigene Profession; in: Reform oder Roll-Back? Weichenstellung für das Straf- und Strafprozessrecht/21. Strafverteidigertag in Kassel. Köln

Dölling, Dieter (1995a), Perspektiven kriminologischer Prognoseforschung. In: Ders. (1995b): 129 ff

Dölling, Dieter (Hrsg.) (1995b): Die Täter-Individualprognose. Heidelberg: Kriminalistik-Verlag

Endres, Johann: Die Kriminalprognose im Strafvollzug: Grundlagen, Methoden und Probleme der Vorhersage von Straftaten. In: Zeitschrift für Strafvollzug und Straffälligenhilfe. 2000. Heft 2. 67-83

Feltes, Thomas: Rückfallprognose und Sicherungsverwahrung: Die Rolle des Sachverständigen. Anmerkungen zu rechtstatsächlichen und forensischen Problemen im Zusammenhang mit der (kriminologischen) Begutachtung bei der Anordnung der Sicherungsverwahrung. In: Strafverteidiger 5. 1998. Heft 5. 281 – 286

Feltes, Thomas/Kerner, Hans-Jürgen (Hrsg.) (1996): Empirische Polizeiforschung. Band 11. Holzkirchen: Felix Verlag.

Frisch, Wolfgang/Vogt, Thomas (Hrsg) (1994): Prognoseentscheidungen in der strafrechtlichen Praxis. Baden-Baden: Nomos

Göppinger, Hans (1980): Kriminologie. 4. Aufl. München: Beck

Habermeyer, Elmar/Hoff, Paul/Saß, Henning: Das psychiatrische Sachverständigengutachten zur Hangtäterschaft. Zumutung oder Herausforderung? In: Monatsschrift für Kriminologie und Strafrechtsreform (MSchrKrim). 2002. Heft 1. 20-24

Horn, Hans Jürgen (1999): Täterpersönlichkeit und Prognose aus Sicht des Psychiaters. In: Rössner/Jehle (1999): 261 – 270

Kinzig, Jörg (1996): Die Sicherungsverwahrung auf dem Prüfstand. Kriminologische Forschungsberichte aus dem Max-Planck-Institut für ausländisches und internationales Strafrecht. Band 74. Freiburg: edition iuscrim. 313

Müller-Isberner, Rüdiger./Gonzales Cabeza, Sara (Hrsg.) (1998): Forensische Psychatrie. Schuldfähigkeit, Kriminaltherapie, Kriminalprognose. Mönchengladbach: Forum-Verlag Godesberg.

Nedopil, Norbert (1995): Neues zur Kriminalprognose - Gibt es das? In: Dölling, D. (1995b): 83 ff. und 88

Nedopil, Norbert (1996): Forensische Psychatrie. München u a.: Beck

Nedopil, Norbert (1997): Die Bedeutung von Persönlichkeitsstörungen für die Prognose künftiger Delinquenz. In: Monatsschrift für Kriminologie und Strafrechtsreform (MSchrKrim). 1997. Heft 2. 79 – 92

Nedopil, Norbert (2000): Forensische Psychatrie. Klinik, Begutachtung und Behandlung zwischen Psychiatrie und Recht. Stuttgart/New York: Thieme.

Schütz, Alfred (1972): Studien zur soziologischen Theorie. Gesammelte Aufsätze. Band II. Den Haag: Nijhoff.

Rasch, Wilfried (1994): Verhaltenswissenschaftliche Kriminalprognosen. In: Frisch/Vogt (1994): 17 – 29

Rössner, Dieter/Jehle, Jörg-Martin (Hrsg.) (1999): Kriminalität, Prävention und Kontrolle. Heidelberg: Kriminalistik-Verlag

Stiefel, Gerd (1996b): Prognosen krimineller Karrieren. Eine empirische Studie zu kriminologischen und soziologischen Aspekten anhand von Kriminalakten aus Baden-Würtemberg. Holzkirchen/Obb.: Felix

Stiefel, Gerd (1996a): Prognosen krimineller Karrieren. Eine empirische Studie zu kriminologischen und soziologischen Aspekten anhand von Kriminalakten aus Baden-Würtemberg. In: Feltes/Kerner (1996)

Streng, Franz (1984). Strafzumessung und relative Gerechtigkeit. Heidelberg: v. Decker

Tondorf, Günter/Waider, Heribert: Der Sachverständige, ein "Gehilfe" auch des Strafverteidigers? In: Strafverteidiger (StV). 1997. Heft 9. 493 ff.

Volckart, Bernd: Die Bedeutung der Basisrate in der Kriminalprognose. In: Recht & Psychiatrie 20. 2002. Heft 2. 105-114

Anlage

StGB § 66 Unterbringung in der Sicherungsverwahrung
(1) Wird jemand wegen einer vorsätzlichen Straftat zu Freiheitsstrafe von mindestens zwei Jahren verurteilt, so ordnet das Gericht neben der Strafe die Sicherungsverwahrung an, wenn
1. der Täter wegen vorsätzlicher Straftaten, die er vor der neuen Tat begangen hat, schon zweimal jeweils zu einer Freiheitsstrafe von mindestens einem Jahr verurteilt worden ist,
2. er wegen einer oder mehrerer dieser Taten vor der neuen Tat für die Zeit von mindestens zwei Jahren Freiheitsstrafe verbüßt oder sich im Vollzug einer freiheitsentziehenden Maßregel der Besserung und Sicherung befunden hat und
3. die Gesamtwürdigung des Täters und seiner Taten ergibt, dass er infolge eines Hanges zu erheblichen Straftaten, namentlich zu solchen, durch welche die Opfer seelisch oder körperlich schwer geschädigt werden oder schwerer wirtschaftlicher Schaden angerichtet wird, für die Allgemeinheit gefährlich ist.

(2) Hat jemand drei vorsätzliche Straftaten begangen, durch die er jeweils Freiheitsstrafe von mindestens einem Jahr verwirkt hat, und wird er wegen einer oder mehrerer dieser Taten zu Freiheitsstrafe von mindestens drei Jahren verurteilt, so kann das Gericht unter der in Absatz 1 Nr. 3 bezeichneten Voraussetzung neben der Strafe die Sicherungsverwahrung auch ohne frühere Verurteilung oder Freiheitsentziehung (Absatz 1 Nr. 1 und 2) anordnen.

(3) Wird jemand wegen eines Verbrechens oder wegen einer Straftat nach den §§ 174 bis 174c, 176, 179 Abs. 1 bis 3, §§ 180, 182, 224, 225 Abs. 1 oder 2 oder nach § 323a, soweit die im Rausch begangene Tat ein Verbrechen oder eine der vorgenannten rechtswidrigen Taten ist, zu Freiheitsstrafe von mindestens zwei Jahren verurteilt, so kann das Gericht neben der Strafe die Sicherungsverwahrung anordnen, wenn der Täter wegen einer oder mehrerer solcher Straftaten, die er vor der neuen Tat begangen hat, schon einmal zu Freiheitsstrafe von mindestens drei Jahren verurteilt worden ist und die in Absatz 1 Nr. 2 und 3 genannten Voraussetzungen erfüllt sind. Hat jemand zwei Straftaten der in Satz 1 bezeichneten Art begangen, durch die er jeweils Freiheitsstrafe von mindestens zwei Jahren verwirkt hat und wird er wegen einer oder mehrerer dieser Taten zu Freiheitsstrafe von mindestens drei Jahren verurteilt, so kann das Gericht unter den in Absatz 1 Nr. 3 bezeichneten Voraussetzungen neben der Strafe die Sicherungsverwahrung auch ohne frühere Verurteilung oder Freiheitsentziehung (Absatz 1 Nr. 1 und 2) anordnen. Die Absätze 1 und 2 bleiben unberührt.

(4) Im Sinne des Absatzes 1 Nr. 1 gilt eine Verurteilung zu Gesamtstrafe als eine einzige Verurteilung. Ist Untersuchungshaft oder eine andere Freiheitsentziehung auf Freiheitsstrafe angerechnet, so gilt sie als verbüßte Strafe im Sinne des Absatzes 1 Nr. 2. Eine frühere Tat bleibt außer Betracht, wenn zwischen ihr und der folgenden Tat mehr als fünf Jahre verstrichen sind. In die Frist wird die Zeit nicht eingerechnet, in welcher der Täter auf behördliche Anordnung in einer Anstalt verwahrt worden ist. Eine Tat, die außerhalb des räumlichen Geltungsbereichs dieses Gesetzes abgeurteilt worden ist, steht einer innerhalb dieses Bereichs abgeurteilten Tat gleich, wenn sie nach deutschem Strafrecht eine vorsätzliche Tat, in den Fällen des Absatzes 3 eine der Straftaten der in Absatz 3 Satz 1 bezeichneten Art wäre.

StGB § 66a Vorbehalt der Unterbringung in der Sicherungsverwahrung

(1) Ist bei der Verurteilung wegen einer der in § 66 Abs. 3 Satz 1 genannten Straftaten nicht mit hinreichender Sicherheit feststellbar, ob der Täter für die Allgemeinheit im Sinne von § 66 Abs. 1 Nr. 3 gefährlich ist, so kann das Gericht die Anordnung der Sicherungsverwahrung vorbehalten, wenn die übrigen Voraussetzungen des § 66 Abs. 3 erfüllt sind.

(2) Über die Anordnung der Sicherungsverwahrung entscheidet das Gericht spätestens sechs Monate vor dem Zeitpunkt, ab dem eine Aussetzung der Vollstreckung des Strafrestes zur Bewährung nach § 57 Abs. 1 Satz 1 Nr. 1, § 57a Abs. 1 Satz 1 Nr. 1, auch in Verbindung mit § 454b Abs. 3 der Strafprozessordnung, möglich ist. Es ordnet die Sicherungsverwahrung an, wenn die Gesamtwürdigung des Verurteilten, seiner Taten und seiner Entwicklung während des Strafvollzuges ergibt, dass von ihm erhebliche Straftaten zu erwarten sind, durch welche die Opfer seelisch oder körperlich schwer geschädigt werden.

(3) Die Entscheidung über die Aussetzung der Vollstreckung des Strafrestes zur Bewährung darf erst nach Rechtskraft der Entscheidung nach Absatz 2 Satz 1 ergehen. Dies gilt nicht, wenn die Voraussetzungen des § 57 Abs. 2 Nr. 2 offensichtlich nicht vorliegen.

StGB § 66b Nachträgliche Anordnung der Unterbringung in der Sicherungsverwahrung

(1) Werden nach einer Verurteilung wegen eines Verbrechens gegen das Leben, die körperliche Unversehrtheit, die persönliche Freiheit oder die sexuelle Selbstbestimmung oder eines Verbrechens nach den §§ 250, 251, auch in Verbindung

mit den §§ 252, 255, oder wegen eines der in § 66 Abs. 3 Satz 1 genannten Vergehen vor Ende des Vollzugs dieser Freiheitsstrafe Tatsachen erkennbar, die auf eine erhebliche Gefährlichkeit des Verurteilten für die Allgemeinheit hinweisen, so kann das Gericht die Unterbringung in der Sicherungsverwahrung nachträglich anordnen, wenn die Gesamtwürdigung des Verurteilten, seiner Taten und ergänzend seiner Entwicklung während des Strafvollzugs ergibt, dass er mit hoher Wahrscheinlichkeit erhebliche Straftaten begehen wird, durch welche die Opfer seelisch oder körperlich schwer geschädigt werden, und wenn die übrigen Voraussetzungen des § 66 erfüllt sind.

(2) Werden Tatsachen der in Absatz 1 genannten Art nach einer Verurteilung zu einer Freiheitsstrafe von mindestens fünf Jahren wegen eines oder mehrerer Verbrechen gegen das Leben, die körperliche Unversehrtheit, die persönliche Freiheit, die sexuelle Selbstbestimmung oder nach den §§ 250, 251, auch in Verbindung mit § 252 oder § 255, erkennbar, so kann das Gericht die Unterbringung in der Sicherungsverwahrung nachträglich anordnen, wenn die Gesamtwürdigung des Verurteilten, seiner Tat oder seiner Taten und ergänzend seiner Entwicklung während des Strafvollzugs ergibt, dass er mit hoher Wahrscheinlichkeit erhebliche Straftaten begehen wird, durch welche die Opfer seelisch oder körperlich schwer geschädigt werden.

(3) Ist die Unterbringung in einem psychiatrischen Krankenhaus nach § 67d Abs. 6 für erledigt erklärt worden, weil der die Schuldfähigkeit ausschließende oder vermindernde Zustand, auf dem die Unterbringung beruhte, im Zeitpunkt der Erledigungsentscheidung nicht bestanden hat, so kann das Gericht die Unterbringung in der Sicherungsverwahrung nachträglich anordnen, wenn

1. die Unterbringung des Betroffenen nach § 63 wegen mehrerer der in § 66 Abs. 3 Satz 1 genannten Taten angeordnet wurde oder wenn der Betroffene wegen einer oder mehrerer solcher Taten, die er vor der zur Unterbringung nach § 63 führenden Tat begangen hat, schon einmal zu einer Freiheitsstrafe von mindestens drei Jahren verurteilt oder in einem psychiatrischen Krankenhaus untergebracht worden war und

2. die Gesamtwürdigung des Betroffenen, seiner Taten und ergänzend seiner Entwicklung während des Vollzugs der Maßregel ergibt, dass er mit hoher Wahrscheinlichkeit erhebliche Straftaten begehen wird, durch welche die Opfer seelisch oder körperlich schwer geschädigt werden.

Diskursforschung und Gesellschaftsdiagnose

Reiner Keller

In den gegenwärtigen Diskussionen über die Diagnose gesellschaftlicher Transformationsprozesse, wie sie etwa unter den Stichworten der ‚Wissensgesellschaft', der ‚Globalisierung' oder auch der ‚reflexiven Modernisierung' geführt werden, spielen, abgesehen von Beiträgen aus der Wissenschafts- und Technikforschung, wissenssoziologische Zugänge und Analyseperspektiven keine nennenswerte Rolle. Dies kann für die deutsche Debatte vielleicht dadurch erklärt werden, dass die Wissenssoziologie sich in den letzten Jahrzehnten in erster Linie auf mikrosoziologischer Ebene mit Wissensphänomenen beschäftigt hat. Für diese Zwecke hat sie ihre Konzepte und Methoden entwickelt. Fragen nach großformatigeren gesellschaftlichen Wandlungsprozessen konnte sie deswegen – sofern sie sich überhaupt dafür interessierte – nur insoweit bearbeiten, wie sich diese in den Wissens- oder Deutungsressourcen sozialer Akteure niederschlugen. Im vorliegenden Beitrag möchte ich dagegen die These vertreten, dass eine im interpretativen Paradigma verankerte *Wissenssoziologische Diskursanalyse* einen diagnostischen Zugang zu umfassenderen gesellschaftlichen Wandlungsprozessen erlaubt. Exemplarisch lässt sich diese Behauptung anhand der Umwelt- und Risikodiskursforschung der letzten Jahrzehnte belegen.[1]

1. Wissenssoziologische Diskursanalyse: Definitionsverhältnisse und Wissenspolitiken

Den allgemeinen Ansatz der Wissenssoziologischen Diskursanalyse kann ich an dieser Stelle nur sehr knapp skizzieren. Er schließt einerseits an die von Michel Foucault entwickelte Idee einer Analyse diskursiver Formationen an, verknüpft diese jedoch mit der Tradition der Wissensanalyse von Peter Berger und Thomas Luckmann sowie Ansätzen der Diskursforschung, die im Rahmen des Symbolischen Interaktionismus entwickelt wurden.[2] Wie lässt sich das Diskursverständ-

---

[1] Vgl. etwa Keller (2000).
[2] Vgl. dazu ausführlicher Keller (2001; 2005).

nis der Wissenssoziologischen Diskursanalyse konturieren? Mit Foucault begreift sie Diskurse als Praktiken, „die systematisch die Gegenstände bilden, von denen sie sprechen" (Foucault 1988: 74 [1969]). Eine solche Annahme hat zwei Implikationen: Sie betont erstens die konkrete ‚Materialität' von Aussagepraktiken, und sie verweist auf die darin geleistete symbolische Strukturierung der Welt. Die Diskursforschung interessiert sich sowohl für die Regeln und Ressourcen, auf die soziale Akteure in ihren Aussagepraktiken zurückgreifen, wie auch für die Welt-Deutungen – etwa in Gestalt von Deutungsmustern, Phänomenstrukturen, Klassifikationen – , das Wissen, das sie damit setzen oder behaupten. Diskurse sind Effekte einer Vielzahl von Praktiken; sie erzeugen und strukturieren gesellschaftliche Wissensfelder. Die Wissenssoziologische Diskursanalyse interessiert sich also nicht nur für die im Zeichengebrauch konstruierten Gegenstände, sondern auch für den Konstruktionsprozess selbst – die Bedeutungsgenerierung als strukturierten Aussagezusammenhang und regulierte Handlung. Sie betont die Rolle sozialer Akteure im Prozess der Diskursproduktion und Diskursrezeption. Im Anschluss an Foucault beschäftigt sie sich mit den gesellschaftlichen Effekten oder ‚Machtwirkungen' von Diskursen. In und vermittels von Diskursen wird von gesellschaftlichen Akteuren im Sprach- bzw. Symbolgebrauch die soziokulturelle Bedeutung und Faktizität physikalischer und sozialer Realitäten konstituiert. ‚Wissenssoziologische Diskursanalyse' bezeichnet keine Methode, sondern ein *Forschungsprogramm*, in dem es um die Erforschung der Prozesse der sozialen Konstruktion von Deutungs- und Handlungsstrukturen auf der Ebene von Institutionen, Organisationen bzw. kollektiven Akteuren und um die Untersuchung der gesellschaftlichen Wirkungen dieser Prozesse geht. Foucault (1988) hatte in der „Archäologie des Wissens" die Phänomenebene diskursiver Formationen als Gegenstandsbereich sozialwissenschaftlicher Forschung begründet, ohne jedoch mögliche methodische Zugänge zu deren Analyse genauer zu bezeichnen. Die Wissenssoziologische Diskursanalyse orientiert sich in ihrer methodischen Umsetzung an Ansätzen der qualitativen Sozialforschung. Dies betrifft insbesondere die Möglichkeiten der methodischen Kontrolle der Interpretationsprozesse in Bezug auf Text- oder Datenanalysen. Insoweit ist die Wissenssoziologische Diskursanalyse in der Hermeneutischen Wissenssoziologie verankert.[3]

Foucault hatte sein Interesse an der Analyse diskursiver Formationen und gesellschaftlicher Praktiken seit Anfang der 1970er Jahre neu akzentuiert und mit dem Begriff der „Genealogie" bezeichnet. Stärker als die „Archäologie" nimmt die Genealogie die historischen Entwicklungen der sozialen Konfiguration von Macht/Wissens-Komplexen, die gesellschaftlichen Wissens- und Wahrheits-

---

[3] Vgl. dazu Keller (2004, 2005)

kämpfe in den Blick. Sie behauptet keine historische Notwendigkeit oder Linearität solcher Entwicklungsverläufe, etwa im Sinne zunehmender Rationalität oder eines Fortschritts. Vielmehr untersucht sie, wie, aus welchen Beziehungen, Ver- und Entwicklungen einzelne Regime von Wissens- und Handlungspraktiken entstehen, die sowohl Verhaltens- wie auch Wahrheitsprogramme konstituieren, also gewünschtes, normentsprechendes Verhalten von Abweichung ebenso trennen wie wahres von falschem Wissen und damit – in Foucaults (1992) Worten – „Rechtsprechen" („jurisdiction") und „Wahrsprechen" („veridiction") organisieren. Die genealogische Perspektive begreift die Entwicklung diskursiver Formationen als Effekt oder Folge von „Wahrheitsspielen", diskursiven „Kämpfen", Strategien und Auseinandersetzungen zwischen gesellschaftlichen Akteuren, in denen spezifisches Wissen (und Handeln) etabliert, anderes dagegen ausgegrenzt oder ausgeschlossen wird. Foucault hatte sein damit verbundenes Analysevorhaben u.a. als eine „Geschichte der Gegenwart" oder eine „Ethnographie der Kultur, der wir angehören" bezeichnet. Archäologie und Genealogie bedeuten in diesem Sinne kein historisches Forschungsprogramm, sondern die Erkundung der Herkunft unseres gegenwärtigen Selbstverständnisses. Im Anschluss an die Konzepte der „Archäologie" und der „Genealogie" kann die Wissenssoziologische Diskursanalyse sich gesellschaftsdiagnostischen Fragen zuwenden. Dies geschieht in Form von historisch diachron und/oder synchron ansetzenden vergleichende Analyse diskursiver Formationen bzw. gesellschaftlicher Wissensfelder (und deren Strukturierungen), die wiederum die Grundlage einer diskurstheoretisch begründeten Diagnose gesellschaftlicher Transformationsprozesse darstellen kann.

Die These einer besonderen Eignung des wissenssoziologischen Diskurskonzepts zur Untersuchung der damit angesprochenen Prozesse sozialen Wandels und gesellschaftlicher Modernisierung lässt sich im Rekurs auf das Konzept der „Definitionsverhältnisse" entfalten, das Ulrich Beck (1988: 24 u. 211ff; 1999: 328) im Kontext seiner Risikoanalyse eingeführt hat. Beck betont damit den Konstruktcharakter und die Wissensabhängigkeit der Risikowahrnehmung sowie die daraus sich entfaltenden Konflikt- und Wandlungspotenziale:

> „Dieser Begriff der ‚Definitionsverhältnisse' ist als Parallelbegriff zu dem der Produktionsverhältnisse von Karl Marx und zwar in der Weltrisikogesellschaft konzipiert. Gemeint sind damit Regeln, Institutionen und Ressourcen, welche die Identifikation und Definition von Risiken bestimmen. Es handelt sich dabei um die rechtliche, epistemologische und kulturelle Matrix, in welcher Risikopolitik organisiert und praktiziert wird" (Beck 1999: 328).

Man muss die von Beck vorgenommene Zuordnung der Analyse solcher Definitionsverhältnisse auf Risikophänomene nicht übernehmen. Als Definitionsverhältnisse lassen sich ganz allgemein die gesellschaftlichen Wissensverhältnisse begreifen, also all die Institutionen, Organisationen, Mechanismen und Akteure der gesellschaftlichen Wissensproduktion und -zirkulation. Während damit eine bestehende Wissens-Ordnung bezeichnet ist, kann man von *Wissenspolitiken* sprechen, um die Rolle der Prozesse und Akteure mit ihren Interessen und Strategien zu erfassen, die dieses Gefüge durchlaufen, stabilisieren oder verändern. Es gilt jedoch auch diesen Begriff vor einschränkenden Festlegungen zu bewahren. So spricht Nico Stehr (2000; 2003) von Wissenspolitik, um ein neu entstehendes Politikfeld zu bezeichnen: die gegenwärtigen Auseinandersetzungen um die gesellschaftliche Kontrolle der Wissenschafts- und Technikentwicklung. Doch Wissenspolitik findet nicht nur hier statt – letztlich verwechselt Stehr die Fokussierung öffentlicher Aufmerksamkeit mit der Sache selbst. Sehr deutlich hatte schon Clifford Geertz (1973) vor langer Zeit darauf hingewiesen, dass man Wissen als eine Form der Politik begreifen könne, und nicht von ungefähr hatte Michel Foucault den Konnex von Macht und Wissen hervorgehoben.

Definitionsverhältnisse und *Wissenspolitiken* sind also *allgemeine* Konzepte zur Analyse gesellschaftlicher Wissenszirkulation, die nicht nur für die Bestimmung von wissenschaftlich-technisch induzierten Risikolagen Anwendung finden können. Als Prozessbegriff für eine der sozialwissenschaftlichen Analyse zugängliche Gestalt der Wissenspolitiken verweist der Diskursbegriff auf die Ereignisse, Aussagen, Akteure und Praktiken, in denen Wissen aktualisiert, verbreitet, angegriffen, bestritten, verändert und verworfen wird. Dazu zählen öffentliche Problemdiskurse ebenso wie wissenschaftliche Spezialdiskurse in unterschiedlichsten Themenfeldern und Fachgebieten, wobei „Risikodiskursen" (Lau 1989) sicherlich in den vergangenen Jahrzehnten ein zentraler Stellenwert in der öffentlichen Aufmerksamkeit zukommt. Um die Wissens-Ordnung von Gesellschaft als permanenten Prozess verstehen zu können, müssen die Praktiken, Akteure und institutionellen Felder untersucht werden, die solche Ordnungen erzeugen, stabilisieren oder transformieren. Darin genau liegt die Leistung des Diskurskonzeptes für die Soziologie. Das Programm einer *Untersuchung gesellschaftlicher Definitionsverhältnisse und Wissenspolitiken als Analyse von Diskursen* stellt eine umfangreiche wissenssoziologische und zugleich gesellschaftsdiagnostische Agenda dar. Einige Möglichkeiten einer solchen Diagnose werden nachfolgend am Beispiel der Untersuchung von Umwelt- und Risikodiskursen erläutert.

2. Zur Diskursanalyse gesellschaftlicher Transformationsprozesse

Die Wissenssoziologische Diskursanalyse analysiert gesellschaftliche Definitions- bzw. Wissensverhältnisse und die sich darin entfaltenden Wissenspolitiken sozialer Akteure als Diskurse, d.h. als historisch spezifische und spezifizierbare Prozesse und Praktiken im Medium sprachvermittelter Auseinandersetzungen. Sie nähert sich damit den Formen des sozialen Wandels, die in gegenwärtigen Zeitdiagnosen behauptet werden, auf der Ebene einer soziokulturellen Transformation der gesellschaftlichen Wissensregime. Sozialer Wandel ist für Individuen und Organisationen nicht nur ein „Handlungsproblem" (Hitzler 2000; Poferl 2004), sondern ebenso sehr ein *Deutungsproblem*. Ich schlage deswegen vor, sozialen Wandel als *soziokulturellen Transformationsprozess zu begreifen, der durch Diskurse vermittelt wird*. Dies betrifft nicht nur die mit dem Konzept der Wissensgesellschaft meist angesprochenen Transformationen des Verhältnisses von Sozialstruktur, Wirtschaft, Wissenschaft und Technik, sondern auch bspw. Identitätspolitiken und lebensstilbezogene Kämpfe um Anerkennung, also diejenigen Prozesse, die Giddens (1991a: 209ff) unter dem Begriff der „life politics" zusammenfasst. Dazu gehört auch die Ablösung nationalstaatlich organisierter Diskurs- und Wissensordnungen – das, was man als *Wissensnation* bezeichnen könnte – durch entsprechende transnationale Formationen und Öffentlichkeiten, der Wandel von ökonomischen Leitbildern (Boltanski/Chiapello 1999), die Veränderungen der Relationierung von Natur und Kultur in den gegenwärtigen Biopolitiken oder die Herausforderung an etablierte Wissensregime, die von den sozialen Bewegungen ausgegangen sind und noch ausgehen (Melucci 1996; Nash 2000). Das lässt sich an den Ergebnissen der Umwelt- und Risikodiskursforschung veranschaulichen.[4]

Seit den 1960er Jahren ist es den verschiedenen Umweltbewegungen gelungen, im Rahmen zahlreicher *Risikodiskurse* (Lau 1989), also gesellschaftlicher Definitionskonflikte über Art, Ausmaß, Betroffenheiten, Verantwortlichkeiten in Umwelt- und Technikkontroversen, wie sie insbesondere in den westlichen Industriestaaten geführt wurden, einem spezifischen „Motivvokabular" (Charles W. Mills) breite öffentliche Resonanz zu verschaffen. Diese Auseinandersetzungen haben zunächst mit dem, was man ‚Natur-Gesellschafts-Interaktionen' nennen könnte, einen neuen Phänomenbereich konstituiert, der bis dahin weitgehend außerhalb der gesellschaftlichen Aufmerksamkeit lag. Gewiss bauen alle Gesellschaften auf den materialen Austauschbeziehungen und Stoffflüssen zwischen Natur und Gesellschaft auf. Die umwelt- und risikopolitischen Auseinandersetzungen haben jedoch die wechselseitigen Gefährdungsbeziehungen bzw. insbe-

---

[4] Vgl. bspw. die Analysen von Litfin (1994), Hajer (1995), Viehöver (1997), Keller (1998), Gottweis (1998), Darier (1999), Harré/Brockmeier/Mühlhäusler (1999).

sondere die menschliche Selbstgefährdung durch die gesellschaftliche Überformung von Natur in ihren Mittelpunkt gestellt. In diesem Zusammenhang entstanden neue Wissensgebiete, soziale Akteursgruppen und institutionelle Dispositive. Zugleich wurde damit eine neue *Grammatik der individuellen und kollektiven Verantwortlichkeit* konstituiert, die verschiedene Parameter – das Vorsor-
geprinzip, die Sorge um zukünftige Generationen, einen globalisierten Verant-
wortungsbezug, das Nachhaltigkeitsprinzip u.a. – umfasst und etliche institutionelle Neuerungen und Wissensfelder mit sich brachte. In den Begriffen der Diskursanalyse handelt es sich hier beispielsweise um neue *Subjektpositionen* für
Individuen und soziale Kollektive. Beide werden als für Umweltprobleme mehr
oder weniger verantwortliche Akteure mit spezifischen Handlungspotenzialen
konstituiert, wobei deutliche Tendenzen zur Individualisierung von Kollektiv-
verantwortungen beobachtbar sind (Poferl 2004).[5] Herbert Gottweis fasst – bezogen auf Auseinandersetzungen über Entwicklungen der Gentechnologie –
mögliche Fragen eines diskursanalytischen Zuganges zu diesen Themenberei-
chen exemplarisch zusammen:

> „For social scientists the most important analytic message of poststructuralism may
> be the need to pay careful attention to the complicated ways in which language and
> discourse are used to constitute social, economic, scientific, or political phenomena,
> to endow them with meaning, and to influence their operation. Accordingly, I inter-
> pret the genetic engineering controversy as a process that was inseparable from the
> mapping – the social construction – of the political, economic and scientific worlds.
> I emphasize the importance of interpretations, framings and definitions in the const-
> ruction of reality, subjectivity, and identity in the realms of science and politics.
> That is, I argue that there is a need to examine how discourses and narratives – sto-
> ries that create meaning and orientation – constitute the policy field of genetic engi-
> neering. What are the parameters of state regulation? What counts as a rationale for
> state support? Who is constructed as a legitimate actor in a policy field? How is the
> boundary between state and civil society defined and regulated? Which strategies
> demarcate science from nonscience, and how does scientific knowledge contribute
> to the shaping of social identity?" (Gottweis 1998: 3)

Eine Querschnittsbetrachtung diskursorientierter Studien der Umwelt- und Risi-
koforschung verdeutlicht im Hinblick auf die darin sichtbar werdenden Veränderungen von Diskursverhältnissen mehrere Entwicklungen.[6] Im Einzelnen handelt

---

[5] Ein exemplarisches Beispiel dafür ist die Individualisierung der Abfall-Verantwortung (Keller
1998: 248ff).
[6] Vgl. dazu die in Fußnote 4 erwähnte Literatur. In historischer Hinsicht mögen die hier für das
Phänomen einer Etablierung der 'ökologischen Frage' getroffenen Feststellungen immer wieder
beobachtbar sein (beispielsweise im Rahmen der frühen Auseinandersetzungen über die 'soziale

es sich dabei um Veränderungen der Rolle und Wahrnehmung des wissenschaftlichen Wissens in öffentlichen Diskursen (1), die Entstehung neuer Sprecherpositionen (2), die Multiplikation von Diskursarenen (3), die Unterschiedlichkeit länderspezifischer Diskursverhältnisse und Prozesse der Transnationalisierung von Diskursen (4) und die komplexen Beziehungen zwischen Diskursen und institutionellem Wandel (5).

(1) Die Uneindeutigkeit des wissenschaftlichen Wissens

Zunächst wird deutlich, dass in Umwelt- bzw. Risikokontroversen sowohl die Wissensbasis wie auch die Interpretation von Akteursinteressen und Interventionsstrategien verhandelbare Konstrukte sind. Wissenschaftliches Wissen fungiert dabei keineswegs als primäre Ressource der Schließung von Auseinandersetzungen, sondern als ein Konflikt- und Interpretationsfeld unter anderen. Gleichwohl sind die entsprechenden Auseinandersetzungen ohne wissenschaftliches Wissen überhaupt nicht zu führen. So kommt dieser Wissensform also eine ambivalente Rolle zu: Einerseits ist sie grundlegend und unabdingbar für die von unterschiedlichen Diskurspositionen beanspruchte angemessene Beschreibung der ‚faktischen Realität' von Problemzuständen. Andererseits ‚belegt' die Veröffentlichung wissenschaftlicher Kontroversen, dass unterschiedlichste Interessen in die Konstruktion und Interpretation wissenschaftlicher Fakten unauflösbar eingebunden sind. Exemplarisch verdeutlicht dies Litfin (1994) Analyse der „Ozon-Diskurse", in der die Autorin im Rückgriff auf ihre Forschungsergebnisse gegen Ansätze argumentiert, die von homogenen Staatsinteressen und eindeutigen Handlungsempfehlungen auf der Grundlage wissenschaftlicher Problemdefinitionen ausgehen, wie etwa das Konzept der „epistemic communities" von Haas (1992). Diese Arbeit zeigt auch, dass wissenschaftliches Wissen in solchen Auseinandersetzungen nicht hinreicht, um diskursive Kontroversen zu beenden, zumindest nicht in dem Maße, wie noch in den Jahrzehnten zuvor auf Expertenwissen rekurriert wurde, um ‚Sachprobleme' zu lösen. Tatsächlich verweisen die Studien der Umweltdiskursforschung durchweg eher auf die *politische Schließung* von Entscheidungsprozessen trotz bestehender Uneindeutigkeit der wissenschaftlichen Interpretationen. Durch Umweltkontroversen wurde so nicht nur im Hinblick auf die Faktenbeschreibung, sondern auch bezogen auf Handlungsempfehlungen die Uneindeutigkeit des exakten Wissens auf die öffentliche Agenda gesetzt. Dies bedeutet keinen Verzicht auf wissenschaftliche Argumente (im Gegenteil!), aber eine Relativierung ihres Stellenwertes im politischen und diskursiven Prozess. Öffentliche Risiko-Diskurse sind hybride Gebilde, in denen

---

Frage'), denn sie markieren zunächst einen Unterschied zu den je bis dahin bestehenden Merkmalen der Diskursregime.

wissenschaftliches Wissen und Sachargumentation mit Dramatisierungen von Problemdringlichkeiten und Moralisierungen des Handlungsbedarfs verknüpft werden.

(2) Neue Sprecherpositionen

Ein zweites Moment, das in der Umwelt- und Risikodiskursforschung deutlich wird, betrifft die Ausbildung neuer Sprecherpositionen. Beispielsweise zeigt meine eigene Untersuchung über die Genese und den Verlauf der öffentlichen Auseinandersetzungen über das Hausmüllproblem seit Mitte der 1960er Jahre, wie zunächst die Kritik der staatlichen Müllpolitik von Experten im Rahmen der etablierten institutionellen Kompetenzzuweisungen, d.h. im Feld zwischen Politik, Administration, Wirtschaft und Wissenschaft, formuliert wird. Sehr schnell bilden sich jedoch mit der Abfallbewegung in Gestalt zahlreicher Initiativen und Vereine soziale Gruppen und Akteure aus, die sich entsprechende Sachkompetenzen aneignen und im Rahmen der öffentlichen Kontroversen neue Sprecherpositionen etablieren. Sie artikulieren ihre Positionen nicht im Namen spezifischer institutioneller Interessen, sondern treten als Repräsentanten einer engagierten Zivilgesellschaft in den öffentlichen Streit ein. Empirische Indikatoren dieses Prozesses liefern u.a. die Gründung der Partei Die Grünen, die Ausbildung von ökologischen Forschungsinstituten und Initiativen bis hin zu den heute etablierten Nichtregierungsorganisationen Greenpeace etc., die Gründung von eigenen Zeitschriften über Müllbehandlung, auch Demonstrationen, Medienberichterstattungen, Dokumente und Einladungen zu Diskussionsrunden. Diese Entstehung und Durchsetzung neuer Sprecherpositionen kann als Erosion etablierter moderner Diskursformationen begriffen werden, in denen Sprecherpositionen vergleichsweise eindeutig den jeweiligen Experten der Spezialöffentlichkeiten von Politik, Wirtschaft, Recht, Wissenschaft vorbehalten waren. Das eroberte und zugeschriebene symbolische Kapital der neuen Akteure, die ihnen attestierte Legitimität der Beteiligung an Problemdiskursen, ergeben sich nicht allein aus der Ressource universaler Moral oder Interessen, mit denen sie ihre Anliegen begründen. Sie folgen vielmehr auch aus ihrer Kapazität zur eigenständigen Ressourcenmobilisierung, die in der Generierung von wissenschaftlichem Problemwissen zum Ausdruck kommt. Solche Wissensressourcen bilden eine unabdingbare Grundlage der notwendig wissensbasierten Konfrontation und Herausforderung etablierter Deutungsweisen in Umwelt- und Technikkonflikten.

(3) Die Multiplikation der Diskursarenen

Eng mit diesen Prozessen verbunden ist die Multiplikation von Diskursarenen. Dies ist nicht einfach eine technikinduzierte Folge der Explosion massenmedialer Verbreitungsformen bis hin zum zeitgenössischen Internet-Chat. Vielmehr bestand eine der politischen Reaktionen auf die skizzierte Entfaltung diskursiver Kontroversen in Umwelt- und Technikfeldern in der gezielten Einrichtung neuer Foren der Auseinandersetzung, angefangen bei Enquêtekommissionen über Runde Tische, Konsensgespräche bis hin zu den unterschiedlichsten Mediationsverfahren oder Anhörungsprozeduren in konkreten Standortentscheidungen für technische Dispositive. Dazu zählt auch die Gründung eigener Zirkulationsmedien für entsprechende thematische Auseinandersetzungen innerhalb der herausfordernden Risikodiskurse. Die neuen, netzwerkartig verbundenen Diskursarenen tragen in vielen Fällen keineswegs per se zur Schließung diskursiver Kontroversen bei, sondern regen zunächst die empirische Verstreuung von Artikulationen an, d.h. sie bieten Foren für die Aktualisierung konkurrierender Diskurse.

(4) Länderspezifische Diskursverhältnisse und Transnationalisierung der Diskurse

Die verschiedenen international vergleichend angelegten Diskursanalysen – beispielsweise Hajers (1995) Untersuchung der Kontroverse um den Sauren Regen, Gottweis' (1998) Gentechnik-Studie oder meine eigene Untersuchung der Mülldebatten (Keller 2000) – zeigen, dass themen- und länderspezifisch unterschiedliche Diskurse bzw. Diskurskoalitionen um das legitime Wissen über und die Definition von Sachverhalten konkurrieren. Diese durch die nationalen institutionellen Traditionen und Akteurskonfigurationen geprägten Diskursverhältnisse erzeugen je spezifische Dynamiken von öffentlichen Auseinandersetzungen, Schließungen der Kontroversen und institutionellen Bearbeitungen der Gegenstandsbereiche. Unter Bedingungen des öffentlichen Diskurspluralismus, wie er für die bundesdeutsche Mülldebatte oder die niederländische Diskussion über Sauren Regen gilt, sind sukzessive Annäherungen der konkurrierenden Diskurspositionen feststellbar.

Die herangezogenen Untersuchungen belegen weiter einen Prozess der *sozial-räumlichen Entgrenzung* von Diskursen. Diskurse nehmen dabei nicht nur transnationalen Charakter an, sondern stellen selbst *Weltereignisse* und *Transnationalität* her. Das dafür eindrucksvollste Beispiel der Umwelt- und Risikodiskussionen liefert sicherlich die Reaktorkatastrophe von Tschernobyl einschließlich der grenzüberschreitenden Radioaktivitäts-Wolke, die, wie Poferl (1997) zeigt, eine sehr unterschiedliche diskursive Bearbeitung erfährt und dadurch entsprechend verschiedene ‚Ereignisreichweiten' ausbildet. Die Aufhebung etablierter sozialräumlicher Grenzziehungen kann sich auch, wie am Beispiel der von Litfin (1994) untersuchten Ozon-Diskurse oder dem von Viehöver (1994) und Weingart et al.(2002) analysierten Diskurs über Klima-Wandel deutlich wird, unmittelbar aus der Konstitution des betreffenden Gegenstandsbereiches, hier also: globalen Anliegen, ergeben. In anderen Fällen ist es die ‚kleinformatigere' Ebene transnationaler Stoffflüsse und Regulierungspolitiken, welche die diskursiven Grenzerosionen erzeugt, ohne gleich den gesamten Diskursen transnationalen Charakter zu geben. Die Diskurse über Klimawandel, Ozonloch, Sauren Regen oder Müllbeseitigung konstituieren durch die Art und Weise ihrer Problembestimmung zugleich die transnationale Reichweite des jeweiligen Problemzusammenhangs, d.h. gegebenenfalls auch die Notwendigkeit der Einsetzung transnationaler Regime.

(5) Diskurse und institutioneller Wandel

In den risikogesellschaftlichen Handlungsfeldern ist das Verhältnis zwischen (herausfordernden) Diskursen und etablierten institutionellen Praktiken weder als komplette Transformation existierender Dispositive noch als unverändertes Weiterbestehen angemessen bestimmt. Diskursanalysen bieten hier nicht nur Rekonstruktionen, sondern auch Erklärungen dafür, warum und wie sich die Verschränkung zwischen Diskursen und Praktiken konkret und je unterschiedlich gestaltet. Als erklärende Faktoren werden etwa überlegene Leitmetaphern und story lines (Viehöver 1997, 2003), unterschiedliche Strukturen der Öffentlichkeit (Keller 1998) oder das Beharrungsvermögen der bestehenden institutionellen Apparate (Hajer 1995) herausgearbeitet. Zwischen der Positionierung neuer Gegenstände auf der öffentlichen Agenda bzw. in institutionellen Settings und der Neukonfiguration institutioneller Arrangements bestehen also komplexe Beziehungen. So sind, auch das zeigen die Studien, eine Vielzahl entsprechender Dispositive entstanden, angefangen bei der Neuorientierung wissenschaftlicher Forschungsprogramme über die Schaffung von Ministerien, Kommissionen und internationalen Regimes bis hin zu den bekannten Öko-Zertifikaten u.a., die in bestehende institutionelle Praktiken eingelagert bzw. mit ihnen verknüpft werden. Diskursanalysen vermeiden hier einen naiven Objektivismus bezüglich ihres Gegenstandsbereichs ebenso wie den direkten Kurzschluss von Deutungen auf Handlungen (Praktiken). Gerade die analytische Trennung von Zeichengebrauch und Handlungsweisen ist notwendig, um deren praktische Relationierung zu rekonstruieren. Die Untersuchungen der diskursiven Auseinandersetzungen um die Transformation gesellschaftlicher Definitionsverhältnisse im Bereich der Umwelt-, Wissenschafts- und Technikpolitiken belegen zwar eine vergleichsweise große Trägheit bestehender institutioneller Arrangements und beugen dadurch einer naiven Überschätzung (etwa angesichts schneller Verbreitungen eines entsprechenden ‚Vokabulars') der Machtwirkungen neuer Diskurse vor. Sie zeigen jedoch auch und vor allem, wie solche Dispositive herausgefordert, ihrer Fraglosigkeit enthoben und unter Rechtfertigungsdruck gesetzt werden, sich also insgesamt einem Prozess der Delegitimation ausgesetzt sehen, aus dem sie verändert hervorgehen. Zusammengenommen können die bilanzierten, durch Risiko- bzw. Technikdebatten und umweltpolitische Auseinandersetzungen vorangetriebenen Veränderungen gesellschaftlicher Diskursregime zur allgemeineren Diagnose einer Transformation von gesellschaftlichen Wissensverhältnissen verdichtet werden.

3. Risikoereignisse und symbolische Ordnung: Zur Transformation gesellschaftlicher Wissensverhältnisse

Mit Blick auf die öffentlichen Arenen gesellschaftlicher Definitionskonflikte lässt sich nun allgemeiner danach fragen, welche Mechanismen, Bedingungen oder Ereignisse überhaupt die gesellschaftliche Dynamik von diskursiven Auseinandersetzungen in Gang setzen, und welche Effekte davon ausgehen. Symbolische Ordnungen werden in der Perspektive der Wissenssoziologischen Diskursanalyse als historisch kontingente Fixierungen von Sinnstrukturen begriffen, die durch Diskurse, Praktiken und Dispositive hergestellt werden. Nur selten bzw. in vergleichsweise kleinen Kollektiven – wenn überhaupt – kann von einer einzigen widerspruchsfreien symbolischen Ordnung gesprochen werden. Für moderne Gesellschaften ist von unterschiedlichen, auch konkurrierenden *Ordnungsprozessen* auszugehen, die in Abhängigkeit von ihrem *Institutionalisierungsgrad* eine mehr oder weniger starke *hegemoniale Position* einnehmen. Diese Strukturierungen bilden ein konflikthaftes ‚Fließgleichwicht', d.h. sie sind immer mehr oder weniger in Veränderung begriffen.

In der nicht nur phänomenologisch, sondern auch pragmatistisch argumentierenden sozialkonstruktivistischen Tradition der Wissenssoziologie von Alfred Schütz, Peter Berger und Thomas Luckmann werden die alltäglichen Deutungsvorgänge als Routineanwendungen von Typisierungen begriffen, die aus dem gesellschaftlichen Wissensvorrat stammen und individuell angeeignet wurden. Zunächst folgen solche Aufmerksamkeitsroutinen dem ‚Sparsamkeitsprinzip' und den momentanen Relevanzstrukturen des Deutens und Handelns in einer fraglos gegebenen Wirklichkeit, d.h. der bevorzugten ‚Erkenntnis des Bekannten'. Erst da, wo sie auf Probleme stoßen, irritiert werden, weil Phänomene als kategorial oder klassifikatorisch uneindeutig erscheinen und hinreichende Motivationen zur Aufhebung dieser Uneindeutigkeit bestehen, beginnt die Suche nach oder Konstruktion von neuen, passungsfähigeren Typisierungen. Schütz/Luckmann (1979: 30ff) illustrieren die Normalitätsunterstellungen der alltäglichen Routineauslegungen und das Verhältnis zwischen dem „fraglos Gegebenen und dem Problematischen" am Beispiel eines Waldspazierganges und Pilzfundes. Ob hinreichende Typisierungen zur Bestimmung eines Erfahrungsgehaltes als ‚Pilz' verfügbar sind, hängt einerseits von den situativen Motivationen ab (will ich ihn essen?), andererseits aber auch von den Passungen der Phänomengestalt zu den kategorialen Bestandteilen einer Typisierung (gibt es zwei Meter hohe Pilze?).

Vergleichbare Routinen und Irritationserfahrungen finden sich auch in gesellschaftlichen „Subsinnwelten", etwa in der Wissenschaft: Umberto Eco hat vor einigen Jahren am Beispiel der Entdeckung des Schnabeltieres darüber berichtet, welche Kreativitätspotenziale freigesetzt werden, wenn die gängigen klassifikatorischen Praktiken der Zoologie auf ‚lebendigen Widerspruch' treffen:

> „Es war so groß wie ein Maulwurf, hatte kleine Augen, die Vorderbeine wiesen vier Krallen auf, die mit einer Membran verbunden waren, die größer war als jene, die die Krallen der Hinterbeine verband. Das Tier hatte einen Schwanz, einen Entenschnabel und schwamm mit den Beinen, die es auch zum Graben seiner Höhle benutzte. Es war zweifellos ein Amphibium (...) Schnabeltiere werden später als Fisch-, Vogel- und Vierfüßernatur beschrieben (...) Bewick schreibt, man sollte nicht versuchen, es nach den üblichen Klassifikationskriterien einzuordnen, sondern sich damit zu begnügen, diese merkwürdigen Tiere so zu beschreiben, wie sie uns erscheinen." (Eco 2000: 277ff)

Wiederum auf einer abstrakteren Ebene fragte Marshall Sahlins danach, wie ganze Gesellschaften ungewöhnliche Ereignisse und kollektive Erfahrungen in ihre bestehenden symbolischen Ordnungen einpassen bzw. unter welchen Bedingungen sich daraus Transformationen dieser Ordnungen selbst entwickeln. Sahlins zufolge entstehen Neuerungen symbolischer Ordnungen aus der Diskrepanz zwischen Ereignissen und gesellschaftlich verfügbaren Interpretationsschemata. Soziale Akteure reagieren darauf mit Kreativität:[7]

> „Da die zufälligen Handlungsbedingungen (...) nicht unbedingt der Bedeutung entsprechen müssen, die eine bestimmte Gruppe ihnen zuschreibt, nehmen die Menschen eine kreative Überprüfung ihrer überkommenen Schemata vor, und insofern wird die Kultur historisch durch das Handeln verändert. Man kann sogar von einer ‚strukturellen Transformation' sprechen, die durch die Veränderung gewisser Be-

---

[7] Hans Joas (1996) hat im Anschluss an den Pragmatismus und Giddens Theorie der Strukturierung eine soziologische Theorie der "Kreativität des Handelns" eingefordert.

deutungen die Beziehungen der kulturellen Kategorien zueinander verändert, mithin eine ‚Systemveränderung' bewirkt." (Sahlins 1992b: 7)

Die Überlegungen von Sahlins folgen dem Gedanken der pragmatistischen Tradition, dass Routineauslegungen durch ‚abweichende' Phänomengestalten irritiert und ‚problematisch' werden. Seine Übertragung dieser Annahme auf die Ebene symbolischer Ordnungen und gesellschaftlicher Kollektiverfahrungen hilft, die Mechanismen der gesellschaftlichen Resonanz von Risikodiskursen zu verstehen. Im Anschluss an die Überlegungen von Schütz/Luckmann, Eco und Sahlins lässt sich die These formulieren, *dass Irritationserfahrungen auf der Ebene kollektiver Wissensvorräte bzw. symbolischer Ordnungen zum Katalysator von Diskursen werden, die ‚neue' Interpretationen generieren und damit in Konkurrenz und Herausforderung zu den etablierten Diskursformationen treten.* Die Ursachen und das Erscheinungsbild solcher Irritationen und Probleme sind vielfältig. Sie mögen in der Begegnung mit Anderem, Fremdem, Unvertrautem liegen, in den Bemühungen um Vertiefungen wissenschaftlichen und technischen Wissens, der Gestaltung bzw. Optimierung gesellschaftlicher Handlungsfelder, in der erfolgreichen Artikulationspraxis sozialer Diskurs-Akteure oder in Ereignissen, die sich eindeutigen Routineauslegungen entziehen – als eine Art ‚soziale Schnabeltiere'. Herausfordernde bzw. neue Diskurse entstehen und verbreiten sich in solchen Konstellationen des Deutens und Handelns. Die ereignisinduzierte Generierung von Diskursen lässt sich exemplarisch an der Entfaltung von Risikodiskursen verdeutlichen: Das Erscheinen von Risikodiskursen in gesellschaftlichen Arenen wird durch besondere Ereigniskonstellationen – (potenzielle) Risiko-Ereignisse – ausgelöst, die Anlässe für gesellschaftliche Irritationserfahrungen stiften. Solche Ereignisse werden dann zum Auslöser von diskursiv strukturierten Interpretationskonflikten, wenn soziale Akteure motiviert sind, bestehende Deutungen und Verantwortungskonstruktionen hinsichtlich der Ereignisabläufe zum Gegenstand ihrer Artikulationspraxis zu machen. In dieser Konkurrenz der Interpretationen spielt wissenschaftliches Wissen die zentrale Rolle in der Faktenbeschreibung. Die gesellschaftliche Verbreitung von Risikodiskursen und die dadurch vermittelte kollektive Risikoerfahrung ist jedoch eingebettet in ein komplexes Gefüge von Resonanzbedingungen der Massenmedien, in denen wissenschaftliches Wissen nur eine Größe neben anderen darstellt. Unter den Bedingungen ihrer massenmedialen Beobachtung nehmen risikokatastrophische Ereignisse die Gestalt sozialer (kollektiver) Dramen an, in denen die symbolischen Ordnungen selbst zum Konfliktgegenstand werden. Solche Konflikte entfalten sich in den öffentlichen Arenen als Diskurse, die in einen Wettstreit der Klassifikation treten und konkurrierende Narrationen über die Referenzereignisse prozessieren. Die Wirkungen dieser Diskurse hängen von den

Resonanzstrukturen gesellschaftlicher Öffentlichkeiten und der institutionellen Trägheit und Stabilisierung der bestehenden Wissensregime ab. Ereignisse erzeugen mithin Gelegenheitsstrukturen für diskursive Rekonfigurationen symbolischer Ordnungen und soziokulturelle Transformationsprozesse, ohne dass von einem Automatismus solcher Effekte auszugehen ist.

Eine besondere Rolle kommt dabei den historisch gewachsenen Strukturierungen gesellschaftlicher Öffentlichkeiten zu. In den letzten Jahrzehnten wurde mehrfach ein neuerlicher „Strukturwandel der Öffentlichkeit" im Zusammenhang mit der zivilgesellschaftlichen Einmischung in öffentliche Problemdebatten konstatiert (Eder 1996; Pellizzoni 2003). Damit ist ein Wandel in der Ordnung öffentlicher Diskurse anvisiert, der sich seit den 60er Jahren in den national organisierten Öffentlichkeiten moderner Gesellschaften mit unterschiedlichen Graden und Geschwindigkeiten vollzieht. Als allgemeine Merkmale dieses Wandels gelten die Pluralisierung der sich an öffentlichen Diskussionen und Diskursen beteiligenden Akteure, die Erosion der Autorität wissenschaftlichen Wissens bzw. wissenschaftlicher Expertise in den öffentlichen Prozessen der Entscheidungsfindung, die mit der Anerkennung vielfältiger wissenschaftlicher Unentscheidbarkeit einhergeht, und die Fragmentierung der öffentlichen Arenen in zahlreiche, mehr oder weniger miteinander vernetzte Teilöffentlichkeiten. Wissenschaftliches Wissen hat dadurch seinen autoritativen Status bei der Schließung diskursiver Kontroversen eingebüßt. Die katastrophischen Risikoereignisse spielen in diesem Prozess der Transformation von Öffentlichkeiten eine wichtige, den Wandel befördernde Rolle, weil sie im Sinne der skizzierten Prozesse neuen Diskursen, Akteuren und Argumenten eine Plattform der Artikulation verschaffen.

Das Verhältnis zwischen katastrophischen Ereignissen und ihrer massenmedialen Kommunikation in Gestalt konkurrierender Diskurse ist durchaus ambivalent. Das Ansteigen des Potenzials oder der Zahl tatsächlicher Risiko-Katastrophen kann gerade unter den Bedingungen ihrer massenmedialen Verbreitung zur Normalisierung oder Banalisierung der Risikoerfahrung beitragen, d.h. dass sie – je mehr es davon gibt, sie zum Thema werden, je öfter medial erzeugte Teilnehmerperspektiven entstehen, je weniger Steigerungseffekte erzielbar sind – ihren Status der (mobilisierenden) Ereignisse verlieren und zur kollektiven Routine werden, von der sich die Medien – und ihr Publikum – gelangweilt abwenden. Sie fungieren dann auch für die massenmediale Risikokommunikation nicht länger als ‚interessante Themen'. Je seltener man von Risiko-Katastrophen spricht, desto stärker bleibt ihre situative Wirkung als massenmediale Gefahren- und Gemeinschaftserfahrung. Je häufiger sie zum Medienthema werden, desto routinisierter wird ihre Wahrnehmung; sie verlieren letztlich ihren mobilisierenden Status und ihre Themenfähigkeit. Der risikogesellschaftliche Gefahrendiskurs erscheint dann (vorübergehend) als Ideologie ohne empirische Basis.

Ungeachtet dieser Ambivalenz zeigen die vorliegenden Studien, dass risiko-induzierte Gefahrendiskurse in mancherlei Hinsicht Veränderungen der instituti-onellen Arrangements der Wissensproduktion bzw. der Wissensverhältnisse moderner Gesellschaften ausgelöst haben. Dazu zählen bspw. die Etablierung neuer Leitbilder und institutioneller Dispositive des gesellschaftlichen Zu-kunftsmanagements in Gestalt der Konzepte von ‚nachhaltiger Entwicklung', risikobezogenen Vorsorge-Strategien und entsprechenden Suchheuristiken der Wissensgenerierung, die weiter oben als *neue Grammatik der Verantwortlichkeit* bezeichnet wurden. Dazu zählen auch die Einrichtung von Foren der kommuni-kativen Bearbeitung von risikobezogenen Entscheidungen und der Einbezug neuer legitimer Akteure in diese Diskussionen sowie nicht zuletzt die verschie-denen Veränderungen groß- und kleintechnischer Prozesse oder alltäglicher Praktiken des Konsums u.a. Gewiss fallen solche Veränderungen (bislang) weni-ger radikal aus, als dies entsprechende Diskurspositionen fordern. Darin zeigt sich das fortdauernde Gewicht der Kontrolldiskurse, das Beharrungsvermögen der durch sie geformten Dispositive und Praktiken sowie ihre Kompetenzen im Umgang mit der Herausforderung. Allerdings wird erst die künftige Betrachtung in einem längerfristigen Zeithorizont eine abschließende Einschätzung über die Reichweite der anvisierten Transformationsprozesse geben können.

Wo liegen in diesem Zusammenhang die diagnostischen Möglichkeiten der Wissenssoziologischen Diskursanalyse? In erster Linie handelt es sich dabei um ein prozessorientiertes empirisches Forschungsprogramm, das in der Lage ist, sozialen Wandel in modernen Gesellschaften als Veränderung bzw. Transforma-tion, als soziale Konventionalisierung und Dekonventionalisierung von Diskur-sen und Praktiken in den Blick zu nehmen. In diesem Sinne kann die entwickelte Diskursperspektive die Durchführung empirischer Wissensanalysen des sozialen Wandels und entsprechende Diagnosen der Unterschiedlichkeit und Veränderung gesellschaftlicher Wissensregime anleiten, die wiederum Hinweise für gesell-schaftsdiagnostische Generalisierungen etwa zum Gestaltwandel von der Si-cherheits- zur Risikogesellschaft liefern, die ja beide Varianten von „Wissensge-sellschaften" sind, aber eben mit je spezifischen und unterschiedlichen Regimes der Wissensproduktion, -zirkulation und -funktion. Deren Strukturen sind – in den Worten von Joseph Gusfield (1981) – „als Ordnungsmuster eingefrorene Prozesse", die jederzeit aufgetaut, d.h. zum Gegenstand von gesellschaftlichen Auseinandersetzungen werden können.

Vor dem Hintergrund des dargelegten Forschungsprogramms lassen sich verschiedene Anschlussfragen im Hinblick auf die Beziehungen zwischen dis-kursiven Formationen bzw. Diskursregimen benennen. Dabei geht es nicht so sehr um die großformatigen Fragen nach historischem Fortschritt und Entfaltungspotenzialen kommunikativer Rationalität, sondern um die Analyse von typisierbaren Abfolgen, Konjunkturen oder ‚Sperrklinkeneffekten', um die Frage nach Diskursgruppierungen und ihrer gesellschaftlichen Resonanz. Beispielsweise könnte in diesem Zusammenhang untersucht werden, ob gegenwärtig eine *Säkularisierung* (natur-)wissenschaftlicher Diskurspositionen beobachtbar ist, die analog zur historischen Ablösung der religiösen Deutungshoheit durch die wissenschaftliche Erkenntnisproduktion letztere in ihrer Geltungskraft – nicht notwendig in ihrem Geltungsanspruch – relativiert und anderen Diskursformen unterordnet. Im Ländervergleich könnten entsprechend Fragen nach nationalen und internationalen Konjunkturen diskursiver Formationen untersucht werden, nicht zuletzt auch deren Stellenwert vor dem Hintergrund entstehender transnationaler oder globalisierter Diskursverhältnisse.

Literatur

Beck, Ulrich (1988): Gegengifte. Frankfurt/Main: Suhrkamp.
Beck, Ulrich (1999): Weltrisikogesellschaft, ökologische Krise und Technologiepolitik. In: Beck et al (1999): 307-334
Beck, Ulrich/Hajer, Maarten/Kesselring, Sven (Hg.) (1999): Der unscharfe Ort der Politik. Empirische Fallstudien zur Theorie der reflexiven Modernisierung. Opladen: Leske + Budrich
Boltanski, Luk/Chiapello, Eve (1999): Le nouvel esprit du capitalisme. Paris : Gallimard [dt. Fassung: Der neue Geist des Kapitalismus (2003). Konstanz : UVK]
Brand, Karl-Werner/Eder, Klaus/Poferl, Angelika (Hg.) (1997): Ökologische Kommunikation in Deutschland. Opladen: VS-Verlag
Darier, Éric (Hg.) (1999): Discourses of the Environment. London: Blackwell Publishers
Eco, Umberto (2000): Kant und das Schnabeltier. München: DTV
Eder, Klaus (1996): The Institutionalisation of Environmentalism: Ecological Discourse and the Second Transformation of the Public Sphere. In: Lash et al (1996): 203-223
Foucault, Michel (1988): Archäologie des Wissens. Frankfurt/Main: Suhrkamp [1969]
Foucault, Michel (1992): Was ist Kritik? Berlin : Merve Verlag [1978]
Geertz, Clifford (1973): The Interpretation of Cultures. New York: Basic Books [dt. gekürzte Ausgabe 1983]
Giddens, Anthony (1991): Modernity and Self-Identity. Self and Society in the Late Modern Age. Cambridge: Stanford University Press
Gottweis, Herbert (1998): Governing Molecules. The Discursive Politics of Genetic Engineering in Europe and the United States. Cambridge: MIT Press
Gusfield, Joseph R. (1981): The Culture of Public Problems: Drinking-Driving and the Symbolic Order. Chicago: University of Chicago Press
Haas, P.M.: Introduction: Epistemic Communities and international policy coordination. In: International Organization 46. 1992. Heft 1. 1-35

Hajer, Maarten A. (1995): The Politics of Environmental Discourse – Ecological Modernization and the Policy Process. Oxford: Oxford University Press

Harré, Romano/Brockmeier, Jens/Mühlhäusler, Peter (1999): Greenspeak: A Study of Environmental Discourse. London: Sage Publications

Hitzler, Ronald: Sinnrekonstruktion. Zum Stand der Diskussion (in) der deutschsprachigen interpretativen Soziologie. In: Schweizerische Zeitschrift für Soziologie 26. 2000. Heft 3. 459-484

Joas, Hans (1996): Die Kreativität des Handelns. Frankfurt/Main: Suhrkamp

Keller, Reiner (1998): Müll – Die gesellschaftliche Konstruktion des Wertvollen. Opladen: VS-Verlag

Keller, Reiner: Der Müll in der Öffentlichkeit. Reflexive Modernisierung als kulturelle Transformation. Ein deutsch-französischer Vergleich. In: Soziale Welt 51. (2000). Heft 3. 245-266

Keller, Reiner (2001): Wissenssoziologische Diskursanalyse. In: Keller et al (2001): 113-145

Keller, Reiner (2003a): Der Müll der Gesellschaft. Eine wissenssoziologische Diskursanalyse. In: Keller et al (2003): 197-232

Keller, Reiner (2004): Diskursforschung. Eine Einführung für SozialwissenschaftlerInnen. Opladen: VS-Verlag

Keller, Reiner (2005): Wissenssoziologische Diskursanalyse. Grundlegung eines Forschungsprogramms. Wiesbaden: VS-Verlag

Keller, Reiner/Hirseland, Andreas/Schneider, Werner/Viehöver, Willy (Hg.) (2001): Handbuch Sozialwissenschaftliche Diskursanalyse Band 1: Theorien und Methoden. Opladen: Leske + Budrich

Keller, Reiner/Hirseland, Andreas/Schneider, Werner/Viehöver, Willy (Hg.). (2003): Handbuch Sozialwissenschaftliche Diskursanalyse Band 2: Forschungspraxis. Opladen: Leske + Budrich

Lash, Scott/Szerszynski, Bronislaw/Wynne, Brian (Hg.) (1996): Risk, Environment & Modernity. Towards a New Ecology. London: Sage Publications

Lau, Christoph: Risikodiskurse. Gesellschaftliche Auseinandersetzungen um die Definition von Risiken. In: Soziale Welt 40. 1989. Heft 4. 418-436

Litfin, Karen T. (1994): Ozone Discourses. Science and Politics in Global Environmental Cooperation. New York: Columbia University Press

Melucci, Alberto (1996): Challenging Codes: collective action in the information age. Cambridge: Cambridge University Press.

Nash, Kate (2000): Contemporary Political Sociology. Globalization, Politics and Power. Oxford: Blackwell Publishers.

Pellizzoni, L.: Knowledge, Uncertainty and the Transformation of the Public Sphere. In: European Journal of Social Theory 6. 2003. Heft 3. 327-355

Poferl, Angelika (1997): Der strukturkonservative Risikodiskurs. Eine Analyse der Tschernobyl ‚media story' in der Frankfurter Allgemeinen Zeitung. In: Brand et al (1997): 106-154

Poferl, Angelika (2004): Die Kosmopolitik des Alltags. Zur ökologischen Frage als Handlungsproblem. Berlin: Edition Sigma

Sahlins, Marshall (1992): Inseln der Geschichte. Hamburg: Junius Verlag

Schütz, Alfred/Luckmann, Thomas (1979): Strukturen der Lebenswelt. Band 1. Frank-
furt/Main: Suhrkamp

Stehr, Nico (2000): Die Zerbrechlichkeit moderner Gesellschaften. Weilerswist: Velbrück
Wissenschaft

Stehr, Nico (2003): Wissenspolitik. Die Überwachung des Wissens. Frankfurt/Main:
Suhrkamp

Viehöver, Willy (1997): 'Ozone thieves' and 'hot house paradise'. Epistemic communities as cultural entrepreneurs and the reenchantment of the sublunar space. Unv. Dissertation. Florenz: EUI

Viehöver, Willy (2003): Die Wissenschaft und die Wiederverzauberung des sublunaren
Raumes. Der Klimadiskurs im Licht der narrativen Diskursanalyse. In: Keller et al
(2003): 233-270

Weingart, Peter/Engels, Anita/Pansegrau, Petra (2002): Von der Hypothese zur Katastrophe. Opladen: Leske + Budrich

Die dichte Beschreibung des Möglichen

Martin Engelbrecht

1. Einleitung

„Statt zu fragen, wie das Rationale durch das Kulturelle behindert wird, könnten wir anfangen zu untersuchen, wie das Kulturelle das Rationale voranbringt", so fordert Lorraine Daston in ihrem Essay zur Ausstellung „Science & Fiction", in der die zunehmende und vielschichtige Verflechtung der Wissenschaften mit der Kunst und der Alltagskultur spätmoderner Gesellschaften thematisiert wird (Daston 2004: 63). Einen zentralen Schauplatz dieser Verflechtung bildet seit über einem Jahrhundert das Genre der Science Fiction Literatur (in Deutschland wegen des schlechten Leumunds dieser Bezeichnung auch häufig mit dem Etikett ‚utopischer Roman' versehen). Der vorliegende Aufsatz versucht nun, diese Verflechtung noch etwas weiter zu treiben und fragt, inwieweit ein Teil dieses Genres, das man als ‚Social Hard SF' bezeichnen könnte (siehe Abschnitt 5) für die Frage nach „interpretativen Methoden der Prognostik" Inspirationen bieten kann. Die erste und zentrale Inspiration springt dabei eigentlich sofort ins Auge: Könnten sich nicht auch die Humanwissenschaften – auch und gerade die auf der Basis interpretativer Paradigmen arbeitenden – die Methode des Gedankenexperiments zu Eigen machen? Liegt hier nicht vielleicht ein großes Potential, das nicht nur die Erstellung von sozialwissenschaftlich fundierten Szenarien der gesellschaftlichen Zukunft ermöglicht, sondern u. U. auch zur Reflexion eigener Theorien und Menschenbilder geeignet ist?

Der Versuch, für diese Frage eine erste Antwort zur Diskussion zu stellen, bestimmt den Rest des Textes. Dabei soll ein Vorschlag entwickelt werden, wie humanwissenschaftliche Gedankenexperimente theoretisch fundiert werden könnten. Den Rahmen dafür bildet zum einen das Konzept des ‚Szenarios', wie es in der in Unternehmensführung und Sozialpädagogik verbreiteten ‚Szenariotechnik' Verwendung findet, zum anderen der paradigmatische Aufsatz „Dichte Beschreibung. Beiträge zu einer deutenden Theorie von Kultur" von Clifford Geertz (Geertz 1987). Anschließend wird die beispielgebende Science Fiction Literatur diskutiert, wobei gezeigt werden soll, dass sie – wenn man sie als ‚dichte Beschreibung' im Geertzschen Sinne liest – ungeachtet ihres primär künstleri-

schen Charakters prognostische Mittel einsetzt, die wichtige Hinweise für die
Erstellung und Begründung interpretativer Szenarien zukünftiger Gesellschaften
liefern können. Das wird an zwei Beispielen vertieft, Herbert George Wells'
„When the Sleeper Wakes" und John Brunners „The Shockwave Rider". Abschließend wird erörtert, welches Potential in einer solchen Vorgehensweise für
eine interpretativ arbeitende Soziologie stecken könnte.

2. ‚Szenarien' als Instrumente gesellschaftswissenschaftlicher Prognostik

Das Konzept des ‚Szenarios' stammt, so Albers und Broux (1999) in ihrem pra-
xisorientierten Methodenbuch zur Szenariotechnik, aus der Militärstrategie und
fand schnell Eingang in Unternehmensplanung und Zukunftswerkstätten. Szenarien in diesem Sinne sind Ergebnisse eines Workshop-Instruments, der „Szenariotechnik", die die Autoren so definieren: „Die Szenariotechnik ist eine Methode, mit deren Hilfe isolierte Vorstellungen über positive und negative Veränderungen einzelner Entwicklungsfaktoren in der Zukunft zu umfassenden Bildern
und Modellen, d.h. zu möglichen und wahrscheinlichen Zukünften zusammengefasst werden..." (Albers/Broux: S. 11). Sie grenzen diese Methode gegen statistisch basierte Prognosen ab, betonen aber, dass quantitativ ermittelte Trends
selbstverständlich auch in Szenarien Eingang finden können und müssen (a.a.O.:
58). Durch eine Reihe reflektierter Schritte werden in Diskussion Szenarien
erzeugt, in der Regel differenziert nach Zeit- und Erwartungshorizonten (‚best'
und ‚worst case' Szenarien). Ohne die praktische Seite dieser Vorgehensweise
weiter vertiefen zu wollen, scheint die diskursive Erzeugung von Szenarien eine
Reihe von augenfälligen Vorteilen aufzuweisen, so z.B. eine mögliche Relativierung dessen, was Manfred Prisching (2003: 14) „perspektivierende Ausgangs-
punkte für Gesellschaftsanalysen" nennt.

Gibt es aber so etwas wie eine theoretische Rechtfertigung für den Einsatz
der Szenariomethode, eines ja offensichtlich eher für politisch-praktische, denn
für wissenschaftliche Zwecke entwickelten Instruments? Hier erweist sich eine
weitere Inspiration aus der Science Fiction Literatur als hilfreich. Es soll im
Folgenden die These vertreten werden, dass die von Clifford Geertz formulierte
Methode der „dichten Beschreibung" nicht nur rückwärtsgewandt rekonstruie-
rend, sondern auch in die andere Richtung des Zeitpfeils ‚konstruierend' einge-
setzt werden kann, eine Vorgehensweise vieler älterer und neuerer SF-Autoren.

3. ‚Dichte Beschreibung' der Zukunft?

In seinem programmatischen Essay „Dichte Beschreibung" liefert Clifford Geertz mit der Wiedergabe einer Erzählung des marokkanischen Händlers Cohen den Lesern ein Beispiel seines eigenen Arbeitens, das er selbst als ‚dichte Beschreibung' kennzeichnet. Mit Paul Ricœur definiert er den Inhalt seiner Niederschrift dieser Erzählung als „Bedeutung des Sprechereignisses" (Geertz 1987: 28), also selbst schon als eine Deutungs- und nicht eine bloße Aufzeichnungsleistung (überdies „zweiter und dritter Ordnung", a.a.O.:23) und bekennt sich mit diesem Ansatz zu einem, wie er selbst es nennt, „semiotischen" Kulturbegriff in Anschluss an Max Weber (a.a.O.: 9). Selbstverständlich ist die Arbeit des Ethnografen Geertz damit nicht beendet, sondern sie beginnt erst richtig in dem Bestreben, in seinem Material die „Vielfalt komplexer, oft übereinandergelagerter oder ineinander verwobener Vorstellungsstrukturen" (a.a.O.: 15) zu erschließen, um für den Leser ihre „Normalität zu enthüllen", ohne dass ihre „Besonderheit dabei zu kurz käme" (a.a.O.: 21). Als Zielbestimmung des ganzen wissenschaftlichen Unternehmens formuliert er dabei die „Erweiterung des menschlichen Diskursuniversums" (a.a.O.: 20).

Wenn nun Ursula K. LeGuin, prominente SF-Autorin und Tochter Alfred Kroebers (siehe Clute 1996: 178) vorsichtig für ihr Genre in Anspruch nimmt: „The description in science fiction is somewhat >thicker,< to use Clifford Geertz's term, than in realistic fiction, which calls on an assumed common experience" (LeGuin 1994: 2f), lassen sich dafür Argumente finden?

Richtet sich der Fokus sozialwissenschaftlicher Interpretation wie in der Regel der Fall auf geronnene Vergangenheit, scheint der Unterschied zwischen der Aufzeichnung einer real geschehenen Episode wie die des Händlers Cohen und der Erzählung einer fiktiven Geschichte wie der Roman „Madame Bovary", den Geertz selbst als Beispiel verwendet (Geertz 1987: 23), jedem westlich sozialisierten Gegenwartsmenschen unmittelbar einzuleuchten. Geertz selbst freilich ist da im konsequenten Weiterdenken seines eigenen Ansatzes weit vorsichtiger, wenn er sagt: „Aber die eine Geschichte ist genauso *fictio* – ‚etwas Gemachtes'– wie die andere (a.a.O.: 23). Er fügt hinzu: „Sich darüber im klaren zu sein heißt zu realisieren, daß es in der Untersuchung von Kultur ebensowenig wie in der Malerei möglich ist, eine Grenze zwischen Darstellungsweise und zugrunde liegendem Inhalt zu ziehen" (a.a.O.: 24). Die Erhärtung des „objektiven Status" (a.a.O.) der in dieser Manier produzierten wissenschaftlichen Deutungen liegt – so Geertz – in der Frage, ob und inwieweit die „wissenschaftliche Imagination uns mit dem Leben von Fremden in Berührung zu bringen vermag" (a.a.O.). Die wissenschaftliche Legitimation dichter Beschreibungen liegt also in dem, was sich mit anderen Worten auch eine ,rekonstruktive Plausibilisierung' in den Kontext des (wissenschaftlichen) Lesers hinein nennen ließe.

Was aber geschieht nun, wenn sich die dichte Beschreibung nicht der verfestigten Vergangenheit, sondern der, oder besser *einer* noch im Fließen befindlichen Zukunft zuwendet?

Geertz setzt sich in seinem programmatischen Aufsatz ebenfalls mit der Frage der Prognose auseinander und zeigt, dass eine Kulturanalyse in seinem Sinne nicht voraussagt – „zumindest nicht im strikten Sinn des Wortes" (a.a.O.: 37). Sie kann dies gar nicht, denn der Code, der in sozialen Situationen gültig ist, legt „nicht den Verlauf fest", den die Situationen nehmen (a.a.O.: 27). Was eine interpretierende Wissenschaft leisten kann, nennt er „klinische Schlußfolgerungen" und schreibt: „Eine solche Schlußfolgerung geht nicht so vor, daß sie eine Reihe von Beobachtungen anstellt und sie dann einem beherrschenden Gesetz unterordnet, sondern sie geht vielmehr von einer Reihe (mutmaßlicher) Signifikanten aus, die sie in einen verständlichen Zusammenhang zu bringen sucht" (a.a.O.: 37). Es lässt sich nun zeigen, dass hier der Verfasser eines SF-Romans und der sozialwissenschaftliche Konstrukteur eines interpretativ begründeten prognostischen Szenarios auf einer bestimmten Ebene derselben Logik folgen, obgleich ersterer natürlich in erster Linie unter künstlerischen Gesichtspunkten arbeitet: Beide erstellen sozusagen in ,Weiterdeutung' aus dem Ausgangsmaterial menschlicher Gegenwartsgesellschaften Portraits einer (noch) nicht existierenden und daher auch empirisch nicht zugänglichen Welt, deren Plausibilität – *genauso wie bei der Darstellung einer vergangenen Welt* – darauf beruht, dem Leser ihre „Normalität zu enthüllen", ohne dass ihre „Besonderheit dabei zu kurz käme" (Geertz 1987: 21). An dieser Stelle steht natürlich sofort der Einwand im Raum, dass es der Sozialwissenschaft daran gelegen sein muss, möglichst wahrscheinliche Konstellationen der Zukunft zu ,treffen', während ein SF-Autor die Freiheit zu haben scheint, sozusagen nach Lust und Laune auch unmögliche oder völlig unrealistische Dinge in seine Bilder der Zukunft einzufügen. Doch vielleicht ist auch dieser Unterschied nicht ganz so grundlegend, wie es zunächst den Anschein hat.

4. Diskontinuitäten und die textliche Plausibilisierung offener Zukünfte

An dieser Stelle ist u.U. eine Definition fantastischer Literatur hilfreich, die schon an anderer Stelle vorgenommen wurde (vgl. Engelbrecht 2005). Sie lautet etwas umformuliert: SF (und mit ihr jede andere Form moderner Fantastik) wird ,gesetzt' aus den zum Zeitpunkt der Abfassung konsensuell vorherrschenden Wirklichkeitsvorstellungen plus einer, mehrerer oder vieler Diskontinuitäten.

Von hier aus führen Wege in viele Richtungen. Das Fantasy-Genre erweitert im Sprung seine Diskontinuitäten zu völlig neuen Welten, die aus den unterschiedlichsten Mythologien entnommenen Größen gestaltet sind; um in sie einzudringen, müssen ‚magische Schwellen' überschritten werden, die die Welten – und damit die Plausibilitätskonzepte – voneinander trennen. Das Horror-Genre spielt mit den Ängsten der Menschen vor der latenten Brüchigkeit der konsensuell vorherrschenden Wirklichkeit, in dem es Vorschläge macht, welche grauenerregenden Diskontinuitäten sich möglicherweise unter der ‚ordentlichen Oberfläche' moderner Wirklichkeitsvorstellungen verbergen könnten. Die SF hingegen erhebt den Anspruch, die konsensuelle Wirklichkeit nicht zu sprengen oder zu unterlaufen, sondern sie ihrem eigenen Geiste folgend zu erweitern, dies aber quasi bis hin zur Konvergenz mit der Unendlichkeit, oder besser gesagt mit vielen denkbaren Unendlichkeiten.

Die dabei von ihr freigebig gesetzten Diskontinuitäten in einen ‚möglichen' und einen ‚unmöglichen' Bereich aufzuteilen, ist dabei schwerer, als es auf den ersten Blick den Anschein haben mag. Zwar lassen sich leicht eine ganze Reihe klassischer physikalischer Unmöglichkeiten auflisten, wie beispielsweise die Konstruktion eines Perpetuum Mobile. Doch die Beobachtung des SF-Chronisten Brian Aldiss, die SF sei „voller zerbrochener Theorien, wie der Boden eines Kinderzimmers, der mit zerbrochenem Spielzeug übersät ist" (Aldiss 1987: 74), beschreibt ja letztlich nur den Widerhall des kaum zu prognostizierenden wissenschaftlich-technischen Entwicklungsganges selbst, in dem viele wissenschaftliche Unmöglichkeiten zu Selbstverständlichkeiten wurden und umgekehrt (siehe Kuhn 1976). Nicht zuletzt deshalb ist – auch im Anschluss an die wissenschaftstheoretischen Diskussionen der jüngeren Vergangenheit – davon auszugehen, dass viele Standardversatzstücke der SF (beispielsweise die ‚Außerirdischen') zwar vielleicht als extrem unwahrscheinlich, keineswegs aber wissenschaftlich sauber als unmöglich bezeichnet werden können. So scheint die Setzung von Diskontinuitäten weitaus häufiger eine Frage des Wahrscheinlichen, als des Möglichen zu sein.

Im Bereich menschlichen Handelns ergibt sich außerdem aus der Geertzschen Diagnose, der Code einer sozialen Situation lege ihren Verlauf nicht fest, dass es in der Beschreibung der Zukunft so etwas wie ‚ceteris paribus Bedingungen' streng genommen nicht geben kann. Denn auch die Annahme, dass außer dem Erwarteten nichts geschieht, *ist die Setzung einer Diskontinuität*, und zwar einer, die davon ausgeht, dass die Menschen in ihrer Bewältigung sozialer, technischer und ökologischer Herausforderungen nur auf Lösungen zurückgreifen, die schon da waren, und keine neuen entwickeln.

Beide, SF-Autoren wie interpretative Prognostiker, stehen also vor der Herausforderung, reflektiert solche Diskontinuitäten für ihre Szenarien zu setzen.[1] Mit Geertz (1987: 37) könnte man sagen, dass die Setzungen ‚klinischer' Natur sind, d.h. es geht darum, die „Bündel von symbolischen Handlungen" nicht in ihrer gegenwärtigen (oder besser vergangenen, weil dokumentierten) Konstellation, sondern in ihren möglichen Weiterentwicklungen zu beschreiben. Die Entscheidung für ein bestimmtes Bündel von Setzungen ist deshalb nie *zwingend*, sondern stets nur plausibilisierbar unter dem Aspekt, ob sich aus ihnen ein Szenario ergibt, das die außerordentlich weit gespannten Möglichkeiten menschlichen Erlebens, Lebens und Handelns nicht in irgendeiner Weise sprengt.

Die ‚konstruktive Plausibilisierung' der Szenarien ist dementsprechend auch der zweite Schritt, der dem SF-Autor (und dem Sozialwissenschaftler) abgefordert wird. Denn es ist als ein zentrales Merkmal der Logik moderner SF-Literatur anzusehen, dass die Schriftsteller zwar die Setzung der Diskontinuitäten frei verwalten dürfen. In ihrer Plausibilisierung jedoch sind sie ohne große Spielräume auf dieselben Regeln der Logik und Widerspruchsfreiheit festgelegt, die das Orientierungsideal moderner Rationalität darstellen. Darin unterscheidet sich die SF eben grundlegend von surrealen Kunstformen, aber auch von Fantasy- und Horrorgenre[2].

Doch selbst wenn die Plausibilisierungen der Diskontinuitäten in der SF – vor allem in Kinoproduktionen und TV-Serien – oft kaum mehr als leere Rhetorik sind, so bleibt doch der grundsätzliche Anspruch des Genres, in diesem Sinne ‚realistisch' zu schreiben.[3]

5. SF-Szenarien zwischen Utopie und Dystopie

Die Strömung der SF, die sich am konsequentesten der Herausforderung verpflichtete, den Stand der Naturwissenschaften als Grundlage ihrer Geschichten zu verwenden, wird üblicherweise mit einem Terminus von P. Schuyler Miller ‚Hard SF' genannt (Pringle 1997: 57). In Anlehnung an diesen Begriff könnte

---

[1] Daraus lässt sich bereits eine erste wissenschaftliche Forderung an den Prognostiker ableiten, nämlich die Offenlegung dieser Setzungen, siehe auch Albers/Broux 1999: 60

[2] Die Genres fusionieren allerdings in einer zunehmenden Zahl von Texten und Filmen miteinander. Vielleicht lässt sich dies als ein Hinweis dafür lesen, dass auch im Alltagsbewusstsein westlicher Kulturen die Vorstellung *einer* vorherrschenden konsensuellen Wirklichkeit immer brüchiger wird, so wie das z.B. auch von Vertretern der Ethnomethodologie diskutiert wird, siehe z.B. Mehan/Wood 1979.

[3] Die wissenschaftlich-philosophischen Diskurse, die sich z.B. um die für die hier diskutierten Fragen geradezu paradigmatisch zu nennenden ‚Star Trek' Fernsehserien und Filme ranken, belegen beispielsweise Weber 1997; Richards 1998.

man den für die vorliegende Argumentation entscheidenden Teil der SF, als ‚Social Hard SF' bezeichnen.

‚Social Hard SF' lässt sich in ihrem Ausgangsalgorithmus vergleichsweise einfach definieren: Im Mittelpunkt steht die Beschreibung der Veränderung menschlicher Gesellschaften, die in interaktiver Verknüpfung mit einer mehr oder weniger großen Zahl an technischen Innovationen und deren ökologischen, politischen, religiösen und wirtschaftlichen Folgen zustande kommen. Was die Autorinnen und Autoren der ‚Social Hard SF' eint, ist dabei weniger die Beschränkung auf bestimmte Varianten technischer Entwicklungen, als vielmehr der Versuch, in ihrer Beschreibung dieser Gesellschaften nicht „mit scheinbarer Präzision eine künftige technologische Entwicklung" zu beschreiben und gleichzeitig „ihre sozialen Auswirkungen" völlig zu verkennen (Aldiss 1987: 121), sondern im Gegenteil diese Auswirkungen zum reflektierten Mittelpunkt ihrer Texte zu machen und dabei den Stand der Diskussion der Naturwissenschaften, Humanwissenschaften und der Philosophie über Mensch und Gesellschaft mit einzubeziehen. Zu den wichtigsten Autorinnen und Autoren dieses Subgenres lassen sich z.B. die zitierte Ursula LeGuin, Octavia Butler, Samuel Delany, Orson Scott Card und noch eine Reihe anderer zählen. Auch die meisten ‚klassischen' Utopien und Dystopien der neueren Zeit, wie z.B. B. Skinners „Walden Two", aber auch Orwells „1984", Huxleys „Brave New World" oder Bradburys „Fahrenheit 451" kann man hier zuordnen.

Beide hier als Beispielgeber willkürlich ausgewählte Autoren müssen als paradigmatische Vertreter einer ‚Social Hard SF' betrachtet werden, und für beide gilt, was John Lawton (1999: xxxiii) in seiner Einführung zu „When the Sleeper Wakes" über Wells bemerkt, er sei nämlich „passionately concerned about the shaping of society by such developments".

Eine umfassende Diskussion der in den beiden Romanen „When the Sleeper Wakes" und „The Shockwave Rider" entwickelten Szenarien würde den Raum dieser Darstellung sprengen. Deshalb soll neben einem kurzen Überblick nur ein Aspekt diskutiert werden, der auch für die Konstruktion von sozialwissenschaftlichen Szenarien von zentraler Bedeutung zu sein scheint, und zwar der Zusammenhang zwischen der Makroebene des dargestellten Gesellschaftsentwurfs und der Mikroebene, der dichten Beschreibung von Sprache, Habitus und Alltag einer möglichen Zukunft, wie sie sich in unzähligen kleinen Episoden verdichtet, ganz ähnlich der, die Geertz über seinen Informanten Cohen referiert.

Herbert George Wells (1866-1946), der weitaus berühmtere der beiden Autoren, war mehr als jeder andere SF-Autor vor und nach ihm von der sozialprognostischen Herausforderung der SF fasziniert und überzeugt. So trat im Laufe seines Lebens die belletristische Produktion immer mehr zurück zugunsten von philosophischen und pädagogischen Texten über die Zukunft des Menschen.[4]

In die zeitlich am Anfang des 22. Jahrhunderts angesetzte Welt seines Romans „When the Sleeper Wakes" (Wells, 1994, erstmals 1899) führt Wells den Leser in einer in der klassischen utopischen Literatur weit verbreiteten Weise ein: Er lässt ihn einen Zeitgenossen in diese fremde Welt begleiten.[5] Der Protagonist Graham entstammt der Zeit der Veröffentlichung des Romans, also dem viktorianischen Zeitalter, und gelangt aufgrund eines zweihundertjährigen Komas an den zeitlichen Schauplatz der Erzählung. Sein Vermögen wurde von Treuhändern verwaltet und wie in den zahllosen schulischen Aufgaben zur Zinsrechnung optimistisch dargestellt, erwacht er als Herr eines Vermögens, das ihn zum reichsten und mächtigsten Mann einer Welt macht, in der ein monopolistischer Kapitalismus de facto und de jure die Macht über das britische Weltreich und damit über die Hälfte der Welt erlangt hat. Dieser augenzwinkernde schriftstellerische Kniff versetzt den unfreiwilligen Herrscher Graham in das Zentrum einer hoch industrialisierten Massenwelt. Langsam lernt er und mit ihm der ihn begleitende Leser in einer Reihe von Dialogen mit seinen neuen Zeitgenossen diese Welt aus unterschiedlichen Perspektiven kennen: Ein alter Mann aus der unteren Mittelschicht versorgt ihn mit einer Sicht, die durch die elektronischen Massenmedien geprägt ist (Wells geht von Rundfunk und Schwarzweißfernsehen aus), seine wechselnden Vermögensverwalter (und gleichzeitig die wahren Machthaber) konfrontieren ihn mit einem zynischen Pseudodarwinismus der Macht und eine junge Frau aus der Oberschicht mit einer Sicht sozialrevolutionärer Leidenschaft. Am meisten erfährt Graham jedoch von seinem Diener, der sich auf ihren gemeinsamen verkleideten Reisen in die Massenwelt der Zukunft als sozialwissenschaftlich überraschend kompetenter Zeitzeuge erweist.

In ganz England gibt es aufgrund der Landflucht nur noch wenige Megalopolen. Ganz London ist von einem Glasdach bedeckt.[6] Die Energie für die Stadt stammt von riesigen Windrädern; den Transport von Menschen und Gütern in der Stadt übernehmen endlose Systeme von Laufbändern (eine Idee, die ebenfalls für lange Zeit zum festen Topos der SF werden sollte). Das Zahlenwesen ist auf das Duodezimalsystem umgestellt, eine Vorstellung, die mit dieser Art zu rechnen durch ihre Währung und ihre Längenmaße vertrauten Engländern offenbar attraktiv erschien und die z.B. auch Olaf Stapledon (1935) erwähnt.

---

[4] Siehe beispielsweise seinen programmatischen Text „Die offene Verschwörung, Wells 1928. Zu Wells gründlich erforschtem Leben und Werk siehe u.a. Hammond 2001.

[5] Ähnlich verfuhren z.B. Thomas Morus und Tommaso Campanella in ihren klassischen Utopien (Haufschild/Hanenberger 1999).

[6] So sollte es 1960 der Architekt Buckminster Fuller konzipieren (siehe Jones 1998: 30). Brunner übernimmt diese Idee für das New York des 21. Jahrhundert als ,Fuller-Kuppel', nicht ohne sich deutlich von ihr zu distanzieren (Brunner 1980: 134).

In Wells' Welt des 22. Jahrhunderts sind Männer wie Frauen gleichberechtigt und gleichbelastet in den Arbeitsprozess integriert – lediglich weibliche Ordnungskräfte vermochte Wells sich nicht vorzustellen. Es gibt keine Familien und keine Haushalte im heutigen Sinne mehr. Die Mütter geben ihre Kinder gleich nach der Geburt in große „Kinderhorte" ab. Interessanterweise befürchtet Graham Deprivationserscheinungen der Heranwachsenden, die aber in Wells' Szenario offenbar nicht eintreten, obwohl größtenteils Maschinen die Betreuung der Kleinkinder übernehmen. In Bezugnahme auf die wissenschaftlichen Diskussionen seiner Zeit geht der Roman unter anderem von einer zum universellen Heilmittel psychischer Leiden erwachsenen Hypnosetechnik aus.

Wer verarmt, wird von der „Arbeitsgesellschaft" in Dienst genommen und erhält gegen Tageskontrakte gerade so viel Geld, dass die Kosten der Gesellschaft für Bekleidung, Unterbringung und Ernährung des Betroffenen gedeckt sind. Dieses Proletariat ist durch blaue Overalls stigmatisiert und Wells (1994: 159f) lässt einen Protagonisten ein Sprichwort zitieren: „Blue canvas once and ever". Statt Mischbebauung ist die 33 Millionen Einwohner zählende Metropole in sauber getrennte funktionale Bezirke aufgeteilt, darunter ausgedehnte Vergnügungsviertel und Straßenzüge, in denen zahllose unterschiedliche Religionen miteinander um Kundschaft konkurrieren. Ähnlich ist auch die Bevölkerung durch einen strengen Kleidercode klar nach sozialen Gruppen voneinander geschieden. Wells' Szenario beschreibt eine soziale Welt, die zwar vom Kapitalismus fast völlig aufgesogen, aber nicht pluralisiert, sondern in wenige übersichtliche soziale Blöcke aufgeteilt ist. Die Vielfalt von Moden und Religionen ist für Situation und Handlungsverlauf offenbar irrelevant.

Bei genauerer Betrachtung erweist sich die Konstruktion der Wellsschen Dystopie eindeutig als deduktiv angelegt. Die Zeitgenossen des 22. Jahrhunderts wirken auf den Leser hundert Jahre nach Erscheinen des Romans eher als ‚viktorianische Zukunftsgestalten'. Sie scheinen von den von Wells beschriebenen fundamentalen Wandlungen ihrer Biographien und ihres Alltagslebens nicht nur in Sprache und Habitus, sondern auch in ihrem Verständnis für die Denkwelt eines zweihundert Jahre alten viktorianischen Mittelschichtlers weitgehend unberührt geblieben zu sein. So finden sich in dem Roman zwei widersprüchliche Ebenen: Da ist einerseits die auf der Makroebene skizzierte Welt, die so grundlegende Veränderungen erfahren hat, das sie an der Grenze des Plausibilisierbaren liegt, siehe z.B. die kindlichen Sozialisationsbedingungen (dies freilich eher für den zeitgenössischen Leser, der mit der Forschung über frühkindliche Deprivation vertraut ist). Auf der anderen Seite sind da die Dialoge und Episoden der Mikroebene, die diesen fundamentalen Wandel nicht wirklich widerspiegeln. Auf der Makroebene durchkonstruiert, bleibt Wells' Zukunftsentwurf die Plausibilisierung auf der Mikroebene weitgehend schuldig. Es findet sich zu diesem

Befund eine interessante Äußerung von Wells über einen Wandel in seiner schriftstellerischen Ausrichtung: „I found I was less and less interested in the artistic business of making the tale plausible and more and more in the scientific interest of making it probable" (zitiert nach Lawton 1999: xxxi). Offenbar ordnete Wells die Ausgestaltung der Mikroebene des Entwurfs ganz der künstlerischen Dimension zu und konzentrierte sich zunehmend darauf, die Makroebene seines Szenarios mit dem Stand der Wissenschaften seiner Zeit kompatibel zu machen.[7]

Seit Ende des zweiten Weltkriegs begann sich allmählich eine zunehmende Menge von Autorinnen und Autoren mit dem Problem auseinander zu setzen, dass eine fremde Welt nicht glaubwürdig auf der Makroebene beschrieben werden kann, ohne die hier gesetzten Diskontinuitäten nicht auf der Mikroebene weiter zu denken, sprich die Protagonisten aus dieser Welt in Sprache, Habitus, Alltagswirklichkeit etc. in einer Weise zu beschreiben, wie sie sich von den veränderten Umständen her erwarten lässt. Am häufigsten wurde diese neue Erkenntnis allerdings nicht in der Schilderung menschlicher, sondern außerirdischer Welten realisiert (z.B. Tiptree 1980/Mitchison 1983 u.v.a.). Doch andere Autorinnen und Autoren setzten die Erkenntnis auch in ihren Utopien (z.B. LeGuin 1985) oder Dystopien um (Butler 1993).

John Brunner (1934-1995), wie Wells Engländer, begann seine Karriere mit einer Fülle schnell geschriebener Romane, vor allem für „Ace Books", zu dieser Zeit mit der bedeutendste SF-Verlag überhaupt (siehe Brunner 1975b). Zunehmend trat er jedoch mit einer Reihe von Romanen hervor, die bis heute als Schlüsselwerke kompetenten künstlerischen Nachdenkens über Zukunft gelten, darunter „Morgenwelt" (Brunner 1980) und der 1975 erstmals erschienenen Roman „The Shockwave Rider"[8]. Als wissenschaftlichen Impulsgeber erwähnt und zitiert er explizit in seinen Texten Vance Packard, David Riesman, Marshall McLuhan, Alvin Toffler und Angus Porter.

Brunner nimmt die Herausforderung einer dichten Beschreibung seines Szenarios auf der Mikroebene ernst und wirft seine Leserschaft in das kalte Wasser einer fremden Welt, die sie sich vom Autor quasi alleingelassen selbst erarbeiten muss. Die Protagonisten leben, reden und denken in einer Zukunft, die von einem alles umspannenden Datennetz (von Brunner stets „the net" genannt) politisch, sozial und auch sprachlich dominiert wird. Die Menschen dieser Zukunft „were resigned to living wholly on the public level"(Brunner 1975a: 67). Das "brain race" ist im vollen Gange und gigantische private und staatliche Forschungseinrichtungen sind auf der Jagd nach menschlichen Ressourcen, sprich

---

[7] Dies hielt er allerdings keineswegs immer so, siehe seine Bemerkungen zur Problematik der plausiblen Konstruktion eines unsichtbaren Menschen in „The Invisible Man" (a.a.O.: xxxv ff.).
[8] Zu Brunners Werk und seinem schriftstellerischen Werdegang siehe De Bolt (1975).

intelligenten Kindern, die sie überdies auch noch mit Hilfe genetischer Experimente künstlich hervorzubringen suchen.

Brunners Haupteld, das jugendliche Computergenie Nickie Haflinger; wächst als „rent-a-child", als Teilzeitmietkind für wohlhabende Paare auf, wird später von den Talentsuchern der staatlichen Eliteforschungseinrichtung „Tarnover" zwangsrekrutiert, und flieht als junger Erwachsener aus dieser Umgebung. Er findet im Internet einen Code, mittels dessen sich Regierungsbeamte neue Identitäten zulegen können, und erschafft sich selbst so immer neue soziale Existenzen.[9] In einer Krisensituation bricht er unter der Last seiner Vergangenheit und der ständigen Notwendigkeit der Camouflage zusammen. Kate, die Tochter einer Kollegin und flüchtigen Sexpartnerin, rettet ihn und sie fliehen nach „Precipice", einem Dorf, das auf dem Boden des von einem Beben völlig zerstörten Kaliforniens neu errichtet wurde. Erst allmählich enthüllt sich Precipice als eine Gelehrtenrepublik und Untergrundorganisation. Kate und Haflinger werden jedoch von Agenten des Bundesamtes für Datenverarbeitung verhaftet und mit elektronisch-behavioristischen Methoden zwangsverhört. Es gelingt dem Protagonisten zu entkommen. Mit Hilfe der Bewohner von Precipice erschafft er den ultimativen „worm", ein gigantisches Virusprogramm, das jedwede Verschleierung von Daten aufhebt, und das Netz so zu einer wirklich offenen Einrichtung macht, die nicht länger von Staat und internationalen Konzernen kontrolliert wird. Die fundamentalen sozialen Änderungen, die das bewirkt, werden am Schluss des Romans nur noch angedeutet.

Brunners Text ist von Aphorismen, Nachrichten aus dem ‚Net' und dem „Threevee" (3-D Fernsehen), Interviewfetzen, Sprichwörtern, Reklametexten etc. durchsetzt, die eine eigene Sprache und eine eigene Lebenswelt schildern. Die Schilderung seiner Protagonisten ist von einer Reihe von Elementen geprägt: Da ist die paranoide Situation, dass einerseits das eigene Leben durch das „Net" selbst für völlig Fremde fast komplett einsichtig ist und andererseits der unablässig nagende Verdacht, dass Schlüsselinformationen über andere einem selbst im „Net" unzugänglich bleiben. Brunner nimmt auch die Doku-Soaps vorweg, wenn er beschreibt, wie Menschen sich in sozialen Laboratorien filmen lassen oder ihre Kinder und sich selbst für das „Threevee" lebensgefährlichen Situationen aussetzen.

Soziale Beziehungen werden sorgsam auf der Ebene unverbindlicher Bekanntschaft gehalten, selbst wenn sexuelle Kontakte mit ihnen verbunden sind. Der „Overload", beschrieben als „trapped in a fight-or-flight mode when there

---

[9] Gleichsam wird hier die Bastelidentität zur höchsten Potenz erhoben: „freedom to become the person you chose instead of the person remembered by the computers"(Brunner 1975a: 67). Zu dem mit Brunners Beschreibung in erstaunlicher Übereinstimmung stehenden Begriff des Bastlers siehe u.a. Hitzler (2003).

was no way to attain either solution" (Brunner 1975a: 97), ist eine Volkskrankheit. Eng damit verbunden ist der „bounce or break" Lebensstil, ein Leben des regelmäßigen Orts- und Existenzwechsels – oft genug dann, wenn ein Lebensentwurf gescheitert ist, oder der Betreffende sich ein neues soziales oder weltanschauliches Umfeld wünscht.

In der Plausibilisierung seines Entwurfs auf der Mikroebene gibt Brunner dem Leser weitgehend den umgekehrten Weg vor wie Wells. Er ist gehalten, sich von der Mikrostruktur her ein Bild der Makrostruktur zu erarbeiten. Beide Ebenen sind im Text aufeinander bezogen und inhaltlich unauflöslich miteinander verwoben. So entsteht ein Szenario, das sich von Menschen- und Gesellschaftsbild her gegenseitig plausibilisiert.

Freilich enthält auch dieses Bild Lücken und erkennbare Fehlprognosen. So wird, um nur ein kleines Bespiel zu nennen, in Brunners Welt ausschließlich über Tastaturen mit den allgegenwärtigen Computern kommuniziert, es gibt kein Äquivalent für Maus oder graphische Benutzeroberflächen. An einem Befund wie diesem entzündet sich eine für unseren Kontext interessante Frage: Wie müsste ein Theorienfundament beschaffen sein, das in der Lage wäre, die wahrscheinliche Entwicklung für Laien bequemer Benutzeroberflächen für hochkomplexe technische Systeme als ‚klinischen Befund' im Geertzschen Sinne zu diagnostizieren? Die Biologen Cohen und Stewart, die in ihrer Einführung in die theoretische Biologie außerirdischer Lebensformen u.a. SF-Romane auf die in ihnen implizit enthaltenen biologischen Theorien untersuchen, nennen dieses Theorienfundament das „Invisible Book" des jeweiligen Autoren und belegen, dass die „invisible books" sich analytisch aus den Szenarien ableiten lassen (Cohen und Stewart 2004, S. 29ff). Es wäre eine interessante Variante der hier zur Diskussion gestellten Vorschläge, SF-Romane, Utopien oder Dystopien auf ihre impliziten ‚unsichtbaren Soziologien' hin zu untersuchen.

Zurück zu Wells und Brunner. Der exemplarische Vergleich ihrer beiden Texte konnte zwar nur in Ansätzen ausgeführt werden. Es wurde aber deutlich, dass die Methode der Beschreibung ihres jeweiligen Szenarios völlig unterschiedlich ausfällt. Brunner bemüht sich weit mehr als Wells um die ‚Dichte' der Beschreibung im Geertzschen Sinn. Er folgt damit eher einer neueren Einsicht in die Notwendigkeiten der Konstruktion fiktiver Gesellschaften, denn einem künstlerischen Trend, auch wenn sich diese Einsicht in einem solchen realisierte. Denn es sollte deutlich geworden sein, dass die ‚dichte Beschreibung des Möglichen' von vielen jüngeren SF-Autoren zwar mit künstlerischen Mitteln realisiert wird, aber keine in erster Linie künstlerische Herausforderung darstellt. Vielmehr ist sie eine Frage der ‚konstruktiven Plausibilisierung' der Makroebene von Szenarien. Es ist die Frage der plausiblen Konstruktion des Lebens, Denkens und

Handelns von Menschen in möglichen Zukunftsgesellschaften und der Rückwirkungen dieses Handeln auf die menschliche Zukünfte selbst.

6. Szenarien als sozialwissenschaftliche Konstruktion und Reflexion

Von hier aus scheint es unproblematisch zu sein, die Grundzüge einer praktischen Heuristik zum Entwurf von sozialwissenschaftlichen Szenarien zu entwerfen. Nach der begründeten Setzung eines Sets von Diskontinuitäten könnte der
Versuch folgen, sie – vorzugsweise im Kontext von Szenarioworkshops – in
heuristische ,dichte Beschreibungen' möglicher menschlicher Zukünfte umzusetzen. Dabei wäre an die Beschreibung von Alltagshandeln genauso zu denken
wie an die Konstruktion von Extremfällen, und es könnte auch fruchtbar sein,
diese Skizzen in fiktiven Episoden auszuführen. Auf diese Weise wird im Gedankenexperiment sichtbar, ob Makro- und Mikroebene des angedachten Szenarios sich gegenseitig stützen oder relativieren. Unterschiedliche Setzungen von
Wirkungsgefügen auf der Makroebene könnten so auf der Mikroebene noch
einmal reflektiert werden. Je interdisziplinärer die Besetzung eines solchen
Workshops wäre, desto vielschichtiger könnte – zumindest potentiell – auch die
konstruktive Plausibilisierung eines Szenarios ausfallen.

Macht man an dieser Stelle Halt, ergibt sich ein in etwa ,symmetrisches'
Bild. Um in der Geertzschen Terminologie zu bleiben: Aus der Vergangenheit
entnommenen dichten Beschreibungen werden „Kulturanalysen" gewonnen, die
sich in „diagnostischen" Szenarien bewähren müssen, die ihrerseits wiederum zu
ihrer reflexiven Kontrolle als ,dichte Beschreibungen' gehalten sind. Die Sym-
metrie ist aber natürlich nur eine scheinbare. Denn da es die im Szenario entworfene Gesellschaft der Zukunft noch nicht gibt, fehlt der Geertzschen Triade von
sich deutender Gesellschaft, dicht beschreibendem Wissenschaftler und ,rezipie-
render' (Wissenschaftler-) Gesellschaft das erste und damit das empirische
Glied. Es wird durch eine gedankliche Konstruktion ersetzt, die sich zwar aus,
wie Geertz es formulierte, „klinischen Schlussfolgerungen" speist, diese aber
nicht empirisch fundieren kann.

Damit wird jedoch auch deutlich, dass solcherart generierte Szenarien – sei-
en sie von SF-Autoren oder von Sozialwissenschaftlern – im Kern einen projek-
tiven und damit reflexiven Charakter besitzen. Genau an dieser Stelle setzt das
zweite und vielleicht bedeutendere Potential ein, das in der heuristischen Konstruktion von Szenarien für eine interpretative Sozialwissenschaft liegt. Denn ein
Szenario beschreibt nicht nur eine mögliche Zukunft, sondern es spiegelt – ausgerichtet auf eine Welt, die es empirisch nicht stützen kann, da sie noch im Fluss
ist – mindestens ebenso deutlich das Menschen-, Geschichts- und Gesellschafts-

bild, des- oder derjenigen wieder, die es konstruiert haben. Anders formuliert, legt ein Szenario auch immer *seine eigenen Konstruktionsprinzipien* bloß, also in Anlehnung an Cohen und Stewart (2004) formuliert, das ‚invisible sociology book' seiner Konstrukteure. Das meint U.K. LeGuin (2000: 16), wenn sie auf den ersten Blick im Widerspruch zum bisher gesagten schreibt: „Science Fiction wird oft als extrapolative Literatur beschrieben, ja geradezu so definiert. [...] Es ist nicht der Zweck des Gedankenexperiments [...] die Zukunft vorherzusagen – Schrödingers berühmtes Gedankenexperiment unternimmt ja gerade den Beweis, daß eine Vorhersage der ‚Zukunft' auf dem Quantenniveau unmöglich ist –, sondern die Realität, die gegenwärtige Welt zu beschreiben. Science Fiction sagt nicht vorher, sie beschreibt".

Vielleicht ist es hilfreich, in diesem Kontext noch einmal die beschriebenen Romane heranzuziehen. Wells und Brunner gemeinsam ist beispielsweise die Überzeugung, dass der Mensch seiner Zukunft nicht restlos ausgeliefert ist, sondern sie handelnd beeinflussen kann, freilich nicht als isoliertes Individuum, sondern begrenzt durch und verwiesen auf die sozialen Diskurse, die in der Gesellschaft vorhanden sind. Dagegen vertreten z.B. Romane wie Kurt Vonneguts „Player Piano" (Vonnegut 1999) oder die nicht zum Marktprofil Jules Vernes passende und deshalb 1994 (!) erstmals posthum veröffentlichte Dystopie „Paris au XXe siècle" (Verne 1994) ein Menschen- und Gesellschaftsbild, das den Menschen als der gesellschaftlichen Dynamik restlos und hilflos ausgeliefert zeichnet.

Die konkrete Frage, was Menschen in einer bestimmten gesellschaftlichen Situation möglicherweise tun, wie sie sich innerhalb der dichten Beschreibung eines auf interpretativer Basis konstruierten Szenarios stellt, führt genau an Fragen wie diese heran, und kann vielleicht auch Antwortversuche plausibilisieren. So konfrontierte eine jugendliche Mitarbeiterin der Schüler-Sonderseite der Nürnberger Nachrichten unlängst in einem Interview den Leiter des Landesarbeitsamtes Bayern mit folgender Frage: „Wenn Computer schuld sind an der Arbeitslosigkeit – warum werden sie dann nicht einfach wieder abgeschafft?" (von Bönninghausen 2004). Kurt Vonnegut gab auf diese Frage in seinem Roman „Player Piano", in der er 1952 ein Szenario der völligen Automatisierung industrieller Vorgänge und ihre gravierende Folgen auf die menschliche Arbeitswelt entwarf, *eine* mögliche Antwort in Gestalt einer kleinen Episode im Geertzschen Stil. Die Anführer eines ludditischen Maschinensturms träumen von einer Welt ohne Technik, als sie mitten auf der mit von ihren Mitkämpfern zerstörten Automaten bedeckten Straße einem jungen Mann begegnen, der nach Bauteilen für seine Konstruktionen sucht: „'This place is a gold mine, all right, but it's tough finding exactly what you need. (...) Yep, if I had a decent little motor to go with what I got,' said the youngster excitedly, 'I'll betch anything I

could make a gadget that'd play drums like nothing you ever heard before...'"
(Vonnegut 1999: 339).

Literatur

Albers, Olaf/Broux, Arno (1999): Zukunftswerkstatt und Szenariotechnik. Weinheim und Basel: Beltz

Aldiss, Brian, 1987 [1986]: Der Milliarden Jahre Traum – Die Geschichte der SF. Bergisch Gladbach: Bastei Lübbe

Bönninghausen, Hanna von (2004): Warum Computer nicht abgeschafft werden – Extra-Schüler hat mit Wolfgang Breuning, dem Präsidenten des Landesarbeitsamtes gesprochen. In: Nürnberger Nachrichten. Montag, 5. April 2004. 24

Brunner, John (1980) [1968]: Morgenwelt. München: Heyne

Brunner, John (1975a): The Shockwave Rider. London. Methuen

Brunner, John (1975b): When I was halfway up who should I bump into but myself coming down. In: De Bolt (1975): 179-194

Butler, Octavia (1993): Parable of the Sower. New York: Four Walls Eight Windows

Clute, John (1996): SF – Die Illustrierte Enzyklopädie. München: Heyne

Cohen, Jack & Stewart, Ian (2004) [2002]: What Does a Martian Look Like? – The Science of Extraterrestrial Life. London: Ebury Press

Daston, Lorraine (2003): Die Kultur der wissenschaftlichen Objektivität. In: Iglhaut et al (2003): 45-64

De Bolt, Joe (Hg.) (1975): The Happening Worlds of John Brunner. Port Washington, New York, London: National University Publications

Engelbrecht, Martin (2005): Transformationsmotive in SF und Fantasy. In: Feldmeier (2005): 133-168

Feldmeier, Reinhard (Hg.) (2005): Wiedergeburt. Biblisch theologische Schwerpunkte Nr. 25. Göttingen: Vandenhoeck & Ruprecht

Geertz, Clifford (1987) [1983]: Dichte Beschreibung. Bemerkungen zu einer deutenden Theorie von Kultur. In Ders. (1978): 7-43

Geertz, Cliffort (1987): Dichte Beschreibung – Beiträge zum Verstehen kultureller Systeme. Frankfurt/Main: Suhrkamp

Hammond, John (2001): A Preface to H.G. Wells. London: Longman

Haufschild, Thomas/Hanenberger Nina (1999) [1993]: Literarische Utopien und Anti-Utopien. Wetzlar: Schriftenreihe und Materialien der Phantastischen Bibliothek Wetzlar

Hitzler, Ronald (2003): Die Bastelgesellschaft. In: Prisching (2003): 65-80

Iglhaut, Stefan/Spring, Thomas: Science + Fiction – Zwischen Nanowelt und Globaler Kultur. Hannover: Jovis

Jones, David Lloyd (1998): Architektur und Ökologie. Stuttgart: Deutsche Verlagsanstalt

Kuhn, Thomas S. (1976) [1962]: Die Struktur wissenschaftlicher Revolutionen. Frankfurt/Main: Suhrkamp

Lawton, John (1999) [1994]: Introduction. In: Wells (1994): xxix – xlv

LeGuin, Ursula K. (1994): A Fisherman of the Inland Sea. New York: Harper

LeGuin, Ursula K. (1985) [1974]: Planet der Habenichtse. München: Heyne

LeGuin, Ursula K. (2000) [1969/1976]: Die linke Hand der Dunkelheit. München: Heyne

Mehan, Hugh/Wood, Houston (1979): Fünf Merkmale der Realität. In: Weingarten et al (1979): 29-63

Mitchison, Naiomi (1983) [1962]: Memoiren einer Raumfahrerin. Bergisch Gladbach: Bastei Lübbe

Pringle, David (1997): Das ultimative Science-Fiction-Lexikon. Augsburg: Battenberg

Prisching, Manfred (2003): Die Etikettengesellschaft. In: Ders. (2003): 13-32

Prisching, Manfred (Hg.) (2003): Modelle der Gegenwartsgesellschaft. Wien: Passagenverlag

Richards, Thomas (1998) [1997]: Star Trek – Die Philosophie eines Universums. München: Heyne

Stapledon, Olaf (1935): Odd John. London: Methuen

Tiptree, James (1980) [1978]: Die Feuerschneise. München: Heyne

Verne, Jules (1994): Paris au XXe siècle. Paris: Hachette

Vonnegut, Kurt (1999) [1952]: Player Piano. New York: Random House

Weber, Ingrid (1979): Unendliche Weiten – Die Science-Fiction-Serie Star Trek als Entwurf von Kontakten mit Fremden. Frankfurt/Main: Verlag für interkulturelle Kommunikation

Weingarten, Elmar/Sack, Fritz/Schenkein, Jim (Hg.) (1979): Ethnomethodologie. Beiträge zu einer Soziologie des Alltagshandelns. Frankfurt/Main: Suhrkamp

Wells, George Herbert (1994) [1899]: When the Sleeper Wakes. London: Everyman

Wells, George Herbert (1928): Die offene Verschwörung – Vorlage für eine Weltrevolution. Wien: Paul Zsolnay Verlag

III. Gegenwartsdeutungen

Interpretative Muster von Zeitdiagnosen

Manfred Prisching

Entwürfe *zeitdiagnostischer* Art haben neuerdings Konjunktur (Pongs 1999; Schimank/Volkmann 2000; Volkmann/Schimank 2002; Kneer/Nassehi/Schroer 1997, 2001; Prisching 2003; Reese-Schäfer 1996, 2000, 2003). Das Misstrauen gegen ihre methodologische Karätigkeit ist nicht abgebaut, aber die Sehnsucht nach Erklärungen der langen Trends und großen Geschehnisse wirkt aus der Öffentlichkeit in die Sozialwissenschaften hinein – und von diesen natürlich über den einen oder anderen Bestseller und die intellektuellen und quasiintellektuellen Folgeveranstaltungen wieder zurück in das, was man öffentlichen Diskurs nennt. Es sind Etiketten von der ‚Risikogesellschaft' über die ‚Erlebnisgesellschaft' bis zur ‚Multioptionsgesellschaft' – und viele andere –, die von unterschiedlichen Ausgangspunkten her das Ganze der gesellschaftlichen Entwicklung thematisieren. Sie weisen einen gewissen Überschuss über die harten empirischen Fakten auf und scheuen meist nicht vor normativen Akzentsetzungen zurück; und sie fallen weniger in die Kategorie sozialer „Gesetzmäßigkeiten" als in die etwas diffusere von Paradigmen, Perspektivierungen oder Rahmenvorgaben (kritisch dazu Beiträge in Friedrichs et al 1998): Sie intendieren, das ‚Wesen' der Gegenwartsgesellschaft von bestimmten Standpunkten oder Grundideen her zu erschließen. Es geht also – mit geborgten Formulierungen – um Ortsbestimmung der Gegenwart (Rüstow 1956) oder Diagnose der Gegenwart (Müller-Armack 1949), um die Theorie des gegenwärtigen Zeitalters (Freyer 1955), um die Gesellschaftskrisis der Gegenwart (Röpke 1948 [1942]) – oder wenigstens um ein paar Stichworte zur geistigen Situation der Zeit (Habermas 1979).

Diese Modelle operieren mit bestimmten ‚Denkmustern', und da es sich um groß angelegte Gemälde handelt, ähneln die Konzepte den Mustern, mit denen die Geschichtswissenschaft ihre unübersichtlichen Materien zu erfassen pflegt. Seit jeher haben die Menschen sich einfacher Schemata bedient, um komplexe Sachverhalte zu konzeptualisieren, und bei gesellschaftlichen Entwicklungen ist dies nicht anders. Ich möchte deshalb einige Beispiele von Zeitdiagnosen aus den letzten Jahrzehnten, vor allem aber aus dem aktuellen zeitdiagnostischen Repertoire rund um die „Jahrtausendwende" (Sloterdijk 1990), vorführen, in denen klassische ‚Figuren' der Historie verwendet werden: Abstieg, Aufstieg, Stagnation, Zyklen, Periodisierungen, Krisen.

1. Abstieg, Verfall, Dekadenz

Am Anfang der abendländischen Tradition stand das Paradies, und angesichts dieser exzellenten Startbedingungen menschlicher Existenz muss man kein Pessimist sein, um anzunehmen, dass es von da an nur noch abwärts gehen konnte: zuerst die schöne, heile Welt, dann der Sündenfall, schließlich die Verfallsgeschichte. Da der Verfall allerdings auch nicht ewig voranschreiten kann, muss auch das Ende, die Apokalypse, sich irgendwann nähern. Nicht nur die christliche, auch andere abendländische Traditionen kennen ihr Goldenes Zeitalter oder ihre ideale Urgesellschaft. In der idealen Anfangsgesellschaft herrschten natürliche Würde und Weisheit sowie Frieden und wahres Menschentum, und angesichts der Attraktivität romantischer Ausmalungen solcher Urzustände greifen Gegenwartsvisionen gerne auf Versatzstücke dieses Mythos zurück. Kritisch-antihierarchische Christen berufen sich dergestalt auf das bessere Urchristentum, Marxisten auf die egalitäre urkommunistische Gesellschaft, Feministinnen auf den Spuren von Bachofen (1943ff. [1861]) und Bornemann (1979) auf paradiesische, durch männlichen Machtwahn verdorbene Matriarchatszustände (Dworkin 1981). Es ist eine alte Idee: das Primitive als das Wahre; das einfache als das echte Leben; der „Wilde" im Einklang mit sich und der Natur; Zivilisation als Künstlichkeit, Entfremdung; Modernisierung als Geschichte des Verfalls. Ein romantisierender Authentizitätsdiskurs setzt denn auch heute verschiedentlich bei den multikulturalisierenden Effekten der Globalisierung an und sucht Rezepte für die Verbesserung der Menschheit in der Naturverbundenheit weniger entwickelter Kulturen oder in fernöstlich-kosmosverbundenen Weisheiten.

Sozialwissenschaftler neigen auch deshalb zu Verfalls- und Krisentheorien, weil die Dramatisierung der Gefahr jeweils den Boten in seiner Wichtigkeit erhöht. Neuerdings bekommen sie allerdings erst jene suggestiven Bilder geliefert, welche die ganze Welt als verletzliche und gefährdete zeigen: Die Fotos vom „blauen Planeten", die seit den 60er Jahren ins Bewusstsein gedrungen sind, führen zu den Metaphern vom „Raumschiff Erde" und vom „common village". Gleichzeitig mit der Verfügbarkeit dieser Bilder durch die Erfolge der Raumfahrt sind seit den sechziger Jahren die rechentechnischen Möglichkeiten verfügbar geworden, Entwicklungen mit vielen Variablen in Szenarien zu simulieren; und die Studien des *Club of Rome* (Meadows et al 1972) schufen mit einem Paukenschlag am Beginn der siebziger Jahre ein ökologisch-apokalyptisches Bewusstsein. *Limits of Growth* – kein Ausweg möglich. Die erste globale Botschaft aus den Rechenmaschinen der Wissenschaftler war verbunden mit der Prognose vom unausweichlichen Ende der Menschheit.

Nun zeigte sich in den zahlreichen Folgearbeiten zum Schicksal von Mensch und Gesellschaft (zum Beispiel Gabor et al 1976; Mesarovic/Pestel 1977; Friedrichs/Schaff 1982; Giarini/Liedtke 1998; Pestel 1989), dass es sehr wohl Möglichkeiten für eine entschlossene Politik gäbe (Global 2000 1980; Tinbergen 1977; OECD 1979 und andere), dass also die „Überlebensbedingungen der Menschheit" (Fetscher 1980) verbessert und die Apokalypse abgewendet werden könnten. Aber eine solche Politik wurde in den letzten Jahrzehnten kaum in Gang gesetzt: keine „Rückkehr zum menschlichen Maß" (Schumacher 1977); die Unmäßigkeit als Signum der Zeit und als Element der Selbstdestruktion. Die Menschheit ist unleugbar erstmals in das Stadium ihrer globalen technischen Selbstvernichtungsmöglichkeit eingetreten, wie das die umfassenden Weltbetrachtungen eines Günther Anders (1987[1956]), die „Atomstudien" eines Robert Jungk (1969, 1977) und die – eigentlich für den bereits davongeeilten Zeitgeist verspätete, aber zur Tschernobyl-Explosion zu Recht kommende – „Risikogesellschaft" des Ulrich Beck (1986) darlegten. Gerade der letztere Begriff drang in das Vokabular der sich gebildet dünkenden Kreise, aber auch in jenes der Sozialwissenschaften ein – gar nicht so sehr wegen des technisch-ökologischen „Risikos", das in den neunziger Jahren bereits einem öffentlichen Dethematisierungsprozess unterlag, sondern weil man aus der Beckschen Publikation andere gar brauchbare Schlagworte herausfischte, die in der Folge den Diskurs prägten: von der nicht so neuen „Individualisierung", deren ‚Entdeckung' von nun an Beck zugeschrieben wurde, bis zum prägnanten Bild eines „Fahrstuhleffektes", das einen eleganten Kompromiss zwischen „rechten" Wohlstandsverweisen und „linken" Ungleichheitsbesorgnissen darstellte. Die ökologische Thematik wurde bis zum Jahrhundertende wieder an den Rand gedrängt, fristet aber dort ein hartnäckiges Dasein. Charles Perrow (1989) verschärfte die begriffliche Bestimmung der Gegenwartsgesellschaft zur „Katastrophengesellschaft", und (wohldimensionierte) Katastrophen werden nunmehr auch als das einzige Instrumentarium gesehen, das ein Umdenken der Menschheit vor ihrem Ende einleiten könnte. Das imponiert freilich nicht jenen Unverdrossenen, die jede Gefährdung mit dem fröhlichen Glaubenssatz vom Tisch wischen, dass der Menschheit bislang noch immer rechtzeitig eine Lösung für ihre Probleme eingefallen ist und alles andere bloße Schwarzmalerei sei.

Die marxistischen Analysen einer „spätkapitalistischen" und deshalb mit einem unmittelbar bevorstehenden Ende des westlichen Systems konfrontierten Gesellschaft flauten in den siebziger Jahren rasch ab, wie ja auch die soziale Bewegung, die ihr Resonanz verliehen hatte, zunächst in das ökologisch-grün-alternative Lager abdriftete. Dort ging es nicht nur um die bange Frage, ob der

Kapitalismus überleben könne (Bell/Kristol 1974; Rogge 1979) – eine Frage, die uns drei Jahrzehnte später, im Zeitalter des triumphierenden Kapitalismus, wie aus einer anderen Zeit anmutet –, sondern auch, ob man mit einem „anderen Leben" überleben könne (Bahr/Gronemeyer 1978; Garaudy 1974; Gorz 1977; Illich 1975, 1983; Huber 1979, 1984). Wie müsste der „Jahrtausendmensch" (Jungk 1973) beschaffen sein? Antwort: meditativer, weniger konsumistisch, bescheidener, ortsverbunden, kreativer, holistischer, spiritueller, tiefer, künstlerischer, spontaner, weniger besitzergreifend, sanfter, kosmischer, sensibler, weniger rationalistisch, metaphysischer, passiver... Doch auch dieser Bewegung – und ihrer überbordenden zeitdiagnostischen Literatur, welche die Bücherbretter mit meist dezent-bescheidenen Pappendeckelhüllen dekorierte (zum Überblick Kluge 1985; Sieferle 1984) – war keine Nachhaltigkeit beschieden. Bis zum Ende des Jahrhunderts ist das jugendliche Engagement von der Umweltkritik wieder abgewichen und eher in eine pessimistische Globalisierungskritik eingeflossen, und die Verfallserzählung hat hierbei weltgesellschaftliche Dimension angenommen. Die Globalisierung ruiniere so gut wie alle Errungenschaften der wohlhabenden Länder, auch die sozialen Erfolge und nicht nur die ökologischen Gegebenheiten, und versperre den Nachzüglern jede Chance. Es sei ein globales *Ausgrenzungsmodell*, ein *Ausbeutungsmodell* zugunsten der reichen Länder, ein *Vernichtungsmodell* in Bezug auf die Natur; ein *Vereinheitlichungsmodell*, das kulturelle Vielfalt einebnet; und ein *Spekulationsmodell*, das der Irrationalität der Finanzmärkte freien Lauf lasse. Globalisierung ist zum Fokus einer neuen Protestbewegung geworden, die alles, was sozial missbilligt wird, als Ergebnis von Weltmarktzwängen sieht (Altvater/Mahnkopf 1999; Bischoff 1999; Forrester 1998; Frank 2000; Boxberger/Klimenta 1998; Dönhoff 1999; Greider 1997; Heuser 2000; Jenner 1999; Kurz 1991; Martin/Schumann 1996; Saul 1998; Soros 1998 u.v.a.) – eine ziemlich unerfreuliche „Weltgesellschaft" (Albert et al. 1999; Agnew/Corbridge 1995; Rosenau 1990; Friedman 1999; Held/McGrew 2002; Theurl/Smekal 2001; Safranski 2003 u.v.a.), eben der endlich einsetzende „Verfall" schlechthin.

Die entstehende Weltgesellschaft ist nach Ansicht der Kritiker nicht integriert und nicht homogen. Machtungleichgewichte setzen sich in Wohlstandsunterschiede um, in die Polarität von Armut und Reichtum. Die Lage der Dritten Welt wurde in den kapitalismuskritischen Jahren durch Theorien über „strukturelle Gewalt" (Galtung 1975) oder durch die Dependenztheorie erklärt; sodann hat Immanuel Wallerstein (1974) die asymmetrische Welt in seiner „Weltsystemanalyse" beschrieben: eine „Ökonomie der Polarisierung" innerhalb von Ländern ebenso wie die „north-south divide" zwischen den Ländern (Raffer/Singer 2001). Auf nationaler wie internationaler Ebene sei eine Winner-take-all-Society im Entstehen (Frank/Cook 1995). Zu den Gewinnern gehört natürlich

der Träger der „monopolaren Weltordnung" (Matzner 2000), das „Imperium",
welches die USA – der „selbstverliebte Hegemon" im Kreise seiner Vasallen-
staaten – aufgebaut hat (Tomuschat 2003). Unter diesen Bedingungen sehen
viele die Welt keinem friedlichen Jahrhundert entgegen gehen; denn die wirtschaftliche Ungleichheit heizt den ohnehin schwierigen Kulturkonflikt weiter an.
Die von Samuel Huntington (1998 [1996]) analysierten acht Kulturkreise lassen
sich nicht widerstandslos in eine neue Weltzivilisation einbringen; es wird vielmehr seines Erachtens gerade an den Grenzlinien dieser vor allem von religiösen
Beständen geprägten Kulturkreise zu Konflikten kommen – Jihad versus
McWorld (Barber 1995). Jedenfalls sprießen neue *Fundamentalismen*, vielfach
als Modernisierungsreaktionen, als Versuche zur Identitätswahrung (Meyer
1989a, 1989b; Tibi 1995). Die *„neuen Kriege"* der Warlords lodern in zahlreichen Nischen der Dritten Welt, weil sie finanziell durch die globale Wirtschaft
alimentiert werden (Münkler 2002). Der globale *Terrorismus* stellt die hobbesia-
nischen Funktionen der Gewaltmonopole wieder in Frage. Das 21. Jahrhundert
wird allen diesen Befunden zufolge nicht friedlich und freundlich sein, wie es
unmittelbar nach dem Ende des „Kalten Krieges" und dem Zusammenbruch des
Ostsystems erwartet wurde; es ist eher von Konflikt und Gewalt, von Spannun-
gen zwischen Armut und Reichtum, vom Verfall der Industrieländer gekennzeichnet. Der Verfall des Kapitalismus nimmt diesen Erwartungen zufolge einen
anderen Weg; aber der Verfall tritt ein.

2. Aufstieg, Fortschritt, Wohlstand

Die Gegenthese ist jene vom stetigen Fortschritt: Aus rohen, tierischen Anfängen
entwickeln sich nach und nach Kulturen, Künste, Wissenschaften, verfeinerte
Lebensformen und Bildung; in der Ferne winken das Gelobte Land, der Tag des
Jüngsten Gerichts, die vollkommene Gesellschaft. Schon in Renaissance und
Reformation belebte sich das Fortschrittsdenken (Bock 1979); die „große Erzählung" vom Fortschritt wurde letztlich von der Aufklärung formuliert. Charles
Darwins Theorie belegte, dass sogar die Weisheit der Natur zur Höherentwick-
lung drängte. Was hat der Mensch nicht alles vollbracht, und wozu würde er
noch fähig sein! Die Futurologie begann die Zukunft zu erkunden (Flechtheim
1970): „Ihr werdet es erleben" (Kahn/Wiener 1968). „Vor uns die guten Jahre"
(Kahn 1977). Der modernen Fortschrittsperspektive zufolge schwemmt die moderne Gesellschaft ihre Innovationen Jahr für Jahr bündelweise heran. Alles wird
besser: vom Mangel zum Überfluss, von der Barbarei zur Zivilisation, von einer
schlechten Hygiene zur Gesundheit, von der Unsicherheit zur sozialen Sicherheit, von der körperlichen Mühsal zur lebenserleichternden Technik; und neuer-

dings: zum endgültigen Sieg über den Krebs und den Herzinfarkt, ja im Grunde steht die Biowissenschaft vor dem endgültigen Sieg über den Tod, vor der Vervollkommnung des Menschen. Das alles ist ein segensreiches Produkt der abendländischen Zivilisation, dieser fulminanten „Leistungsgesellschaft" (Hondrich et al. 1988), der nichts unmöglich scheint, wenn man es nur will. In der globalisierten Welt beginnt der Siegeszug dieser wertvollen Errungenschaften über die ganze Erde, auf dass alle Anteil haben mögen an diesem Aufstieg.

Unmittelbar nach dem Krieg gab es eine „skeptische Generation" (Schelsky 1975 [1954]), in der das Zukunftsvertrauen nicht allzu ausgeprägt war; doch die Fortschrittsfreude wurde schon in den *Technokratietheorien* der sechziger Jahre durchdekliniert, als man meinte, hinfort würde allein noch der wissenschaftliche Sachverstand die Gesellschaft steuern – in einer „geplanten Demokratie" (Mannheim 1970 [1951]), im Obsoletwerden der Torheiten der Politik (Schelsky 1965); oder vermittels der *golden-age-Wachstumstheorien* derselben Epoche, als die Ökonomen behaupteten, über die Instrumentarien zur punktgenauen Steuerung des wirtschaftlichen Wachstumspfads in Bälde zu verfügen. In den siebziger Jahren musste man freilich bereits vermelden, dass die Wirtschaftsentwicklung – unter dem Einfluss der Ölkrise – ein sonderbares Eigenleben erkennen lasse; dass die Politik keineswegs durch Optimierungsrechnungen ersetzbar sei; und dass sich das Unwissen eher mit dem Ausmaß des Wissens auszuweiten beginnt. Selbst atavistische Reaktionen wie Nationalismus, Rassismus und Tribalismus erlebten in der Folge wieder unvermutete Aufschwünge und konterkarierten den aufklärerischen Universalismus. Dennoch leben technokratische Gestaltungs- und Allmachtsvorstellungen immer wieder auf, trotz der Versagenserfahrungen in Bezug auf solche Hybris, freilich in immer neuer Dekoration. Vor allem in Managerkreisen hält sich etwa auch an der Wende zum 21. Jahrhundert ein naiv-technokratischer Progressismus in neuen semantischen Gewändern.

Denn rund um die Jahrhundertwende kleiden sich die Fortschrittseuphorien wirtschaftlich ein. Triebkraft für alles ist der Markt, der gerade aus der liberalisierten Weltwirtschaft seine Impulse erfährt – die hohe Zeit des Entrepreneurs, des neuen Helden; in einem deutlichen Kontrast zu den Zeitdiagnosen der späten sechziger und frühen siebziger Jahre, als Unternehmer gleichsam als Inkarnationen von Ausbeutung und Repression erschienen. Der Erfolg des „westlichen" Wirtschaftsmodells lässt sich nun freilich nicht leugnen, und auch jene, die nicht jener mittlerweile weit verbreiteten Spezies angehören, die glaubt, dass sich das Glück im Wesentlichen durch die Wachstumsrate des Sozialprodukts operationalisieren und Demokratie als Wahlfreiheit unter Konsummöglichkeiten definieren lassen, müssen zugeben, dass das Leben der meisten Menschen nie so sicher, angenehm und lang war wie in den Industriegesellschaften der Gegenwart. Neoliberale Euphoriker wissen darüber hinaus: Mehr globale Marktwirtschaft heißt mehr Entwicklung, mehr Freiheit und mehr Wohlstand (Weizsäcker 1999). Alles, was schief läuft, ist ihrer Sicht nach nur durch die mangelnde Durchsetzung der Marktwirtschaft bedingt, insbesondere durch irrationale Störeffekte demokratischer Politik. Unzulänglichkeiten sprechen nicht für mehr, sondern für weniger Politik. Die Wettbewerbswirtschaft übe auf die Akteure einen ständigen Zwang zur Erbringung möglichst guter Leistungen und einen Druck zur Innovation aus. Daraus ergebe sich die Effizienz der Marktwirtschaft, ihre Langfristorientierung, ihre Veränderungsfreudigkeit, ihre wohlstandsfördernde Wirkung. Es sei gänzlich verfehlt, Probleme wie Arbeitslosigkeit, sozialpolitisches Dumping, finanzpolitische Instabilität, Verarmungsspiralen, umweltpolitische Hemmnisse und Polarisierungsprozesse auf das unbehinderte Wirken des Marktes zurückzuführen; ganz im Gegenteil. Modelle „sozialer Marktwirtschaft" (Kaufmann 1997; Pierson 1995; Esping-Andersen 1990) oder eines „rheinischen Kapitalismus" (Albert 1992) müssen – so der Zeitgeist der Jahrhundertwende – ein wenig zurückgestutzt werden, da sie längst „überzogen" und „selbstschädigend" geworden sind.

In den Marktvisionen verbirgt sich ein von der linken zur rechten Seite des politischen Spektrums gewanderter „historischer Materialismus": Der Markt sei jener Hebel, der alles andere zum Besseren wendet – diese Idee hat eine kulturelle Hegemonie erlangt, die auch durch das Scheitern des aus amerikanischen Quellen belebten Transformationsmodells in den postsozialistischen Ländern nicht wirklich beschädigt wurde. Die *Modernisierungstheorie* (Zapf 1977, 1979; Flora 1974, 1986ff.) aus den sechziger Jahren war nun freilich vorsichtiger als die gegenwärtigen Marktpropagandisten; und zwar insofern, als sie parallele und verschränkte Prozesse in Wirtschaft, Politik und Kultur eines Landes beschrieb: Wenn ein wesentlicher Faktor aus irgendeinem Bereich ausfiele, dann würde Entwicklung nicht stattfinden. (Rostow 1960, 1964, 1978; Lerner 1964; Almond/Verba 1965, 1980; Pye/Verba 1972; Binder et al 1971) Die Wirtschaftsoptimisten halten am „Primat der Ökonomie" (Althaler 1999) und an der These von der Verallgemeinerbarkeit des westlichen Lebensstils fest.

In ihrer Sicht wird die Welt nicht nur reich, sondern auch demokratisch (und manche meinen gar: demokratisch, *weil* sie reich wird). Auch die immer wieder aufflackernde Diskussion über *Kapitalismus und Demokratie* gehört in den Kontext von Aufstiegsparadigmen, zumal sich die große „dritte Welle" der Demokratisierung (Huntington 1991) in den letzten Jahrzehnten empirisch nachweisbar weltweit vollzogen hat. Niemals hat es so viele Demokratien (und Halbdemokratien) gegeben. Friedrich von Hayek (1976), Milton Friedman (1976), Peter L. Berger (1986) und andere haben die „Wahlverwandtschaft" von Marktwirtschaft und Demokratie – in einem wechselseitigen Verstärkungsprozess – beschrieben: Dies ist eine Rechtfertigung der Marktgesellschaft nicht nur durch Reichtum, sondern auch durch Freiheit. Heute wird, bei aller Freude über die Ausweitung demokratischer und zumindest halbdemokratischer Länder, allerdings auch darauf verwiesen, dass Samuel Huntingtons „Kulturkreise" sich in unterschiedlichem Maße für die Errichtung einer demokratischen Ordnung zu eignen scheinen (Lipset 2000); Huntington selbst bezweifelt, dass die beiden letztgereihten Kulturen – Konfuzianismus und Islam – überhaupt mit einer rechtsstaatlichen Demokratie verträglich sind. Das würde den Fortschritts- und Wohlstandsoptimismus empfindlich einschränken.

Die guten Einzelbotschaften von Wohlstandsgewinn und Demokratisierung fließen in einem globalen Konvergenzpostulat zusammen: Auflösung gesellschaftlicher Unterschiedlichkeiten, technisch-wirtschaftliche, politisch-moralische und kulturelle Vereinheitlichungsprozesse. Moderne Konvergenztheorien behandeln die *technisch-wirtschaftliche Dimension* mit dem Blick auf Verwestlichung und voranschreitende Amerikanisierung: Die stärkste und effizienteste Kultur setzt sich durch. Aber Prozesse der Coca-Colonization (Wagnleitner 1994) werden aus der Sicht weniger entwickelter Länder oft als belastend oder gar entwürdigend empfunden. Während in der *kulturellen* Dimension etwa von Crossover-Kulturen, Hybridbildungen und transnationalen sozialen Räumen (Pries 1998) die Rede ist und sich dabei die freudig gestimmten Kultur-Kosmopoliten mit den fremdenfeindlichen Immigrationsverweigerern über Details streiten, gehen in Bezug auf die *politische* Dimension die Spekulationen über derlei Konvergenzen schon hinaus. Martin Albrow (1998) etwa nimmt an, dass sich durch die Verflechtungen „Weltbürger" herausbilden müssten. Die Gruppe von Lissabon (1997) fordert – im Dienste des gemeinsamen Überlebens – den Abschluss von „Weltverträgen". Otfried Höffe (1999) versucht einen normativen Ansatz: Die bedrohliche Sachlage werde die Etablierung eines „Weltstaates" (Ruloff 1988; vgl. schon Jünger 1960) erzwingen. Und Hans Küng (1999, 2002a, 2002b) geht der Frage nach, ob sich bei zunehmender kulturell-religiöser Verflochtenheit die gemeinsamen ethischen Potentiale der großen Religionen nutzen und vereinbaren ließen: ein „Weltethos". Der Tenor solcher Konvergenzprozesse – Weltbürger, Weltvertrag, Weltstaat, Weltethos – wäre also: Einheit, Frieden, Solidarität, Verständnis und Freundschaftlichkeit in globaler Perspektive. Die ortlose Utopie schließt alle Orte ein.

3. Stagnation, Stillstand, Reife

Alternativ zu Niedergang und Aufstieg sind Modelle der Stagnation verfügbar, denen zufolge dynamische und tief greifende Wandlungsvorgänge zu Ende gehen, das heißt: In bestimmten Belangen ändert sich dann nichts mehr. Unverän-

derlichkeit war natürlich die vorherrschende Erfahrung der traditionellen Gesellschaft: Geschichte als Wiederholung des Immergleichen. Aber gerade das Wort
vom „Ende der Geschichte" taumelte auch in den letzten Jahren durch die Gazet-
ten: Die globalisierte Welt würde sich nach Meinung Francis Fukuyamas (1992)
in einem überterritorial gültigen und gleichsam zeitlosen Modell von Wirtschaft
und Politik finden: Alle wollen dasselbe; der ideologische Streit steht still.

Aber Stagnation meinte schon in den letzten zweihundert Jahren etwas anderes, nicht die gleichsam anthropologische Erfahrung menschlicher Natur oder
die soziale Erfahrung gesellschaftlicher Statik. Die modernen Gesellschaften
zeichnen sich ihrem Selbstverständnis nach durch Dynamik und Innovation aus,
die moderne Marktwirtschaft ist – nach Joseph Schumpeters (1952 [1912], 1961
[1939]) oft zitiertem Wort – eine der *„konstruktiven Zerstörung"*. Sie gebiert
unermüdlich jenes Neue, das sich in allen Statistiken in logarithmisch explosiven
Kurven niederschlägt. Sozialwissenschaftler wissen nun ebenso gut wie Mathe-
matiker, dass derartige Wachstumsfunktionen nicht in alle Ewigkeit fortgeführt
werden können. Die Sorge über ein „Einschwenken" des ökonomischen Wachs-
tumspfades (frühe Theorien bei Hansen 1938 und Steindl 1952) wurde in den
siebziger Jahren durch eine offenkundig werdende „Wachstumsschwäche" viru-
lent, und man begann über Nullwachstum zu spekulieren (Thurow 1981) oder
die Erreichung eines neuen „Plafonds" (aus ökologischen Gründen) als notwendig oder gar (aus anthropologischen Gründen) als anstrebenswert zu bezeichnen.
Mit dem Blick auf demographische Wachstumsraten wurde weltweit (und erfolgreich) eine Eindämmung des explosiven Bevölkerungswachstums zugunsten
eines neuen „Gleichgewichts" gefordert. Aber während wirtschaftliche Stagnation bei den Klassikern als erwartbare, wenig bedrohliche Entwicklung gegolten
hat, dominierte in der ersten Hälfte des 20. Jahrhunderts die Sorge über ein
Nachlassen der wohlstandssteigernden Kräfte. In einer Gesellschaft, die ihre
Identität nur noch aus der Güterfülle definiert, kann dies nicht anders sein.

Eine erste Version des „Lähmungsmodells" entwickelter Länder stammt aus
der Beobachtung von *Rationalisierungs- und Technisierungstendenzen*. Diese
sind fortschrittsförderliche, technokratische Elemente; aber sie haben eine Kehr-
seite: die Gesellschaft als Maschine, der Mensch als Rädchen, ohne Motivation
und Schaffenskraft. Menschen, die in Apparaturen gezwungen sind und alle
„spielerischen" Freiheiten abgestreift haben, sind nicht innovativ. Alfred Weber
hat in seinem Buch „Der dritte oder der vierte Mensch" (1953) schon den Kampf
des zur Freiheit geborenen und auf immanente Transzendenz angelegten „homo
europeensis" gegen den in der technologischen Zivilisation total verapparateten
und roboterisierten Menschen beschrieben. Arnold Gehlen (1957, 1986 [1950])
hat behauptet, wir stünden am Ende einer industriellen Spätkultur, es gebe nur
noch „Kulturverfall"; und nur noch die „technische Zivilisation" (mit „Automa-

tion", „Entsinnlichung", „Erfahrungsverlust" und „gegenläufiger Primitivisie-
rung") könne sich weiter ausbreiten. Marxistische Theoretiker verknüpfen die
Maschinisierung mit „Entfremdung", konnten aber nie erklären, wieso die technischen Apparaturen in einer sozialistischen Gesellschaft derlei Effekte nicht
hervorbringen sollen. Norbert Elias (1979) hat die „Selbstzwangapparatur" geschildert, in die sich der Mensch verstrickt: Im Geflecht der modernen Gesellschaft muss der Einzelne zum (freiwilligen) Funktionieren gebracht werden, da
er sonst viel Schaden anrichten kann, und tatsächlich wird ihm Selbstdisziplinie-
rung mit verschiedenen Methoden eingetrichtert. George Ritzers jüngste Äußerungen zur McDonaldisierung (1997) laufen auf eine „äußerliche" Variante der
Idee von einer maschinenhaften Welt hinaus: Die Standardisierungs- und Auto-
matisierungsprozesse der modernen Welt lassen Vielfalt verkommen, nicht nur
bei der Hamburgerproduktion, sondern ebenso bei den Hotelketten wie bei der
standardisierten Bildung. Alles in allem, etwas übertrieben formuliert: Eine letzte
Dynamik könnte sich austoben; aber die überkomplexe, durchorganisierte Gesellschaft würde an ihrer eigenen Kompliziertheit erlahmen und ersticken.

In einer zweiten Stagnationsversion spricht man besser nicht von Lähmung,
sondern von *Reife*. Das Einschwenken der logarithmischen Kurve kann – in
etwas abstrakterer Version – auch als „natürlicher Prozess" beschrieben werden.
Exponentialgleichungen sind „unnatürlich", Stagnation ist der Biologie oder der
Anthropologie angemessener. Auch der dynamische Kapitalismus wird gesättigt
werden. Die Klassiker konnten sich ohnehin nicht vorstellen, dass der dynamische Prozess immerfort voranschreiten würde. Wir finden skeptische Bemerkungen schon bei Adam Smith, bei John Stuart Mill oder bei David Ricardo. Vor
drei Jahrzehnten waren *Sättigungstheorien* noch diskussionswürdig: also die
Frage, ob die Bedürfnisse der Menschen, wie dies auf den ersten Seiten jedes
ökonomischen Lehrbuchs nachzulesen ist, tatsächlich „unbegrenzt" seien (Falkinger 1986). Damals hat man sich noch hinter den Entwicklungsländern verste-
cken müssen, um zu argumentieren, dass deren Bedürfnisdeckungsdefizite
gigantisches Wachstum erforderten; mittlerweile scheint dies nicht mehr
vonnöten zu sein: Die reichen Länder wollen Wachstum für sich selbst. Ebenso
wenig Interesse scheinen heutzutage die *Nullwachstumstheorien* der siebziger
Jahre hervorzurufen (Olson/Landsberg 1975; Mishan 1980). Die entwickelte
Welt hat sich dazu entschieden, dass ihre eigenen Konsumbedürfnisse tatsächlich
unbegrenzt sind, und es herrscht die Überzeugung vor, dass sich alle Länder in
einem Jahrzehnte dauernden Wachstums- und Wohlstandssteigerungsprozess
finden werden. Stagnation ist deshalb Bedrohung, Krise, zeitweilige Schwäche,
das Platzen eines *bubbles*; aber nichts, was man anstrebt oder auch nur
diskutierenswert findet.

Denn bestimmte Stagnationsversionen waren durchaus normativ aufgeladen: Stagnation als Verbesserung, als besseres Leben. Verschiedene Autoren plädieren ganz bewusst für weniger Dynamik, wenigstens für ein Wachstumsmoratorium (Grottian 1980; Beyme et al 1978), für einen Weg zu einem „qualitativen Wachstum" (Majer 1984); gegen unsinnige Leistungszwänge: Erich Fromm in seinem Buch „Haben und Sein" (1978, 1989), Alexander Mitscherlich „Auf dem Weg zur vaterlosen Gesellschaft" (1965), Herbert Marcuse (1964) gegen die „entfremdete Gesellschaft". Und sie fragen: Was ist Wohlstand? Wohlstand wozu? Wohlstand für wen? (Riesman 1973a, b; Strümpel 1977; Meyer-Abich/Birnbacher 1979). In der Spaß- und Eventgesellschaft ist dies freilich eine gänzlich unaktuelle Frage geworden.

4. Zyklen, Wellen, Wiederkehr

Neben Niedergang, Aufstieg und Stagnation taucht in Zukunftsbetrachtungen häufig ein Modell auf, das Manager und Trendforscher, die sich von vornherein für den kühnen Wurf begabt wissen, mit Vorliebe vorführen: das zyklische Modell, das Modell langer Wellen. Die in der Öffentlichkeit beliebte Version sind die Kondratieff-Zyklen (Kondratieff 1926). Der russische Ökonom hatte gemeint, in den rudimentären Wirtschaftsstatistiken 40-60jährige lange Wellen der wirtschaftlichen Aktivität entdecken zu können, und Joseph Schumpeter hat die Idee in seiner „Theorie der wirtschaftlichen Entwicklung" und in den „Business Cycles" näher ausgearbeitet. Es soll sich um „Basisinnovationen" handeln – wie Dampfmaschine, Chemie, Automobil und Computer –, die sich in einem längeren Prozess durch alle Bereiche des Wirtschaftens verbreiten und diese umgestalten (Schumpeter 1952 [1912]). Für Trendforscher sind diese Zyklen eine geheimnisvolle Gesetzmäßigkeit, die einen Verblüffungs- und Entschleierungseffekt garantieren. Der gegenwärtige Kondratieff ist natürlich jener der Chips, also der Informationstechnologie; Spekulationen gehen dahin, dass der nächste – hinein in die Jahrhundertmitte – jener der Biotechnologie und der Gesundheit sein werde – wenn es denn derartige Wellen geben sollte.

In der Ära globaler Verflechtungen handelt es sich um *globale Zyklen*. In der vernetzten Weltwirtschaft verbreiten sich technische Neuerungen blitzschnell, und für die Industrieländer ist es wichtig, dass sie ihre Position dadurch behaupten können, dass sie fortwährend selbst die Quellen solcher Innovationen sind. Schon seinerzeit wurde in Studien über „neue internationale Arbeitsteilung" (Fröbel et al 1977; Matthies 1980) beschrieben, dass sich charakteristische „Produktzyklen" (die mit den langen Wellen nichts zu tun haben) zeigen: Die Industrieländer produzieren hochintelligente Produkte, sobald diese aber in die

Phase ihrer routinemäßigen Fertigung eintreten, werden sie an die Entwicklungsländer abgetreten. Daran knüpften schon in den siebziger Jahren die ersten Be-
schleunigungsappelle: Verweise auf die Notwendigkeit eines dauernden, zuver-
lässigen und raschen technischen Nachschubes, eine vage Idee, die neuerdings in
die Appelle über die Bedeutung von Qualifikation und angewandter Forschung
für das internationale Nationen- und Regionen-Ranking einfließt und zum Um-
bau der Wissenschafts- und Universitätspolitik dahingehend führt, dass akademische Institutionen als Zuliefereinrichtungen für Industriebetriebe arrangiert werden. Aber auch das tröstliche Modell der Verlagerung nicht mehr taufrischer
Innovationen in weniger entwickelte Länder gilt in Zukunft nur noch mit Beschränkungen, da doch im Zuge der Globalisierung nicht nur Fließband- und
Routinetätigkeiten, sondern auch Forschungs- und Entwicklungsaufgaben in
Länder der Dritten Welt ausgelagert werden, während gerade noch die Konzern-
zentralen und Stabsstellen in den Industrieländern verbleiben – vorderhand; und
dazu natürlich die Dienstleister und Dienstboten für das hochqualifizierte Perso-
nal.

   Zyklische Modelle gibt es nun aber nicht nur im Wirtschaftsleben, sondern
auch im kulturellen Leben. Für Oswald Spenglers (1979 [1918ff.]) frühen, aber
für das ganze Jahrhundert einflussreichen zeitdiagnostischen Bestseller über den
„Untergang des Abendlandes" bildete jede Hochkultur einen in sich geschlossenen Organismus, dessen Entwicklung wie im menschlichen Leben die vier Al-
tersstufen von Kindheit, Jugend, Manneszeit und Greisentum durchläuft; das 20.
Jahrhundert wird seines Erachtens zunehmend von einer Diktatur des Geldes und
der Presse beherrscht: eine Verfallszeit mit unfruchtbarem Eklektizismus. Pitirim
A. Sorokin hat in seinem Buch über „Kulturkrise und Gesellschaftsphilosophie"
(1953, siehe auch 1937, 1941) die sensorielle und die ideationelle Kultur unterschieden, die einander im Geschichtsverlauf abwechseln; seines Erachtens befinden wir uns (allerdings seiner Meinung nach schon seit den dreißiger Jahren) in
der Phase des Spätsensualismus (mit Zynismus und totalem Wertrelativismus,
mit Anomie und immer neuen Protestbewegungen), die notwendigerweise von
einer neuen ideationellen Kultur (mit einer neuen Glaubensgewissheit, Wertbin-
dung und Solidarität) abgelöst werden wird. Walter Bühl (1987) schlägt den
Bogen von den Kondratieffzyklen zu Kultur- und Wertbewegungen: Ein tief
greifender wirtschaftlicher Wandel müsse sich auch in einer Umformung der
Konsumgewohnheiten, der Karriereabläufe und Lebensgewohnheiten sowie der
tiefer liegenden Antriebe und Ängste, der anerkannten oder verdrängten
Sinndeutungen und Heilserwartungen ausdrücken. Aber alle diese Zyklenpa-
radigmen finden an der Jahrhundertwende in sozialwissenschaftlichen Kreisen
wenig Aufmerksamkeit; höchstens das rasche Platzen der „new economy" erregt

Interesse und lässt fragen, ob sich darin nicht ein verdeckter Zyklus ausdrücken könnte.

5. Schwellen, Perioden, Epochen

Aufstieg, Abstieg, Stagnation, Schwankung – manche Modelle betonen jenseits dieser Metaphern das ganz andere, das Neue, den Bruch, die Diskontinuität. Es wird nicht mehr oder weniger vom Gleichen geben; es entsteht eine neue gesellschaftliche Formation, es gibt eine „Schwelle" – wir stehen am Beginn einer ganz neuen Ära (die dann unterschiedlich benannt oder beschrieben wird), so wie die Schwelle zur Neuzeit oder jene der Industriellen Revolution. Solche Schwellenbehauptungen – oft im Dreischritt formuliert (Reese-Schäfer 2000) – dienen auch zur Erhöhung der Dramatik und zur Legitimierung eines Veränderungs- und Beschleunigungsbedarfs.

Die vielen phantasievollen „Postismen" deuten beispielsweise an, dass der Befund einer bemerkbaren und markierbaren „Schwelle" in sozialwissenschaftlichen Kreisen hohe Plausibilität genießt. Wir kennen die mittlerweile in die Jahre gekommenen Befunde über die „Dienstleistungsgesellschaft" (Fourastié 1954 [1949]; Gross 1983; Gershuny 1978) und die „postindustrielle Gesellschaft" von Daniel Bell (1979b [1973]) und Alain Touraine (1972). Auch die „korporatistische Gesellschaft" (Eschenburg 1976; Dettling 1976; Alemann 1981; Schmitter/Lehmbruch 1979; Lehmbruch/Schmitter 1982) – mit ihrem plötzlichen Aufschwung in den siebziger Jahren – ist rasch in ihre „postistische" Phase eingetreten. Neuerdings verbreiten sich die Wortungetüme des „Postfordismus" und des „Posttaylorismus", um radikale Veränderungen in der Produktionsweise zu bezeichnen. Und die „Postmoderne" ist (auch) als Epochenbezeichnung verstanden worden, obwohl viele ihrer Theoretiker lieber von postmodernen Elementen in einer fortgeschrittenen Phase der Moderne reden (Lyotard 1986 [1979], Welsch 1987, 1988; Huyssen/Scherpe 1986). Die „Postismen" signalisieren jedenfalls das Gefühl, dass die Moderne vorbei ist – und dass der Aufbruch in eine neue Epoche sich in Zeiten allgemeiner Unübersichtlichkeit inhaltlich offenbar nicht anders als durch den Abschied von der früheren Phase bestimmen (und sich die Zukunft vorderhand moralisch nicht bewerten) lässt.

Unter den zeitdiagnostischen Periodisierungstheoretikern sticht die Gruppe jener hervor, welche die Moderne, die sie für beendet erklären, in eine *neue Moderne* überführen wollen. Ulrich Beck und Anthony Giddens haben mit der „zweiten" Moderne gespielt, sich aber dann eher für die „reflexive" Moderne entschieden (Beck 1993, 1997b; Giddens 1995). Mit der reflexiven Moderne ist gemeint, dass die Moderne zwar nicht hinter die Auflösung von Selbstverständlichkeiten zurückgelangen kann – man kann den (aufklärerischen) Zweifel nicht wieder verlernen, selbst wenn man es möchte –, dass es aber angesichts ihrer offenkundigen Probleme an der Zeit wäre, mit dem Nachdenken anzufangen. Richard Münch (1998) überbietet mit der „dritten Moderne": Die Erste Moderne formte liberalen Kapitalismus und liberalen Rechtsstaat; die Zweite Moderne verband Wohlfahrtsökonomie, Demokratie und Rechtsstaat. Der Globalisierungsschub schafft nun eine Dritte Moderne, weil er die Integrationskraft des Nationalstaates übersteigt. Aber die Konturen der neuen Konstellation zeichnen sich nur vage ab.

Einflussreich sind die Propagandisten eines anderen Bruchs: des Übergangs zur *„Wissensgesellschaft"*, jener neuen, unterscheidbaren Formation, die zuweilen auch mit den Etiketten der „Informationsgesellschaft" und der „Kommunikationsgesellschaft" zusammenfließt (Stehr 2001; Castells 2002). Wissen wird in der neuen Epoche zur entscheidenden ökonomischen Ressource, Forschung zum wesentlichen Standortfaktor, Qualifikation zur unerbittlichen Notwendigkeit. Bildung wird deshalb nur noch als Ausbildung und Qualifizierung, Forschung nur unter dem Gesichtspunkt der Produktschaffung betrachtet. Diese Botschaft ist mittlerweile ebenso bei Forschungspolitikern wie bei Regionalberatern angekommen. Das Wissen selbst nehme, wie Gibbons und seine Mitarbeiter (1994) verkünden, einen völlig neuen Charakter an; es habe deshalb „vermarktlicht" zu werden. Den Wirtschaftstreibenden wird eingeredet, sie müssten „Wissensmanagement" betreiben und „Wissensbilanzen" erstellen. Die globale Landkarte wird in der „knowledge society" auch nach ihren technologischen Kompetenzlinien neu gezeichnet. Fragen nach der beliebigen „Schulbarkeit" der Menschen, nach der Planbarkeit von Innovationen, nach Polarisierungsprozessen, nach der Zugänglichkeit zur Qualifizierung; vor allem aber die Bedenken, ob man nicht nur aus Gründen der Ethik, sondern auch aus Gründen der Effizienz nicht doch Reste einer verwertungsfreien „Bildung" vorsehen sollte, bleiben unbeantwortet.

Alle bisher genannten Periodisierungen sind Kleinigkeiten gegenüber jener Periodisierung, die von Computerfachleuten und Kognitionswissenschaftlern in den USA vorgeschlagen wird. Die Fortschritte in der Computertechnologie, in der Biologie und in den Kognitionswissenschaften lassen die Frage aufkommen, wie lange es dauern wird, bis den Menschen überlegene Roboter gebaut werden können (oder bis diese Roboter sich selbst weiter entwickeln); ob wir durch Cyborgisierung mit den Apparaturen mithalten wollen; und ob die biologische Phase der Entwicklung intelligenter Lebewesen nicht überhaupt als Übergangsperiode betrachtet werden muss, der eine überlegene elektronische Spezies folgen wird. Am Ende ist es angemessen, den biologischen Menschen als Zwischenglied zur überlegenen „elektronischen Spezies" zu betrachten (Kurzweil 1999, Moravec 1988, 1999, Minsky 1985, 1986 u.a.): nicht mehr die „menschenlose

Fabrik", sondern die „menschenlose Weltgesellschaft"; nicht die Schwelle zur nächsten Phase der Menschheitsentwicklung, sondern zur Überwindung der Menschheit – gleichsam die endgültige Periodisierung.

6. Krisen, Entscheidungen, Zuspitzungen

Mit den Vorstellungen von *Krisen*, die im „Innern" der fortgeschrittenen Postindustriegesellschaften auf Grund von „Fehlern" ausbrechen, kehren wir in gewissem Sinne nochmals zu den Verfallsgeschichten vom Beginn zurück; nur geht es nunmehr nicht um lang gezogene, geschichtsgesetzlich anmutende Veränderungen, sondern eben um „Krisen": um Stabilitätsprobleme in einer bestimmten Phase der gesellschaftlichen Entwicklung, die mit der Überwindung der „Krankheit" oder mit dem Tod des „Patienten" enden können; *aktuelle* Krisen: dramatische Stunden, in denen sich die Weltgeschichte zu beschleunigen scheint, oder *strukturelle* Krisen: längere Verläufe, in denen Systemerfordernisse auseinander driften (Bühl 1988; Prisching 1986). Beide können gut oder schlecht enden.

Eine erste Variante sind *Systemfehler- und Systemüberforderungsmodelle*. Die ersteren besagen, dass das kapitalistische weltwirtschaftliche System einen eingebauten Konstruktionsfehler aufweise; und daran werde es letztlich scheitern – und deshalb auch kein global verallgemeinerbares Modell werden. Die klassischen marxistischen Modelle zählen zu diesem Typus, aber auch die spät- und neomarxistischen Versionen des „staatsmonopolistischen Kapitalismus" (Baran/Sweezy 1973; Dobb 1966, 1970; Sweezy 1974; Hirsch 1974; Mandel 1972; Poulantzas 1975; Wirth 1972 u.v.a.). Auch Verkrustungen im intermediären Bereich, bei den Gruppen, Verbänden und Organisationen, können zur Gefährdung hinreichen: wie uns James Coleman mit seiner „asymmetrischen Gesellschaft" (1982) oder Mancur Olson (1985) mit seiner Analyse von Sklerotisierungstendenzen gezeigt haben. Möglicherweise wirkt sich aber auch die Inkonsistenz von Subsystemen schädlich aus: wenn etwa hochgestochene Rationalität in Wirtschaft und Politik erforderlich ist, während Hedonismus und Bohemeverhalten im Freizeit- und Konsumbereich obwalten; dann könnte es – nach Daniel Bell (1979a) – diffizile „cultural contradictions" geben. Die Wirtschaftsordnung könnte schließlich auch an ihrer Unfähigkeit scheitern, Vollbeschäftigung zu sichern (Bonß/Heinze 1984; Dierkes/Strümpel 1985; Krupp et al 1986; Matthes 1983; Offe 1984). Wenn auch „Arbeitszeitverkürzung" (Kutsch/Vilmar 1983) nicht hilft, bleibe nur die Zwei-Drittel-Gesellschaft (Natter/Riedlsperger 1988) – wenn nicht am Ende doch Neuerungen greifen wie das „Ende der Massenproduktion" (Piore/Sabel 1985) oder die „flexible Spezialisierung" (Kern/Schumann 1986).

Das System könnte jedoch auch funktionsfähig sein, also keine grundsätzlichen Widersprüchlichkeiten aufweisen, und dennoch wäre denkbar, dass es sich durch systematisch *übertriebene Anforderungen* an sich selbst gefährdet. Es überfordert sich, zerbricht oder erlahmt durch Stress. Es schlittert politisch in die Unregierbarkeit, wie dies Michel Crozier, Samuel Huntington und Joji Watanuki (1975) oder Franz Lehner (1979) dargestellt haben. Es erliegt dem Ansturm illusionärer „neuer sozialer Bewegungen" oder lässt sich von Bürgerinitiativen in die Enge treiben (Bossel 1978; Brand 1982, 1985; Brand et al 1983; Guggenberger 1980). Es könnte wirtschaftlich scheitern, an einer Finanzkrise (Grauhan/Hickel 1978, O'Connor 1974), oder ein Nullwachstum lässt – so etwa Lester Thurow in seiner „zero sum society" (1981) – die politische Problemlösungsfähigkeit dahinschwinden. Berge von Publikationen drehen sich in den letzten Jahrzehnten um die mögliche Überforderung des Wohlfahrtsstaates, der zu selbstschädigenden Rückwirkungen – wegen der Abschwächung von Leistungsmotivationen oder wegen Missbrauchs – und letzten Endes in die Unfinanzierbarkeit führen könnte (als Auswahl: Becker 1994; Schelsky 1982, 1978; Rose 1984; Glazer 1988; Schlesinger et al 1993; Grottian et al 1988; Haferkamp 1984; Strasser 1979; Herder-Dorneich u.a. 1984; Narr/Offe 1975; Vobruba 1983 u.v.a.); und daran schließen sich Studien über die demographischen Belastungen der Sozialversicherungsnetze (Findl et al 1987), über ein Grundeinkommen (Büchele/Wohlgenannt 1985), über die wohlfahrtsstaatlich induzierte Abkehr von der Klassengesellschaft (Geiger 1949; Giddens 1979); über andere Einzelaspekte – und vor allem natürlich über die entscheidende Frage, ob man dem Problem nur mit einem „dismantling" des Sozialstaates (Pierson 1995) oder auch mit verschiedenen Varianten eines „dritten Weges" – jenseits von Links und Rechts (Bobbio 1994; Giddens 1997) – beikommen könne.

Ein zweites Krisenmodell: Das System scheitert nicht an einem Konstruktionsfehler, sondern gerät in die Krise auf Grund einer *Verwirrung in den Köpfen, durch Orientierungslosigkeit, Unübersichtlichkeit, Sinndefizit* – keine Wirtschaftskrise, keine Politikkrise, sondern eine *Kulturkrise.* Sie wird spürbar im „Unbehagen in der Moderne" (Berger/Berger/Kellner 1975). Die einen sehen einen vorsichtigen „Abschied vom Prinzipiellen" (Marquard 1987), die anderen eine radikale „Wendezeit" (Capra 1983); die dritten verorten Probleme beim Klassenkampf der Intellektuellen (Schelsky 1977), wieder andere wollen die naturwissenschaftlichen Prinzipien über Bord werfen (Pietschmann 1983). Da sind jene, die Sozialisationsprobleme verorten (Hentig 1984; Postman 1983), und jene, die Institutionen an allen Ecken zerbröseln sehen (Löwenthal 1979), die ein Zeitalter der Anti-Aufklärung heraufdämmern sehen (Adorno/Horkheimer 1987 [1944]), die Herrschaft der Kulturindustrie (Marcuse 1964), die „Industrialisierung des Bewusstseins" (Bismarck u.a. 1985) in der „Mediengesellschaft"

(Postman 1975; Huter 1988; Mander 1979) – wie auch immer: Jedenfalls
herrscht „Unübersichtlichkeit" (Habermas 1985). Mehrere Zeitdiagnostiker aus
unterschiedlichen ideologischen Lagern vermerken die folgende Version: Das
System sei von externen Ressourcen abhängig, die es nicht selbst hervorbringen
könne, und diese ererbten (kulturellen) Bestände würden durch das Funktionieren des Systems aufgebraucht. Die Krise entstehe durch „kulturellen Substanz-
verbrauch". Joseph Schumpeter hat diese Entwicklung in seinem Buch über
„Kapitalismus, Sozialismus und Demokratie" (1992 [1942]) beschrieben: den
Untergang des Kapitalismus durch seinen Erfolg, nicht durch sein Versagen,
weil eben dieser Erfolg nicht reproduzierbare geistige Ressourcen verbrauche.
Jürgen Habermas entwirft in seiner Theorie der „Legitimationskrise" (1973) ein
ganz ähnliches Bild: Die Wirtschaft ist krisenhaft, der Staat muss stabilisieren, er
verbraucht dabei kulturelle Bestände: Es gebe keine administrative Erzeugung
von Sinn. Die Vermarktlichung aller Lebensbereiche, die in den letzten Jahren zu
beobachten ist, zerstört erst recht kulturelle Ressourcen: Es erfolgt eine Koloni-
alisierung der Lebenswelt durch das System und eine Fundamentalökonomisie-
rung, die Eingemeindung der letzten nichtmonetär tauschbaren Residuen in einen
allumfassenden Rechenhaftigkeits- und Tauschzusammenhang (Prisching 2002).
    Es ist eine alte kulturpessimistische Tradition, in der Vergangenheit Gebor-
genheit, Tradition, Verankerung, Glaube, Sicherheit und so weiter zu finden und
in der Moderne (zumindest im Gefolge der Aufklärung) Zerfall, Entstrukturie-
rung, Anomie. Das Problem, wie sich unter diesen Bedingungen der gesellschaftliche Zusammenhalt aufrechterhalten lasse, hat schon Emile Durkheim beschäftigt. Das Problem ist *Desintegration und Desorientierung*, wie die Arbeitsgruppe
um Wilhelm Heitmeyer (1997) ebenso befürchtet wie Francis Fukuyama (1995)
und andere. Prozesse der Individualisierung und Pluralisierung lösen alles auf,
was verlässlich schien (Beck 1986). Alles ist flexibel, alles fließt, kein Halt
mehr; so erzählt es Richard Sennett (1998). Alles beschleunigt sich, bis sich
niemand mehr auskennt. (Virilio 1980; Lübbe 1981) Die Moderne gerät in die
Krise, weil ihre inneren Steuerungssysteme versagen.
    Die meisten Wertwandeltheorien (Hillmann 1989) kreisen letztlich um das-
selbe Problem: klassisch schon David Riesmans Wandel vom innengeleiteten
zum außengeleiteten Menschen (1958); in seinen empirischen Anfangsentschei-
dungen gefangen ist Ronald Inglehart mit seiner These vom Übergang von mate-
rialistischen zu postmaterialistischen Werten (1977, 1989, 1997); Helmut Klages
ist ein wenig differenzierter mit seinen Pflicht- und Akzeptanz- versus Selbstent-
faltungswerten (1985, 1988) und entsprechenden Menschentypen beziehungsweise Milieus. Da kann sich nichts mehr zum rechten Leben fügen: Ronald Hitzler (2001, 2003) steuert die Idee von der prekären Bastelidentität bei. Alle sind
sich einig: Die Menschen finden sich nicht mehr zurecht. Die radikaleren Klagen

behandeln den Werteverfall, den grassierenden Egoismus und Narzissmus (Lasch 1978; Häsing 1979), das Zeitalter des Nihilismus (Weber 1946; Kraus 1985).

Eine dritte Variante stellt das *konsumistische Modell* (Campbell 1987; Cohen 2003) dar. Eine einflussreiche – man kann beinahe sagen: die vorherrschende – Variante der Desorientierung oder der Kulturkrise nimmt ein altes Thema auf: das der *Wohlhabenheit*. Reichtum ist gefährlich. Das Wohlleben verdirbt die Menschen. Die neoliberale Wirtschaft braucht den unersättlichen Konsumenten, und sie identifiziert deshalb das gute Leben mit dem Konsum, die Freiheit mit der Kaufauswahl, die Selbsterfüllung mit der Güterfülle. Doch auf Dauer funktioniert das System auf dieser Grundlage nicht.

Zu den klassischen Versionen gehören *Schwächungsmodelle:* Luxus macht schwach. Wir kennen die Suggestionen vom Untergang des Römischen Reiches: Unanständigkeit, Verkommenheit, Ausschweifungen, Feigheit. Arme Länder sind lebenskräftiger, Europa könnte am Wohlstand zugrunde gehen. Die westliche Zivilisation wurde immer bezichtigt, dass sie dekadent sei – und zwar explizit deswegen, weil sie nicht mehr bereit ist, Opfer zu bringen (Jünger 1981). Dem lässt sich unter den gegenwärtigen Bedingungen entgegnen, dass sie zumindest die bessere Technik hat, Kriegstechnik zumal, und dass dies für die Verteidigung gegen lebenskräftigere Völker – samt ihren fundamentalistischen Strömungen – einige Zeit reichen sollte. Der Terrorismus als neue Kriegsstrategie macht freilich Sorgen; am Ende ist eine Zivilisation, in der keiner mehr Opfer bringen will, tatsächlich nicht allzu widerstandsfähig.

Aktueller sind Begriffe wie *Erlebnis, Event, Multioption, Spaßgesellschaft:* Auf Grund der Desorientierung und mangels irgendwelcher anderen Haltepunkte suchen die Menschen in den reichen Ländern Güter und Events, um sich zu „spüren". Denn sie wollen, wie Tibor Scitovsky (1976) vor Jahren in seiner „joyless economy" dargestellt hat, ein Mittelding zwischen Stress und Langeweile. Die aktuelle Wohlstandsgesellschaft nun bietet ihnen unglaublich viel, zu viel: Sie werden überlastet – und enttäuscht. Denn die Erlebnisgesellschaft, wie sie Gerhard Schulze (1992) beschrieben hat, wird vom Prinzip geprägt, dass es in der reichen, von Existenzsorgen befreiten Welt darum geht, sein Leben so zu gestalten, dass die emotionelle Erregung auf einem befriedigenden, auf Grund von Sättigungs- und Abstumpfungstendenzen immerfort zu steigernden Niveau gehalten wird. Dieses dynamische Prinzip drückt sich im globalen Erscheinungsbild der Postindustrieländer aus. Weltweit gibt es eine Dominanz der entsprechenden Angebote: Luxus, Wirtschaftsinteressen, Hemmungslosigkeit, kultureller Trash – eine Entertainment Economy (Wolf 1999), eine multimediale Ökonomie der Aufmerksamkeit (Franck 1998); strategische Verdummung.

Peter Gross (1994, 1999) hat die Lage im Bild einer „Multioptionsgesellschaft" am umfassendsten auf den Begriff gebracht: unendlich viele Optionen des Lebens, Arbeitens, Liebens, Wohnens, Zeitverbringens, Essens, Betens. Der Entscheidungsdruck – ohne haltgebende Standards – überfordert die Menschen. Er treibt sie in die Enttäuschung: je reicher, desto frustrierter. Je mehr es an Angeboten gibt, desto geringer ist der in abgemessener Lebensspanne konsumierbare Anteil: Die Verzichtsrate steigt. Die Menschen in den reichen Ländern sind deshalb unzufrieden, missgelaunt, gestresst; und bloß die Reiseberichte aus den armen Ländern erzählen uns von fröhlichen Menschen. Das schafft zweifelsohne ethische Irritationen. Es erschüttert das Selbstbewusstsein – auch das gute Gewissen – der Menschen in den Luxusländern. Es ist eine eigenartige Welt.

Schlussbemerkung

In dieser Skizze lässt sich das Repertoire der Zeitdiagnosen natürlich nicht erschöpfen, und in der gebotenen Knappheit konnten auch nur exemplarische Publikationen – ohne Anspruch auf Vollständigkeit oder Repräsentativität – genannt werden. In die zahlreichen verfügbaren Studien, die Zeitdiagnosen sind oder zeitdiagnostische Inhalte in sich bergen (wobei man über die Abgrenzung zu nichtzeitdiagnostischen Studien diskutieren könnte), sollte mit Hilfe einiger wohlbekannter interpretativer Konstrukte ein wenig Ordnung gebracht werden. Sechs häufig verwendete Muster haben wir auf zeitdiagnostische Arbeiten des letzten halben Jahrhunderts – unter besonderer Betonung der aktuellen Diagnosen – angewendet; und es lässt sich zeigen, dass die Denkfiguren beschränkt sind. Es lassen sich Kontinuitäten von ‚sozialen Mustern' erkennen, mit Hilfe derer die Menschen immer wieder versucht haben, ihre Zeit zu erfassen.

Literatur

Adorno, Theodor W./Horkheimer, Max (1987) [1944]: Dialektik der Aufklärung. Philosophische Fragmente. Frankfurt a. M.: Fischer
Agnew, John/Corbridge, Stuart (1995): Mastering Space. Hegemony, Territory and International Political Economy. London-New York: Routledge
Albert, Mathias/Brock, Lothar/Wenzel, Ulrich (1999): Die Neue Weltwirtschaft. Entstofflichung und Entgrenzung der Ökonomie. Frankfurt a. M.: Suhrkamp
Albert, Michel (1992): Kapitalismus contra Kapitalismus: Frankfurt a. M.-New York: Campus
Albrow, Martin (1998): Abschied vom Nationalstaat. Staat und Gesellschaft im globalen Zeitalter: Frankfurt a. M.: Suhrkamp

Alemann, Ulrich von (Hrsg.) (1981): Neokorporatismus. Frankfurt a. M.-New York: Campus

Almond, Gabriel A./Verba, Sidney (1965): The Civic Culture. Political Attitudes and Democracy in Five Nations. Princeton: Princeton University Press

Almond, Gabriel A./Verba, Sidney (1980): The Civic Culture Revisited. Boston-Toronto: Little Brown

Althaler, Karl S. (1999): Primat der Ökonomie? Über Handlungsspielräume sozialer Politik im Zeichen der Globalisierung. Marburg: Metropolis

Altvater, Elmar/Mahnkopf, Birgit (1999) [1996]: Grenzen der Globalisierung. Ökonomie, Ökologie und Politik in der Weltgesellschaft. 4. Aufl. . Münster: Westfälisches Dampfboot

Anders, Günther (1987) [1956]: Die Antiquiertheit des Menschen. 2 Bände. 7. Aufl. . München: Beck

Bachofen, Johann Jakob (1943ff): Das Mutterrecht. Eine Untersuchung über die Gynaikokratie der Alten Welt nach ihrer religiösen und rechtlichen Natur, Stuttgart 1861. In Bachofen (1943-1967) Gesammelte Werke

Bachofen, Johann Jakob (1943-1967): Gesammelte Werke (GW). 8 Bände. (Hrsg. Von K.Meuli) Basel: Schwabe

Bahr, Hans-Eckehard/Gronemeyer, Reimer (1978): Anders leben – überleben. Die Grenzen des Wachstums als Chance zur Befreiung. Frankfurt a. M.: Fischer

Baran, Paul A./Sweezy, Paul M. (1973) [1966]: Monopolkapital. Ein Essay über die amerikanische Wirtschafts- und Gesellschaftsordnung. Frankfurt a. M.: Suhrkamp

Barber, Benjamin (1995): Jihad versus McWorld. New York: Ballantine

Beck, Ulrich (1986): Risikogesellschaft. Auf dem Weg in eine andere Moderne. Frankfurt a. M.: Suhrkamp

Beck, Ulrich (1993): Die Erfindung der Politik. Frankfurt a. M.: Suhrkamp

Beck, Ulrich (1997a): Kinder der Freiheit. Frankfurt am Main: Suhrkamp

Beck, Ulrich (1997b): Kinder der Freiheit: Wider das Lamento über den Werteverfall. In: Beck (1997): 9-33

Beck, Ulrich (Hrsg.) (1998): Perspektiven der Weltgesellschaft. Frankfurt a. M.: Suhrkamp

Beck, Ulrich/Kieserling, Andre (Hrsg.) (2000): Ortsbestimmungen der Soziologie: Wie die kommende Generation Gesellschaftswissenschaften betreiben will. Baden-Baden: Nomos

Becker, Joachim (1994): Der erschöpfte Sozialstaat. Neue Wege zur sozialen Gerechtigkeit. Frankfurt a. M.: Eichborn

Bell, Daniel/Kristol, Irving (Hrsg.) (1974): Kapitalismus heute. Frankfurt a. M./New York: Campus

Bell, Daniel (1979a) [1976]: Die Zukunft der westlichen Welt. Kultur und Technologie im Widerstreit. Frankfurt a. M.: Fischer (The Cultural Contradictions of Capitalism (1976). London: Heinemann)

Bell, Daniel (1979b) [1973]: Die nachindustrielle Gesellschaft. Reinbek: Rowohlt (The Coming of Post-Industrial Society. A Venture in Social Forecasting (1973). New York: Basic Books)

Berger, Peter L./Berger, Brigitte/Kellner, H. (1975) [1974]: Das Unbehagen in der Modernität. Frankfurt a. M./New York: Campus

Berger, Peter L. (1986): The Capitalistic Revolution. Fifty Propositions about Prosperity, Equality, and Liberty. New York: Basic Books.

Beyme, Klaus von/Borchardt, Knut/Dror, Yehezkel (1978): Wirtschaftliches Wachstum als gesellschaftliches Problem. Königstein/Ts: Athenäum-Verlag

Binder, Leonard/Coleman, James S./LaPatombara, Joseph/Pye, Lucien W./Verba, Sidney/Weiner, Myron (1971): Crises and Sequences in Political Development. Princeton: Princeton University Press

Bischoff, Joachim (1999): Der Kapitalismus des 21. Jahrhunderts. Systemkrise oder Rückkehr zur Prosperität?. Hamburg: VSA

Bismarck, Klaus von/Gaus, Günter/Kluge, Alexander/Sieger, Ferdinand (1985): Industrialisierung des Bewußtseins. Eine kritische Auseinandersetzung mit den „neuen" Medien. München-Zürich: Piper

Bobbio, Norberto (1994): Rechts und Links. Gründe und Bedeutungen einer politischen Unterscheidung. Berlin: Wagenbach

Bock, Kenneth (1979): Theories of Progress, Development, Evolution. In: Bottomore et al.(1979): 39-79

Bonß, Wolfgang/Heinze, Rolf G. (1984): Arbeitslosigkeit in der Arbeitsgesellschaft. Frankfurt a. M.: Suhrkamp

Bornemann, Ernest (1979): Das Patriarchat. Ursprung und Zukunft unseres Gesellschaftssystems. Frankfurt a. M.: Fischer

Bossel, Hartmut (1978): Bürgerinitiativen entwerfen die Zukunft. Neue Leitbilder, Neue Werte, 30 Szenarien. Frankfurt a. M.: Fischer

Bottomore, Tom/Nisbet, Robert (Hrsg.) (1979): A History of Sociological Analysis. London: Heinemann

Boxberger, Gerald/Klimenta, Harald (1998): Die zehn Globalisierungslügen. Alternativen zur Allmacht des Marktes. München: dtv

Brand, Karl-Werner (1982): Neue soziale Bewegungen. Entstehung, Funktion und Perspektive neuer Protestpotentiale. Opladen: Westdeutscher Verlag

Brand, Karl-Werner/Büsser, Detlef/Rucht, Dieter (1983): Aufbruch in eine andere Gesellschaft. Neue soziale Bewegungen in der Bundesrepublik. Frankfurt a. M./New York: Campus

Brand, Karl-Werner (Hrsg.) (1985): Neue soziale Bewegungen in Westeuropa und den USA. Ein internationaler Vergleich. Frankfurt a. M./New York: Campus

Bredow, Wilfried von (1972): Vom Antagonismus zur Konvergenz?. Frankfurt a. M.: Metzner

Brosziewski, Achim/Eberle, Thomas Samuel/Maeder, Christoph (Hrsg.) (2001): Moderne Zeiten Reflexionen zur Multioptionsgesellschaft. Konstanz: UVK

Büchele, Herwig/Wohlgenannt, Lieselotte (1985): Grundeinkommen ohne Arbeit. Auf dem Weg zu einer kommunikativen Gesellschaft. Wien/München/Zürich: Europaverlag

Bühl, Walter L. (1987): Kulturwandel: für eine dynamische Kultursoziologie. Darmstadt: Wissenschaftliche Buchgesellschaft

Bühl, Walter L. (1988): Krisentheorien. Politik, Wirtschaft und Gesellschaft im Übergang. 2. Aufl.. Darmstadt: Wissenschaftliche Buchgesellschaft

Campbell, Colin (1987): The Romantic Ethic and the Spirit of Modern Consumerism. London/New York: Basil/Blackwell

Capra, Fritjof (1983): Wendezeit. Bausteine für ein neues Weltbild. 6. Aufl.. Bern/München/Wien

Castells, Manuel (2002): Das Informationszeitalter. 3 Bände. Opladen: Leske + Budrich

Cohen, Lizabeth (2003): A Consumer's Republic: The Politics of Mass Consumption in Postwar America. New York: Knopf

Coleman, James S. (1982): The Asymmetric Society. Syracuse: Syracuse University Press

Crozier Michel/Huntington, Samuel P./Watanuki, Joji (1975): The Crisis of Democracy. Report of the Governability of Democracies to the Trilateral Commission. New York: New York University Press

Dettling, Warnfried (Hrsg.) (1976): Macht der Verbände – Ohnmacht der Demokratie? Beiträge zur Theorie und Politik der Verbände. München-Wien: Olzog

Dierkes Meinolf/Strümpel, Burkhard (Hrsg.) (1985): Wenig Arbeit, aber viel zu tun. Neue Wege der Arbeitsmarktpolitik. Opladen: Westdeutscher Verlag

Dobb, Maurice (1966): Organisierter Kapitalismus. Fünf Beiträge zur politischen Ökonomie. Frankfurt a. M.: Suhrkamp

Dobb, Maurice (1970): Entwicklung des Kapitalismus. Vom Spätfeudalismus bis zur Gegenwart. Köln-Berlin: Kiepenheuer & Witsch (Studies in the Development of Capitalism, 1946, 1963)

Dönhoff, Marion Gräfin (1999): Zivilisiert den Kapitalismus. Grenzen der Freiheit. München: Knaur

Dworkin, Andrea (1981): Pornography. Men Possessing Women. New York: Putnam

Elias, Norbert (1979): Über den Prozeß der Zivilisation. Soziogenetische und psychogenetische Untersuchungen. 2 Bände. 6. Aufl.. Frankfurt a. M.: Suhrkamp

Eschenburg, Theodor (1976) [1955]: Herrschaft der Verbände? Stuttgart: DVA

Esping-Anderson, Gösta (1990): The Three Worlds of Welfare Capitalism. Princeton: Princeton University Press

Falkinger, Josef (1986): Sättigung. Moralische und psychologische Grenzen des Wachstums. Tübingen: Mohr-Siebeck

Fetscher, Iring (1980): Überlebensbedingungen der Menschheit. Zur Dialektik des Fortschritts. München: Piper

Findl, Peter/Holzmann, Robert/Münz, Rainer (1987): Bevölkerung und Sozialstaat (Band 2). Wien: Manz

Flechtheim, Ossip K. (1970): Futurologie. Möglichkeiten und Grenzen. Köln: Verlag Wissenschaft und Politik

Flora, Peter (Hrsg.) (1986f): Growth to Limits. 4 Bände. Berlin: de Gruyter

Flora, Peter (1974): Modernisierungsforschung. Zur empirischen Analyse der gesellschaftlichen Entwicklung. Opladen: Westdeutscher Verlag

Forrester, Viviane (1998): Der Terror der Ökonomie. München: Goldmann

Fourastié, Jean (1954) [1949]: Die große Hoffnung des zwanzigsten Jahrhunderts. 3. Aufl.. Köln-Deutz: Bund Verlag

Franck, Georg (1998): Ökonomie der Aufmerksamkeit. Ein Entwurf. München-Wien: Hanser

Frank, Robert H./Cook, Philip J. (1995): The Winner-take-all-society. How More and More Americans Compete for Ever Fewer and Bigger Prizes, Encouraging Economic Waste, Income Inequality, and an Impoverished Cultural Life. New York: Free Press

Frank, Thomas (2000): One Market Under God. Extreme Capitalism, Market Populism, and the End of Economic Democracy. New York: Doubleday

Freyer, Hans (1955): Theorie des gegenwärtigen Zeitalters. Stuttgart: DVA

Friedman, Milton (1976) [1962]: Kapitalismus und Freiheit. München: dtv

Friedman, Thomas L. (1999): Globalisierung verstehen. Zwischen Marktplatz und Weltmarkt. Berlin: Ullstein

Friedrichs, Günther/Schaff, Adam (Hrsg.) (1982): Auf Gedeih und Verderb. Mikroelektronik und Gesellschaft. Bericht an den Club of Rome. Wien/München/Zürich: Europa Verlag

Friedrichs, Jürgen/Lepsius, Rainer M./Mayer, Karl Ulrich (Hrsg.) (1998): Die Diagnosefähigkeit der Soziologie, Opladen: Westdeutscher Verlag (Sonderheft der Kölner Zeitschrift für Soziologie und Sozialpsychologie)

Fröbel, Folker/Heinrichs, Jürgen/Kreye, Otto (1977): Die neue internationale Arbeitsteilung. Strukturelle Arbeitslosigkeit in den Industrieländern und die Industrialisierung der Entwicklungsländer. Reinbek: Rowohlt

Fromm, Erich (1978): Haben oder Sein. Die seelischen Grundlagen einer neuen Gesellschaft. Stuttgart: DVA

Fromm, Erich (1989): Vom Haben zum Sein. Wege und Irrwege der Selbsterfahrung. Weinheim: Beltz

Fukuyama, Francis (1992): The End of History and the Last Man, New York-Toronto: Free Press (Das Ende der Geschichte. Wo stehen wir? (1992). München: Kindler)

Fukuyama, Francis (1995): Trust: The Social Virtues and the Creation of Prosperity. New York: Free Press

Gabor Dennis/Colombo Umberto/King, Alessandro/Galli, Riccardo (1976): Das Ende der Verschwendung. Zur materiellen Lage der Menschheit. Ein Tatsachenbericht an den Club of Rome. Stuttgart: DVA

Galtung, Johan (1975): Strukturelle Gewalt. Beiträge zur Friedens- und Konfliktforschung. Reinbek: Rowohlt

Garaudy, Roger (1974): Die Alternative. Ein neues Modell der Gesellschaft jenseits von Kapitalismus und Kommunismus. Reinbek: Rowohlt

Gehlen, Arnold (1957): Die Seele im technischen Zeitalter. Sozialpsychologische Probleme in der industriellen Gesellschaft. Hamburg: Rowohlt

Gehlen, Arnold (1986) [1950]: Der Mensch. Seine Natur und seine Stellung in der Welt. 13. Aufl.. Wiesbaden: Aula-Verlag

Geiger, Theodor (1949): Die Klassengesellschaft im Schmelztiegel. Köln: Kiepenheuer

Gershuny, Jonathan L. (1978): After Industrial Society? The Emerging Self-Service Economy. London: Macmillan

Giarini, Orio/Liedtke, Patrick M. (1998): Wie wir arbeiten werden. Der neue Bericht an den Club of Rome, Hamburg: Hoffmann und Campe

Gibbons, Michael/Limoges, Camille/Nowotny, Helga/Schwartzman, Simon/Scott, Peter/Trow, Martin (1994): The New Production of Knowledge. The Dynamics of Science and Research in Contemporary Societies. London: Sage

Giddens, Anthony (1979): Die Klassenstruktur fortgeschrittener Gesellschaften. Frankfurt a. M.: Suhrkamp

Giddens, Anthony (1997): Jenseits von Links und Rechts. Die Zukunft radikaler Demokratie. Frankfurt a. M.: Suhrkamp

Giddens, Anthony (1995): Die Konsequenzen der Moderne. Frankfurt a. M.: Suhrkamp (The Consequences of Modernity (1990). Cambridge: Polity)

Glazer, Nathan (1988): The Limits of Social Policy. Cambridge/London: Harvard University Press

Global 2000 (1980): Der Bericht an den Präsidenten. Frankfurt a. M: Zweitausendeins

Gorz, André (1977): Ökologie und Politik. Beiträge zur Wachstumskrise. Reinbek: Rowohlt

Grauhan, Rolf Richard/Hickel, Rudolf (1978): Krise des Steuerstaats? Widersprüche, Perspektiven, Ausweichstrategien. Opladen: Westdeutscher Verlag (Sonderheft: Leviathan)

Greider, William (1997): One World, Ready Or Not. The Manic Logic of Global Capitalism. New York: Simon & Schuster

Gross, Peter (1983): Die Verheißungen der Dienstleistungsgesellschaft. Soziale Befreiung oder Sozialherrschaft?. Opladen: Westdeutscher Verlag

Gross, Peter (1994): Die Multioptionsgesellschaft. Frankfurt a. M.: Suhrkamp

Gross, Peter (1999): Ich-Jagd. Ein Essay, Frankfurt a. M.: Suhrkamp

Grottian, Peter (1980): Folgen reduzierten Wachstums für Politikfelder. Opladen: Westdeutscher Verlag (Sonderheft: Politische Vierteljahresschrift)

Grottian, Peter/Krotz, Friedrich/Lütke, Günter/Pfarr, Heide (1988): Die Wohlfahrtswende. Der Zauber konservativer Sozialpolitik. München: Beck

Gruppe von Lissabon (1997): Grenzen des Wettbewerbs. Die Globalisierung der Wirtschaft und die Zukunft der Menschheit. Darmstadt: Luchterhand

Guggenberger, Bernd (1980): Bürgerinitiativen in der Parteiendemokratie. Stuttgart u. a: Kohlhammer

Habermas, Jürgen (1973): Legitimationsprobleme im Spätkapitalismus. Frankfurt a. M.: Suhrkamp

Habermas, Jürgen (Hrsg.) (1979): Stichworte zur „Geistigen Situation der Zeit". 2 Bände. Frankfurt a. M.: Suhrkamp

Habermas, Jürgen (1985): Die Neue Unübersichtlichkeit. Frankfurt a. M.: Suhrkamp

Haferkamp, Hans (1984): Wohlfahrtsstaat und soziale Probleme (Beiträge zur sozialwissenschaftlichen Forschung 62). Opladen: Westdeutscher Verlag

Hansen, Alvin H. (1938): Full Recovery or Stagnation?. New York: Norton

Häsing, Helga (Hrsg.) (1979): Narziß. Ein neuer Sozialisationstyp?. Frankfurt a. M.: Pädex

Hayek, Friedrich August (1976): Der Weg zur Knechtschaft. München: dtv

Heitmeyer, Wilhelm (Hrsg.) (1997): Was treibt die Gesellschaft auseinander? Bundesrepublik Deutschland: Auf dem Weg von der Konsens- zur Konfliktgesellschaft. Band 1. Frankfurt a. M.: Suhrkamp

Held, David/McGrew, Anthony (2002): Governing Globalization. Power, Authority and Global Governance. Cambridge-Malden: Polity

Hentig, Hartmut von (1984): Das allmähliche Verschwinden der Kindheit. Ein Pädagoge ermutigt zum Nachdenken über die Neuen Medien. München/Wien: Hanser

Herder-Dorneich Philipp/Klages, Helmut/Schlotter, Hans-Günther (Hrsg.) (1984): Überwindung der Sozialstaatskrise. Ordnungspolitische Ansätze. Baden-Baden: Nomos

Heuser, Uwe Jean (2000): Das Unbehagen im Kapitalismus. Die neue Wirtschaft und ihre Folgen. Berlin: Berlin Verlag

Hillmann, Karl-Heinz (1989): Wertewandel. Zur Frage soziokultureller Voraussetzungen alternativer Lebensformen. 2. Aufl.. Darmstadt: Wissenschaftliche Buchgesellschaft

Hirsch, Joachim (1974): Staatsapparat und Reproduktion des Kapitals. Frankfurt a. M.: Suhrkamp

Hitzler, Ronald (2001): Existenzbastler als Erfolgsmenschen. Notizen zur Ich-Jagd in der Multioptionsgesellschaft. In: Broszkiewski et al. (2001): 183-197

Hitzler, Ronald (2003): Die Bastelgesellschaft. In: Prisching (2003): 65-80

Höffe, Otfried (1999): Demokratie im Zeitalter der Globalisierung. München: Beck

Hondrich, Karl Otto/Schumacher, Jürgen/Arzberger, Klaus (1988): Krise der Leistungsgesellschaft? Empirische Analysen zum Engagement in Arbeit, Familie und Politik. Opladen: Westdeutscher Verlag

Huber, Joseph (1979): Anders arbeiten – anders wirtschaften. Dualwirtschaft: Nicht jede Arbeit muss ein Job sein. Frankfurt a. M.: Fischer

Huber, Joseph (1984): Die zwei Gesichter der Arbeit. Ungenutzte Möglichkeiten der Dualwirtschaft. Frankfurt a. M.: Fischer

Huntington, Samuel P. (1998) [1996]: Kampf der Kulturen. Die Neugestaltung der Weltpolitik im 21. Jahrhundert. München: Goldmann (engl. The Clash of Civilizations and the Remaking of World Order (1998): New York: Simon & Schuster)

Huntington, Samuel P. (1991): The Third Wave. Democratization the Late Twentieth Century. Norman: University of Oklahoma Press

Huter, Alois (1988): Zur Ausbreitung von Vergnügung und Belehrung. Fernsehen als Kulturwirklichkeit. Zürich: Interfrom

Huyssen, Andreas/Scherpe, Klaus R. (1986): Postmoderne. Zeichen eines kulturellen Wandels. Reinbek: Rowohlt

Illich, Ivan (1975): Selbstbegrenzung. Eine politische Kritik der Technik. Reinbek: Rowohlt

Illich, Ivan (1983): Fortschrittsmythen. Reinbek: Rowohlt

Inglehart, Ronald (1977): The Silent Revolution. Changing Values and Political Styles among Western Publics. Princeton: Princeton University Press

Inglehart, Ronald (1989): Kultureller Umbruch. Wertewandel in der westlichen Welt. Frankfurt a. M./New York: Campus

Inglehart, Ronald (1997): Modernization and Postmodernization. Cultural, Economic and Political Change in 43 Societies. Princeton: Princeton University Press

Jenner, Gero (1999): Das Ende des Kapitalismus. Triumph oder Kollaps eines Wirtschaftssystem?. Frankfurt a. M.: Fischer

Jünger, Ernst (1960): Der Weltstaat. Organismus und Organisation. Stuttgart: Klett-Cotta

Jünger, Ernst (1981): Der Arbeiter. Herrschaft und Gestalt. Stuttgart: Klett-Cotta

Jungk, Robert (1969) [1956]: Heller als tausend Sonnen. Das Schicksal der Atomforscher. 5. Aufl.. Reinbek: Rowohlt

Jungk, Robert (1973): Der Jahrtausend Mensch. Bericht aus den Werkstätten der neuen Gesellschaft. München/Gütersloh/Wien: Bertelsmann

Jungk, Robert (1977): Der Atomstaat. Vom Fortschritt in die Unmenschlichkeit. München: Kindle.

Kahn, Herman/Wiener, Anthony J. (1968): Ihr werdet es erleben. Voraussagen der Wissenschaft bis zum Jahre 2000. Wien-München-Zürich: Molden

Kahn, Herman (1977): Vor uns die guten Jahre. Ein realistisches Modell unserer Zukunft. Wien u. a.: Molden

Kaufmann, Franz-Xaver (1997): Herausforderungen des Sozialstaates. Frankfurt a. M.: Suhrkamp

Kern, Horst/Schumann, Michael (1986): Das Ende der Arbeitsteilung? Rationalisierung in der industriellen Produktion. 3. Aufl.. München: Beck

Klages, Helmut (1985): Wertorientierungen im Wandel. Rückblick, Gegenwartsanalyse, Prognosen. Frankfurt a. M./New York: Campus

Klages, Helmut (1988): Wertedynamik. Über die Wandelbarkeit des Selbstverständlichen. Zürich: Edition Interfrom

Klingemann, Hans-Dieter/Neidhardt, Friedhelm (Hrsg.) (2000): Zur Zukunft der Demokratie. Herausforderungen im Zeitalter der Globalisierung. Berlin: Edition Sigma

Kluge, Thomas (1985): Gesellschaft, Natur, Technik. Zur lebensphilosophischen und ökologischen Kritik von Technik und Gesellschaft. Opladen: Westdeutscher Verlag

Kneer, Georg/Nassehi, Armin/Schroer, Markus (Hrsg.) (1997): Soziologische Gesellschaftsbegriffe. Konzepte moderner Zeitdiagnosen. München: Fink

Kneer, Georg/Nassehi, Armin/Schroer, Markus (Hrsg.) (2001): Klassische Gesellschaftsbegriffe der Soziologie. München: Fink

Kondratieff, Nikolai D.: Die langen Wellen der Konjunktur. In: Archiv für Sozialwissenschaft und Sozialpolitik 56. 1926. Heft 3. 573-609.

Kraus, Wolfgang (1985): Nihilismus heute oder Die Geduld der Weltgeschichte. Frankfurt a. M.: Fischer

Krupp, Hans-Jürgen/Rohwer, Bernd/Rothschild, Kurt W. (1986): Wege zur Vollbeschäftigung. Konzepte einer aktiven Bekämpfung der Arbeitslosigkeit. Freiburg: Rombach

Küng, Hans (1999): A Global Ethic for Global Politics and Economics. New York: Oxford University Press

Küng, Hans (2002a): Weltpolitik und Weltethos. Status quo und Perspektiven. Wien: Picus

Küng, Hans (2002b): Wozu Weltethos? Religion und Politik in Zeiten der Globalisierung. Freiburg: Herder

Kurz, Robert (1991): Der Kollaps der Modernisierung. Vom Zusammenbruch des Kasernensozialismus zur Krise der Weltökonomie. Frankfurt a. M.: Eichborn

Kurzweil, Ray (1999): Homo Sapiens. Leben im 21. Jahrhundert. Was bleibt vom Menschen?. Köln: Kiepenheuer & Witsch

Kutsch, Thomas/Vilmar, Fritz (Hrsg.) (1983): Arbeitszeitverkürzung. Ein Weg zur Vollbeschäftigung?. Opladen: Westdeutscher Verlag

Lasch, Christopher (1978): The Culture of Narcissism. American Life in an Age of Dimi-
    nishing Expectations. New York: Norton
Lehmbruch, Gerhard/Schmitter, Philippe C. (Hrsg.) (1982): Patterns of Corporatist Policy
    Making. Beverly Hills-London: Sage
Lehner, Franz (1979): Grenzen des Regierens. Eine Studie zur Regierungsproblematik
    hochindustrialisierter Demokratien. Königstein: Athenäum
Lerner, Daniel (1964): The Passing of Traditional Society. New York: Free Press
Lipset, Seymour Martin (2000): Conditions for Democracy. In: Klingemann et al (2000):
    393-410
Löwenthal, Richard (1979): Gesellschaftswandel und Kulturkrise. Zukunftsprobleme der
    westlichen Demokratien. Frankfurt a. M.: Fischer
Lübbe, Hermann (1981): Zwischen Trend und Tradition. Überfordert uns die Gegenwart?.
    Zürich: Interfrom
Lyotard, Jean-Francois (1986) [1979]: Das postmoderne Wissen. Ein Bericht. Graz/Wien:
    Passagen
Majer, Helge (1984): Qualitatives Wachstum. Einführung in Konzeptionen der Lebens-
    qualität. Frankfurt a. M./New York: Campus
Mandel, Ernest (1972): Marxistische Wirtschaftstheorien. 2 Bände. 2. Aufl.. Frankfurt a.
    M.: Suhrkamp
Mander, Jerry (1979): Schafft das Fernsehen ab. Reinbek: Rowohlt
Mannheim, Karl (1970): Freiheit und geplante Demokratie. Köln-Opladen: Westdeutscher
    Verlag (engl. Freedom, Power and Democratic Planning (1951). New York: Oxford
    University Press)
Marcuse, Herbert (1964): One-Dimensional Man. Studies in the Ideology of Advanced
    Industrial Society. Boston: Beacon Press
Marquard, Odo (1987): Abschied vom Prinzipiellen. Philosophische Studien. Stuttgart:
    Reclam
Martin, Hans-Peter/Schumann, Harald (1996): Die Globalisierungsfalle. Der Angriff auf
    Demokratie und Wohlstand. München: Rowohlt
Matthes, Joachim (Hrsg.) (1983): Krise der Arbeitsgesellschaft? Verhandlungen des 21.
    Deutschen Soziologentages in Bamberg 1982. Frankfurt a. M./New York: Campus
Matthies, Volker (1980): Neue Weltwirtschaftsordnung. Hintergründe, Positionen, Argu-
    mente. Opladen: Leske + Budrich
Matzner, Egon (2000): Monopolare Weltordnung. Zur Sozioökonomie der US-Dominanz.
    Marburg: Metropolis
Meadows, Dennis/Meadows, Donella/Zahn, Erich/Milling, Peter (1974) [1972]: Die
    Grenzen des Wachstums. Bericht des Club of Rome zur Lage der Menschheit. 5.
    Aufl.. Reinbek: Rowohlt
Mesarovic, M./Pestel, Eduard (1977): Menschheit am Wendepunkt. 2. Bericht an den
    Club of Rome zur Weltlage. Reinbek: Rowohlt
Meyer, Thomas (Hrsg.) (1989a): Fundamentalismus in der modernen Welt. Die Internati-
    onale der Unvernunft. Frankfurt a. M.: Suhrkamp
Meyer, Thomas (1989b): Fundamentalismus. Aufstand gegen die Moderne. Reinbek:
    RoRoRo

Meyer-Abich, Klaus M./Birnbacher, Dieter (1979): Was braucht der Mensch, um glücklich zu sein. Bedürfnisforschung und Konsumkritik. München: Beck

Minsky, Marvin (Hrsg.) (1985): Robotics, Garden City. New York: Anchor Press-
Doubleday

Minsky, Marvin (1986): The Society of Mind. New York: Simon & Schuster

Mishan, Ezra J. (1980): Die Wachstumsdebatte. Wachstum zwischen Wirtschaft und
Ökologie. Stuttgart: Klett-Cotta

Mitscherlich, Alexander (1965): Auf dem Weg zur vaterlosen Gesellschaft. Ideen zur
Sozialpsychologie. München: Piper

Moravec, Hans P. (1988): Mind Children. The Future of Robot and Human Intelligence.
Cambridge: Cambridge University Press

Moravec, Hans P. (1999): Robot. Mere Machine to Transcend Mind. New York: Oxford
University Press

Müller-Armack, Alfred (1949): Diagnose unserer Gegenwart. Zur Bestimmung unseres
geistesgeschichtlichen Standorts. Gütersloh: Bertelsmann

Münch, Richard (1998): Globale Dynamik, lokale Lebenswelten. Der schwierige Weg in
die Weltgesellschaft. Frankfurt a. M.: Suhrkamp

Münkler, Herfried (2002): Die neuen Kriege. Reinbek: Rowohlt

Narr, Wolf-Dieter/Offe, Claus (1975): Wohlfahrtsstaat und Massenloyalität. Köln: Kiepenheuer & Witsch

Natter, Ehrenfried/Riedlsperger, Alois (Hrsg.) (1988): Zweidrittelgesellschaft. Spalten,
splittern oder solidarisieren?. Wien: Europaverlag

O'Connor, James (1974): Die Finanzkrise des Staates. Frankfurt a. M.: Suhrkamp

OECD (Hrsg.) (1979): Interfutures. Facing the Future. Mastering the Probable and Managing the Unpredictabte. Paris: OECD

Offe, Claus (1984): „Arbeitsgesellschaft". Strukturprobleme und Zukunftsperspektiven.
Frankfurt a. M./New York: Campus

Olson, Mancur/Landsberg, Hans. H. (Hrsg.) (1975): The No-Growth Society. London:
Woburn Press

Olson, Mancur (1985): Aufstieg und Niedergang von Nationen: Tübingen: Mohr

Perrow, Charles (1989): Normale Katastrophen. Die unvermeidbaren Risiken der Groß-
technik. Frankfurt a. M./New York: Campus

Pestel, Eduard (1989): Beyond the Limits to Growth. A Report to the Club of Rome. New
York: Universe

Pierson, Paul (1995): Dismantling the Welfare State? Reagan, Thatcher and the Politics of
Retrenchment. Cambridge/New York/Melbourne: Cambridge University Press

Pietschmann, Herbert (1983): Das Ende des naturwissenschaftlichen Zeitalters. Frankfurt
a. M./Berlin: Ullstein

Piore, Michael J./Sabel, Charles F. (1985): Das Ende der Massenproduktion. Studie über
die Requalifizierung der Arbeit und die Rückkehr der Ökonomie in die Gesellschaft.
Berlin: Wagenbach

Pongs, Armin (1999/2000): In welcher Gesellschaft leben wir eigentlich? Gesellschafts-
konzepte im Vergleich. 2 Bände. München: Dilemma Verlag

Postman, Neil (1975): Wir amüsieren uns zu Tode. Urteilsbildung im Zeitalter der Unter-
haltungsindustrie. Frankfurt a. M.: Fischer

Postman, Neil (1983): Das Verschwinden der Kindheit. Frankfurt a. M.: Fischer

Poulantzas, Nicos (1975): Classes in Contemporary Capitalism. London: NLB

Pries, Ludger (1998): Transnationale Soziale Räume. in: Beck 1998: 55-86

Prisching, Manfred (1986): Krisen. Eine soziologische Analyse. Wien/Köln/Graz: Böhlau

Prisching, Manfred (2002): Vermarktlichung – ein Aspekt des Wandels von Koordinationsmechanismen, Ökonomie und Gesellschaft. Jahrbuch 18. Marburg, 15-38

Prisching, Manfred (Hrsg.) (2003): Modelle der Gegenwartsgesellschaft (Reihe Sozialethik der Österreichischen Forschungsgemeinschaft 7). Wien: Passagen

Pye, Lucian W./Verba, Sidney (1972): Political Culture and Political Development. (Second Printing). Princeton: Princeton University Press

Raffer, Kunibert/Singer, H. W. (2001): The Economic North-South Divide: Six Decades of Unequal Development, Cheltenham/Northampton: Elgar

Reese-Schäfer, Walter: Zeitdiagnose als wissenschaftliche Aufgabe. in: Berliner Journal für Soziologie. 1996.Heft 3. 377-390

Reese-Schäfer, Walter (2000): Die seltsame Konvergenz der Zeitdiagnosen. Versuch einer Zwischenbilanz. In: Beck et al (2000): 101-116

Reese-Schäfer, Walter (2003): Zu einer vergleichenden Ideengeschichte der Zeitdiagnostik an zwei Jahrhundertwenden. In: Prisching (2003): 121-151

Riesman, David/Denney, Reuel/Glazer, Nathan (1958) [1950]: Die einsame Masse. Eine Untersuchung der Wandlungen des amerikanischen Charakters. Reinbek: Rowohlt

Riesman, David (1973a): Wohlstand wofür? Essays. Frankfurt a. M.: Suhrkamp

Riesman, David (1973b): Wohlstand für wen? Essays. Frankfurt a. M.: Suhrkamp

Ritzer, George (1997): Die McDonaldisierung der Gesellschaft. Frankfurt a. M.: Fischer (engl. The McDonaldization of Society (1993). Thousand Oaks: Pine Forge Press)

Rogge, Benjamin A. (1979): Can Capitalism Survive?. Indianapolis: Liberty Press

Röpke, Wilhelm (1948) [1942]: Die Gesellschaftskrisis der Gegenwart. 5. Aufl.. Erlenbach-Zürich: Eugen Rentsch Verlag

Rose, Richard (1984): Understanding Big Government. The Programme Approach. London/Beverly Hills/New Delhi: Sage

Rosenau, James N. (1990): Turbulence in World Politics. A Theory of Change and Continuity. New York: Wheatsheaf

Rostow, Walt W. (Hrsg.) (1964): The Economics of Take-off into Sustained Growth: London-New York: St. Martin's Press

Rostow, Walt W. (1960): Stadien wirtschaftlichen Wachstums. Eine Alternative zur marxistischen Entwicklungstheorie. Göttingen: Vandenhoeck & Ruprecht (engl. The Stages of Economic Growth (1960): Cambridge: Cambridge University Press)

Rostow, Walt W. (1978): The World Economy, History and Prospect. London/Basingstoke/Austin: University of Texas Press

Ruloff, Dieter (1988): Weltstaat oder Staatenwelt? Über die Chancen globaler Zusammenarbeit. München: Beck

Rüstow, Alexander (1950-57): Ortsbestimmung der Gegenwart. Eine universalgeschichtliche Kulturkritik. 3 Bände. Erlenbach-Zürich: Rentsch

Safranski, Rüdiger (2003): Wieviel Globalisierung verträgt der Mensch?, München-Wien: Hanser

Saul, John R. (1998): Der Markt frißt seine Kinder. Wider die Ökonomisierung der Gesellschaft. 2. Aufl.. Frankfurt a. M./New York: Campus

Schelsky, Helmut (1965): Auf der Suche nach Wirklichkeit. Gesammelte Aufsätze. Düsseldorf/Köln: Diederichs

Schelsky, Helmut (1975): Die skeptische Generation. Eine Soziologie der deutschen Jugend. Frankfurt a. M./Berlin/Wien: Ullstein

Schelsky, Helmut (1977): Die Arbeit tun die anderen. Klassenkampf und Priesterherrschaft der Intellektuellen. München: dtv

Schelsky, Helmut (1978): Der selbständige und betreute Mensch. Politische Schriften und Kommentare. Frankfurt a. M./Berlin-Wien: Ullstein

Schelsky, Helmut (1982): Funktionäre. Gefährden sie das Gemeinwohl?. Stuttgart-Degerloch: Seewald

Schimank, Uwe/Volkmann, Ute (2000): Soziologische Gegenwartsdiagnosen I. Eine Bestandsaufnahme. Opladen: Leske + Budrich

Schlesinger, Helmut/Weber, Manfred/Ziebarth, Gerhard (1993): Staatsverschuldung – ohne Ende? Zur Rationalität und Problematik des öffentlichen Kredits: Darmstadt: Wissenschaftliche Buchgesellschaft

Schmitter, Philippe C./Lehmbruch, Gerhard (Hrsg.) (1979): Trends Toward Corporatist Intermediation: Beverly Hills/London: Sage.

Schulze, Gerhard (1992): Die Erlebnisgesellschaft. Kultursoziologie der Gegenwart, Frankfurt a. M./New York: Campus

Schumacher, Ernst Friedrich (1977): Die Rückkehr zum menschlichen Maß. Small is beautiful. Reinbek: Rowohlt

Schumpeter, Joseph A. (1952) [1912]: Theorie der wirtschaftlichen Entwicklung. Eine Untersuchung über Unternehmergewinn, Kapital, Kredit, Zins und den Konjunkturzyklus. 5. Aufl.. Berlin: Duncker & Humblot

Schumpeter, Joseph A. (1961) [1939]: Konjunkturzyklen. Eine theoretische, historische und statistische Analyse des kapitalistischen Prozesses. 2 Bände.. Göttingen: Vandenhoeck & Ruprecht (engl. Business Cycles. A Theoretical, Historical and Statistical Analysis of the Capitalist Process (1939). New York/London: McGraw Hill)

Schumpeter, Joseph A. (1992) [1942]: Capitalism, Socialism and Democracy. 6. Aufl.. London/New York: Routledge

Scitovsky, Tibor (1976): The Joyless Economy. An Inquiry into Human Satisfaction and Consumer Dissatisfaction. New York: Oxford University Press

Sennett, Richard (1998): Der flexible Mensch. Die Kultur des neuen Kapitalismus. Berlin: Berlin Verlag

Sieferle, Rolf Peter (1984): Fortschrittsfeinde? Opposition gegen Technik und Industrie von der Romantik bis zur Gegenwart. München: Beck. 230

Sloterdijk, Peter (Hrsg.) (1990): Vor der Jahrtausendwende: Bericht zur Lage der Zukunft. 2 Bände. Frankfurt a. M.: Suhrkamp

Sorokin, Pitirim A. (1937): Social and Cultural Dynamics: New York: American Book

Sorokin, Pitirim A. (1941): The Crisis of Our Age. The Social and Cultural Outlook. New York: Dutton (dts: Die Krise unserer Zeit. Ihre Entstehung und Überwindung (1950). Frankfurt a. M.: Joachim Henrich Verlag)

Sorokin, Pitirim A. (1953): Kulturkrise und Gesellschaftsphilosophie. Moderne Theorien über das Werden und Vergehen von Kulturen und das Wesen ihrer Krisen. Stuttgart/Wien: Humboldt Verlag

Soros, George (1998): The Crisis of Global Capitalism.Open Society Endangered. New York: Public Affairs

Spengler, Oswald (1979) [1918, 1922]: Der Untergang des Abendlandes. Umrisse einer Morphologie der Weltgeschichte. 5. Aufl.. München: dtv

Stehr, Nico (2001): Wissen und Wirtschaften. Die gesellschaftlichen Grundlagen der modernen Ökonomie. Frankfurt a. M.: Suhrkamp

Steindl, Josef (1952): Maturity and Stagnation in American Capitalism. Oxford: Blackwell

Strasser, Johano (1979): Grenzen des Sozialstaats? Soziale Sicherung in der Wachstumskrise. Köln/Frankfurt a. M.: Europäische Verlagsanstalt

Strümpel, Burkhard (1977): Die Krise des Wohlstands. Das Modell einer humanen Wirtschaft. Stuttgart: Kohlhammer

Sweezy, Paul M. (1974): Theorie der kapitalistischen Entwicklung. Eine analytische Studie über die Prinzipien der Marxschen Sozialökonomie. 4. Aufl.. Frankfurt a. M.: Suhrkamp

Theurl, Theresia/Smekal, Christian (Hrsg.) (2001): „Globalisierung". Globalisiertes Wirtschaften und nationale Wirtschaftspolitik. Tübingen: Mohr-Siebeck

Thurow, Lester C. (1981): Die Null-Summen-Gesellschaft. Einkommensverteilung und Möglichkeiten wirtschaftlichen Wandels. München: Vahlen (engl. The Zero-Sum Society Distribution and the Possibilities for Economic Change (1980). New York: Basic Books)

Tibi, Bassam (1995): Krieg der Zivilisationen. Politik und Religion zwischen Vernunft und Fundamentalismus. Hamburg: Hoffmann & Campe

Tinbergen, Jan (1977): Wir haben nur eine Zukunft. Reform der internationalen Ordnung. Der RIO-Bericht an den Club of Rome. Opladen: Westdeutscher Verlag (engl. Reshaping the International Order (1976). New York: Dutton)

Tomuschat, Christian: Der selbstverliebte Hegemon. Die USA und der Traum von einer unipolaren Welt. In: Internationale Politik 58. 2003. Heft 5. 39-47

Touraine, Alain (1972): Die postindustrielle Gesellschaft. Frankfurt a. M.: Suhrkamp

Virilio, Paul (1980): Geschwindigkeit und Politik. Ein Essay zur Dromologie. Berlin: Merve

Vobruba, Georg (1983): Politik mit dem Wohlfahrtsstaat. Frankfurt a. M.: Suhrkamp

Volkmann, Ute/Schimank, Uwe (2002): Soziologische Gegenwartsdiagnosen II. Vergleichende Sekundäranalysen. Opladen: Leske + Budrich

Wagnleitner, Reinhold (1994): Coca-Colonization and the Cold War. The Cultural Mission of the United States in Austria after the Second World War. Chapel Hill: University of North Carolina Press

Wallerstein, Immanuel M. (1974): The Modern World System, Capitalist Agriculture and the Origins of the European World Economy in the Sixteenth Century. New York: Academic Press

Weber, Alfred (1946): Abschied von der bisherigen Geschichte. Überwindung des Nihilismus?. Bern: Francke

Weber, Alfred (1953): Der Dritte und der Vierte Mensch. Vom Sinn des geschichtlichen Daseins. München: Piper

Weizsäcker, Carl Christian von (1999): Logik der Globalisierung. Göttingen: Vandenhoeck & Ruprecht

Welsch, Wolfgang (1987): Unsere postmoderne Moderne. Weinheim: VCH

Welsch, Wolfgang (Hrsg.) (1988): Wege aus der Moderne. Schlüsseltexte der Postmoderne-Diskussion. Weinheim: VCH

Wirth, Margaret (1972): Kapitalismustheorie in der DDR. Frankfurt a. M.: Suhrkamp

Wolf, Michael J. (1999): The Entertainment Economy. How Mega-Media Forces Are Transforming Our Lives. New York: Random House

Zapf, Wolfgang (Hrsg.) (1977): Probleme der Modernisierungspolitik. Meisenheim a. G.: Hain

Zapf, Wolfgang (Hrsg.) (1979) [1969]: Theorien des sozialen Wandels. 4. Aufl.. Königstein/Ts.: Athenäum

Vorgreifende Anpassung.
Zum Umgang mit dem Wissen um das menschliche Genom

Hans-Georg Soeffner

Unabhängig von allen Änderungen – Erweiterungen und Einschränkungen –, die Darwins großer Entwurf in der Zwischenzeit erfahren hat, prägt die Evolutionstheorie nach wie vor das moderne Denken. Für die Selbstinterpretation des Menschen hat sie tiefgreifende Folgen. Stärker als je zuvor ist die Frage nach der Stellung "des Menschen im Kosmos" (Scheler 1928), nach seinen 'Wesensmerkmalen', nach seinem Verhältnis 'zur Natur' und zu anderen Lebewesen durch Offenheit geprägt. Für die einen ist diese Offenheit Anlaß zu Unsicherheit und Angst; andere sehen darin – trotz aller Unsicherheit – eine Chance. Innerhalb der langen Versuchsreihe, die von der Menschheit im Verlauf der Geschichte durchgeführt wurde, um Einsichten in 'die Gesetze der Natur' für sich zu nutzen, steht die gegenwärtige Debatte um die 'Durchsichtigkeit' und die potentielle 'Manipulierbarkeit' des menschlichen Genoms für das Erreichen einer neuen Etappe.

Diesmal geht es nicht mehr darum, weiterhin – wie schon seit Jahrtausenden – ertragreichere Pflanzen, nützliche oder uns angenehmere Tiere zu züchten und den Menschen selbst durch umfassende oder effektivere Erziehung zu bilden – sondern um die Möglichkeit, mit Hilfe gezielter 'technischer' Eingriffe das 'Mängelwesen' Mensch zu verbessern. Immer schon hat der Mensch versucht, sich über Nichtmenschliches hinweg zu verstehen, "indem er sich mit diesem gleichsetzt und es dabei wieder von sich unterscheidet (Gehlen 1956: 118)." In der abendländisch-christlichen Tradition verortete er sich dabei zwischen Gott und Tier. Durch das Zusammengehen von Säkularisierung und Evolutionstheorie ändert sich diese Sichtweise. Nun erscheint das Tier – vom Menschen her gesehen! (und nicht nur in populärer Sicht) – lediglich als Vorstufe zu jener 'höheren' Art, die er selbst repräsentiert.

Es ist eine Art, die einerseits weiß, dass auch sie Teil 'der' Natur ist, die sich aber andererseits charakterisiert sieht durch "natürliche Künstlichkeit (Plessner 1975: 309ff)" und den darin prinzipiell angelegten gebrochenen Welt- und

Selbstbezug (Schulz 1994). Dieses besondere Verhältnis zu sich selbst und zur
Welt entspringt nicht zuletzt der – im Gegensatz zum Tier – relativ offenen An-
triebsstruktur des Menschen: seiner 'Nichtfestgelegtheit'. Nicht festgelegt auf
bestimmte Umgebungen, ist er – meist durch den Einsatz 'künstlicher' Hilfsmittel
– nicht nur ein Meister der Anpassung an natürliche, soziale, künstliche (technisch von ihm selbst geschaffene) Milieus, sondern eben auch ein Produzent
seiner Milieus, *seiner* Umwelt (Husserl 1936: 317). Pointiert gesagt: der Mensch
hat keine natürliche Umwelt, sondern muss sich diese immer erst aufbauen. Die
dem Menschen entsprechende Umwelt ist künstlich, sie ist das, was er aus der
Natur macht und auch aus sich zu machen versucht: Kultur.

Beherrschung und Manipulation der Natur ebenso wie Fürsorge für die Natur stehen für die prinzipielle Distanz zwischen dem Kulturwesen 'Mensch' und
der (auch seiner) Natur. Unser Verhältnis zur Welt ist von seiner Grundstruktur
her weit mehr durch *vorgreifende Anpassung* als durch reaktive Assimilation
geprägt. Diese vorgreifende Anpassung steht nicht *gegen* eine sich jenseits des
Menschen vollziehende 'natürliche' Evolution. Vielmehr ist und bleibt der
Mensch immer schon Teil der Evolution, sein spezifisches – eben *auch* futuri-
sches – Anpassungsverhalten ist, metaphorisch gesprochen, das Erbe, das sie ihm
zugesprochen hat. Insofern greift er weder rein manipulativ ('fahrlässig' oder
'verantwortlich') steuernd noch lediglich korrigierend in sie ein. Vielmehr ist er
als Steuernder selbst gesteuert durch seine evolutionäre Mitgift: durch seine
Künstlichkeit, Schwäche, 'Mängelhaftigkeit', die er nicht nur besitzt, sondern um
die er auch weiß – als um einen beständigen Appell zur 'Verbesserungsbedürf-
tigkeit'. Mit der von ihr hervorgebrachten 'künstlichen Natürlichkeit' des Menschen hat sich die Evolution, metaphorisch weitergesprochen, selbst eine neue
Triebfeder gegeben, zugleich jedoch diesem Antrieb eine reflexive Komponente
zuerteilt. Beide, futurisch-instrumenteller Antrieb und reflexiver Anstoß zur
Legitimation der 'vorgreifenden Anpassungsmaßnahmen' sind im Menschen
zusammengeschlossen. Je stärker unser Steuerungspotential anwächst, umso
mehr vergrößert einerseits sich der 'Verbesserungsdruck', die Verantwortung zur
Nutzung unseres Potentials, Leiden zu verringern; andererseits wächst in glei-
chem Maße der Legitimationsdruck für die Wahl bestimmter Optionen und Mittel. Die Struktur dieser wechselseitigen Verstärkungsprozesse macht deutlich,
dass – wie auch immer die Veränderungen ausfallen werden – zwei Möglichkeiten für immer verschlossen sind: Stillstand und Rückwendung. Es gibt keine
Wiederholungen, sondern immer nur neue Grenzüberschreitungen, die es zu
antizipieren gilt.

Transzendenz – im Sinne eines bewussten Überschreitens von Grenzen,
auch solchen, die wir uns selbst gesetzt haben – ist Teil vorgreifenden Anpassung. Dabei sind wir als 'Spezialisten auf Nichtspezialisiertsein' 'riskierte Wesen'

(Lorenz 1963) und nicht nur strukturell, sondern auch 'existenziell' immer dem eigenen Verdacht ausgesetzt, unfertig – und das heißt auch – besserungsbedürftig und -fähig zu sein: unserem Sein ist ein Sollen beigegeben. Nicht zuletzt daraus resultiert die hintergründige menschliche Empfindung, mit einer Erbsünde belastet zu sein. Eben weil wir zwischen guten und schlechten Alternativen unterscheiden können und uns zwischen ihnen entscheiden müssen, sind wir 'sündenfähig'. Weder der Gott noch das Tier brauchen eine Ethik. Menschen dagegen kommen ohne sie nicht aus.

Dies kennzeichnet auch unser Verhalten gegenüber dem, was wir über die Evolution wissen. Erst aus einer ethischen Perspektive heraus kann die Behauptung aufgestellt werden, dass der Löwe, der eine Gazelle schlägt, nicht sündige, während der moderne Jäger, der aus Lust am Töten die Gazelle erschießt, eine Sünde begehe: "Leiden und Sterben in der prähumanen Evolution sind konstitutive, wertneutrale Faktoren der Evolution; vom Menschen verursachtes Leiden und Sterben ist unter keinen Umständen mehr wertneutral" (Mohr 1987: 105). Überall dort, wo entschieden werden muss, taucht – zumal, wenn die Entscheidungen in ungewissen Situationen gefällt werden müssen – der Ruf nach Normen auf: folgerichtig auch jetzt. Denn nun besteht einerseits die Chance, neues Wissen zur Beseitigung von Krankheiten, Defekten, Schwächen, Missliebigkeiten einzusetzen, andererseits aber kann das neue Wissen auch der Realisierung von Alpträumen dienen. Die Diskussion um das, was ganz sicher als 'Krankheit' bezeichnet und daher gut von anderen – 'eher' erträglichen – Unleidlichkeiten abgegrenzt werden kann, verschärft nicht nur diese Problematik, sondern verweist auf ein allgemeines Dilemma der Normensetzung.

Normen sind Teil der geistig-sozialen Umwelten, die Menschen sich schaffen. Wie diese Umwelten sind auch Normen ständigen Veränderungen unterworfen. Als eine der Ausdrucksformen der 'natürlichen Künstlichkeit' des Menschen werden sie von ihm gesetzt, verteidigt, zerstört und ersetzt. Gesellschaften, in denen Normen nicht von weltlichen oder religiösen Zentren und Autoritäten geschaffen und durchgesetzt werden, sondern auf einem immer neu herzustellenden, mehr oder weniger plebiszitären Konsens beruhen, tendieren einerseits zu einem beschleunigten Normenwechsel; andererseits bemühen sie sich darum, einen 'Kernbestand' an Grundwerten zu formulieren und zu sichern, um den Wertewandel an eine feste Struktur zu binden. Je pluralistischer Gesellschaften zusammengesetzt sind, umso abstrakter fällt die Formulierung der Grundwerte aus und umso weniger sind diese dementsprechend in konkrete, situationsbezogene Handlungsanweisungen umzusetzen.

Die westlichen Gesellschaften scheinen sich dabei auf eine Trinität von Werten als unverzichtbare Basis verständigt zu haben: Auf die Unantastbarkeit der Würde des Menschen (im 'westlichen' Verständnis: des Individuums); auf den Schutz der Glaubens- und Gewissensfreiheit; auf die dem 'kategorischen Imperativ' Kants nahe stehende *Goldene Regel*[1] "Was Du nicht willst, das man Dir tu, das füg' auch keinem andern zu". 'Oberhalb' dieser Grundwerte spielt sich der fortwährende Kampf um immer neue konsensuelle Glaubenssätze ab, wobei das gemeinschaftliche Glauben und das gemeinschaftliche Irren oft nicht weit auseinander liegen. Eben diese Gemeinschaftlichkeit im Glauben und Irren (ver)führt jedoch dazu, das Gemeinschaftliche für das 'Normale' und per se 'Gesunde' zu halten. Folgerichtig halten wir das gemeinschaftliche Irren für "das Irren der Gesunden. Die[se] Überzeugung hat ihre Wurzeln darin, daß alle es glauben. [...] Die Absonderung von dem, was alle glauben", erscheint aus dieser Sicht wiederum als das "wahnhafte Irren Einzelner"(Jaspers 1959: 87f).

Zu der tiefsitzenden Unsicherheit gegenüber dem, was *konkret* richtig oder falsch, gut oder böse ist und zu der begreiflichen Angst vor dem Bösen kommt noch jene merkwürdige Angst hinzu, die Kierkegaard (1960: 108ff) geschrieben hat: Die Angst vor dem Guten, die Angst vor "der Möglichkeit der Freiheit" (ebd.:112) und vor der Einsicht in etwas "ganz Simples und Einfältiges", dass nämlich die Wahrheit, nach der wir gemeinhin kollektiv suchen, "nur für den Einzelnen ist, indem er selbst sie in der Handlung hervorbringt" (ebd.:126). Anders ausgedrückt: ethische oder moralische Wahrheiten sind nicht einfach 'da', sie liegen nicht auf der Hand, sondern wir müssen uns *handelnd* für sie entscheiden. Dabei können wir oft nicht mit Sicherheit wissen, (1) was das Gute ist und (2) ob das Gute, für das wir uns (nach bestem Wissen und Gewissen) entschieden haben, sich – in seinen Folgen – wirklich als gut erweist. Es scheint ein "Gesetz [zu sein], daß im Letzten die Menschen nicht wissen, was sie tun, sondern es erst durch die Geschichte erfahren" (1975: 341), also durch eine Zukunft, die wir versuchsweise vorweg entwerfen müssen, um uns doch immer wieder von ihr überraschen zu lassen. Insofern sind Urteile, die sich auf menschliche Setzungen gründen, nicht nur prinzipiell revisionsanfällig, sondern bedürfen häufig geradezu einer Revision.

Insbesondere bei der Suche nach ethischen Grundwahrheiten und Lösungen wird jene fragwürdige Position erkennbar, die konstitutiv für die Stellung des Menschen in der Welt ist. Plessner (1975: 341ff) hat diese 'Positionalität' mit dem "Gesetz des utopischen Standorts" beschrieben und prägnant als "Stehen im Nirgendwo" (ebd.: 346) gekennzeichnet. Hieraus erklärt sich auch, dass Menschen – zumindest im alltäglichen Leben – keine großen Schwierigkeiten damit haben, eine bisher übliche 'Gebrauchsanthropologie' (im Sinne eines Standard-

---

[1] Vgl. hierzu Schulz (1994): 219. Anders formuliert: "Verhalte Dich zu Deinem Mitmenschen so, wie Du willst, daß er sich zu Dir verhält." Die christliche Forderung "Du sollst Deinen Nächsten lieben wie Dich selbst", eine Forderung, die sich auch in anderen Weltreligionen wiederfindet, schließt ebenfalls an die Goldene Regel an.

menschenbildes und des damit zusammenhängenden Selbstverständnisses) zu ändern. Sobald neue, durch Wissenschaften oder Weltanschauungen entworfene, Menschenbilder oder veränderte Definitionen 'des' Menschen – sei es über Rechtssysteme, das Gesundheitswesen, tägliche religiöse Praxis oder Standarddiskussionen in den Medien – mit dem Alltagsleben vermittelt werden, nisten sich diese neuen Anthropologien im gesellschaftlichen Leben ein. Sie werden zum Bestandteil des alltäglichen Normalitätsverständnisses (vgl. Schütz/ Luckmann 1984: 17).

Allerdings werden weder religiös-dogmatisch noch gar wissenschaftlich 'exakt' definierte anthropologische Konzeptionen in Reinform in das alltägliche Normalitätsverständnis eingearbeitet. Vielmehr mischen sich – je nach Nähe der mit der Neudefinition verbundenen Handlungsanforderungen zur jeweiligen persönlichen Alltagspraxis – Einzelelemente aus Expertenmeinungen, Versatzstücke aus dem Hörensagen und aus dahinmäandernden Mediendiskussionen zu einem diffusen, oft in sich changierenden Mosaik. Nur mit Zähigkeit und akribischer sozialwissenschaftlicher Methodik lassen sich dessen konkrete Bestandteile und Ordnungsprinzipien ermitteln.

Ähnliches gilt vermutlich auch für den alltäglichen Umgang mit dem neuen wissenschaftlichen Wissen über das menschliche Genom. Auch hier ist es entscheidend, wie eng dieses Wissen auf die eigene persönliche Situation bezogen werden kann. Für schwer und chronisch Kranke, für Eltern, in deren Familien Erbkrankheiten aufgetreten sind, für Ehepaare, deren Kinderwunsch unerfüllt blieb, werden sich konkrete Hoffnungen auf die technische Nutzung des neuen Wissens richten. Naturwissenschaftler werden die Möglichkeiten hochrechnen, die sich daraus ergeben. Die Empiriker unter ihnen werden nur schwer – einzelne von ihnen gar nicht – davon abzuhalten sein, diese Möglichkeiten zu testen. Sie werden – wie schon so oft – versuchen, die Entscheidung darüber aufzuschieben, ob das neue Anwendungsgebiet gut, von Nutzen oder zu verwerfen sei. Schriftsteller und Philosophen, Priester und Bischöfe, Zeitdiagnostiker und politische Essayisten werden – je nach persönlicher Grundhaltung oder weltanschaulichem Hintergrund – entweder als Kassandristen oder Utopisten Zukunftsszenarien entwerfen. Je weiter man von konkretem Situationsdruck und Handlungszwang entfernt ist, umso freier entfalten sich Phantasie und Imagination. Die Politiker schließlich werden, dem besonderen Profil ihres Berufsstandes folgend, in der Regel einen Kompromiss zwischen dem erahnten Mehrheitswillen und der persönlichen Werthaltung (sofern diese vorhanden ist) suchen.

Ob die von der Genomforschung eröffnete 'Durchsichtigkeit' des Menschen, die scheinbar größere Vorhersagbarkeit über die individuelle Entwicklung und die Faszination oder Angst gegenüber einer – zumindest für Teilbereiche behaupteten – Ausspähbarkeit des eigenen Schicksals tief greifend auf unser

Verständnis von personaler und sozialer Identität einwirken, ist fraglich. Schon immer haben Menschen versucht und geglaubt, die eigene Zukunft vorhersehen oder gar berechnen zu können, sei es mit Hilfe magischer Praktiken oder – bis heute – im Vertrauen auf die Astrologie. "Nacht muß es sein, wenn Friedlands Sterne leuchten", heißt es in Schillers Wallenstein. Aber ebenso wenig wie ihm wird uns durch das neue Wissen unsere persönliche Zukunft – gereinigt von allen Zufällen – plötzlich und unverhüllt aus Nacht und Dunkel entgegentreten.

Nicht viel anders steht es um die Problematik von 'personaler' und 'sozialer' Identität. Selbstentwurf und öffentliches Bild lassen sich nicht restlos definieren durch einen Katalog 'objektiv' gegebener Eigenschaften, aus denen die individuelle Maschinerie Kraft und Ausrichtung gewinnt. Die gesellschaftliche Konstruktion von Identität vollzieht sich im menschlichen Zusammenleben weiterhin durch den Einfluss 'signifikanter Anderer' auf unsere Sozialisationsgeschichte, durch erlebte Abhängigkeiten und soziale Spielräume, durch wechselseitige Spiegelungs- und Zuschreibungsprozesse. Vor allem die Kontur unserer sozialen Identität wird maßgeblich durch Zuschreibungsprozesse geformt.

Eine der größten Gefahren geht dementsprechend nicht von der nun gentechnisch möglichen Diagnostik aus, sondern von öffentlich vorgenommenen Etikettierungen (gesund/krank; robust/gefährdet; anderen Symptombenennungen).[2] Der Weg von der Etikettierung über das Vorurteil und das Urteil bis zur Stigmatisierung ist kurz und für das Selbst- und Fremdbild folgenschwer. Der Schutz des Wissens über ein individuelles Genom ist daher öffentliche Pflicht. Klare Regelungen zur Geheimhaltung dieses Wissens gegenüber allen Institutionen außerhalb des Arzt-Patienten-Verhältnisses und des daran anschließenden Berufsfeldes sind insofern angewandtes Verfassungsrecht, als sie sich unmittelbar auf den ersten Artikel unserer Verfassung beziehen.

Die ärztliche Diagnose im geschützten Raum des Arzt-Patienten-Gesprächs wird sich allerdings durch den neuen Wissenszuwachs auf erheblich weitere Bereiche ausdehnen, als dies bisher der Fall war. Die *Problemstruktur* dieses Gesprächs hat sich im Prinzip jedoch nicht geändert. Nach wie vor müssen beide Partner *miteinander* aushandeln, wie sie mit gefährlichem und gefährdendem Wissen umgehen, wie viel an Bedrohung, Hoffnung, Versprechung und Eigenverantwortung sie voneinander erwarten oder einander zumuten. Und nach wie vor muss jeder Einzelne seine Wahrheit im eigenen Handeln selbst hervorbringen.

---

[2] In diesem Zusammenhang sei ganz kurz an einige wenige Etikettierungen aus dem medizinischen, pseudomedizinischen und sozialtherapeutischen Formulierungsrepertoire erinnert: "Hirntüchtige" = 'Normale', "Hirnuntüchtige" = 'Geisteskranke'; "Ballastexistenzen" = 'Unbelehrbare', chronisch Kranke, Behinderte, 'Randexistenzen' etc.

Aus Platons Zeiten stammt – neben vielen schwergewichtigen Äußerungen über den Menschen – auch die vergleichsweise nüchterne Aussage, der Mensch sei ein zweibeiniges Lebewesen ohne durchgehendes Fell und ohne Federn. Es ist beruhigend, dass zumindest diese Aussage durch unser neues Wissen über das menschliche Genom nicht grundlegend angefochten wird.

Literatur

Gehlen, Arnold (1956): Urmensch und Spätkultur. Bonn: Athenäum-Verlag

Husserl, Edmund (1936): Die Krisis der europäischen Wissenschaften und die transzendentale Phänomenologie. Husserliana Band IV.

Jaspers, Karl (1959): Allgemeine Psychopathologie. Heidelberg/Berlin: Springer

Kierkegaard, Sören (1960): Der Begriff Angst. (übersetzt von Liselotte Richter) Hamburg: Rowohlt

Lorenz, Konrad (1963): Das sogenannte Böse. Zur Naturgeschichte der Aggression. Wien: Borotha-Schoeler

Mohr, Hans (1987): Natur und Moral. Ethik in der Biologie. Darmstadt: Wissenschaftliche Buchgesellschaft

Plessner, Helmuth (1975): Die Stufen des Organischen und der Mensch. Berlin: de Gruyter

Scheler, Max (1926): Die Stellung des Menschen im Kosmos. Darmstadt: Reichl

Schulz, Walter (1994): Der gebrochene Weltbezug. Aufsätze zur Geschichte der Philosophie und zur Analyse der Gegenwart. Stuttgart: Neske

Schütz, Alfred/Luckmann, Thomas (1984): Strukturen der Lebenswelt. Band 2. Frankfurt/M.: Suhrkamp

Selbstinterpretation als Selbstermächtigung
– oder:
Sechs Milliarden Personen suchen einen Autor

Peter Gross

Luigi Pirandello (1988a), der sizilianische Nobelpreisträger, hat mit dem Titel seines 1921 geschriebenen Theaterstückes "Sechs Personen suchen einen Autor" auch den Titel des modernen Welttheaters gefunden. Nur sind es nicht mehr nur sechs, sondern sechs Milliarden Personen. Pirandellos Hoffnung, dass die Figuren im besagten Stück ihre eigene Realität erlangen müssen und sich deshalb vom Wollen des Autors zu lösen haben, ja eine Art Gegenwelt darstellen sollen, aus der heraus sie sich wenn nötig sogar gegen die Absichten des Autors zu wehren haben, ist ein Grundimperativ der Moderne. Herausgesprengt aus den herkunftsbezogenen Vorgaben muss der Jetztmensch sein Leben als Aufgabe wahrnehmen. Und getreu der soziologischen Rollentheorie hat der Homo sociologicus nicht mehr einfach eine vorgegebene Rolle zu lesen und zu spielen, sondern diese zu variieren und im Endeffekt selber zu erfinden und zu optimieren. Der Mensch hat zum Autor seiner selbst oder, wie es neuerdings heißt, zum Ich-Unternehmer und zur Ich-AG zu werden. Er sieht sich nicht mehr als gemacht, sondern muss etwas aus sich machen. Er erhält bei der Geburt kein Skript mehr in die Hand gedrückt, das er auf der Weltbühne vorzutragen hat, sondern muss dieses nun selber schreiben und selber spielen.

Zwangsläufig löst sich damit die Menschenwelt von wie auch immer supponierten oder kulturell kodierten Vorgaben ab. Einerseits wird, in der Selbsterzeugung, den ungeheuren Weiten ein Bezirk der Sinnhaftigkeit, eine Art Lichtung abgerungen. Andererseits verschwindet der Weltautor, der Schöpfer. Er vergeht in der Endlosigkeit transzendenter Welten. Die kopernikanische Erde, die sich kugelig zusammenzieht und über der sich kein göttlicher Himmel mehr erhebt, sondern die in einer ungeheuren, mit gigantischen Trümmern gefüllten Galaxis driftet. Ein schweres Los bürdet sich der Mensch damit auf, und entsprechend verzweifelt nehmen sich seine Versuche aus, sich selber zu entsprechen, mit sich selber identisch zu werden, gottähnlich zu werden. Überall und immerzu tun sich neue Dimensionen der Ungewissheit und neue Paradoxien auf. Wissen-

schaft und Technik haben neue Probleme geschaffen, die Existenz und Zukunfts-
ängste sind nicht geschwunden, sondern gewachsen, die Emanzipation hat neue
Arten von Rivalität und Konkurrenz heraufbeschworen und die überkommenen
Loyalitäten geschwächt; Millionen sind neuen, unsichtbaren Händen und unbe-
herrschbaren Risiken, wie den Finanzmärkten, ausgeliefert. Dennoch: Eifrig und
im Zeitalter der Globalisierung wie elektrisiert, macht der Mensch der Moderne
derzeit weltmobil und wird globalfuturistisch. Alle Bezüge, die er auf kulturspezifische Weise bearbeitet hat, geraten in das Kraftfeld einer Verbesserungsdyna-
mik. Der Korrekturwille erstreckt sich in wechselndem Maße auf seine Nah-
oder Fernwelt; auf sich oder die Anderen, je nachdem wo sich der Wille jeweils
erschöpft.

Solange es noch von der Modernisierung nicht ergriffene Landschaften und
Völker gab, ,weiße' Flecken auf der Weltkarte, hat die Hoffnung bestanden,
jenes Gestade, jenes diesseitige Paradies zu finden, wo alles gut ist. Und konnte
gehofft werden, dass die Rückschläge im Erreichen einer friedlichen, in der Galaxis dahintreibenden Weltgemeinschaft auf die noch nicht geschlossenen Lö-
cher, auf die schwarzen, noch nicht modernisierten Schafe in der Weltgesellschaft zurückzuführen sind. Dass sich unterdessen die Drift zwischen den reichen und den armen Ländern im Weltmassstab vertieft hat, konnte einleuchtend
mit dem Bösen und Anderen begründet werden. Und mit kulturellen Fehlbear-
beitungen und falschen Personen, die diese durchsetzen. „Wir leben", so Ulrich
Beck, „im Programm des Postismus, des Jenseitismus und des Nachismus".[1]

Gleichwohl: Es gehört zum Programm der Modernisierung selber, dass es
nie vervollständigt werden kann. Eine endlose Dynamik tut sich angesichts der
immer neu sich zeigenden und neu erfundenen Differenzierung und der Distink-
tionen auf. Jeder Differenzminderung läuft eine Differenz voraus und nach jeder
Schließung der Lücke sind schon wieder, wie in der Geschichte mit dem Hasen
und dem Igel, neue Differenzen da. Die Wellen, die man selber erzeugt, lassen
sich nicht einholen. Darüber hinaus, und wie viele haben es unterdessen versucht
klarzumachen, stößt die rationale Durchdringung der Welt und die Vorstellung,
die Zukunft sei machbar, auf erhebliche, im Programm selber angelegte Schwierigkeiten. Die Paradoxie der rationalen Askese, die darin besteht, dass sie den
Reichtum, den sie ablehnt, selber schafft, hat, wie Max Weber (1920a: 545ff) es
ausdrückt, dem Mönchtum aller Zeiten ein Bein gestellt. Die Rationalität erzeugt
in ihrem Fortschreiten andauernd neue Fragen. Jeder Entscheid über die Zukunft
macht diese, gerade wenn sie gemacht und nicht gelassen wird, kontingenter und
ungewisser. Und die wachsenden Möglichkeitsräume steigern nicht nur die Kon-

---

[1] Ulrich Beck folgend könnte man sich fragen, ob, nachdem das Wörtchen „Post" der Blindenstab der
Intellektuellen war, das Wort „Jens" zum Stab werden wird, mit dem Wasser aus dem Fels gezaubert
wird.

tingenz, sondern die Riskanz. Sie verschärft sich ebenfalls, wenn man einsieht, dass man nicht alles aus sich machen kann. Dass die meisten Menschen nicht einmal besonders viel aus sich machen können und dass diejenigen, die viel erreicht haben, es häufig nicht aus eigener Kraft, sondern mit Hilfe von Zufällen, Erbschaften, Lotterielosen erreicht haben. Und dass es Millionen gibt, deren Möglichkeiten, überhaupt irgendetwas aus sich zu machen, minimal, wenn nicht gar null sind. Der Glaube, eine Durcharbeitung der eigenen Geschichte führe zur Selbstfindung, zur Identität, Ganzheit, Rundheit, ist enttäuscht. Immer wieder erfährt man an sich selber, selbst wenn man eine Lebensanalyse durchgemacht hat, dass man nicht Herr im eigenen Haus, das man ontologisch stigmatisiert ist. Wenn die Kontingenz der Welt als unaufhebbar und die Weltprobleme als unlösbar empfunden werden, wenn, mit anderen Worten, die diesseitige Zukunft als Substitut der himmlischen Seligkeit im Jenseits überschattet wird, von aus der Gegenwart in die Zukunft hinein sich fortpflanzenden und aufschaukelnden Risiken, erhebt sich (gewiss nicht bei allen) erneut die Frage, warum man so ist, wie man ist. Und wer zu verantworten hat, dass wir uns nicht voll verantworten können!

Man kann nämlich, wie es Dieter Thomä (1998: 9) radikalsubjektivistisch formuliert, kein anderes als das eigene Leben führen. Versuche gibt es genug, andere das eigene Leben leben oder leiden zu lassen. Oder Erfahrungen der Ohnmacht. Der israelisch-deutsche Historiker Dan Diner widmet sein Buch „Das Jahrhundert verstehen" seinem Vater Robert Diner (1999), „den das Jahrhundert gelebt hat". Aber vollkommen gelingt das nie, nicht einmal, wenn man die nicht Willfährigen martert oder inkarniert oder aufzehrt. Aber man kann, und das scheint ebenso gewiss, sein eigenes Leben nicht ausschließlich aus eigener Kraft führen und gestalten. So oder anders zu leben, ist nicht vollständig verfügbar. Selbstverständigung ist möglich, nicht Selbstermächtigung. Sogar noch die Selbsttötung folgt dem Verfügbarmachenwollen des Unverfügbaren.

Die Suche nach sich selbst führt nicht nur zwangsläufig zur Suche nach einem Autor. Sondern auch zur Frage, ob es jemanden oder etwas gibt, das Erlösung verspricht. Nicht nur Lösung der endlosen Probleme, sondern Herauserlösung aus einer Biographie, die letztlich, indem man ist und nicht nicht ist, nicht selber begonnen und, indem man stirbt und nicht vielmehr nicht stirbt, nicht selber beendet wird. Genug gibt es der Erzählungen und Mythen, um Autorschaft, Schöpfung und Vorentschlossenheit des Menschen zu klären und zu erklären. Vertreibung aus dem Paradies oder aus der Natur, Versuchung Gottes oder des Teufels, Flug in die Nähe der Sonne – je nach Blickwinkel wird die Abkunft des Menschen unten in der natürlichen Evolution oder oben, in der Freisetzung des Menschen durch einen Gott gesehen. Nach dem Zerfall der Gewissheit einer durch die göttliche Vorsehung bestimmten Weltordnung sucht der

Mensch Halt in sich (seinem inneren Gott), in seiner Vernunft, und, nach der Krise der Vernunft, in der Gesellschaft (den "göttlichen" Umständen). Die moderne Anthropologie befleißigt sie sich nun einer eher kulturanthropologischen Betrachtungsweise (Arnold Gehlen) oder einer philosophischen (Helmut Plessner), stellt die offene Anpassungsfähigkeit, Unbehaustheit und Weltoffenheit den Mängeln gegenüber, die der Mensch gegenüber dem Tier aufweist, und versucht zu zeigen, wie der Mensch in der Abtrennung von Reiz und Reaktion die Möglichkeit gewinnt, in "triebfreien Empfindungen" die Welt und ihre Operationsräume zu vergegenwärtigen und dadurch den Überblick zu gewinnen (vgl. Gehlen 1940: 29ff; vgl. auch Scheler 1928 und Plessner 1975). Aber ist das Bewusstsein, wenn als Hilfsmittel der Weltbemächtigung verstanden, auch fähig und bestimmt, diesen Prozess selber zu erkennen? Die Frage nach dem Grund und dem Sinn des Lebens, nach dem Streben und Wollen selber geht über die Reichweite seiner Funktion hinaus. Das "Dass" bleibt letztes Faktum, die Frage nach dem "Warum" bleibt offen.

Dieser Offenheit entsprechend wurden und werden rundum Seinsgründe, eine Art Kompensate der Transzendenz vermutet und ausgemalt: in der Geschichte, in der Gesellschaft, der Weltanschauung, der Gruppe, der Klasse, den tierischen Ahnen, der Schicht, dem Milieu, der Subkultur – im perpetuum mobile des Selbst selber (vgl. Landgrebe 1961: Kap.1). Die Frage nach der Autorschaft erscheint verwandelt wieder in der Frage nach den Umständen, Ursachen, Gründen. Nicht nur ist diese Deutung in hohem Masse kontingent. Man könnte sagen, dass diese Deutung selber wiederum eine Deutung ist, die dem Menschen, weil er sich verstehen will, eigen ist. Auslegung und Selbstauslegung des Menschen als eines Wesens, zu dem konstitutiv die Unfähigkeit gehört, die Frage nach dem Sinn und dem Warum letztendlich zu beantworten, weist selber auf eine spezifische Selbstdeutung hin, die auch anders ausfallen könnte. Und gerade weil sie so ausfällt, ist der Mensch Mensch. Das Sich-verstehen-Wollen gehört wie die unterschiedlichen Weisen des Sich-selber-verstehen-Wollens zum menschlichen Dasein und weist immer über dieses Dasein hinaus und – auch – hinter das Leben zurück. Auch neuere Ausdrücke dieser Seinslage, wie die Phänomenologie Edmund Husserls, lassen sich als neognostische Versuche deuten, zu einem transzendentalen Ur-Ego vorzustoßen.[2] Sie illustrieren auf je andere Weise das-

---

[2] Die Bedeutung Husserls kann man darin sehen, dass er in der Suche nach Gewissheit hinter die Erfahrung, die Grundlage modernen wissenschaftlichen Denkens zu den Erlebnissen zurück wollte. Insofern die Erfahrungen in der Sprache aufbewahrt sind, ist auch hinter diese zurückzugehen zu jenen Erlebnissen, die ihnen Bedeutung verleihen. Der in der phänomenologischen Reduktion zu erreichende letzte Punkt, auf den das alles zurückbezogen werden muss, endet aber in einem Punkt auf dem Grund, wo es bemerkt, dass dieser Punkt, dieser Grund gedacht, Objekt des Denkens ist, also kein Ding ausserhalb. Die Suche bewegt sich schon begrifflich nicht in jenen Räumen, von denen die

selbe: die Unüberholbarkeit kontingenter Weisen der Selbstdeutung, Selbstmöblierung und der Selbstvergewisserung. Aber sie erfassen nicht das Sich-selber-deuten-Wollen. Dieses ist der Ursprung der Kontingenz und deshalb absolut kontingent.

Die Suche nach einem Autor mutet insofern naiv an. Seine Verwandlung in Seinsgründe und Erklärungen über unsere Herkunft kann ebenso wenig befriedigen wie die Selbstermächtigung des Menschen zum Gott, der sich selber geschaffen hat oder noch schafft. Wenn nun aber an die Stelle einer Auflösung der Herkunftsfrage und an die Stelle wechselnder Kontexte, denen dann die Menschen wie eine Art Staffage aufgemalt werden, aus deren Hintergründe sie neugierig hervortreten, eine unvorhersehbare Offenheit der Zukünfte tritt, und wenn ferner diese Zukünfte zwar vom Menschen selber erzeugt werden, allerdings ohne dass er weiß, in welche Richtung sich diese Zukünfte dann entwickeln, und wenn außerdem mit der Schließung der Welt und mittels der Übersicht, die wir über sie gewonnen haben, durch deren durchgearbeitete Geographie und Kartographie und das Verschwinden der weißen Flecken auf der Weltkarte, das ganz Andere nicht mehr zu entdecken ist, so läuft doch etwas mit, was sich entzieht, unverfügbar ist. Um sie kreisen, iterieren wir, unablässig, wie die sechs unablässig auf der Bühne herumfragenden Personen in Pirandellos Stück (vgl. dazu Kolakewski 1997).

Fast ein Jahrhundert ist es also her, dass sich im Laufe einer fiktiven Probe von Pirandellos Schauspiel "Seine Rolle spielen" sechs Personen im "Teatro Valle" in Rom auf die Bühne vorarbeiteten und einen Autor suchten, der sich ihres Schicksals anzunehmen bereit gewesen wäre. Das Gefühl, dass man nicht alles aus sich und mit sich machen kann, dass man irgendwie vorentschlossen und vorentschieden ist zu etwas, was man nicht kennt, und von jemandem, den man ebenfalls nicht kennt, führt zur Frage, ob es etwas gibt, das größer ist. Insofern Gott als Weltautor hinter den Wolken oder in den Sternenmeeren verschwindet, bleibt die Suche notorisch, werden rundum Autoren vermutet, Letztwelten verspürt, Lesarten verkündet und Schöpfungsgeschichten erzählt: in der Soziologie, der Pädagogik, der Bewusstseinsphilosophie, der Evolutionstheorie, der Abstammungslehre. Und gleichsam kompensatorisch zur Fehlanzeige wird die Methodik endlos reformiert und korrigiert. Erscheint es einen heute nicht so, als wären Europa und die USA jene moderne Weltbühne, auf die sich all jene drängten, die dort eine wahre Geschichte über ihren Autor vermuteten? Hat die moderne Wissenschaft nicht gezeigt, was sie kann gegenüber allen nicht-rationalen Erklärungsversuchen? In dieser Hinsicht enthält nun freilich Pirandellos Stück eine furchterregende, existenzielle Dimension. Denn die Familie, die

---

Physik nichts weiss, sondern bleibt immanent, Derivat räumlicher Bezüge, heissen die Begriffe nun innen oder aussen, Objekt oder Subjekt.

auf die Bühne drängt und einen Autor beansprucht, findet und bekommt diesen nicht, wie sie auch aufbegehrt.

Denn einen solchen gibt es nicht, wie Pirandello (1988a: 15-30) im Vorwort zu umschreiben versucht. Oder gibt es nicht mehr. Denn nicht nur kann seines Erachtens der Autor "jemals sagen, wie und warum eine Gestalt in seiner Phantasie entstanden ist", die Gestalten, die er schafft, lösen sich früher oder später auf, leben auf eigene Faust, lernen, sich gegen ihren Schöpfer zu wehren und "werden sich auch gegen andere zu wehren wissen". Eigentlich scheint also der Autor eher zu verschwinden oder sich zu verbergen. Der Autor ist ein verborgener Autor. Er entzieht sich. Pirandello gibt zu, dass es eine "unmögliche" Situation, recht eigentlich ein "Drama" sei, auf der Suche nach einem Autor zu sein und keinen zu finden, ja abgelehnt zu werden. Wenn gesagt würde, dass dieses Drama, diese Situation bereits ein ausreichender Seinsgrund sei, würden die Suchenden dies nicht glauben, "weil es nicht möglich ist zu glauben, dass der einzige Grund unseres Lebens in einer Tortur besteht, die uns ungerecht und unerklärlich erscheint" (1988a: 22).

Man könnte glauben, Pirandello beschreibe seherisch den modernen Menschen, der aufbricht, um seinen Autor, seinen Schöpfer zu suchen, und ihn, sofern er ihn überhaupt findet, als jemanden erkennt, der nicht genau weiß, warum und wozu er ihn geschaffen hat. Der sich ihm entzieht. Der übermächtig ist. Der nicht mit sich reden und rechten lässt, warum die Welt so und nicht anders sei, wie immer er mit seinem Schicksal hadert. Weit entfernt, schaut ihn sein eigener Schöpfer wie einen Fremden an, den er nicht erkennt. Was für ein Schrecken muss Töchter und Söhne ergreifen, die plötzlich erkennen müssen, dass ihre alten und todkranken Eltern sie anschauen, ohne sie zu erkennen. Schrecken könnte auch der Gedanke, das der Autor sein Stück vergessen, der Schöpfer sein Geschöpf nicht mehr erneuern könnte. Aber eher ist denkmöglich, dass Kinder ihre Eltern nicht erkennen. Dass sie fremd unter den Ihrigen stehen. Diese Situation ist vergleichbar mit der modernen Existenz. In der der Mensch herausgefallen ist aus allem, Deserteur des Seins, herausgesprengt aus seinen Herkunftswelten, einen Schöpfer suchend und ihn nicht erkennend.

Pirandellos Ansichten zum Theater sind möglicherweise nicht ohne Belang für diese Frage (vgl. dazu auch Pirandello 1988b: 323-391). Ausgehend vom naturalistischen Guckkastentheater gibt er sich zunächst als Theaterfeind. Im Theater sieht er die Intention des Autors in dreifacher Hinsicht gefährdet. Da die Inszenierung erstens eine unvermeidliche Etappe in der Verbreitung des Werks darstellt, ist eine Verfälschung unvermeidlich. Die Rezeption des Regisseurs und die Nachschöpfung des Schauspielers, wie schließlich auch die Rezeption des nun schon doppelt verfälschten Stückes durch den Zuschauer, entfernen Pirandello zufolge das Stück vom ursprünglichen Kunstwerk, mit dem es bestenfalls am Rande noch etwas zu tun hat. Gepaart mit der Vorstellung eines entschiedenen und tatkräftigen Menschen, offenbaren diese Überlegungen übrigens die Kläglichkeit von Menschenbildern, die an einer gleichsam durch die biographischen Handlungsketten hindurchgreifenden Astrologik oder Genetik oder anderen Bestimmungsgründen des menschlichen Tun und Lassens festhalten. Auch Pirandello setzt die Schaffenskraft des Menschen und damit die Möglichkeit, dass er als einziges Wesen in der Lage ist, sich selber zu schaffen, über die Frage, wer ihm diese Kraft gegeben hat. Der Mensch ist, was er tut, was er aus sich macht, und nicht, was er ist. Insofern das naturalistische Illusionstheater an seinen eigenen Ansprüchen scheitert, macht man Pirandello zufolge besser ein Theater, das der Selbsterschaffung und der Selbstschöpfung Raum lässt.

Man könnte sagen, dass im Zuge der Autonomisierung des Verhaltens just dasselbe nunmehr, nachdem es auf der abendländisch-europäischen Bühne erprobt worden ist, im Weltmassstab auf der Weltbühne vonstatten geht. Entsprechend wird möglicherweise im nichteuropäischen Ausland, etwa in China oder in Kenia gefragt, ob es einen Autor für das moderne, auf die Eigenmächtigkeit der Schauspieler vertrauende Stegreiftheater auf den Märkten und in der Politik gibt. Und ob wir, die dieses Projekt globalisieren, eine Antwort dazu haben? Wer ist der Autor, der die Menschen lediglich mit dem Vermögen ausstattet, Autoren ihrer selbst zu sein?

Man kann sich nicht vor der Frage, wer für einen verantwortlich ist, wer einen dazu gemacht hat, wer man ist, und wer man sein könnte, und warum man so ist, mit der Frage "Wie geht es mir?" drücken. Denn auch wie es einem geht, lässt sich nicht so leicht aus einem selbst erklären, insbesondere natürlich die anscheinend und häufig so erlebte grundlose Missgestimmtheit oder Verstimmtheit, in der man meint, etwas von der Schwere und Bürde des Seins, das man sich nicht selber aufgeladen hat, zu spüren. Unabwendbar ist schließlich die Feststellung von Jean Paul Sartre (1991: 953): "Ich bin ja für alles verantwortlich, außer für meine Verantwortlichkeit selbst, denn ich bin nicht der Grund meines Seins. Alles geschieht so, als wenn ich gezwungen wäre, verantwortlich zu sein." Nicht der Grund meines Seins! Wie selbstverständlich ist dieser Satz und wie wenig ernst genommen wird er.

Jetzt und hier, wo auch sonst, stellt sich die Frage nach Gott. Und damit nach der Religiosität denn diese operiert ja mit dem Nicht-operativen: mit einem Bezug zu einer wie immer gearteten, über- menschlichen Realität. Max Weber hat vorausgesagt, dass die Religion die eigene Rationalisierung nicht überstehe. Und sich selber einen tragischen Untergang bereite. Sie habe dem okzidentalen Rationalismus die Starthilfe gegeben, indem sie die methodische Lebensführung aus den Klöstern in die Welt, insbesondere ins Erwerbsleben getragen, und außerdem aufgeräumt habe mit der teils fidelen, teils brutalen diesseitigen Götterwelt, und damit diese gereinigt habe vom Zauber der Magie und von der Einflussnahme der Dämonen. Sie werde, wenn sie sich einmal in eine andere Welt zurückgezogen habe, von der modernen säkularisierten Gesellschaft nicht länger in Anspruch genommen. "Die Unwahrscheinlichkeit einer religiös asketischen Weltablehnung sei benötigt worden, um einer anderen Unwahrscheinlichkeit, der des modernen Rationalismus, über die Schwelle starker psychologischer und sozialer Hemmungen hinwegzuhelfen"(Weber 1920a: 545ff.).

Nun, nachdem der überkommene Rationalismus an seine Grenzen stößt, geschieht Umgekehrtes: ein Wiedererwachen und Erstarken religiösen Denkens. Im gleichen Maße, wie das eiserne Gehäuse der Hörigkeit, in das sich die Vernunft hineinmanövrierte, durch die Autonomievorstellung und den kategorischen Konjunktiv gesprengt wird, erleben wir diese "überhastete" Rückkehr der Religion, von der Jacques Derrida und Gianni Valtimo (2001) spricht. Mit anderen Worten, gerade die Ermattung und das Verächtlichmachen eines Glaubens an eine Überwelt, an ein Jenseits, an einen verborgenen Gott hat zunächst eine überhastete Rückkehr von Diesseitsreligionen gefördert, die sich überall eingenistet haben, wo das religiöse Bedürfnis leer gelaufen, aber die transzendierende Kraft geblieben ist. Insbesondere eben in einer Fortschritts- und Modernitätsreligion, in der das Jenseits einfach temporalisiert, in die Zukunft hinein verlegt worden ist (Willems/Willems 1999: 325-351). Indem die Verheißungen des Himmels terminologisch in die Realwelt hineingeblendet worden sind, und der Himmel auf Erden errichtet werden sollte, haben insbesondere die modernen Wissenschaften das Religiöse im Sinne eines Umgangs mit dem Möglichen inkorporiert und – wie derzeit wieder in der Gentechnologie – den Himmel auf Erden versprochen. Man kann sogar versucht sein, deren Methodologien als Varianten des Theologisierens zu sehen.

In ähnlicher Weise gilt das auch für die neognostischen Fortschrittshoffnungen: die Hoffnungen nämlich, das Himmelreich mit sich und in sich aufzufinden, in Selbstverwirklichungs- und Selbsterlösungsvorstellungen. Keineswegs ist Max Webers Überzeugung eingetreten, dass Irrationales, Religiöses, die Metaphysik und das Unbegreifliche aus der modernen Welt verbannt würden. Je offensichtlicher freilich wurde, dass die wissenschaftlichen Hoffnungen auf Befreiung des Menschen durch seine Selbstaufklärung und auf eine mysteriöse Entwicklung der Menschheit durch sie auf einen Zustand des immerwährenden Friedens und Glücks hinfällig wurden, desto mehr hat das Religiöse, obwohl diesseits geblieben, seinen Standort verlagert: in jene para- oder quasireligiösen Obskurantismen, welche kurioserweise einer mysteriösen Gegenaufklärung angelastet werden, statt der Aufklärung (vgl. auch Barilier 1999). Denn noch einmal: gerade weil die Aufklärung den Himmel leergefegt und die Grenze zwischen Hier und Dort geographisiert und temporalisiert hat, aber nicht in der Lage war, ihre Glücksversprechen in irgendeiner Form Wirklichkeit werden zu lassen, gerade deshalb kommt es zum Boom des Parareligiösen. Die Entzauberung der Welt, das heißt der Abschied vom Götterpantheon, vom Magismus und Dämonenglauben, und die Inthronisierung eines einzigen und allgegenwärtigen, allmächtigen und dennoch verborgenen Gottes in jener letzten Welt, hat die Rationalisierung und rationale Kultivierung der Welt erst ermöglicht. Dass diese, wie von Max Weber angenommen, auch die eigene Voraussetzung, nämlich die Religion zerstöre, galt wie oben schon dargelegt nur zur Hälfte: Mit der Schleifung der hochreligiösen Zweiweltenlehre sinkt das Religiöse wieder ins Diesseitige, Bodennahe ab, besser gesagt, der eine große Gott zerschellt in tausend Stücklein, die nun allüberall, auch im eigenen Herzen gesucht werden.

Der Wiederverzauberung der Welt ist also eigentümlicherweise gerade eine Folge der gescheiterten Rationalisierung und des verdrängten Übernatürlichen, in dem das Inkommensurable traditionel-lerweise seinen Platz hat. Aus ihr nun und der Erhebung des Menschen zum letzten Gott resultieren jene Obskurantismen, gegen die die Propheten der Aufklärung gleichzeitig Sturm ebenso laufen wie gegen den, wie sie ihn nennen, hochreligiösen Fundamentalismus. Vielleicht rührt diese Konfundierung auch aus der Verwechslung von Amtskirche und Hochreligion. Vielleicht auch aus der konsequenten Einebnung des Religiösen auf diesseitsreligiöse Bewegungen und Kulte (vgl. Hitzler 1999: 351-369). Auch die Theologie als Reflexionswissenschaft der Religion hält sich nicht mehr lange bei der, wie Luhmann sie nennt, Superunterscheidung von Immanenz und Transzendenz, von Diesseits und Jenseits auf. Sie tummelt sich, von der ersten Aufklärung ergriffen und unschuldig gegenüber einer Abklärung der Aufklärung, wie sie etwa Luhmann vornimmt, in den Schlaraffenländern des Diesseits und belobigt und beglaubigt diesseitsgewandte religiöse Praktiken, die auf mehr oder minder spirituelle Formen der Bewältigung spezifischer, daseinsimmanenter Probleme zielen und in unterschiedlicher Weise als eine Art Sorgentelefon funktionieren. Sie macht sich die religionssoziologischen Funktionsbestimmungen der Religion zu eigen, die Thesen der religiösen Pluralisierung, der Individualisierung, der Modernisierung und Entwicklung der Kirche zu einer Dienstleistungsorganisation an den "Schwachstellen des Lebens", mit der Folge, dass sie nun in Konkurrenz tritt mit Lebensberatern, Sozialarbeitern, fernöstlichen Sportarten, Psychotherapeuten, Esoterikern und deren lebensweltlicher Ästhetisierung.

So wird "dieses" Religiöse in diesseitigen Manifestationen wiederentdeckt, in Formen der Weltfrömmigkeit, der Sakralisierung der Natur, der Wiederverzauberung der Welt, in der bildenden Kunst, in der Musik, in einer religiösen Gefühlskultur, in neomystischen Praktiken. Das Religiöse eskaliert im Diesseits. Das Allergrösste erscheint im Allergeringsten verborgen und wartet auf seine Entdeckung. Die Bücher über die Rückkehr der Religionen, ihr Wiedererstarken, sind Legion. Die Kirchen mögen sich leeren, aber der Markt an Möglichkeiten, diesseitsreligiös tätig zu werden, boomt (vgl. Amery 2002). Nie ist es zu spät, sich esoterisch, naturreligiös oder exorzistisch zu betätigen, Indianer oder Buddhist zu werden. Dort, wo versucht wird, eine jenseitige, ausserweltliche Dimension zu erlangen, wird, in der Annahme, das Jenseitige könnte sich nur im Diesseitigen zeigen, sich zu uns gleichsam herunterstrecken, dieses ebenfalls innerweltlich ausgemacht. So scheint die Erfahrung des ganz Anderen im Anderen, im Mitmenschen, als eine Möglichkeit, das Religiöse wieder zu gewinnen. Die Überwältigung und der Schrecken, den das ganz Andere, die andere Welt, wenn sie erscheint, hervorruft, und die auch die mystischen Erlebnisse und Offenbarungen kennzeichnen, die überhaupt für das Heilige in dieser Welt stehen, sind, etwa bei Lévinas (1999) in der Begegnung mit dem Anderen, gegeben. Wenn der Andere mich angeht, mich in seiner Bedürftigkeit und Verwundbarkeit überwältigt, dann ist der Andere der Weg zum ganz Anderen, zur absoluten Andersartigkeit Gottes. Lévinas behauptet sogar, dass der andere Mensch der ganz Andere sei, also in ihm sich Gott verberge (vgl. auch Derrida 1999).

Damit ist es keineswegs mehr weit zu der Position, die Lévinas mit seiner Setzung Gottes in die Bezüge zwischen den Menschen gerade überwinden will: nämlich zur Suche des Gottes in sich, wie ihn der philosophische Humanismus seit Fichte bestimmt. Wenn sich der Mensch, nach der Verabschiedung Gottes als setzende Aktivität, selbst setzt, dann bricht er zur Suche nach Gott in sich auf. Dann tritt die Selbsterlösung an die Stelle der Erlösung mit den verschiedensten Varianten, den toxischen, sonosphärischen oder auch sexuellen Selbsterlösungspraktiken, quasireligiösen Exerzitien, die diesseitsgewandt sind; oder philosophischen Dekonstruktionen wie der Epoche in der transzendentalen Phänomenologie, in der die Weltabwendung methodisch vollzogen und zu einem reinen, transzendentalen Ur-Ego vorgestoßen werden soll (vgl. Bolz 1998: 209-221). Die existenzialistischen Varianten der Theologie intendieren das Transzendentale – aber nicht das Transzendente. Sie suchen nach den verborgenen Voraussetzungen des Menschen, seiner Freiheit, seiner Verantwortlichkeit und seiner Not.

Gegenüber diesen "stimmungstheologischen" Ansätzen, wie Peter L. Berger (1970) sie nennt, versucht dieser, Zeichen der Transzendenz aufzufinden, die weder auf ein geheimnisvolles Nirgendwo außerhalb der Welt Bezug nehmen, noch auf Erhebbares, Unheimliches oder Heiliges in der Welt, und dennoch jene fundamentale Kategorie der Religion nicht verleugnet: nämlich Überzeugung oder den Glauben, dass es eine andere Wirklichkeit gibt, und "zwar eine von absoluter Bedeutung für den Menschen, welcher die Wirklichkeit unseres Alltags transzendiert" (Berger 1970: 14). Zeichen der Transzendenz erblickt Berger merkwürdig genug in Gebaren, Gebärden und Gesten, in Zeremonien, in Gesten des Ordnens. Beispielhaft für ihn ist die, wie er sagt, fundamentalste aller Ordnung stiftenden Gesten, "die der ihr ängstliches Kind beruhigenden Mutter" (Berger 1970: 82). Die technische Form dieser "Ja ich bin da"-Geste (Berger 1970: 87) ist übrigens das Handy: eine Mikromonstranz, die Transzendenz aufbaut. Auch das Spiel enthält Zeichen der Transzendenz, indem es hilft, die Wirklichkeit unseres Seins zum Tode außer Kraft zu setzen. Und vermutlich vieles mehr.

Zeichen der Transzendenz also überall. Sie finden sich in Zonen oder Enklaven, die aus der empirischen Wirklichkeit ausgeklammert sind, oder wie beispielsweise der Humor, Differenzen und Diskrepanzen thematisiert, sie auch relativiert und uns damit erlöst. Absehend von innerreligiösen Erlebnissen der Transzendenz (Wunder, Visionen, Stigmata) werden Möglichkeiten zu gewinnen versucht, die jedermanns Erfahrungen bestätigen und der Unterscheidung von Immanenz und Transzendenz lebenspraktische Äquivalente beifügen. Aber genügen Zeichen der Transzendenz? Gibt sich der Mensch zufrieden mit Hinweisen auf eine andere Welt, die in mütterlichen Gebärden, in der Kunst, in der Musik oder sonst wie aufscheint? Ist ihre Erlösungskraft nicht nur eine höchst bescheidene, eine instantane? Und: wie könnte für einen der Kindlichkeit entwachsenen Menschen die ihr ängstliches Kind beruhigende Mutter aussehen?

Wenn es also kindlich anmutet, einen Autor für das, was geschieht, und das, was wir sind, zu suchen, wenn ferner die topologische Frage, an welchem Ort im Sinne eines Standortwechsels sich die Religion und ihre Letztwelt gerade befindet, und wenn es obendrein in die Irre führt, krampfhaft nach Zeichen der Transzendenz in erlesener Literatur, in erhabender Natur oder in ergreifender Musik zu suchen, wenn sich also nicht einmal mehr fragen lässt, wo oder wann das zu suchen ist, was man Letztwelt nennen könnte, in der mitschwingt, was nicht aufgeht, was sich zurückzieht, wenn man versucht, das, wie es auch genannt wird, Unverfüg- und Unsagbare zu fixieren, was dann? Wenn man, Autor hin oder her, nicht aus sich heraus existiert und sich schon gar nicht entschlossen hat, die Welt zu bestehen und zu verbessern, sondern diesen Stachel, dieses Stigma einfach hat und mit ihm leben muss, dann könnte man die Iteration abbrechen und auf jede Religion verzichten.

Wenn man gleichwohl versuchen würde, das, was man heute Rückkehr der Religion nennt, nicht räumlich, nicht zeitlich, nicht personell einzukreisen, dann könnte man vielleicht sagen, sie hat es mit dem zu tun, was man das Unheilbare oder Unverfügbare nennt, was wie ein Stachel im Fleisch gespürt wird, immer und überall, selbst beim Schreiben. Nicht Hunger und Durst und andere Vitalbedürfnisse sind gemeint, die ja irgendwo am Rande des Wollens und Begehrens stehen, sondern jene prinzipielle Besorgtheit und Ungewissheit, die derzeit so vielfältig zu Tage tritt und mit ihrem Zutagetreten massenhaft sichtbar geworden ist, rundum in der Welt. Sechs Milliarden Stigmatisierte, die unruhig sind und besorgt und Ausschau halten nach etwas, was diese Unruhe und Besorgtheit aufhebt und in sich aufnimmt (vgl. Gross 2004a). Diese Spannung, in der der Mensch prinzipiell steht, zur Welt, zu seinen Mitmenschen, zu sich selber, kann er nur sporadisch, episodisch, nur zwischenhindurch lösen, nicht nur in Mystik und Ekstase oder in Liebe und Empathie, sondern auch auf dem Papier, im Rechnen, im Verbessern, aber nie prinzipiell. Eine Anerkennung dieser Spannung und ihrer prinzipiellen nicht partiellen Unverfügbarkeit löst diese Spannung ebenso wenig. Religion als Anerkennung der Kontingenz ist deshalb nicht Sinnstiftung, warum auch, und auch nicht Kontingenzbewältigung, so wenig, wie die Anerkennung meiner Endlichkeit Bewältigung meiner Endlichkeit oder Anerkennung, dass es etwas ganz anderes, unsagbar anderes gibt, Bewältigung dieses Anderen darstellt.

So ließe sich vielleicht sagen, dass, wenn von der Wiederkehr der Religion geredet wird, es nicht um Standort- und Ansiedlungsfragen geht, auch nicht um die Frage, ob Verdrängtes wiederkehrt oder die Letztwelt in der Zukunft liegt und die Zukunft die Stelle des Unsagbaren besetzt, und dass es schon gar nicht um die Frage nach einem Schöpfer oder einem Autor geht, der für das und uns verantwortlich ist, sondern um die Anerkennung einer Rätselhaftigkeit der Welt, einer unlösbaren Zerrissenheit, und um die Anerkennung der Suche nach einem Standort, nach einer Heimstätte für jene andere Welt, von der man nur sagen kann, dass sie in gar keiner Weise mit dieser zu tun hat. Es ist vielleicht übertrieben zu sagen, religiös sein hieße, ein zerrissener, ein unharmonischer, ein unfriedlicher Mensch sein, aber die Richtung stimmt, vielleicht müsste man eher sagen, sich seine Zerrissenheit einzugestehen, seine Verlassenheit anzuerkennen (nicht um sie zu bewältigen), um sich in dieser Verlassenheit gleichzeitig den Menschen zu nähern und von dieser Welt zu entfernen.

Wenn man sich also fragt, was heute Religion sein könnte, die über die diesseitsreligiösen Veranstaltungen hinausgeht, wenn man sich also fragt, was heute mit dem geschieht, was man so nennt und was dort geschieht, wo dieses Wort gebraucht wird, dann könnte man sagen: Dort, wo das Denken nicht bei dem stehen bleibt, was ist, und sich darüber hinaus fragt, warum es nicht stehen bleibt bei dem, was ist, insofern also das Weltsein selber zum Problem wird und in diesem Problem der Ursprung jener Tatkraft gesehen wird, die die Welt prägt. Sechs Milliarden Personen suchen einen Autor – und finden sich selber (vgl. Gross 2004b).

Literatur

Amery, Carl (2002): Global Exit. Die Kirchen und der totale Markt. München: Luchter-
hand
Barilier, Etienne (1999): Gegen den neuen Obskuantismus. Frankfurt am Main: Suhrkamp
Beck, Ulrich/Willms, Johannes (2000): Freiheit oder Kapitalismus. Frankfurt am Main:
Suhrkamp
Berger, Peter L. (1970): Auf den Spuren der Engel. Die moderne Gesellschaft und die
Wiederentdeckung der Transzendenz. Frankfurt am Main: Fischer
Bolz, Norbert (1998): Selbsterlösung. In: Bolz/Reijen (1998): 209-221
Bolz, Norbert/Reijen, Willem van (Hg.) (1998): Heilsversprechen. München: Fink
Derrida, Jacques (1999): Adieu. München/Wien: Hanser
Derrida, Jacques/Vattimo, Gianni (2001): Die Religion. Frankfurt am Main: Suhrkamp
Diner, Robert (1999): Das Jahrhundert verstehen. München: Luchterhand
Gehlen, Arnold (1940): Der Mensch. Seine Natur und seine Stellung in der Welt. Berlin:
Junker und Dünnhaupt
Gross, Peter (2004a): Stigmaloading. MS. . St. Gallen 2004
Gross, Peter (2004b): Wohin soll ich mich wenden? Religiosität in der Multioptionsge-
sellschaft. In: Schmidinger (2004): 2-13
Hitzler, Ronald (1999): Individualisierung des Glaubens. In: Honer et al (1999): 351-369
Honer, Anne/Kurt, Ronald/Reichertz, Jo (Hg.) (1999): Diesseitsreligion. Zur Deutung der
Bedeutung moderner Kultur. Konstanz: UVK
Kolakowski, Leszek (1977): Die Suche nach der verlorenen Gewissheit. Stutt-
gart/Berlin/Köln/Mainz: Kohlhammer
Landgrebe, Ludwig (1961): Philosophie der Gegenwart. Frankfurt am Main: Ullstein
Lévinas, Emanuel (1993): Totalität und Unendlichkeit. Freiburg i.B. : Alber
Pirandello, Luigi (1988b): Essays und Schriften zum Theater. In: Ders. (1988c): 323-391
Pirandello, Luigi (1988a): Sechs Personen suchen einen Autor. In: Ders. (1988c): 13-103
Pirandello, Luigi (1988c): Werkausgabe. Band 8. Mindelheim: Sachon
Plessner, Helmuth (1975) [1928]: Die Stufen des Organischen und der Mensch. Ber-
lin/New York: de Gruyter
Sartre, Jean Paul (1991): Das Sein und das Nichts. Reinbek: Rowohlt
Scheler, Max (1928): Die Stellung des Menschen im Kosmos. Darmstadt: Reichl
Schmidinger, Heinrich (Hg.) (2004): Salzburger Hochschulwochen. Tagungsband. Inns-
bruck: Tyrolia
Thomä, Dieter (1998): Erzähle dich selbst. München: Beck
Weber, Max (1920a): Zwischenbetrachtung: Theorie der Stufen und Richtungen religiöser
Weltablehnung. In: Ders. (1920): 536-573 und 545 ff.
Weber, Max (1920b): Gesammelte Aufsätze zur Religionssoziologie. Tübingen: Mohr
Willems, Marianne/Willems, Herbert (1999): Religion und Identität. Zum Wandel seman-
tischer Strukturen der Selbstthematisierung im Modernisierungsprozess. In: Honer et
al. (1999): 325-351

Möglichkeitsräume
Aspekte des Lebens
am Übergang zu eine anderen Moderne

Ronald Hitzler

1. Am Übergang

Multioptionslust und *Erlebnisorientierung,* das sind die ,Wegweiser', die Peter Gross (1994 und 1999) und Gerhard Schulze (1992, 1999 und 2003) zufolge jenen Übergang zu einer *anderen Moderne* markieren, an dem wir uns derzeit kulturell befinden. *Multioptionslust* meint die Freude daran, dass angesichts eines Überangebots an Waren ebenso wie an Weltdeutungen alles – wenigstens prinzipiell – verfügbar ist; Multioptionslust meint, dass alles geht, und dass es außer fehlenden finanziellen Ressourcen nichts gibt, was uns hindern könnte, bei all dem, was geht, auch selber mitzugehen. *Erlebnisorientierung* meint die Neigung, das zu tun, was einem persönlich Spaß macht – weil es tatsächlich *keine* verbindlichen kulturellen Werte ,an sich' mehr gibt; zu tun also, was das Leben (er)lebenswert macht, bzw. das, was man zu tun *hat,* wenigstens so erlebenswert wie möglich zu gestalten.

Mit ,anderer Moderne' ist sowohl eine andere Epoche *der* Moderne als auch eine andere Einstellung, eine veränderte Haltung *zur* Moderne gemeint: Die andere Epoche entsteht durch das, was von und im Anschluss an Ulrich Beck als ,*reflexive Modernisierung'* etikettiert wird (vgl. Beck/Giddens/Lash 1996; sowie die Beiträge in Beck/Bonß 2001 und in Beck/Lau 2004), die andere Einstellung repräsentiert das, was ich im Anschluss v.a. an Zygmunt Bauman als ,*Postmodernismus'* bezeichne (vgl. Bauman 1995a, 1995b, 1999 und 2003; vgl. aber natürlich auch Lyotard 1986 und Welsch 1988): Reflexive Modernisierung betont die allmähliche gesellschaftliche Verbreitung des Wissens um Nichtwissen – des Wissens um Nichtwissen von unbeabsichtigten Folgen insbesondere wirtschaftlicher und politischer Entwicklungen; Postmodernismus ist die mentale Konsequenz dieses Wissens um Nichtwissen: Postmodernismus meint den Lebensvollzug sozusagen *unter den Vorzeichen des verlorenen Standpunkts,* insbesondere unter den Vorzeichen des verlorenen Standpunkts *der Aufklärung* (vgl. Hitzler 2004a, v.a. S. 77ff).

Multioptionslust und Erlebnisorientierung, reflexive Modernisierung und Postmodernismus markieren also die Rahmenbedingungen unseres gegenwärtigen Alltagslebens. Einige wenige Aspekte dieses für unsereinen typischen Lebens werden im weiteren eher angerissen als diskutiert – sozusagen als kleine ‚tour d'horizon' über Elemente einer gegenwärtigen Zukunft: eine ‚tour d'horizon' durch einige unserer gesellschaftlichen Möglichkeitsräume und einige der damit jeweils einhergehenden Handlungsoptionen:

2. Möglichkeitsraum I: Globalisierung

Der Hyperraum, in dem wir am Übergang zu einer anderen Moderne agieren müssen, ist der, der sich im Zuge der so genannten *Globalisierung* auftut. Manche Analytiker (z.B. Hardt/Negri 2002) betrachten das, was dabei geschieht, als eine neue Qualität und Quantität von Arbeitskraftausbeutung und Kapitalakkumulation, von der manche profitieren und durch die viele verelenden. Andere Beobachter (z.B. Castells 2001, 2005) betonen stärker die Bedeutung der neuen Kommunikationstechnologien, in Sonderheit des Internet, für globale Informationsflüsse und für Zugriffsmöglichkeiten auf global verteilte Wissensbestände.

Sowohl unter der einen wie unter der anderen Schwerpunktsetzung problematisiert wirtschaftliche Globalisierung überkommene, wesentlich nationalstaatlich verfasste Formen politischer Entscheidung. Regeln innerstaatlicher Ordnungsgewährleistung und zwischenstaatlicher Konfliktbewältigung werden in Frage gestellt oder ganz außer Kraft gesetzt. Eine neue Dynamik von kriegsförmigem Terror und terroristischen Kriegsformen hie und gewaltkontrollierenden Kontrollgewalten da scheint zu einer neuen ‚Normalität' zu werden (vgl. Beck 2003 sowie andere Beiträge in Hitzler/Reichertz 2003).

2.1 Handlungsoption I: Globalisierungskritischer Kosmopolitismus

Herkömmliche *und* neue Formen politischer *Agitation* im Möglichkeitsraum der Globalisierung erproben sowohl Großkonzerne als auch so genannte NGOs – und vor allem auch die so genannten ‚Globalisierungskritiker'.[1] Insbesondere seit den Ereignissen am Rande der WTO-Konferenz in Seattle im Herbst 1999 hat

---

[1] Die folgenden Bemerkungen zur Globalisierungskritikerschaft stützen sich auf die laufende Arbeit von Ivonne Bemerburg und Arne Niederbacher in dem von mir verantworteten DFG-Projekt „Globalisierungskritiker – Eine bewegte Szene?"

deren zentrales Thema, die Kritik am globalen 'Neoliberalismus', zunehmend öffentliche Beachtung gefunden (vgl. dazu z.B. Leggewie 2000 sowie die Beiträge in Walk/Boehme 2002). Die Globalisierungskritikerschaft gilt zum einen als neuartige *politische* Kraft, die anhaltend in der Lage sein könnte, Gerechtigkeitsdefizite im Rahmen transnationaler Politik zu reduzieren oder zumindest nachhaltig zu thematisieren; und sie gilt zum anderen als neuartige *kulturelle* Kraft, in der jugendliches Spaß-Haben, gesellschaftliches Engagement und Medienkompetenz zu einem zugleich erlebnisorientierten *und* re-moralisierten ‚Zeitgeist' verschmelzen (vgl. dazu die Beiträge in Cassen/George/Richter 2002): Linksradikale Autonome finden sich bei der Globalisierungskritikerschaft ebenso wie Friedensbewegte, Umweltschützer, Feministinnen, Gewerkschafter usw.; der französische Lavendelbauer, der vor der einschlägigen Drittwelt-Agrarwirtschaft geschützt werden will, ebenso wie die US-College-Studentin, die für die Befreiung der peruanischen Indios aus Feudalzwängen streitet.

Als *Bewegung* ist die Globalisierungskritikerschaft übrigens im wesentlichen ein Medienkonstrukt – ein Konstrukt allerdings, an dem die Aktivisten der Globalisierungskritik selber intensiv und strategisch mitwirken, denn diese Aktivisten wissen symptomatischerweise sehr wohl Bescheid darüber, dass es bildwirksamer Inszenierungen bedarf, wenn man in der gegenwärtigen Informationsüberschuss-Gesellschaft möglichst breite, medial transportierte Aufmerksamkeit erregen will (vgl. Hepp/Vogelgesang 2004). Deshalb geht es bei allen globalisierungskritischen Events zumindest *auch* darum, Kameras auf sich zu lenken. Ideologisch gesehen mag dabei Vieles zwar ähnlich naiv sein, wie ein T-Shirt mit einem Che-Guevara-Bild anzuziehen. Unbeschadet dessen ist es für die Verbreitung und Akzeptanz der moralischen Anliegen der Globalisierungskritikerschaft vermutlich ebenso wichtig, dass sich Menschen mit Pace-Regenbogenfarben bemalen und sich mit Blumen schmücken – und auch, dass es welche gibt, die ein wenig Randale als Spaßfaktor zu schätzen wissen, wie dass sich – vor allem in Organisationen wie Attac (vgl. Attac 2004 und Lucke 2002) – Leute engagieren, die über fundierte Kenntnisse globaler Finanzströme verfügen.

Ulrich Beck (2004, S. 18f) entdeckt in diesem bunten Streiten der Globalisierungskritikerschaft „für die weltweite Anerkennung der Menschenrechte, der Arbeitsrechte, für globalen Umweltschutz, für den Abbau der Armut etc." denn auch ganz folgerichtig „Ansätze eines *institutionalisierten Kosmopolitismus*", in dessen Rahmen sich Naivität *und* Kenntnisreichtum, Lokalität *und* Transnationalität, Krähwinkelei *und* Weltgewandtheit als Elemente einer weltpolitisch reflektierten Individualisierung ergänzen – und damit auch auf den zweiten Möglichkeitsraum verweisen, der hier angesprochen sein soll:

3. Möglichkeitsraum II: Individualisierung

Individualisierung ist wesentlich stärker als ein Handlungs*rahmen* zu begreifen, denn als eine Handlungs*form* des Lebens vor und am Übergang zu einer anderen Moderne (vgl. Hitzler/Honer 1996 sowie Hitzler/Pfadenhauer 2004a): Individualisierung heißt zunächst einmal, dass wir herausgeschleudert werden aus den Zwängen ebenso wie aus den Sicherheiten unserer Herkunftsmilieus. Und dergestalt freigesetzt sehen wir uns in vielfältige neue, oft ‚kleine' und kleinliche Auseinandersetzungen verstrickt – um materielle Güter, um Weltdeutungen, um Kollektiv-Identitäten, um Lebensgewohnheiten und Lebensqualitäten, um soziale Räume, Zeiten und Ressourcen, um Gestaltungschancen, um Grundsatz- und Detailfragen, die sich kaum noch und immer weniger mit dem überkommenen klassifikatorischen Moral-Politik-Raster von links und rechts, von progressiv und konservativ, von revolutionär und reaktionär, usw. fassen lassen.

In der Theoriesprache des eingangs schon angesprochenen Konzepts reflexiver Modernisierung ausgedrückt heißt das, dass die Emanzipation des Einzelnen aus Abhängigkeit und Unmündigkeit als jenem zentralen ‚Projekt der Moderne', welches ein Zusammenleben von freien und gleichen Menschen ermöglichen sollte, zwischenzeitlich immer mehr Konsequenzen zeitigt, auf die viele von uns eben *nicht* mehr mit weiterem Freisetzungsbedarf, sondern auf die sie mit einiger Sehnsucht reagieren nach eben dem, dessen Negation diese Entwicklung ursprünglich ermöglicht hat: nach der Sicherheit *gemeinschaftlichen* Zusammenlebens, welche aus dem ‚Vertrauen ins Unhinterfragte' erwächst (vgl. bereits Parsons 1974).

3.1 Handlungsoption II: Posttraditionale Gemeinschaftsbildung

Lotet man angesichts dieser Sehnsucht nun Chancen zur *unter Individualisierungsbedingungen* gelingenden Vergemeinschaftung aus, dann entdeckt man diese Chancen durchaus. Allerdings entdeckt man sie in Gemeinschaften eines *neuen* Typs (vgl. Hitzler 1998, Hitzler/Pfadenhauer 1998, 2005a sowie Hitzler/Bucher/Niederbacher 2005): Das wesentlichste Unterscheidungsmerkmal dieses neuen Typs von Gemeinschaften gegenüber überkommenen und eingelebten Formen ist augenscheinlich das der Regelung des Eintritts und des Austritts: In die Traditionsgemeinschaft muss man typischerweise entweder hineingeboren sein, oder man muss zumindest mit einem ‚existentiell entscheidenden' Schritt in sie hinein konvertieren. In die neuartige, mithin so genannte *posttraditionale* Gemeinschaft hingegen tritt man typischerweise freiwillig ein, absichtlich und ohne viel Aufhebens – und ebenso einfach, problem- und folgenlos tritt man auch wieder aus ihr aus.

Posttraditionale Gemeinschaften können Mitgliedschaft also nicht erzwingen. Sie können zur Mitgliedschaft lediglich *verführen*. Gleichwohl zeichnet sich unter Individualisierungsbedingungen kein Weg ab, der ‚zurück' führt zu Traditionsgemeinschaften. Im Gegenteil: Auch die Restbestände überkommener Milieus wie Nachbarschaft, Kirchengemeinde und sogar Verwandtschaft und Familie müssen zwischenzeitlich eher reflexiv gewählt und ‚gemanaged' werden. Posttraditionale Vergemeinschaftung zeichnet sich also dadurch aus, dass sie *nicht* aus existentiellen Selbstverständlichkeiten oder Notwendigkeiten heraus geschieht, sondern durch eine ästhetische und prinzipiell vorläufige Entscheidung dafür, *jetzt* dazuzugehören (vgl. Bauman 1995a sowie Lash 1992). Und dieses unverbindliche Vergemeinschaftungskonzept wiederum betrachte ich als wichtigen Indikator für den dritten hier in Frage stehenden Möglichkeitsraum – für Juvenilität.

4. Möglichkeitsraum III: Juvenilität

Juvenilität im von mir gemeinten Sinne ist – jedenfalls prinzipiell – *keine* Frage des Alters, sondern eine Frage der *Einstellung zur Welt* (vgl. Hitzler 2002a und Hitzler/Pfadenhauer 2004b). Diese Einstellung breitet sich immer weiter aus, streut über immer mehr Altersgruppen hinweg und erfasst immer mehr Lebensbereiche von immer mehr Menschen: Juvenilität als Lebensform wird zur kulturellen Alternative *gegenüber* der Lebensform des Erwachsenseins – und markiert damit einen weiteren soziokulturellen Möglichkeitsraum. Juvenilität ist somit vor allem zu verstehen als Lifestyle dezidierter *Selbstentpflichtung* (vgl. Hitzler 2002b).

Der Begriff ‚Lifestyle' meint dabei die ästhetische Gestaltung des Lebens unter medial beeinflusster Nutzung von Konsumchancen (vgl. Hitzler/Pfadenhauer 2005b). Im Lifestyle wird tendenziell alles mit allem integriert. Infolgedessen löst sich im Lifestyle die Grenze zwischen Konsumkultur und Kulturkonsum ebenso auf wie die zwischen Haupt- und Gegenkultur: Vom juvenilen Lifestyle her begriffen erscheint, entgegen traditionellen, linkskritischen Einschätzungen, auch die so genannte Kulturindustrie durchaus nicht mehr vorwiegend als manipulationsverdächtiger Komplex von Kommerz- oder gar Machtinteressen. Sie wird vielmehr zum integralen Bestandteil einer sich in alle Lebensregungen hinein erstreckenden und nahezu alle Menschen erfassenden, aktiven *Kulturkonsumkultur*.

Erläutern lässt sich das nun vielleicht mit einem kleinen Exkurs zu einem stark kommerzialisierten Phänomen: dem Phänomen postmoderner Erlebnisstätten.

4.1 Handlungsoption III: Postmoderne Erlebnisstätten

Als ‚postmoderne Erlebnisstätten' bezeichnen wir architektonisch auf einen thematischen Fokus hin gestaltete Areale, in welche Menschen mit dem Versprechen auf besondere Erlebnisse gelockt werden – insbesondere also so genannte Kunstwelten, Konsumwelten, „Kulissen des Glücks", künstliche Paradiese, Freizeitwelten, Freizeitparks, Ferienwelten, Ferienzentren, Center Parcs, Urban Entertainment Centers, Infotainment Centers, Clubanlagen, Themenparks usw. (vgl. die Beiträge in Hennings/Müller 1998, in Steinecke 2000, in Rieder/Bachleitner/Kagelmann 1998 und in Kagelmann/Bachleitner/Rieder 2004, sowie Opaschowski 2000 und Legnaro/Birenheide 2005).

Postmoderne Erlebnisstätten sind so etwas wie Architektur gewordene *Events* (vgl. dazu einige Beiträge in Gebhardt/Hitzler/Pfadenhauer 2000). Das heißt, sie sind Orte der Verstetigung von aus dem Alltag herausgehobenen Erlebnisqualitäten; von Erlebnisqualitäten mit relativ hoher Anziehungskraft für relativ viele Menschen. Diese Anziehungskraft resultiert wesentlich aus der Erwartung eines hohen, typischerweise verschiedene Kulturformen übergreifenden *Spaß*-Erlebens. Denn ihren Spaß haben zu wollen ist – allen gegenwärtigen wirtschaftlichen Problemen zum Trotz – das einzige Prinzip, dem die meisten von uns bei dem, was sie tun, heutzutage noch freiwillig folgen (vgl. Gebhardt 1999a und nochmals Hitzler 2002b).

Dementsprechend bieten solche Erlebnisstätten ihren Besuchern Frei(Zeit-) Räume, in denen sie sich aus Lebens-Routinen heraustransportieren lassen und zeitweilig an diversen, symbolisch vermittelten, mehrkanaligen Sinnenfreuden partizipieren können. Erlebnisstätten fungieren somit – und damit den *Erwartungen* der Besucher *folgend* – im Idealfall als Phantasie-Vehikel. Als solche sind sie – vermutlich wesentliche – Elemente jenes langfristigen kulturellen Trends zur Erlebnisorientierung.[2] Denn in Zukunft weit mehr noch als bisher schon wer-

---

[2] Dem tragen die Betreiber postmoderner Erlebnisstätten in besonderem Maße – und mit dem ganzen aus der Launenhaftigkeit ihrer potentiellen Besucher resultierenden Risiko – Rechnung. Das heißt, entgegen dem von kritischen Intellektuellen so gerne vorgebrachten Verdacht der perfiden Manipulation ahnungsloser Verlustierungsmassen lässt sich bei genauerer Betrachtung konstatieren, dass Erlebnisstätten-Betreiber kaum irgendwelchen Ordnungsmachtphantasien huldigen, sondern eher der überaus schwankenden Gunst ausgesprochen schwer auszumachender ‚Zielgruppen' hinter herhecheln und dafür Sorge tragen müssen, dass die Besucher wenigstens im Durchschnitt nicht mehr Schaden anrichten als sie an Eintrittsgeldern und Nebenausgaben zurücklassen.

den wir uns eben durch *Konsum* vorgefertigter Verlustierungen – gleichsam mit dem 'Aufzug' – in Phantasiewelten befördern lassen (können).

5. Möglichkeitsraum IV: Urbanität

Wie sich am Beispiel dieser strukturell auf so genannte Ballungsgebiete hin ausgerichteten postmodernen Erlebnisstätten (vgl. Hitzler 2005) bereits andeutet, ist der symptomatische Ort des Lebens am Übergang zu einer anderen Moderne offenkundig *der urbane Raum.* Dieser ist nun insbesondere heutzutage kaum noch anders zu denken – und wohl auch politisch zu wollen –, denn als eine Gemengelage von vielfältigen Lebensformen und den mit deren Koexistenz einhergehenden Konfliktlagen. Das heißt, dass hier mannigfaltige Personengruppen unterschiedliche und nicht selten widersprüchliche Interessen verfolgen im Hinblick darauf, wie intensiv und wie extensiv und auf welche Arten und Weisen der von allen geteilte, gemeinsam zugängliche, also der mehr oder minder ‚öffentliche' Raum genutzt werden darf. Geprägt wird das symptomatische Bild des Mit- und Gegeneinanders in der heutigen Stadt also weniger durch eine zwar nach wie vor allgegenwärtige aber unscheinbare ‚Normalbürgerlichkeit' als vielmehr durch das Zusammentreffen je eigentümlicher Gewohnheiten, irritierender Verhaltensweisen und demonstrativer Inszenierungen vielgestaltiger Nutzertypen: Zeigefreudigkeit und Schaulust ergänzen sich in und zu einer immerwährenden Aufführung, in der alle sich jederzeit und nachgerade allerorten zugleich als Publikum und als Ensemble, als Mit- wie als Gegenspieler, als Sympathisanten oder als Störenfriede begegnen können (vgl. Hitzler/Milanes 2001 und Hitzler/Pfadenhauer 2005c).

Exemplarisch für derlei gruppierungstypisches Nutzungs- und Um-Nutzungsgebaren sei hier auf lediglich *eine,* eine jedoch insbesondere in den Neunziger Jahren zeitgeistprägende Jugendszene verwiesen: auf die so genannte ‚Raving Community' der Techno-Liebhaber.

5.1 Handlungsoption IV: Demonstrative Andersartigkeit

Techno-Liebhaber verfolgen bekanntlich kaum emanzipationspolitische Ziele. Was sie kennzeichnet, das sind eher ironisch-subversive Strategien der Verwirklichung *ihrer* ‚eigensinnigen' ästhetischen Neigung zu auffälligen Extrovertiertheiten und ihrer kollektiven Gesinnungspräferenz für eine dezidiert diffuse ‚Andersartigkeit'. Da nun aber anders zu sein nur dann wirklich erfahrbar wird, wenn man seine Andersartigkeit auch vor und in den Augen anderer markieren

kann, setzt sich die Raving Community – vor allem auch medial – gern mit solchen ausgesprochen ohrenbetäubenden und absichtsvoll körperexhibitionisti-
schen Massenauftritten im urbanen bzw. metropolitanen Raum in Szene, wie Sie
allgemein vor allem von der Berliner Loveparade her bekannt sein dürften (vgl.
Hitzler/Pfadenhauer 2002).

Der dergestalt kollektiv zur Schau gestellte Körper ist gleichsam eine demonstrative Reaktion auf die verblassende Industriemoderne, in welcher das
Körperliche weitgehend separiert und in Bereiche des Privaten, Sportiven, Medizinischen usw. ‚ausgelagert' gewesen war (vgl. Tanner 2001), während heute der
öffentliche Stadtraum eben als unbegrenzte und sozusagen ständig bespielte
Bühne für die Schaustellungen mannigfaltiger Körperpraxen und körperprakti-
scher Andersartigkeiten genutzt und um-genutzt wird[3], denn in der städtischen
Öffentlichkeit ist der einzelne „mit seinem Körper (ungleich) darstellbarer und
lesbarer als in der Natur. Er kann für externe Beobachter zu einem Ereignis werden, über das kommuniziert wird" (Bette 1989, S. 72-73), weil Menschen „durch
die physisch greifbare und beobachtbare Präsenz des Körpers in der Lage (sind),
ihrer Individualität symbolisch-expressiv Ausdruck zu verleihen" (Bette 2001, S.
94).

Aber nicht nur der Körper wird am Übergang zu einer anderen Moderne als
Mittel der Identitätsfindung zum Gegenstand der Gestaltung. Vielmehr wird uns
unsere ganze *Existenz* zu einer *Bastelaufgabe* (vgl. Hitzler/Honer 1994 und Hitzler 2001).

6. Möglichkeitsraum V: Sozialstaatlichkeit

Dass wir tendenziell alle immer umfassender zu Existenzbastlern werden (müssen), hat vor allem damit zu tun, dass der individualisierte Mensch und vollends
der individualisierte Mensch im Möglichkeitsraum der Globalisierung prinzipiell
freigesetzt ist aus herkömmlichen Milieubindungen, aber auch aus Milieufür-
sorglichkeiten. Er ist mehr oder weniger direkt an die ökonomischen, politischen
und juristischen Institutionen der Gesamtgesellschaft angekoppelt. Das heißt,
einerseits nimmt die Bedeutung traditioneller Versorgungs-, Sinngebungs- und
Normsetzungsinstanzen – wie Religion und Ethnie, Klasse und Stand, Verwandtschaft und Nachbarschaft usw. – für die *Regulierung* des individuellen Lebens-

---

[3] Vgl. dazu Gebauer/Alkemeyer/Boschert/Flick/Schmidt 2004. – Unzweifelhaft erleben wir hier eine
„Wiederkehr des Körpers", wie sie sie etwa Dietmar Kamper und Christoph Wulf (1982) schon
Anfang der Neunzehnhundertachtziger Jahre konstatiert haben. – Vgl. seinerzeit auch schon Honer
1986 und 1989; vgl. dazu neuerdings z.B. die Beiträge in Hahn/Meuser 2002 und in Alkemey-
er/Boschert/Schmidt/Gebauer 2003, sowie die Studien von Raab 2001 und Gugutzer 2002.

vollzugs *ab*. Andererseits nimmt die *Normierung* des individuellen Lebensvollzugs durch Rahmenbedingungen wie Erwerbsarbeitsmarkt, Subventionswesen, Waren-, Dienstleistungs-, Informations- und Unterhaltungsangebote, Rechtsgleichheit, Bildungswesen, soziales Sicherungssystem usw. *zu* (vgl. Hitzler 2000).

Dergestalt puffert – und damit bin ich beim letzten der hier aufzuspannenden Möglichkeitsräume – der Sozialstaat einerseits die existentiellen Konsequenzen der Freisetzung aus überkommenen sozialmoralischen Verbindlichkeiten und Verlässlichkeiten ab. Andererseits befördert er, durch das ihm eignende Sicherungsversprechen, nachhaltig die Entwertung dieser Traditionsinstanzen und treibt damit den Individualisierungsprozess gesamtgesellschaftlich nochmals entschieden voran. Daran ändert sich erst dadurch und dann etwas, dass und wenn der Sozialstaat in die Krise gerät (vgl. Hitzler 2004b). Dann schwemmt es wieder ältere Konzepte des Zusammenlebens auf die Agenda öffentlicher Aufmerksamkeit. Dann kommt es zu Renaissancen des Gedankens von ‚warmer’, mitmenschlicher Gemeinschaftlichkeit, wie er derzeit insbesondere in der Weltanschauung des so genannten Kommunitarismus einer ‚kalten’, nebenmenschlichen Gesellschaftlichkeit gegenübergestellt wird (vgl. Gebhardt 1999b).

Versucht man anstelle des – meines Erachtens bestenfalls sozialromantischen – Kommunitarismus-Modells (vgl. u.v.a. Bellah/Madsen/Sullivan/Swidler/ Tipton 1987) das Prinzip einer nicht *gegen* Individualisierung gerichteten, sondern *aus* Individualisierung heraus *erwachsenden* Form von Vergemeinschaftung zu formulieren, dann stößt man hingegen auf das, was ich oben als ‚posttraditionale Gemeinschaften’ gekennzeichnet habe. Nochmals: Symptomatisch für posttraditionale Gemeinschaften ist, dass dabei das Prinzip ‚Verpflichtung’ als Regulativ des sozialen Lebens durch das Prinzip ‚Verführung’ abgelöst wird (vgl. Hitzler 1999).

6.1 Handlungsoption V: Ehrenamtliches Engagement

Was dieser hier konstatierte Trend zur Selbstentpflichtung bedeutet, das lässt sich nun gerade auch im Bereich freiwilligen Engagements recht gut beobachten: Während für die traditionell ehrenamtlich Tätigen eine Moralisierung ihres Tuns mit Vorstellungen von Dienst und Opfer typisch ist (vgl. Kohli u.a. 1993), wird bei den ‚posttraditional’ Engagierten nachdrücklich der erwartbare Nutzen ihres Tätigseins für sie *selber* bzw. für das thematisch, was sie als ihre *Selbstverwirklichung* ansehen (vgl. Meulemann 1996 und 2001).

Diese Entwicklung bedeutet jedoch *keine* prinzipielle Schwächung des Freiwilligen-Potentials, sondern eher eine Verstärkung desselben. Allerdings scheint die überkommene Infrastruktur des Dritten Sektors hierzulande kaum dazu geeignet, dieses wachsende Potential auch sinnvoll auszuschöpfen; vor allem, weil sich in den hier anhaltend üblichen Organisationsformen das ehrenamtliche Engagement eben nicht mit der von den Einzelnen verstärkt gewünschten hohen zeitlichen Ungebundenheit vereinbaren lässt. Dies hat zur Folge, dass lediglich etwa die Hälfte der Menschen, die prinzipiell bereit wären, sich ‚für das Gemeinwohl' zu engagieren, dies auch tatsächlich tut.

Wie es scheint, brauchen wir demnach also weniger eine *moralische* Wende in unserer Gesellschaft, als eine Reform der Organisationsformen des Dritten Sektors, um die Präferenzen der Menschen für projektorientierte, zeitlich begrenzte und abwechslungsreiche Aufgaben, welche *ihnen* wichtig sind, besser aufnehmen und umsetzen zu können. Immerhin hat Thomas Olk (1987, S. 90) schon Mitte der Neunzehnhundertachtziger Jahre konstatiert: „An die Stelle der bedingungslosen Hingabe an die soziale Aufgabe unter Verzicht auf die Befriedigung eigener Bedürfnisse und Interessen tritt heute der Wunsch nach einem freiwillig gewählten Engagement, das sich zeitlich den eigenen sonstigen Bedürfnissen und Interessen anpassen lässt und die eigenen Kräfte und Möglichkeiten qualitativ nicht übersteigt" (vgl. auch Vogt 1997).

7. Banale Schließungen

Einen – für die Zukunft der so genannten westlichen Industriestaaten und insbesondere für uns hier in der Bundesrepublik Deutschland hochbrisanten – Möglichkeitsraum habe ich bei diesem kurzen Überblick noch außer Acht gelassen: jenen Möglichkeitsraum, der sich eröffnet durch den grassierenden Mangel an Erwerbsarbeitsplätzen im Verein mit der demografischen Entwicklung hin zu einer *quantitativen* Senioralisierung unserer Gesellschaft, bzw. zu einer zumindest denkbaren senioralen *Majorisierung* auch unserer urbanen Vollzugsformen. Diese Ausklammerung hat vor allem damit zu tun, dass – jenseits der ohnehin aus den Medien wohlbekannten Szenarien – die daraus erwartbaren Folgen meines Erachtens noch nicht wirklich hinlänglich abschätzbar sind.

Erinnern will ich aber wenigstens an *ein* Szenario von Charakteristika, die in der Bundesrepublik Deutschland gegenwärtig bereits für viele Kommunen zutreffen, und die angesichts der ökonomischen und mehr noch der demografischen Entwicklung in absehbarer Zukunft auf eine noch weit größere Zahl zutreffen dürften[4]: Die insgesamt schlechte Erwerbssituation und die mangelnde

---

[4] Die folgenden Bemerkungen zum politischen Rekurs auf ehrenamtliches Engagement stützen sich auf die im Sommer 2005 abgeschlossenen Arbeiten von Ludgera Vogt und Wolfgang Bergem in dem

Finanzkraft der Einwohner schlagen sich in den Steueraufkommen ebenso wie in der Einzelhandelsstruktur der Kommunen nieder: Alteingesessene Geschäfte werden aufgegeben. Neuansiedlungen finden vor allem durch Kaufhausketten mit Billigangeboten statt. Ladenlokale stehen leer. Gasthäuser und Kinos werden geschlossen. Gemeinden befinden sich zusehends in massiven finanziellen Notlagen, vor allem, weil die Bevölkerung altert, Erwerbstätige abwandern und die Einnahmen insbesondere aus dem Gewerbesteueraufkommen immer geringer werden, während die Ausgaben durch Gewährleistung überkommener Infrastrukturmaßnahmen, wachsende Arbeitslosigkeit und eine hohe Zahl von Sozialhilfeempfängern ständig ansteigen.

Die Stadtverwaltungen verfolgen deshalb typischerweise notgedrungen und mehr oder weniger rigide alle möglichen ‚Sparkurse', was sich ebenfalls im Stadtbild bemerkbar macht – etwa durch geschlossene sowie durch ausbleibende Sanierungsmaßnahmen an öffentlichen Gebäuden. Und mithin ist es keineswegs verwunderlich, dass angesichts dieses Szenarios die Frage der Motivierbarkeit möglichst vieler Einwohner für ehrenamtliches, genauer: für bürgergesellschaftliches Engagement zu einem zentralen Thema bei der Lösung der gesellschaftlichen Zukunftsaufgaben wird.

Gleichwohl haben wir zur Frage, was das tatsächlich bedeutet, noch keineswegs wirklich begründete Antworten gefunden. Und diese ‚Unberechenbarkeit der Bürger' (Hitzler 1997) resultiert ganz wesentlich daraus, dass Menschen sich zwar auch heutzutage oft ‚bis zum Umfallen' engagieren – insbesondere für konkrete Anliegen in konkreten Situationen –, dass die meisten Menschen typischerweise aber eben keine sozusagen ‚äußeren Instanzen' mehr akzeptieren, die für sie entscheiden, wofür sie sich engagieren *sollen* und gar, ob sie das gleiche Engagement auch morgen zeigen müssen. Verallgemeinert ausgedrückt bedeutet das, dass das, worauf wir uns im Hinblick auf wechselseitige Verlässlichkeit überhaupt noch verständigen und in Zukunft verständigen werden können, – derzeit jedenfalls – wohl niemand auch nur einigermaßen verlässlich abzuschätzen vermag (vgl. Beck 1993, verschiedene Beiträge in Beck/Beck-Gernsheim 1995, Hitzler 1995; vgl. auch Soeffner 2000, v.a. ‚Zweiter Teil').

Gleichwohl dürfte es – vor dem Hintergrund fortschreitender Globalisierung und unumkehrbarer Individualisierung, um sich greifender Juvenilität, in Teilkulturen zerfallener Urbanität und immer weniger finanzierbarer Sozialstaatlichkeit – wenigstens bis auf weiteres angeraten sein, z.B. die Prinzipien *posttraditionaler* Gemeinschaftsbildung zu beachten, welche eben nicht nur hedonistische Geselligkeiten, sondern welche auch die aktuellen Formen gesellschaftlicher Kritik und gesellschaftlichen Engagements wesentlich zu prägen scheinen, wäh-

von mir verantworteten DFG-Projekt „Das Geflecht aktiver Bürger. Eine explorative Studie zur Funktionsweise von Zivilgesellschaft".

rend die makrostrukturelle Entwicklung Folgen zeitigt, welche die hier skizzierten ebenso wie viele andere am Übergang zu einer anderen Moderne eröffneten
und sich eröffnenden Möglichkeitsräume und Handlungsoptionen fast durchweg
nachhaltig modifizieren, großteils beschränken und in Teilen durchaus auch
völlig vernichten könnten.

Literatur

Alkemeyer, Thomas/Boschert, Bernhard/Schmidt, Robert/Gebauer, Gunter (2003): Aufs
    Spiel gesetzte Körper. Konstanz: UVK
Attac (2004) (Hrsg.): Alles über Attac. Frankfurt a.M.: Fischer
Bauman, Zygmunt (1995a): Ansichten der Postmoderne. Berlin:Argument-Verlag
Bauman, Zygmunt (1995b): Postmoderne Ethik. Hamburg:Hamburger Edition
Bauman, Zygmunt (1999): Unbehagen in der Postmoderne. Hamburg Hamburger Edition
Bauman, Zygmunt (2003): Flüchtige Moderne. Frankfurt a.M.: Suhrkamp
Beck, Ulrich (1993): Die Erfindung des Politischen. Frankfurt a.M.: Suhrkamp
Beck, Ulrich (Hrsg.) (1997): Kinder der Freiheit. Frankfurt a.M.: Suhrkamp
Beck, Ulrich (2003): Weltrisikogesellschaft revisited: Die terroristische Bedrohung. In:
    Hitzler/Reichertz (2003): 275-298
Beck, Ulrich (2004): Der kosmopolitische Blick oder: Krieg ist Frieden. Frankfurt a.M.:
    Suhrkamp
Beck, Ulrich/Beck-Gernsheim, Elisabeth (1995) (Hrsg.): Riskante Freiheiten. Frankfurt
    /M.: Suhrkamp
Beck, Ulrich/Bonß, Wolfgang (Hrsg.) (2001): Die Modernisierung der Moderne, Frank-
    furt a.M.: Suhrkamp
Beck, Ulrich/Giddens Anthony/Lash, Scott (1996): Reflexive Modernisierung Eine Kon-
    troverse, Frankfurt a. M.: Suhrkamp
Beck, Ulrich/Lau, Christoph (Hrsg.) (2004): Entgrenzung und Entscheidung. Frankfurt
    a.M.: Suhrkamp
Bellah, Robert N./Madsen, Richard/Sullivan, William M./Swidler, Ann/Tipton, Steven M.
    (1987): Gewohnheiten des Herzens. Köln: Bund-Verlag
Bellebaum, Alfred/Niederschlag, Heribert (Hrsg.) (1999): Was Du nicht willst, dass man
    Dir tu'.... Konstanz: UVK
Bette, Karl-Heinrich (1989): Körperspuren. Berlin: de Gruyter
Bette, Karl-Heinrich (2001): Körper, Sport und Individualisierung. In: Randow (2001):
    88-100
Brosziewski, Achim/Eberle, Thomas S./Maeder, Christoph (Hrsg.) (2001): Moderne
    Zeiten. Reflexionen zur Multioptionsgesellschaft. Konstanz: UVK
Buchholz, Kai/Wolbert, Klaus (Hrsg.) (2005): Im Designerpark. Darmstadt: Häus-
    ser.media
Bukow, Wolf-Dietrich/Nikodem, Claudia/Schulze, Erika/Yildiz, Erol(Hrsg.) (2001): Auf
    dem Weg zur Stadtgesellschaft. Opladen: Leske + Budrich

Cassen, Bernard/George, Susan/Richter, Horst-Eberhard u.a. (2002): Eine andere Welt ist möglich! Hamburg: VSA

Castells, Manuel (2001): Die Netzwerkgesellschaft. Opladen: Leske + Budrich

Castells, Manuel (2005): Die Internet-Galaxie. Wiesbaden: VS

Dietrich, Knut/Heinemann, Klaus (Hrsg.) (1989): Der nicht-sportliche Sport. Schorndorf: Hofmann

Faßler, Manfred/Terkowsky, Claudius (Hrsg.) (2005): Urban Fictions. Berlin, Heidelberg: Springer

Gebauer, Gunter/Alkemeyer, Thomas/Boschert, Bernhard/Flick, Uwe/Schmidt, Robert (2004): Treue zum Stil. Bielefeld: transcript

Gebhardt, Winfried (1999a): „Spaß haben und niemandem weh tun". In: Bellebaum/Niederschlag (1999): 159-178

Gebhardt, Winfried (1999b): „Warme Gemeinschaft" und „kalte Gesellschaft". In: Meuter/Otten (1999): 165-184

Gebhardt, Winfried/Hitzler, Ronald/Pfadenhauer, Michaela (2000) (Hrsg.): Events. Opladen: Leske + Budrich

Göttlich, Udo/Gebhardt, Winfried/Albrecht, Clemens (Hrsg.) (2000): Populäre Kultur als repräsentative Kultur. Köln: von Halem

Gross, Peter (1994): Die Multioptionsgesellschaft. Frankfurt a.M.: Suhrkamp

Gross, Peter (1999): Ich-Jagd. Frankfurt a.M.: Suhrkamp

Gugutzer, Robert (2002): Leib, Körper und Identität. Wiesbaden: Westdeutscher

Hahn, Kornelia/Meuser, Michael (2002) (Hrsg.): Körperrepräsentationen. Konstanz: UVK

Hardt, Michael/Negri, Antonio (2002): Empire. Die neue Weltordnung. Frankfurt a.M., New York: Campus

Hillebrandt, Frank/Kneer, Georg/Kraemer, Klaus (Hrsg.) (1998): Verlust der Sicherheit? Opladen: Westdeutscher

Hennings, Gerd/Müller, Sebastian (1998) (Hrsg.): Kunstwelten. Dortmund: IRPUD

Hepp, Andreas/Krotz, Friedrich/Winter, Carsten (Hrsg.) (2004): Globalisierung der Medien. Wiesbaden: VS

Hepp, Andreas/Vogelgesang, Waldemar (2004): Medienkritik der Globalisierung. In: Hepp/Krotz/Winter, Carsten (2004): 214-244

Hitzler, Ronald (1995): Auf dem Weg in die 'Strukturdemokratie'. In: Matjan (1995): 34-41

Hitzler, Ronald (1997): Der unberechenbare Bürger. In: Beck (1997): 175-194

Hitzler, Ronald (1998): Posttraditionale Vergemeinschaftung. In: Berliner Debatte INITIAL 9. Heft 1. 1998. 81-89

Hitzler, Ronald (1999): Verführung statt Verpflichtung In: Honegger/Hradil/Traxler (1999): 223-233

Hitzler, Ronald (2000):"Vollkasko-Individualisierung". In: Prisching (2000): 155-172

Hitzler, Ronald (2001): Existenzbastler als Erfolgsmenschen. In: Brosziewski/Eberle/Maeder (2001): 183-198

Hitzler, Ronald (2002a): Provokation „Jugendlichkeit. In: Journal der Jugendkulturen 6. Heft: Januar. 2002. 22-24

Hitzler, Ronald (2002b): Trivialhedonismus? In: Göttlich/Gebhardt/Albrecht (Hrsg.) (2002): 244-258

Hitzler, Ronald (2004a): Sind die ICHs noch religiös? In: Nollmann/Strasser (2004): 69-89

Hitzler, Ronald (2004b): Die unschuldige Mündigkeit und ihre ungeliebten Folgen. In: Junge/Lechner (2004): 167-179

Hitzler, Ronald (2005): Postmoderne Erlebnisstätten als Tourismus-Alternative im 21. Jahrhundert. In: Buchholz/Wolbert (2005): 624-627

Hitzler, Ronald/Bucher, Thomas/Niederbacher, Arne (2005): Leben in Szenen. Wiesbaden: VS

Hitzler, Ronald/Honer, Anne (1994): Bastelexistenz. In: Beck/Beck-Gernsheim (1995): 307-315

Hitzler, Ronald/Honer, Anne (1996): Individualisierung als Handlungsrahmen. In: Archiv für Wissenschaft und Praxis der sozialen Arbeit 27. Heft 2. 1996. 153-162

Hitzler, Ronald/Milanes, Alexander (2001) Partikular-Kulturalisierung. In: Bukow/Nikodem/Schulze/Yildiz (2001): 182-188

Hitzler, Ronald/Pfadenhauer, Michaela (1998): Eine posttraditionale Gemeinschaft. In: Hillebrandt/Kneer/Kraemer (1998): 83-102

Hitzler, Ronald/Pfadenhauer, Michaela (2002): Existential Strategies: The Making of Community and Politics in the Techno/Rave Scene. In: Kotarba/Johnson (2002): 87-101

Hitzler, Ronald/Pfadenhauer, Michaela (2004a): Individualisierungsfolgen. In: Poferl/Sznaider (2004): 115-128

Hitzler, Ronald/Pfadenhauer, Michaela (2004b): Juvenilität als Identität. In: merz (medien + erziehung). Zeitschrift für Medienpädagogik 48: Heft 4. 2004. 47-53

Hitzler, Ronald/Pfadenhauer, Michaela (2005a): Communio (post traditionalis). In: Materialdienst der EZW 4. 2005. 139-143

Hitzler, Ronald/Pfadenhauer, Michaela (2005b): Der Styler und seine Szene. In: Journal der Jugendkulturen 11. Heft: Juli. 2005.

Hitzler, Ronald/Pfadenhauer, Michaela (2005c): Raver & Styler. In: Faßler/Terkowsky (2005)

Hitzler, Ronald/Reichertz, Jo (2003) (Hrsg.): Irritierte Ordnung. Konstanz: UVK

Honer, Anne (1986): Die maschinelle Konstruktion des Körpers. In: Österreichische Zeitschrift für Soziologie (ÖZS) 11. Heft 4. 1986. 44-51

Honer, Anne (1989): Körperträume und Traumkörper. In: Dietrich/Heinemann (1989): 64-71

Honegger, Claudia/Hradil, Stefan/Traxler, Franz (Hrsg.) (1999): Grenzenlose Gesellschaft? Teil 1. Opladen: Leske + Budrich

Junge, Matthias/Lechner, Götz (Hrsg.) (2004): Scheitern. Aspekte eines sozialen Phänomens. Wiesbaden: VS

Kagelmann, H. Jürgen/Bachleitner, Reinhard/Rieder, Max (2004) (Hrsg.): Erlebniswelten. Zum Erlebnisboom der Postmoderne. München/Wien: Profil

Kamper, Dietmar/Wulf, Christoph (1982) (Hrsg.): Die Wiederkehr des Körpers. Frankfurt a.M.: Suhrkamp

Kohli, Martin u.a. (1993): Engagement im Ruhestand. Rentner zwischen Erwerb, Ehrenamt und Hobby. Opladen: Westdeutscher

Korte, Karl-Rudolf/Weidenfeld, Werner (Hg.) (2001): Deutschland-TrendBuch. Opladen: Westdeutscher

Kotarba, Joseph A./Johnson, John M. (eds.) (2002): Postmodern Existential Sociology. Walnut Creek et al.: Altamira Press

Lash, Scott (1992): Ästhetische Dimension Reflexiver Modernisierung. In: Soziale Welt. Heft 3. 1992. 261-277

Leggewie, Claus (2000): David gegen Goliath: Seattle und die Folgen. In: Aus Politik und Zeitgeschichte 48. 2000. 3-4

Legnaro, Aldo/Birenheide, Almut (2005): Stätten der späten Moderne. Wiesbaden: VS

Lucke, Albrecht von (2002): Made by Attac. In: Forschungsjournal Neue Soziale Bewegungen 15. Heft 1. 2002. 22-26

Lyotard, Jean-Francois (1986): Das postmoderne Wissen. Graz, Wien Böhlau

Matjan, Gregor (Hrsg.) (1995): Individualisierung und Politik (Kurswechsel Buch). Wien: Sonderzahl

Meulemann, Heiner (1996): Werte und Wertewandel. Weinheim: Juventa

Meulemann, Heiner (2001): Identität, Werte und Kollektivorientierung. In: Korte/Weidenfeld (2001): 184-211

Meuter, Günter/Otten, Henrique Ricardo (Hrsg.) (1999): Der Aufstand gegen den Bürger. Würzburg: Königshause & Neumann

Nollmann, Gerd/Strasser, Hermann (Hrsg.) (2004): Das individualisierte Ich in der modernen Gesellschaft. Frankfurt a.M., New York: Campus

Olk, Thomas (1987): Das soziale Ehrenamt. In: Sozialwissenschaftliche Literatur-Rundschau 10. 1987. 84-101

Opaschowski, Horst W. (2000): Kathedralen des 21. Jahrhunderts. Hamburg: B.A.T. Freizeitforschungsinstitut GmbH

Parsons, Talcott (1974): Religion in Postindustrial America. In: Social Research. 1974. 193-225

Poferl, Angelika/Sznaider, Natan (Hrsg.) (2004): Ulrich Becks kosmopolitisches Projekt. Baden-Baden: Nomos

Prisching, Manfred (Hrsg.) (2000): Ethik im Sozialstaat. Wien: Passagen

Raab, Jürgen (2001): Soziologie des Geruchs. Konstanz: UVK

Randow Gero von (Hrsg.) (2001): Wie viel Körper braucht der Mensch? Hamburg: edition Körber-Stiftung

Rieder, Max/Bachleitner, Reinhard/Kagelmann, H. Jürgen (1998) (Hrsg.): Erlebnis Welten. Zur Kommerzialisierung der Emotionen in touristischen Räumen und Landschaften. München/Wien: Profil

Schulze, Gerhard (1992): Die Erlebnisgesellschaft. Frankfurt a.M., New York: Campus

Schulze, Gerhard (1999): Kulissen des Glücks. Frankfurt a.M., New York: Campus

Schulze, Gerhard (2003): Die beste aller Welten. München: Hanser

Soeffner, Hans-Georg (2000): Gesellschaft ohne Baldachin. Weilerswist: Velbrück

Steinecke, Albrecht (2000) (Hrsg.): Erlebnis- und Konsumwelten. München/Wien: Oldenbourg

Tanner, Jakob (2001): „Be somebody with a body". In: Randow (2001): 43-53

Vogt, Ludgera (1997): Zur Logik der Ehre in der Gegenwartsgesellschaft. Frankfurt/M.: Suhrkamp

Walk, Heike/Boehme, Nele (2002) (Hrsg.): Globaler Widerstand. Münster: Westfälisches
    Dampfboot
Welsch, Wolfgang (1988): Unsere postmoderne Moderne. Weinheim: VCH, Acta
    Humaniora

Angaben zu den Autoren

Behrend, Olaf, 1970, Dipl.-Soz., wissenschaftlicher Mitarbeiter am Fachbereich Soziologie der Universität Siegen, email: obehrend@gmx.net

Engelbrecht, Martin, 1962, Dr. phil., derzeit Habilitation an der Universität Erlangen, email: engelbrechtgraf@nefkom.net

Feltes, Thomas, 1951, Prof. Dr. M.A., Lehrstuhl für Kriminologie, Kriminalpolitik, Polizeiwissenschaft an der Ruhr-Universität Bochum, email: thomas.feltes@rub.de, hompage: www.ThomasFeltes.de; www.polizeinewsletter.de; www.rub.de/kriminologie

Gross, Peter, 1941, Prof. Dr.rer.pol., Prof. für Soziologie an der Universität St. Gallen (HSG), email: peter.gross@unisg.ch, homepage: www.sfs.unisg.ch, www.petergross.ch

Hitzler, Ronald, 1950, Prof. Dr., Lehrstuhl für allgemeine Soziologie an der Universität Dortmund, email: ronald@hitzler-soziologie.de, homepage: http://www.hitzler-soziologie.de

Keller, Reiner, 1962, PD Dr., Oberassistent, Lehrstuhl für Soziologie, Phil-So-Fakultät, Universität Augsburg, email: Reiner.Keller@phil.uni-augsburg.de, homepage: http://www.philso.uni-augsburg.de/lehrstuehle/soziologie/

Knoblauch, Hubert, 1959, Dr. rer. soc., Professor für Allgemeine Soziologie/Theorie moderner Gesellschaften an der TU Berlin, email: hubert.knoblauch@tu-berlin.de, homepage: www.tu-berlin.de/fb7/ifs/soziologie/Crew/knoblauch/

Liebl, Franz, 1960, Dipl.-Kfm., Dr. oec. publ., Dr. rer. pol. habil., Univ.-Prof. für Betriebswirtschaftslehre, insbesondere Strategisches Marketing, an der Wirtschaftsfakultät der Universität Witten/Herdecke sowie an der Universität der Künste Berlin, email: FranzL@uni-wh.de, homepage: www.uni-wh.de/ccsm/lieblhome.htm

Neumann-Braun, Klaus, 1952, Prof. Dr., Leiter des Instituts für Medienwissenschaften an der Universität Basel, email: KNeumann-Braun@t-online.de, homepage: www.mewi.unibas.ch

Pfadenhauer, Michaela, 1968, Dr. phil, Wissenschaftliche Mitarbeiterin an der WISO-Fakultät der Universität Dortmund, email: pfadenhauer@professions soziologie.de, homepage: www.hitzler-soziologie.de/mitarbeiter.html#mp

Prisching, Manfred, 1950, Mag. rere. soc. oec., Dr. jur., Universitätsprofessor am Institut für Soziologie der Karl-Franzens-Universität Graz, email: manfred.prisching@uni-graz.at; homepage: www-ang.kfunigraz.ac.at/%7 Eprischin/

Reichertz, Jo 1949, Prof. Dr., Professor für Kommunikationswissenschaft an der Universität Duisburg-Essen, email: Jo.Reichertz@uni-essen.de, hompage: www.uni-essen.de/kowi/reichertz/

Schetsche, Michael, 1956, Dr. rer. pol., Privatdozent am Institut für Soziologie der Universität Freiburg, Leiter der Abteilung Empirische Kultur- und Sozialforschung am IGPP Freiburg, email: schetsche@igpp.de, homepage: www.igpp. de/german/eks/cv/michael_schetsche.htm

Schmidt, Axel, 1968, Dr., Soziologe und Pädagoge, Forschungsassistent am Institut für Soziologie der Universität Koblenz-Landau, Campus Landau, email: schmidta@uni-landau.de, homepage: www.uni-landau-soziologie.de

Schnettler, Bernt, 1967, Dr.phil., wissenschaftlicher Assistent am Institut für Soziologie der TU Berlin, email: bernt.schnettler@tu-berlin.de, homepage: www.tu-berlin.de/fb7/ifs/soziologie/AllgSoz/mitarbeiter/schnettler.htm

Soeffner, Hans-Georg, 1939, Prof. Dr., Lehrstuhl für Kultur-, Wissens- und Religionssoziologie an der Universität Konstanz, email: hans-georg.soeffner@uni-konstanz.de, homepage: www.uni-konstanz.de/FuF/SozWiss/fg-soz/ag-wis/JS Version/

Vogd, Werner, 1963, PD Dr., wissenschaftlicher Mitarbeiter im DFG Projekt "ärztliches Handeln" am Arbeitsbereich Qualitative Bildungsforschung, Fachbereich Erziehungswissenschaft und Psychologie Freie Universität Berlin, email: vogd@zedat.fu-berlin.de, homepage: www.userpage.fu-berlin.de/~vogd/

Theorie

Maurizio Bach

Jenseits des rationalen Handelns
Zur Soziologie Vilfredo Paretos
2004. 354 S. mit 5 Abb. Geb. EUR 49,90
ISBN-13: 978-3-531-14582-2

Dirk Baecker (Hrsg.)

Schlüsselwerke der Systemtheorie
2005. 352 S. Geb. EUR 24,90
ISBN-13: 978-3-531-14582-2

Peter Imbusch

Moderne und Gewalt
Zivilisationstheoretische Perspektiven
auf das 20. Jahrhundert
2005. 579 S. Geb. EUR 49,90
ISBN-13: 978-3-531-14582-2

Niklas Luhmann

Die Realität der Massenmedien
3. Aufl. 2004. 219 S. Br. EUR 18,90
ISBN-13: 978-3-531-14582-2

Jürgen Mackert (Hrsg.)

Die Theorie sozialer Schließung
Tradition, Analysen, Perspektiven
2004. 275 S. mit 4 Abb. Br. EUR 29,90
ISBN-13: 978-3-531-14582-2

Thomas Malsch

Kommunikationsanschlüsse
Zur soziologischen Differenz von realer
und künstlicher Sozialität
2005. 346 S. Br. EUR 36,90
ISBN-13: 978-3-531-14582-2

Günther Ortmann

Als Ob
Fiktionen und Organisationen
2004. 286 S. Organisation und
Gesellschaft. Br. EUR 24,90
ISBN-13: 978-3-531-14582-2

Wolfgang Ludwig Schneider

Grundlagen der soziologischen Theorie

Band 1: Weber – Parsons – Mead – Schütz
2. Aufl. 2005. 311 S. Br. EUR 24,90
ISBN-13: 978-3-531-14582-2

Band 2: Garfinkel – RC – Habermas – Luhmann
2., überarb. Aufl. 2005. ca. 460 S.
Br. ca. EUR 29,90
ISBN-13: 978-3-531-14582-2

*Band 3: Sinnverstehen und Intersubjek-
tivität – Hermeneutik, funktionale Analyse,
Konversationsanalyse und Systemtheorie*
2004. 506 S. Br. EUR 34,90
ISBN-13: 978-3-531-14582-2

Erhältlich im Buchhandel oder beim Verlag.
Änderungen vorbehalten. Stand: Juli 2005.

www.vs-verlag.de

VS VERLAG FÜR SOZIALWISSENSCHAFTEN

Abraham-Lincoln-Straße 46
65189 Wiesbaden
Tel. 0611.7878-722
Fax 0611.7878-400

Sozialstruktur

Peter A. Berger /
Volker H. Schmidt (Hrsg.)

**Welche Gleichheit –
welche Ungleichheit?**
Grundlagen der Ungleichheitsforschung
2004. 244 S. mit 4 Abb. Sozialstrukturanalyse, Bd. 20. Br. EUR 26,90
ISBN-13: 978-3-531-14582-2

Matthias Drilling

Young urban poor
Abstiegsprozesse in den Zentren
der Sozialstaaten
2004. 339 S. mit 41 Abb. und 57 Tab.
Br. EUR 29,90
ISBN-13: 978-3-531-14582-2

Ronald Hitzler / Stefan Hornbostel /
Cornelia Mohr (Hrsg.)

Elitenmacht
2004. 351 S. Soziologie der Politik, Bd. 5.
Br. EUR 32,90
ISBN-13: 978-3-531-14582-2

Stefan Hradil

**Die Sozialstruktur Deutschlands
im internationalen Vergleich**
2004. 304 S. Br. EUR 24,90
ISBN-13: 978-3-531-14582-2

Monika Jungbauer-Gans /
Peter Kriwy (Hrsg.)

**Soziale Benachteiligung
und Gesundheit bei Kindern
und Jugendlichen**
2004. 205 S. mit 33 Abb. und 33 Tab.
Br. EUR 29,90
ISBN-13: 978-3-531-14582-2

Gunnar Otte

**Sozialstrukturanalysen
mit Lebensstilen**
Eine Studie zur theoretischen
und methodischen Neuorientierung
der Lebensstilforschung
2004. 400 S. mit 35 Abb. und 50 Tab.
Sozialstrukturanalyse, Bd. 18.
Br. EUR 34,90
ISBN-13: 978-3-531-14582-2

Rudolf Richter

Die Lebensstilgesellschaft
2005. 163 S. Br. EUR 19,90
ISBN-13: 978-3-531-14582-2

Marc Szydlik (Hrsg.)

Generation und Ungleichheit
2004. 276 S. Sozialstrukturanalyse,
Bd. 19. Br. EUR 24,90
ISBN-13: 978-3-531-14582-2

Erhältlich im Buchhandel oder beim Verlag.
Änderungen vorbehalten. Stand: Juli 2005.

www.vs-verlag.de

VS VERLAG FÜR SOZIALWISSENSCHAFTEN

Abraham-Lincoln-Straße 46
65189 Wiesbaden
Tel. 0611.7878 - 722
Fax 0611.7878 - 400